DESCRIPTION
DE
L'ÉGYPTE

RECUEIL
DES OBSERVATIONS ET DES RECHERCHES
QUI ONT ÉTÉ FAITES EN ÉGYPTE
PENDANT L'EXPÉDITION DE L'ARMÉE FRANÇAISE.

SECONDE ÉDITION

DÉDIÉE AU ROI

PUBLIÉE PAR C. L. F. PANCKOUCKE

TOME QUATRIÈME

ANTIQUITÉS — DESCRIPTIONS

IMPRIMERIE
DE C. L. F. PANCKOUCKE
M. D. CCC. XXI.

DESCRIPTION

DE

L'ÉGYPTE.

DESCRIPTION

DE

L'ÉGYPTE

OU

RECUEIL

DES OBSERVATIONS ET DES RECHERCHES

QUI ONT ÉTÉ FAITES EN ÉGYPTE

PENDANT L'EXPÉDITION DE L'ARMÉE FRANÇAISE.

SECONDE ÉDITION
DÉDIÉE AU ROI
PUBLIÉE PAR C. L. F. PANCKOUCKE.

TOME QUATRIÈME.

ANTIQUITÉS—DESCRIPTIONS.

PARIS
IMPRIMERIE DE C. L. F. PANCKOUCKE

M. D. CCC. XXI.

ANTIQUITÉS
DESCRIPTIONS.

CHAPITRE ONZIÈME.

DESCRIPTION
DES ANTIQUITÉS D'ABYDUS,

Par E. JOMARD.

§. I. *Topographie et géographie comparée.*

La ville d'Abydus était, selon Strabon, la seconde ville de la Thébaïde, et renfermait un palais de Memnon, comme la ville de Thèbes elle-même. Elle devait sans doute cet avantage à sa situation topographique, à sa position sur l'un des grands coudes de la vallée du Nil, et à la grande largeur qu'ont également en cet endroit l'une et l'autre rive du fleuve. Tandis que la plupart des autres cités étaient baignées par le Nil, celle-ci était reculée dans l'intérieur du pays, sur la lisière même de la chaîne libyque et des terres cultivables, et placée de manière que ses habitans, menacés par la marche des sables, avaient aussi le plus d'intérêt à les arrêter. Les eaux qui arrosaient Abydus, appartenaient à une branche particulière du Nil qui n'existe plus aujourd'hui d'une manière suivie et continue, mais dont les traces se retrouvent partout à l'occident du fleuve, depuis Abydus jusqu'au lac Mareotis, et forment plusieurs canaux plus ou moins importans qui ont diverses dénominations. En parlant de cet ancien lit dans un Mémoire sur le lac du Fayoum, j'ai déjà fait remarquer qu'il prenait sa source dans la Thébaïde supérieure, et qu'il se joignait à celui du Bahr-Yousef ou canal de Joseph. Je ne doute pas que le voisinage de cette branche ne soit une des principales causes qui firent choisir ce local reculé pour le siége d'une grande cité. Ce fait est en quelque sorte prouvé par celui de l'établissement d'une autre ville de premier ordre, qui fut bâtie plus tard dans le même canton, mais plus près de l'embouchure du canal, et qui, au rapport de Strabon, était après Abydus, c'est-à-dire au-dessus; je veux parler de *Diospolis parva* (ou la petite Thèbes), que l'on croit communément avoir existé à l'endroit appelé *Hoû* par les Égyptiens modernes. L'une et l'autre ville ont fait place à celle de *Ptolemaïs*, qui fut la capitale de la Thébaïde sous les rois Lagides, et que Strabon ne craint pas de comparer à Memphis. Enfin Girgeh, située peu loin d'Abydus, et qui a tiré son nom d'un ancien couvent de Saint-George, est encore aujourd'hui le chef-lieu du Sa'yd [1].

---

[1] Girgeh est à peu près à égale distance d'Abydus et de Menchyeh, l'ancienne *Ptolemaïs*, c'est-à-dire à environ quatre lieues au-dessous de la première de ces villes, et à quatre lieues au-dessus de la seconde. Hoû est sur le bord du Nil, à huit lieues environ à l'est d'Abydus.

Il est donc constant que ce quartier de l'Égypte a été choisi dans tous les temps pour l'emplacement d'une ville capitale. J'en vois un motif puissant dans la situation géographique d'Abydus. Depuis que les nouvelles observations faites en Égypte ont rectifié les notions communes sur le cours du Nil, on sait que ce fleuve, après avoir couru au nord, depuis Syène jusqu'à Denderah, pendant deux degrés[1], se détourne brusquement à l'ouest, et coule dans cette direction pendant dix-huit lieues. Arrivé à la hauteur d'Abydus, il change encore une fois de marche, et coule au nord-nord-ouest. Ces changemens dans le cours du Nil n'étaient pas indifférens pour l'établissement des grandes villes, puisque le fleuve et ses bords constituent, pour ainsi dire, à eux seuls tout le haut pays; les rochers et les sables formant une barrière difficile à franchir, les routes sont nécessairement tracées parallèlement au cours du fleuve, et toutes les communications suivent la même direction. Ces raisons, qui me paraissent avoir présidé à l'établissement d'Abydus, sont aussi probablement celles qui ont fait établir le siége de *Tentyris* au premier grand coude du Nil depuis Syène.

Par ces seules considérations de topographie, on aurait pu reconnaître la position où fut Abydus, quand il n'y resterait pas un édifice considérable, dont l'architecture particulière ne permet pas de se méprendre ni de chercher ailleurs le *palais de Memnon*. Mais, lors même que ces différentes données manqueraient, le géographe, ayant à la main les itinéraires, ne pourrait

---

[1] Il y a moins de trois minutes en sus.

se tromper sur l'emplacement d'Abydus. Celui d'Antonin demande vingt-huit milles de *Diospolis parva* à Abydus : or, si du village de Hoû vous portez sur la route qui suit les bords du Nil et le milieu de la vallée, une distance d'un peu plus de quarante-un mille mètres, correspondant à vingt-huit milles romains [1], vous arrivez précisément au lieu appelé *Madfouneh* [2], où est le palais dont il s'agit.

Nous avons reconnu tout-à-l'heure le canal dont parle Strabon, ainsi que la position que Ptolémée attribue à cette ville, auprès de la Libye [3].

Pline assigne sept milles et demi de distance entre elle et le fleuve; on trouve aujourd'hui entre Madfouneh

---

[1] Le mille romain est d'environ 1478 mètres. En ligne droite et le long du désert, la distance est beaucoup moindre, et de 35000 mètres seulement. *Voy.* mon Mémoire sur le système métrique des anciens Égyptiens.

[2] Mot arabe, qui veut dire *ensevelie* ou *enterrée*.

[3] Θινίτης νομὸς, καὶ μητρόπολις Ἑρμίου Πτολεμαΐς................ ξα' L'γ'. κζ' στ'.
Εἶτα μεσόγειος ὁμοίως ἀπὸ δύσεως Ἄβυδος................ ξα' γ'. κστ' L'γ'.
Διοσπολίτης νομὸς ἄνω τόπων, καὶ μητρόπολις Διόσπολις μικρά............. ξδ' L'γ'. κστ' γό.

	Longit.	Latit.
Thinites nomus, et metropolis Ptolemaïs Hermii................	61° 50'	27° 10'
Postea mediterraneus ab occasu Abydus................	61. 20.	26. 50.
Diospolites nomus superiorum locorum, et metropolis Diospolis parva....	64. 50.	26. 40.

(Ptolem. *Geogr.* lib. IV, cap. V.)

La latitude de Madfouneh, d'après la carte moderne, est de 26° 13' environ, au lieu de 26° 50' : mais on sait qu'il faut ajouter une correction à toutes les latitudes de Ptolémée. *Voyez* la Description d'Edfoû, *A. D.*, *chap. V*, §. 1.

et le point le plus près du Nil sept mille cinq cents mètres, qui font un peu plus de cinq milles : mais la vaste plaine qui est sur la rive droite paraît avoir appartenu autrefois à la rive gauche, et avoir été abandonnée par le Nil d'année en année.

Il serait superflu d'ajouter aucun autre motif pour déterminer la position d'Abydus; mais je ferai remarquer que la grande *Oasis*, aujourd'hui el-Ouâh, se trouvait sous le parallèle de cette ville : or, c'est l'opinion commune dans le pays, que les environs de Girgeh sont dans la situation la plus rapprochée d'el-Ouâh.

Malgré toutes ces notions, l'emplacement d'Abydus nous resta long-temps inconnu en Égypte, à cause de sa position très-éloignée à l'égard du Nil; on croyait généralement alors qu'Abydus avait existé à Berbeh, lieu situé à une demi-lieue de Girgeh [1] : ce fut seulement le 22 octobre 1799, à notre passage à Girgeh, que le commandant français nous parla d'une grande ville ruinée, à trois ou quatre lieues de sa résidence; nous nous rendîmes à ces ruines en traversant une large plaine. Après avoir examiné et mesuré la route qui y conduit, l'étendue qu'elles occupent, le monument qui s'y trouve, il ne me fut pas difficile de reconnaître l'Abydus de Strabon, de Pline et de Ptolémée. J'ignorais alors que d'Anville avait déjà reconnu cette même position. Appuyé sur la carte du P. Sicard, voyageur bien informé des particu-

---

[1] *Berbeh* signifie *temple*. Au rapport du commandant français, il y a à côté un village nommé *Abidou* : je ne connais auprès de Girgeh que le village de Byâdy; mais il existe aux environs d'Abydus et de Hoû plusieurs positions qui ont un nom analogue à celui du lieu qui nous occupe. *Voyez* ci-après.

larités du pays, et sur la relation de Granger, autre voyageur judicieux, écartant en même temps des notions peu exactes recueillies par d'autres voyageurs, il avait assigné la même place à Abydus, quoiqu'il ignorât l'importance du monument qui y subsiste encore, et la grande étendue des ruines qui l'entourent. En se félicitant d'une pareille conformité d'opinion avec lui, on ne pouvait se défendre d'admirer sa sagacité peu commune. Cet exemple, au reste, n'est pas le seul qui fasse honneur à notre habile géographe, qui a su le plus souvent démêler le vrai à travers les données les plus contradictoires.

Une des circonstances les plus frappantes quand on arrive sur l'emplacement des ruines, c'est l'ensablement dont elles sont recouvertes sur plusieurs points et menacées sur tous les autres. Les plantations, les canaux, et tous les moyens qu'on avait employés du temps de la prospérité de l'Égypte, pour préserver Abydus de l'envahissement des sables de la Libye, n'ont pu sauver cette ville de sa destinée : non-seulement la ville est en ruines, mais ces ruines sont presque ensevelies. Au lieu d'une cité florissante, ou au moins peuplée comme les villes modernes de la haute Égypte, telles que Girgeh, Esné, Syout, etc., on ne trouve plus sur son emplacement que deux pauvres villages peu habités, dont les masures sont exposées au même fléau, qui n'ont aucun rempart contre ces montagnes mobiles et dont la hauteur croît toujours. Les palmiers dont les décombres sont couronnés, serviront peut-être encore quelque temps à garantir les villages d'el-Kherbeh et de Harabâ, jusqu'à ce qu'enfin les uns et les autres disparaissent à leur tour sous les sables amoncelés.

La cause de l'affluence des sables sur ce point est dans l'ouverture d'une vallée qui correspond à la position d'Abydus, et qui, dans tous les temps, a dû leur offrir une libre issue à l'époque des vents d'ouest et de nord-ouest, lesquels, malheureusement pour la rive gauche, sont les vents dominans dans le pays. Il ne faut pas douter que, dans les localités semblables, soit par des canaux, soit par des murailles, soit par des plantations de différentes espèces, les anciens Égyptiens ne soient parvenus à se défendre contre l'empiétement des sables; mais les enceintes et les canaux ont dû nécessairement disparaître en même temps que les édifices anciens, et l'on n'en voit presque plus de traces subsistantes : il en est de même des bois épineux d'acanthes ou acacias, qui ont probablement servi à cet usage [1].

Un moyen sûr et facile consistait dans de hautes enceintes en brique crue, placées à l'embouchure des vallons. En effet, ce moyen a été mis en pratique dans beaucoup d'endroits; et c'est là l'explication de ce grand nombre de murailles qui existent à l'entrée des déserts libyques, et quelquefois assez loin dans les sables [2]. Elles portent partout le même nom de *Hâyt el-A'gouz*, les vieilles murailles, ou murailles de la vieille; ce qui

---

[1] Athénée nous apprend qu'à Abydus même il y avait un bois d'épines qui était toujours fleuri (*Deipnos.* l. xv, cap. vii). Ce bois *sacré* était peut-être destiné à servir de barrière à la marche des dunes sablonneuses. *Voyez* ci-dessous le §. v, où le passage d'Athénée est cité en entier.

[2] J'en ai vu une grande quantité dans l'Heptanomide, à quelque distance dans le désert.

annonce assez leur origine. Elles sont d'ailleurs très-épaisses, et formées de briques de fortes dimensions, comme toutes les anciennes murailles égyptiennes. On ne peut guère douter que l'enceinte qui environne les temples d'Ombos sur la rive droite, n'ait été destinée, dans le principe, à les préserver des sables qui affluaient dans le temps des vents d'est. Beaucoup d'autres enceintes, qu'on voit encore aujourd'hui, ont eu peut-être la même destination.

J'ignore à quelle époque il faut rapporter la construction d'un mur en brique très-massif, situé à l'extrémité méridionale des ruines d'Abydus : mais, soit que les parties subsistantes de cette muraille soient les restes d'un ouvrage des Égyptiens, soit qu'elle appartienne à une époque moins reculée, il est extrêmement vraisemblable qu'elle a été bâtie pour arrêter les sables du désert. Quoiqu'elle soit en partie cachée sous les sables, il est certain que si l'on en eût bâti une pareille un peu plus au nord, elle aurait garanti le palais de Memnon et les autres édifices.

§. II. *Historique.*

Ni Hérodote, ni Diodore de Sicile, ne font mention de la ville d'Abydus; Strabon est le plus ancien auteur qui en ait parlé : selon lui, Abydus avait été, dans les temps anciens, une très-grande ville, et la première après Thèbes; et de son temps elle n'était plus qu'une bourgade médiocre.

La description donnée par Strabon étant la plus complète de celles que l'antiquité nous a transmises, je vais la citer toute entière :

« Au-dessus de *Ptolemaïs* est la ville d'Abydus, qui renferme un palais de Memnon bâti admirablement, tout en pierre, et de la même construction que celle que nous avons décrite au sujet du labyrinthe, mais n'ayant point un aussi grand nombre de distributions. Au fond il y a une source dans laquelle on descend par des galeries contournées en spirale, formées de monolithes extraordinaires par leur grandeur autant que par leur structure. Un canal dérivé du grand fleuve conduit dans cet endroit. Autour du canal est un bois sacré d'acanthes, dédié à Apollon. Abydus paraît avoir été une grande ville, occupant le premier rang après Thèbes : aujourd'hui ce n'est plus qu'une bourgade. Si, comme on le rapporte, Memnon est appelé *Ismandès* par les Égyptiens, le labyrinthe est aussi un ouvrage memnonien et de la même main que ceux d'Abydus et de Thèbes ; car dans ce dernier endroit il y a des édifices appelés *Memnonia*. En face d'Abydus est la première des trois *Oasis* qui sont dans la Libye; le chemin est de sept journées dans le désert. Ce lieu abonde en eaux, en vins et en toutes sortes de provisions [1].

[1] Ὑπὲρ δὲ ταύτης ἡ Ἄβυδος, ἐν ᾗ τὸ Μεμνόνειον βασίλειον θαυμαστῶς κατεσκευασμένον, ὁλόλιθον τῇ αὐτῇ κατασκευῇ ᾗ περ τὸν λαβύρινθον ἔφαμεν, οὐ πολλαπλοῦν δὲ· καὶ κρήνην ἐν βάθει κειμένην, ὥστε καταβαίνειν εἰς αὐτὴν κατακαμφθεισῶν ψαλίδων διὰ μονολίθων ὑπερβαλλόντων τῷ μεγέθει, καὶ τῇ κατασκευῇ. Ἔστι δὲ διῶρυξ ἡ ἄγουσα ἐπὶ τὸν τόπον ἀπὸ τοῦ μεγάλου ποταμοῦ. Περὶ δὲ τὴν διώρυγα ἀκανθῶν τῶν Αἰγυπτίων ἄλσος ἐστὶν ἱερὸν τοῦ Ἀπόλλωνος· ἔοικε δὲ ὑπάρξαι ποτὲ ἡ Ἄβυδος πόλις μεγάλη, δευτέρουσα μετὰ τὰς Θήβας· νυνὶ δ' ἐστὶ κατοικία μικρά. Εἰ δ' ὡς φασὶν ὁ Μέμνων ὑπὸ τῶν Αἰγυπτίων Ἰσμάνδης λέγεται, καὶ ὁ λαβύρινθος Μεμνόνειον ἂν εἴη καὶ τοῦ αὐτοῦ ἔργον, οὗπερ καὶ τὰ ἐν Ἀβύδῳ, καὶ τὰ ἐν Θήβαις· καὶ

« Osiris est adoré à Abydus. Dans son temple, il n'est point permis de chanter ni de jouer de la flûte ou de la lyre en l'honneur du dieu, comme c'est l'usage pour les autres divinités. Au-delà d'Abydus est la petite *Diospolis,* ensuite la ville de *Tentyris*[1]. »

Pline nous apprend que cette ville, célèbre par le palais de Memnon et par un temple d'Osiris, était distante du fleuve de sept mille cinq cents pas, et reculée jusque dans la Libye : *Infra quod* (Tentyrin) *Abydus, Memnonis regia, et Osiris templo inclytum,* VII. M. CCCCC *passuum in Libyam remotum à flumine, dein Ptolemaïs*[2]. Solin, qui paraît avoir copié Pline, dit aussi qu'Abydus, ville de la Thébaïde, était fameuse par le palais de Memnon et un temple à Osiris[3].

Un passage de Plutarque[4] nous explique encore mieux la célébrité d'Abydus. Les grands d'Égypte, dit-il, avaient coutume de se faire inhumer à Abydus, et ce lieu passait, avec Memphis, pour être le véritable *tombeau d'Osiris;* expression énigmatique, dont il ne serait pas impossible d'expliquer le sens : mais cette

---

γὰρ ἐκεῖ λέγεται τινα Μεμνόνεια. Κατὰ δὲ τὴν Ἄβυδον ἐστὶν ἡ πρώτη Αὔασις ἐκ τῶν λεχθεισῶν τριῶν ἐν τῇ Λ.βύῃ, διέχουσα ὁδὸν ἡμερῶν ἑπτὰ ἐνθένδε δι' ἐρημίας, εὔυδρός τε κατοικία καὶ εὔοινος, καὶ τοῖς ἄλλοις ἱκανή. (Strab. Geogr. lib. XVII, pag. 812.)

J'ai traduit οὐ πολλαπλοῦν δὲ par ces mots, *mais n'ayant point un aussi grand nombre de distributions;* ce qui m'a paru le sens le plus probable. Casaubon et les autres interprètes n'ont point traduit ce passage, et ont supposé avec raison qu'il existe là une lacune.

[1] Ἐν δὲ τῇ Ἀβύδῳ τιμῶσι τὸν Ὄσιριν· ἐν δὲ τῷ ἱερῷ τοῦ Ὀσίριδος οὐκ ἔξεστιν, οὔτε ᾀδὸν, οὔτε αὐλητὴν, οὔτε ψάλτην ἀπάρχεσθαι τῷ θεῷ, καθάπερ τοῖς ἄλλοις θεοῖς ἔθος. Μετὰ δὲ τὴν Ἄβυδον Διόσπολις ἡ μικρά· εἶτα Τέντυρα πόλις. (Str. Geogr. l. XVII, pag. 814.)

[2] *Hist. nat.* lib. V, cap. IX.
[3] *Polyhist.* cap. XXXV.
[4] *De Iside et Osiride.*

fiction, quelle qu'elle soit, prouve toujours quel rang occupait Abydus parmi les villes d'Égypte.

Voici le passage entier, où l'auteur cherche à faire comprendre l'étrangeté de la fable d'Isis et Osiris : « Aussi ceste fable est apparence de quelque raison qui replie et renvoye nostre entendement à la consideration de quelque autre verité, comme aussi nous le donnent à entendre les sacrifices, où il y a meslé parmy ne sçay quoy de deuil et de lamentable, et semblablement les ordonnances et dispositions des temples, qui, en quelques endroicts, sont ouverts en belles æles et plaisantes allées longues à descouvert, et en quelques autres endroicts ont des caveaux tenebreux et cachez soubz terre, ressemblans proprement aux sepulchres et caves où l'on met les corps des trespassez; et mesmement l'opinion des Osiriens, qui, bien que l'on die que le corps d'Osiris soit en plusieurs lieux, renomment toutefois Abydus et Memphis, où ils disent que le vray corps est, tellement que les plus puissans hommes et plus riches de l'Ægypte ordonnent coustumierement que leurs corps soient inhumez en la ville d'Abydos, afin qu'ils gisent en mesme sepulture que Osiris[1]. »

Ammien Marcellin rapporte qu'à Abydus il y avait un oracle célèbre sous le nom du dieu Besa, objet d'un culte très-ancien et de la vénération de tout le pays environnant. On voit par son récit que cet oracle était encore consulté du temps de l'historien, c'est-à-dire sous Constance[2].

---

[1] Version d'Amyot, pag. 323.
[2] *Oppidum est Abydum in The-* *baïdis parte situm extrema; hic Be-* *sæ dei localiter appellati oraculum*

Un passage de Porphyre ne permet pas de douter que l'on ne célébrât à Abydus les mystères les plus importans de la religion égyptienne; c'est celui de sa lettre à Anebon, qui commence ainsi : « Ébranler les cieux, mettre au grand jour les mystères d'Isis, dévoiler ce qu'il y a de plus secret à Abydus, arrêter la marche du vaisseau *Baris*, etc.¹. »

Au mot *Abydus*, Étienne de Byzance rapporte que cette ville est une colonie qui tire son nom d'un certain Abydus².

Dans son commentaire sur le poëme de Denys le Périégète, Eustathe fait aussi mention de cette ville, à propos du 516ᵉ vers, où le poëte géographe parle

quondam futura pandebat, priscis circumjacentium regionum cæremoniis coli solitum. Et quoniam quidam præsentes, pars per alios desideriorum indice missâ scripturâ, supplicationibus expressè conceptis consulta numinum scitabantur, chartulæ seu membranæ, continentes quæ petebantur, post data quoque responsa interdum remanebant in fano. Ex his aliqua ad imperatorem malignè sunt missa. (Amm. Marcell. *Rer. gest.* lib. xix, sub finem.)

Le dieu Besa était aussi l'objet d'un culte chez les habitans des environs d'Antinoé. *Voyez* la Description d'Antinoé, et plus bas.

¹ Τὸ γὰρ λέγειν, ὅτι τὸν οὐρανὸν προσαράξει, καὶ τὰ κρυπτὰ τῆς Ἴσιδος ἐκφανεῖ, καὶ τὸ ἐν Ἀβύδῳ ἀπόῤῥητον δείξει, καὶ τὴν βάριν στήσει, καὶ τὰ μέλη τοῦ Ὀσίριδος, Διασκεδάσει Τυφᾶνι, τίνα οὐκ ὑπερβολὴν ἐμπληξίας μὲν τῷ ἀπειλοῦντι, ἃ μήτε εἶδε, μήτε δύναται, καταλείπει; ταπεινότητος δὲ τοῖς δεδοικόσιν οὕτω κε-
νὸν φόβον καὶ πλάσματα, ὡς κομιδῇ παῖδες ἀνόητοι; καίτοι Χαιρήμων ὁ ἱερογραμματεὺς ἀναγράφει ταῦτα, ὡς καὶ παρ' Αἰγυπτίοις θρυλλούμενα.

Nam qui denunciat uti vel cœlum ipsum quatiat, vel Isidis arcana patefaciat, vel quod Abydi occultum latet dictuque nefas est in lucem proferat, vel Ægyptiacæ navis cursum inhibeat, vel in Typhonis gratiam Osiridis membra disjiciat, quidnam, obsecro, vel sibi summum ad stuporem atque vecordiam, ista quæ neque novit, neque efficere potest comminando, vel numinibus quæ fictitius iste et inanis terror leviculorum pusionum more percellet, summam ad humilitatem reliqui fecit? Hæc certè Chæremon sacer scriba, tanquam Ægyptiorum pridem omnium ore jactata, commemorat. (Jamblich. *De Mysteriis*, Epistola Porphyrii ad Anebonem Ægyptium, *ex edit.* Th. Gale, Oxonii, 1678.)

² *Voyez* ci-dessous, §. v.

d'Abydos de l'Hellespont : « Il y avait en Égypte, dit Eustathe, une ville d'Abydus, *touchant à la Libye*, ayant un palais de Memnon, et occupant le second rang après Thèbes hécatompyle. L'Italie avait aussi une ville d'Abydus[1]. » Élien compte les habitans de cette ville au nombre de ceux qui avaient en horreur le son de la trompette[2]. Enfin, dans S. Épiphane, la ville d'Abydus est également citée sous le nom d'*Abydis*, quand il parle des mystères qui se célébraient dans cette ville, et dans celles de Bubaste, de Saïs et de Péluse[3].

Les Romains entretenaient des troupes dans cette ville. On lit dans la Notice de l'Empire, que la 8ᵉ aile de cavalerie résidait à *Abydus-Abocedo*[4].

Telles sont, avec les passages que j'ai cités plus haut d'Athénée, de Ptolémée, de l'Itinéraire d'Antonin, les notions que j'ai pu recueillir dans les auteurs au sujet de cette ancienne ville. On voit que ces auteurs nous ont transmis peu de faits pour éclaircir son histoire : c'est, au reste, ce qu'ils ont fait pour la plus grande partie des villes d'Égypte ; et l'on est obligé d'observer les monumens eux-mêmes, si l'on veut en apprendre davantage. C'est dans ce pays surtout que l'étude des monumens

---

[1] Εἶναι δὲ λέγεται ποτε καὶ Λυβικὴ Ἄβυδος Αἰγυπτία, ἔχουσα Μεμνόνειον βασιλέα, δευτερεύουσα μετὰ τὰς ἑκατομπύλους Θήβας· καὶ Ἰταλικὴ δὲ ἱστόρειται Ἄβυδος. (Eustath. ad Dionys. Perieg. vers. 516.) L'épithète de *Libyque*, que le savant commentateur d'Homère donne à Abydus, est digne d'être remarquée.

[2] Σάλπιγγος ἦχον βδελύττονται Βουσιρῖται, καὶ Ἄβυδος ἡ Αἰγυπτία, καὶ Λυκωνπόλις. (Ælian. *De nat. anim.* lib. x, cap. xxviii.)

[3] Ἐν Ἀβύδοι, au lieu de ἐν Ἀβύδῳ. (*Advers. Hæres*, lib. III, p. 1093, *De expositione fidei.*)

[4] *Abocedo*, nom qu'on n'a point expliqué, mais qui me paraît venir simplement d'une faute de copiste, et qu'on a écrit pour *Aboudo*. (*Notitia utriusque Imperii*, pag. 214.)

est indispensable pour le connaître à fond : car les historiens de l'antiquité n'ont souvent parlé des villes que pour les nommer; encore leur en est-il échappé plusieurs dont nous avons vu des restes considérables.

Quant aux voyageurs modernes, nous nous sommes interdit, dans la rédaction de cette description de l'Égypte, de combattre leurs relations, souvent si incomplètes et inexactes. Le P. Sicard et Granger paraissent seuls avoir assez bien vu Abydus [1].

Je terminerai ces remarques géographiques et historiques en proposant une opinion sur la véritable application qu'on doit faire, selon moi, du nom de *Diospolis parva*. Ce nom ne veut dire autre chose que *Thèbes la petite*, ou *la seconde Thèbes*, puisque le nom grec donné à Thèbes est en effet *Diospolis magna*. Or, suivant les auteurs, la seconde Thèbes était Abydus.

Comment les Grecs auraient-ils méconnu l'importance d'Abydus, l'étendue de la ville et les monumens dont elle était décorée? Comment une telle ville n'aurait-elle pas été le chef-lieu d'un nome, et pourquoi aurait-on placé préférablement ce chef-lieu à un petit endroit appelé aujourd'hui *Hou*, dans lequel on ne trouve que

---

[1] Je me bornerai à dire que Granger lui donne le nom de *Birbé*, nom générique signifiant *temple*, tandis que le nom du village du nord est *el-Kherbeh*, qu'il a ignoré, ou confondu avec *Birbé*. Cette confusion suffirait pour induire en erreur un voyageur cherchant les ruines d'Abydus, parce qu'il y a précisément un lieu nommé *Birbé* tout près de Girgeh, et que les Égyptiens donnent ce nom à tous ceux où il existe ou a existé un temple. Granger ne parle pas du village du midi, *Haraba*, tandis qu'au contraire le P. Sicard parle de *Haraba* sans nommer le village du nord. Ils n'ont connu, chacun, que l'un des deux endroits. C'est à la ville entière que Granger attribue le nom de *Madfouneh*, qui signifie *ensevelie*. Savary décrit un édifice très-différent du palais d'Abydus, et placé d'ailleurs à une lieue seulement de Girgeh, etc.

quelques fragmens isolés? N'est-il pas plus probable que ce point, qui avait l'avantage d'être un port sur le Nil, prit quelque importance lorsqu'Abydus, envahie dans la suite par les sables, fut abandonnée?

Cette position riveraine put tromper Ptolémée lui-même, qui distinguait Abydus reculée dans les terres, de la métropole du nome et de *Ptolemaïs*. Girgeh a succédé à son tour au titre de chef-lieu; ce ne serait pas un motif pour supposer que l'ancienne capitale de la province était originairement dans cet endroit de la rive du Nil. La petite ville ancienne placée à Hoû a donc pu être le siége du nome Diospolites, après qu'Abydus eut été abandonnée : mais, dans le principe et sous l'ancien gouvernement de l'Égypte, il n'est pas vraisemblable qu'une ville aussi importante qu'Abydus, illustrée par un palais de Memnon, par le tombeau d'Osiris, renfermant des ouvrages de la même main que ceux de Thèbes, digne enfin de marcher la première après cette grande capitale; qu'une telle ville, dis-je, n'eût pas été la métropole d'une préfecture, et ne fût pas celle qui a porté le surnom même de *Thèbes la petite*, nom que les Grecs nous ont transmis.

§. III. *Des vestiges d'antiquités qui subsistent à Abydus.*

J'ai dit qu'on se rend à Abydus en partant de Girgeh, et prenant sa route vers le sud et le sud-ouest.

On traverse d'abord une plaine vaste et fertile, de l'aspect le plus riche, entrecoupée de canaux et barrée par des digues revêtues en brique[1]. Ces digues sont appuyées sur le désert, et diversement dirigées pour retenir les eaux de l'inondation sur le territoire des différens villages, d'où elles se rendent sur les terrains inférieurs par de petits ponts placés de distance en distance.

Les chemins sont garnis çà et là de *rhamnus* (napeca) et de mûriers, et rappellent assez bien les environs d'Avignon. A l'extrémité de la grande digue, on suit la limite du sable pendant une heure : après trois heures et demie de marche, on arrive au village d'el-Kherbeh. Ce village, assez peuplé, est placé au bout des collines qui sont le reste des anciennes habitations. C'est là que commencent les ruines d'Abydus : on y voit une multitude de constructions ruinées en brique, de poteries en éclat et de décombres de toute espèce, qui, contre l'usage ordinaire, sont couronnés de bouquets de dattiers[2].

Un chemin creux est pratiqué dans les monticules, et conduit, douze cents mètres plus loin, à un second village appelé *Haraba*, divisé en deux hameaux, qui ont l'air fort pauvre, quoique d'ailleurs le pays environnant à l'est soit très-bien cultivé et arrosé par le grand canal de Zarzoura[3], dans lequel se jette un autre canal, appelé *Abou-Ahmar*, qui coule au pied des ruines. Le grand canal passe au village de Sâgeh, situé à environ mille mètres de là, et où il y a d'anciens débris de

[1] *Voyez* pl. 37, fig. 1.

[2] *Voy.* le plan des ruines, pl. 35, A., vol. IV.

[3] Le canal de Zarzoura prend sa source dans le Nil, au village de Ma'sarah, à la distance de trois lieues.

construction qui sont plongés sous les eaux. Les habitans sont pour la plupart vêtus de laine blanche comme les Arabes, et ils m'ont semblé appartenir en effet à cette nation : je veux dire qu'ils paraissent originaires d'anciennes familles arabes qui se sont établies dans le pays, comme cela est arrivé presque partout sur la lisière du désert libyque [1].

A droite de la route, avant Haraba, on distingue le reste d'une porte en granit rouge, dont un pilier est encore debout; plus loin, des ruines entassées et de gros blocs de granit rouge et noir que les paysans ont exploités pour en faire des meules. Les pierres amoncelées dans cet endroit, la terrasse encore apparente d'un édifice totalement ensablé, annoncent l'existence d'un ancien monument; et cette masse est peut-être le reste du *temple d'Osiris*. On a trouvé encore les fragmens d'un colosse en granit rouge, et la partie inférieure d'une statue agenouillée, de grandeur humaine, sculptée en granit noir. Cette dernière statue mérite une mention particulière et même une description détaillée, à cause de la rare beauté de la matière, du travail et du poli. Ce précieux morceau représentait un prince, à ce qu'il paraît d'après son costume : tout le haut du corps et les bras ont disparu; et cette partie vaudrait aujourd'hui la peine d'être recherchée dans les fouilles, si l'on avait les moyens suffisans. On voit la ceinture toute entière ornée de lignes brisées en zigzag, finement sculptées. Les cuisses sont ornées d'un vêtement formé en cannelures

---

[1] *Voyez* les Observations sur les Arabes de l'Égypte moyenne, *É. M.*, tom. 1.

délicates : les jambes et les pieds sont nus; le socle est orné d'hiéroglyphes, ainsi que le massif qui sépare les genoux.

La rondeur des cuisses est parfaitement exprimée, et retrace les formes d'un jeune homme dans la fleur de l'âge. C'est surtout dans le travail des jambes, dans l'expression des gémeaux, des malléoles et de ce qui reste des orteils, que l'artiste égyptien s'est surpassé. Nous n'avions vu nulle part un fragment d'un aussi beau style et d'une exécution aussi soignée, si ce n'est la tête colossale de granit rose trouvée au *Memnonium* ou monument d'Osymandyas à Thèbes, et plusieurs parties d'un bloc en granit à six figures, trouvé à Karnak[1]. Peut-être cette statue d'Abydus est-elle la plus belle qui soit sortie du ciseau égyptien[2].

On voit, au milieu même des ruines, des dunes comme dans le désert; ce qui fait un contraste frappant entre la couleur brun-foncé des décombres et le blanc éclatant des dunes sablonneuses, semblable à l'effet de la neige qui commencerait à fondre sur une terre noire, et laisserait çà et là le sol à découvert.

C'est au sud d'une grande butte de ruines, entre les deux parties du village de Haraba, et environ mille mètres avant l'extrémité méridionale, qu'est situé le palais, en partie comblé par les sables; il se distingue à la couleur blanche de la pierre. Avant d'en donner la description, j'achèverai le tour des ruines et des environs de la ville.

[1] *Voyez* pl. 32, fig. 6, *A.*, vol. II, et pl. 31, *A.*, vol. III.
[2] *Voy.* pl. 37, *A.*, vol. IV, fig. 6 à 12.

Vers l'extrémité du sud-est, est un mur épais en briques égyptiennes, qui paraît avoir été opposé comme une digue à l'irruption des sables.

Plus loin est une butte élevée avec quelques grands blocs de pierre. Toute cette partie est considérablement entamée à l'ouest par les sables. Du côté de l'est, on voit une citerne, un santon et quelques jardins.

En se dirigeant de l'extrémité sud des ruines vers le nord-ouest, on entre dans des dunes sablonneuses, terminées à environ une lieue par la chaîne libyque tout-à-fait abrupte : çà et là, l'on aperçoit des ouvertures dans la montagne, partout où les sables ne les ont pas entièrement obstruées ; ces ouvertures sont probablement l'entrée des hypogées ou catacombes des anciens habitans d'Abydûs. La quantité de langes et de débris de momies qu'on rencontre sur le sol, est considérable : on en trouve sur une longueur de neuf cents mètres, jusqu'à une enceinte immense en brique crue, qui, selon les habitans, a été jadis un monastère, mais dont il n'est pas facile d'assigner la vraie destination. L'enceinte est double : la première ou extérieure est plus basse et a 4 pieds d'épaisseur; douze pieds plus loin est la seconde, qui est épaisssе de 12 pieds, et élevée de plus de 32 pieds (10 mètres et demi) : l'intervalle de l'une à l'autre est semblable à un chemin couvert, qui domine la plaine, et qui est masqué par l'enceinte extérieure comme par un parapet. L'épaisseur totale de cette vaste muraille est de 28 pieds. Les dimensions intérieures de l'enceinte sont de 360 pieds sur 170. Les constructeurs ont donné à leurs briques 25 centimètres de long et 10 centimètres de hauteur [1].

Il y a aujourd'hui six grandes brèches au deuxième mur. Le dedans, comme le dehors, est tout rempli de sable, de langes et d'os de momies. Il est remarquable qu'on ne trouve dans cet intérieur, à la vérité, encombré, aucune trace de construction. Il faut conjecturer, ou que les habitations démolies ont entièrement disparu sous les sables, ou peut-être que ce lieu était un vaste cimetière, et que cet épais massif de 28 pieds était percé de cryptes ou de loges pour y placer les momies, dont les débris couvrent aujourd'hui le sol en si grande abondance; mais cette dernière explication ne pourrait pas encore éclaircir l'époque de la construction, puisque les premiers chrétiens, comme on le sait, avaient conservé l'usage des momies.

Les Arabes et les habitans donnent à cette enceinte le nom de *Chounet el-Zebyb*, nom que d'Anville, d'après Granger, a appliqué à une prétendue position enfoncée de six lieues dans le désert. On voit que cet endroit appartient bien aux ruines d'Abydus; et les habitans m'ont assuré qu'il n'y a dans le désert aucun emplacement ni aucunes ruines de même nom à cette distance. Le nom de *Chounet el-Zebyb* signifie, en arabe, *magasin des raisins secs*.

A un peu plus de deux cent cinquante mètres vers le nord, est une autre enceinte appelée *Deyr Nasârah*, ou couvent de chrétiens; elle est également en brique, et

[1] *Voyez* pl. 37, *A.*, vol. IV, fig. 2 à 5.

paraît avoir été restaurée. Aujourd'hui le couvent n'est plus habité que par deux religieux. La plus grande dimension est de 180 pieds en dedans. Au milieu d'une des faces, est une large porte en bois, qu'on tient soigneusement fermée. L'intérieur de l'enceinte renferme un puits à l'usage du couvent.

Je n'ai pu savoir si ces religieux étaient des chrétiens qobtes, comme les solitaires des lacs de Natroun, et le temps ne m'a pas permis de visiter l'intérieur du monastère. J'ai aperçu seulement les religieux à une fenêtre, regardant d'un air impassible des figures et des costumes d'Europe, que sans doute ils n'avaient jamais vus dans ces solitudes lointaines [1].

En se portant de deux cents mètres plus loin vers le nord, on arrive à des constructions de brique démolies, placées à l'extrémité des parties les plus septentrionales des ruines [2]. De ce point, on aperçoit à l'est le village d'el-Kherbeh, qui est au commencement de ces mêmes ruines. En y arrivant, je me retrouvai au point de départ, et j'achevai ainsi le tour entier des vestiges de l'ancienne Abydus. Le périmètre actuel n'est pas de moins de 7000 mètres. La plus grande longueur, du

[1] D'après la relation du P. Sicard, on doit regarder ce monastère comme étant celui qu'il appelle *Abou-Mousah*, ou de l'abbé Moïse, célèbre anachorète, natif de Bouliana, puisque le voyageur le place au couchant du village de Haraba, au pied du mont Afodos. *Voyez* les *Observations sur la géographie égyptienne*, par M. Ét. Quatremère.

[2] Cependant, à deux cents mètres au-delà, il y a encore une butte très-élevée, qui renferme peut-être, sous les sables, des décombres antiques, et où l'on pourrait supposer qu'était le temple du dieu Besa, puisqu'il y avait un temple appelé *Birbé*, au nord du monastère *Abou-Mousah*, d'après le fragment saïdique publié par Zoëga et cité par M. Étienne Quatremère ; mais cette position est tout-à-fait distincte de la ville, où était nécessairement le temple lui-même d'Osiris.

nord-ouest au sud-est, est de 2800 mètres; la plus grande largeur est de 900 : mais celle-ci paraît avoir perdu beaucoup par l'ensablement, surtout dans la partie méridionale des ruines. Bien que ces dimensions annoncent une ville considérable, cependant, comme on ne peut pas apprécier tout l'espace qui est enseveli sous les sables, il est possible que l'étendue d'Abydus ait été bien plus grande que les ruines qui sont aujourd'hui visibles.

§. IV. *Palais d'Abydus.*

J'ai dit plus haut que l'emplacement du palais est vers l'extrémité méridionale des ruines : mais il est nécessaire de le fixer avec précision, attendu la marche croissante des sables, qui un jour peut-être le feront disparaître entièrement; alors il sera possible d'en retrouver la place, au moyen de mesures exactes et des distances de l'édifice à des points invariables. Ainsi le voyage des Français en Égypte aura eu ce résultat, de donner la mesure de l'influence successive du temps et des phénomènes du climat sur l'existence et la conservation des monumens.

Les deux grandes enceintes en brique, et le canal qui baigne les ruines de la ville, peuvent être considérés comme des points fixes, propres à remplir la condition que je viens d'exprimer. Or, j'ai trouvé par le plan une distance de 320 mètres entre l'allée voûtée du milieu du palais et le point le plus rapproché du canal Abou-Ahmar; 1330 mètres de ce même point à l'angle est de Chounet el-Zebyb, à vol d'oiseau, et 1675 mètres jusqu'à l'angle est de Deyr Nasârah. Le village de Haraba, qui est divisé en deux parties, pourra un jour être ensablé, comme le palais lui-même; cependant, comme il est plus élevé, on pourra encore faire usage de sa position pour retrouver la place du monument. Du milieu du hameau du nord, il y a 275 mètres jusqu'au même point du palais, et de ce point il y a 340 mètres jusqu'au milieu du hameau du sud-est. Enfin la porte en granit est éloignée de 390 mètres.

L'axe de l'édifice était dirigé du nord-nord-est au sud-sud-ouest. La dimension en longueur, c'est-à-dire suivant l'axe, est de 57 mètres dans les seules parties que nous avons aperçues; mais cette longueur était beaucoup plus considérable. La largeur de la partie visible est d'environ 103 mètres, à partir du mur de clôture à l'est jusqu'à la dernière arcade subsistante.

Il paraît qu'on avait puisé dans la montagne voisine une partie des matériaux de l'édifice, celle qui est faite avec une pierre calcaire blanche et d'un grain fin, susceptible d'un certain poli. Mais, par une singularité dont ce monument présente encore d'autres exemples, les matériaux dont il a été bâti sont de deux espèces différentes : l'une est le grès ; et l'autre, la pierre calcaire. Je crois que c'est le seul édifice d'Égypte qui soit dans ce cas. La partie en grès est la plus importante et la plus étendue : c'est celle des portiques, des arcades et des constructions du sud-est. La partie en pierre calcaire est au nord-ouest, et forme les constructions latérales [1].

On pénètre dans le palais, non plus par la porte,

---

[1] Ce dernier fait m'a été communiqué par M. Jollois.

mais par la terrasse, en descendant par des ouvertures qu'a laissées libres l'enlèvement de plusieurs dalles. On entre aussi par des allées voûtées dont je parlerai tout-à-l'heure.

L'encombrement est beaucoup moindre en dedans qu'en dehors; on passe même librement par les portes intérieures : mais dans aucune partie les colonnes ne sont visibles en leur entier, et l'encombrement moyen est au moins d'un tiers. A l'extérieur, l'édifice est encombré jusqu'à la hauteur des soffites. La hauteur, à l'intérieur, est maintenant de 2 ou 4 mètres à 8 ou 9 mètres dans le grand portique. On pénètre aujourd'hui dans environ quinze salles; mais celles de l'entrée et les dernières sont obstruées par le sable, tellement qu'il n'est pas facile de deviner comment le portique était précédé, ni comment l'édifice était terminé à sa partie postérieure. Vers le sud-est et le sud-ouest, on n'aperçoit plus que quelques murailles, des architraves et des colonnes enfoncées presque jusqu'au sommet.

Malgré cet encombrement, ou peut-être à cause de l'encombrement lui-même, l'intérieur de l'édifice est dans un état parfait de conservation. Les sculptures, et les couleurs dont elles étaient revêtues, sont presque intactes, et l'on admire le vif éclat du bleu et des autres nuances qui composent les peintures, comme si elles étaient fraîchement exécutées. Néanmoins il y a des parties du palais fort dégradées : au sud-ouest et au sud-est, comme on vient de le dire, on ne voit guère que des arrachemens; au nord-ouest, on n'aperçoit presque plus rien. On conjecture que les constructions du nord-ouest, formées de pierre calcaire, ont été, par ce motif, exploitées par les habitans modernes pour faire de la chaux.

Quelque surprenante que soit cette conservation des couleurs, on est plus frappé encore d'une construction particulière qui n'appartient qu'à ce monument et à un petit édifice de Thèbes[1]. Je veux parler d'une construction de la forme des voûtes, et presque en plein cintre, mais sans voussoirs et sans aucune analogie de principe avec les voûtes proprement dites[2] : ce sont des allées cintrées, placées à la partie du sud-ouest de l'édifice. Les seules visibles aujourd'hui sont au nombre de sept et une huitième isolée, larges de $6^m,70$, et, autant que l'analogie peut le faire présumer, hautes d'environ 8 mètres[3].

Ces arcades portent sur des pieds-droits ou sortes de piles de plus de 2 mètres d'épaisseur, et longues de $10^m,7$; les courbes, à leur naissance, ne sont pas tangentes à ces mêmes pieds-droits. Pour se représenter ces fausses voûtes, il faut supposer deux assises horizontales, hautes chacune d'un mètre ou plus, dans le massif desquelles on aurait creusé simplement une voûte cylindrique. Ces arcades sont donc formées par trois pierres, dont la supérieure est de beaucoup la plus longue (elle a 7 mètres), et repose sur les pierres latérales par des joints horizontaux. Au sommet, c'est-à-dire à l'endroit qui répond à la clef dans les voûtes ordinaires, l'assise supérieure

---

[1] *Voyez* pl. 39, *A.*, vol. II, et la Descript. de Thèbes par MM. Jollois et Devilliers.

[2] *Voy.* pl. 36, fig. 1, *A.*, vol. IV.

[3] Le P. Sicard parle de vingt à trente allées, et dit en avoir vu dix entières.

est épaisse de 25 centimètres seulement, tandis qu'à sa plus grande hauteur elle a 1^m,30.

Comme les pierres sont très-épaisses et qu'il n'y a aucune charge à la clef, il n'est pas étonnant que ces arcs subsistent encore dans leur entier. On sent que cette espèce de construction assez extraordinaire n'est ni une imitation dégénérée des voûtes proprement dites, dont les Romains paraissent être les vrais inventeurs, ni un essai qui devait y conduire. La variété que les artistes égyptiens ont souvent recherchée dans leurs ouvrages, ainsi que l'attestent les catacombes, est ici le seul motif qui ait guidé les constructeurs. Ces mêmes catacombes présentent l'emploi fréquent de couronnemens en forme de cintre : on ne peut en conclure, ni que les Égyptiens aient ignoré le principe des voûtes, ni que, par ces tentatives imparfaites, ils aient cherché à y atteindre par degrés. Si, au milieu de ces incertitudes, l'on pouvait former une conjecture, on serait porté à croire que les Égyptiens, s'ils ont connu en effet les voûtes, ont pu dédaigner d'en faire usage, sachant qu'elles ne présentent point l'image d'une construction durable, comme l'exigeaient leurs idées favorites. En effet, l'aspect d'une solidité immuable manque à ces masses suspendues en l'air et qui semblent ne pas avoir de base. Une voûte n'existe que par la continuelle poussée de ses parties l'une contre l'autre, action qui, à la fin, doit tendre à sa ruine ; tellement qu'on peut dire qu'une voûte porte en elle-même un principe de destruction. D'un autre côté, les Égyptiens pouvaient et savaient suppléer par des plates-bandes d'une portée immense à

DES ANTIQUITÉS D'ABYDUS.

l'avantage que l'on ne trouve plus que dans les voûtes, celui de servir à exécuter des portes d'une plus grande ouverture [1].

Au reste, les Égyptiens ont eu l'idée d'un genre de voûtes horizontales, c'est-à-dire où la poussée se fait horizontalement, et qui sont peut-être d'une aussi grande hardiesse que les autres, quoiqu'elles supposent moins d'art. On en voit encore aujourd'hui à Philæ et à Éléphantine : ce sont des murs de quai présentant leur concavité au fleuve, et supportant l'énorme poussée des terres [2].

L'appareil de l'édifice d'Abydus est très-bien exécuté, soit dans la coupe des pierres dont les cintres sont formés, soit dans toutes les autres parties de ce grand monument. Aucune colonne, aucun pied-droit, aucun mur, ne paraît avoir fléchi : les joints sont très-fins, et l'on n'aperçoit pas qu'ils aient reçu de ciment, si ce n'est en très-petite quantité. Ainsi le soin de la construction répond à la grandeur colossale des matériaux, à l'étendue de l'édifice, au nombre des distributions et à la richesse des ornemens.

On ne peut découvrir aujourd'hui, à cause de l'état d'ensablement, par où l'édifice était éclairé. Les arcades servaient sans doute à donner du jour au grand portique; les salles intérieures devaient être éclairées par des jours supérieurs, que cependant nous n'avons pas aperçus.

---

[1] On sait que les Égyptiens ont employé fréquemment en plate-bande des pierres longues de plus de 30^{ds}, larges et épaisses de 4 à 6^{ds}, et pesant 86 milliers chacune.

[2] *Voyez* la Description de Philæ, *A. D.*, *chap. I*, §. III, et celle d'Éléphantine, *chap. III*, §. IV.

CH. XI, DESCRIPTION

Il n'est pas facile de se faire une idée juste de la disposition du palais et de l'ensemble du plan par le motif que j'ai exposé plus haut, c'est-à-dire la destruction d'une partie de l'édifice et l'encombrement de l'autre : ayant le plan sous les yeux, et rétablissant symétriquement les parties qui ont disparu sous les sables, on a même encore de la peine à distinguer où étaient les différentes issues de l'édifice, et à connaître l'usage des constructions postérieures et latérales. Autant qu'on peut en juger par ce qui reste, les arcades que j'ai décrites plus haut paraissent avoir été placées vers le tiers de la longueur du palais : on y arrivait après avoir traversé deux portiques, l'un de vingt-quatre colonnes, et l'autre de trente-six ; celui-ci représente assez bien la salle hypostyle de Karnak, et il avait sans doute la même destination. Ces vastes portiques, ces arcades multipliées, donnaient au monument une grande magnificence, un aspect vraiment royal et digne de la résidence de Memnon. Aux portes voûtées correspondaient les entre-colonnemens des deux portiques. Par une autre singularité propre à cet édifice, les entre-colonnemens étaient inégaux, alternativement plus grands et plus petits : celui de l'axe était plus grand encore que les autres.

Le plafond du portique de vingt-quatre colonnes est plus élevé que celui de l'autre portique, et celui-ci est plus haut que les arcades : ce motif porte à croire que l'entrée du palais était du côté du premier portique ; et ce qui confirme cette opinion, c'est que ce côté regarde le Nil : or, on sait que presque toujours les anciens monumens d'Égypte sont tournés vers le Nil, et quelquefois parallèles à son cours. D'un autre côté, il existe au-delà des voûtes un mur extrêmement rapproché, qui semble exclure la possibilité d'une entrée dans cette partie, si toutefois ce mur, qui est d'ailleurs sculpté d'hiéroglyphes, n'est pas d'une époque moins ancienne, comme on serait porté à le penser.

Les distributions particulières de ce monument ne permettent pas de le restaurer par analogie, comme on pourrait le faire d'un autre monument égyptien. Par exemple, le plan présente des couloirs très-étroits dont il n'est presque pas possible de continuer les lignes sans craindre de s'égarer. L'objet n'en est pas plus facile à assigner, et il en est de même de plusieurs autres parties que j'ai indiquées; on peut supposer toutefois que ces espèces de corridors étaient destinés au service des gens du palais, comme les couloirs étroits qu'on voit dans nos châteaux. Il est à remarquer que les murs dont ils sont formés sont peu épais, comparés aux larges murailles qui caractérisent les constructions égyptiennes.

Le mur parallèle à l'axe, et que l'on a découvert à quarante-huit mètres trois quarts de la dernière arcade au sud-est, ne peut pas être regardé avec certitude comme la ligne extrême qui terminait le bâtiment de ce côté; mais sa distance à l'axe donne une bien grande idée de la longueur du palais, et aussi de sa largeur, qui était au moins aussi considérable que la première. En doublant cette distance, on ne trouve pas moins de cent cinquante-un mètres : or, je le répète, rien ne prouve que ce fût la limite de l'édifice.

Ce qu'on a aperçu dans cette même partie du sud-est et aussi dans celle du sud-ouest, annonce de vastes salles, supportées par des colonnes[1]. Il y avait dans cette profusion de colonnes une magnificence digne de Thèbes, et en particulier du monument d'Osymandyas. Remarquez que ce nom ressemble à *Ismandès*, le même que Memnon, selon Strabon; c'est donc un rapport de plus entre ces deux villes. « Il y a, dit Strabon, à Abydus et à Thèbes, des ouvrages qui sont de la même main. » *Voyez* le passage cité plus haut.

Je n'ai pas rendu compte de plusieurs cavités rectangulaires qui sont pratiquées sur la terrasse, parallèlement à l'axe, et au-dessus même des pieds-droits ou piles des arcades; leur profondeur est de 1^m,30, et la largeur est de 1^m,10 : il y en a de pareilles sur la terrasse du sud-est. On peut faire sur leurs destinations plusieurs conjectures; mais je m'abstiendrai d'en proposer aucune.

La décoration, remarquable par la richesse des couleurs, est d'une grande simplicité sous le rapport des formes architecturales. On trouve peu de variété dans les colonnes, dans les chapiteaux et les corniches. Partout ailleurs il y a, entre ces différens membres d'architecture, une certaine diversité de proportions, de caractère et de grandeur absolue, qui les fait contraster et balancer ensemble, dans les différentes salles des édifices, avec plus ou moins d'harmonie, sans cependant que les dispositions symétriques soient jamais violées. Ici la symétrie règne seule, et il semble que l'architecte ait voulu à dessein être sobre d'ornemens

---

[1] *Voyez* la pl. 36, fig. 1, aux points O, p, i, *A.*, vol. IV.

pour faire mieux ressortir les sculptures, les reliefs ou les peintures à fresque, dont les murs et les plafonds sont couverts.

Les chapiteaux des deux portiques sont formés de côtes, comme dans plusieurs édifices de Thèbes et d'Éléphantine. Leur hauteur présumée, d'après l'analogie des colonnes de même espèce (car il a été impossible de fouiller jusqu'au pied), est d'environ 2 mètres et demi dans le grand portique; et celle du fût et de la base, de $7^m,10$: dans le petit, le fût est haut de $5^m,40$, toujours dans la même supposition.

La surface des colonnes est ornée d'hiéroglyphes, encore aujourd'hui très-bien conservés, et de sujets analogues à ceux qui décorent les colonnes des palais de Thèbes. Plusieurs plafonds représentent un azur sur lequel on a peint des étoiles de couleur jaune-foncé. Il est vraisemblable que ce ciel étoilé renfermait des compositions astronomiques. On doit bien regretter que le temps n'ait pas permis d'en faire la recherche et de les dessiner. Sur la surface courbe des allées voûtées, il y a des bandes d'hiéroglyphes horizontales, alternant avec des lignes d'étoiles.

Le système de décoration des bas-reliefs est le même que dans les autres édifices égyptiens : ce sont de grands tableaux encadrés, où sont deux, trois ou quatre personnages en scène, accompagnés de colonnes et de légendes hiéroglyphiques. Il y a lieu de croire cependant que cet édifice, d'un genre particulier, devait renfermer des sujets curieux et des scènes appropriées à sa destination. Le séjour que nous avons fait à Abydus, a été trop court pour donner le temps de les dessiner. Un jour, quelque voyageur, profitant des notions que nous avons recueillies sur Abydus et sur les moyens de s'y rendre, dessinera les bas-reliefs et complétera nos travaux, à moins que la marche progressive des sables ne vienne à obstruer les issues qui conduisent dans ce palais.

Je finirai cette description succincte des ornemens, en citant un fait que M. Legentil a observé; c'est que, sous une des voûtes, l'on aperçoit des carreaux tracés en couleur rouge très-distincte, avec des figures au trait, non encore sculptées. Il y a même, au rapport de ce voyageur, une face de muraille entièrement nue.

La description qui précède, les passages des anciens, l'importance des ruines, ne permettent plus de douter de l'objet et de l'usage auquel était consacré cet édifice. On reconnaît, à ne pouvoir s'y méprendre, le *regia Memnonis* qui ornait la seconde Thèbes. La résidence de Memnon avait une grande célébrité dans l'ancienne Égypte, renommée due au prince lui-même, qui portait aussi le nom d'*Ismandès*. Ce Memnon n'est point le même sans doute que celui qu'Homère fait périr devant Troie; mais, ainsi que le Memnon des Grecs, qu'on disait fils de l'Aurore, il était originaire de l'Éthiopie. Ainsi ce monument diffère absolument de tous les autres, et par sa physionomie particulière, et par sa disposition, et par le prince en l'honneur duquel il fut bâti.

Quant au temple d'Osiris, qui n'était pas moins célèbre, je ne puis en rapporter la position avec vraisemblance à aucun autre lieu que celui que j'ai désigné, §. III et §. IV, à trois cent quatre-vingt-dix mètres du palais, là où j'ai vu la terrasse d'un grand édifice ensablé jusqu'au toit. Il n'est pas à espérer qu'on puisse jamais en connaître l'intérieur : du moins ce serait une difficile entreprise que de vider et de porter au loin une aussi grande masse de sable que celle qui a pénétré dans le temple, et peut-être l'a comblé entièrement. Peut-être aussi les issues seules sont-elles obstruées.

Nous avons encore à regretter de n'avoir pu apercevoir cette source profonde dont parle Strabon, dans laquelle on descendait par des galeries contournées en spirale, et qui était située dans l'intérieur du palais. Les parois en étaient formées de pierres énormes et d'une construction qu'il dit admirable. L'envahissement des sables nous a privés, peut-être pour toujours, de la connaisssnce des merveilles que renfermait cette seconde Thèbes.

§. V. *Recherches et conclusion.*

Le passage d'Athénée au sujet des acanthes ou épines qui croissaient à Abydus, mérite d'être rapporté ici plus au long que je ne l'ai fait dans le §. I : « Hellanicus, dit-il, dans ses Égyptiaques, parle des couronnes toujours fleuries qui se voient en Égypte. Sur le bord du fleuve est la ville de *Tindium*, lieu de rassemblement pour les grandes cérémonies. Au milieu de la ville, est un temple grand et vénéré, bâti en pierre, avec des portiques de la même construction. En dehors, il pousse des épines noires et blanches sur lesquelles on pose des couronnes faites de fleurs d'acanthe, de grenadier et de vigne : c'est pour cela que ces épines sont perpétuellement fleuries. » Le même auteur raconte que les dieux se dépouillèrent *de leurs couronnes en apprenant le triomphe de Babys ou Typhon*. Démétrius, dans son livre sur les choses d'Égypte, rapporte qu'il y a des épines de cette espèce autour de la ville d'*Abylos*. Ces épines sont une espèce d'arbre qui croît dans les lieux bas, ayant des branches arrondies et un fruit de forme ronde. Il fleurit quand la saison est venue; mais la couleur des fleurs est terne et sans éclat. Les Égyptiens racontent cette fable, que les Éthiopiens envoyés à Troie par Tithon, ayant appris la mort de Memnon, *jetèrent dans ce même lieu leurs couronnes sur les épines :* de là ces rameaux d'acanthe comparés à des couronnes fleuries [1].

---

[1] Περὶ δὲ τῶν ἐν Αἰγύπτῳ ἀειαν-θούντων στεφάνων, Ἑλλάνικος ἐν τοῖς Αἰγυπτιακοῖς οὕτω γράφει· πόλις ἐπιπόλαμιν, Τίνδιον ὄνομα. Αὐτὴ θεῶν ὁμήγυρις, καὶ ἱερὸν μέγα καὶ ἁγνὸν ἐν μέσῃ τῇ πόλει λίθινον, καὶ θύρετρα λίθινα· ἔσω τοῦ ἱεροῦ ἀκάνθαις πεφύκασι λευκαὶ καὶ μέλαιναι· ἐπ' αὐτοῖς δ' οἱ στέφανοι ἐπιβέβληνται ἄνω τοῦ ἀκάνθου τοῦ ἄνθους καὶ ῥοιῆς ἄνθος καὶ ἀμπέλου πεπλεγμένοι· καὶ οὕτως ἀεὶ ἀνθοῦσι· τοὺς στεφάνους ἀπέθεντο οἱ θεοὶ ἐν Αἰγύπτῳ πυθόμενοι βασιλεύειν τὸν Βάβυν, ὅς ἐστι Τυφῶν. Δημήτριος δ' ἐν τῷ περὶ τῶν κατ' Αἴγυπτον, περὶ Ἄβυλον πόλιν τὰς ἀκάνθας ταύτας εἶναί φησι, γράφων οὕτως· ἔχει δὲ καὶ ὁ κάτω τόπος καὶ ἀκανθᾶν τινα δ' ἔνδρον, ὃ τὸν καρπὸν φέρει στρογγύλον ἐπὶ τινῶν κλωνίων περιφερῶν· ἀνθεῖ δ' οὔ-τος, ὅταν ὥρα ᾖ, καί ἐστι τῷ χρώματι τὸ ἄνθος καὶ ἀφεγγές· λέγεται δέ τις μῦθος ὑπὸ τῶν Αἰγυπτίων, ὅτι οἱ Αἰθίοπες στελλόμενοι εἰς Τροίαν ὑπὸ τοῦ Τιθωνοῦ, ἐπεὶ ἤκουσαν τὸν Μέμνονα τετελευτηκέναι, ἐν τούτῳ τῷ τόπῳ τοὺς στεφάνους ἀνέβαλον ἐπὶ τὰς ἀκάνθας· ἔστι δὲ παραπλήσια τὰ κλώνια στεφάνοις, ἀφ' ὧν τὸ ἄνθος φύεται. (Athen. *Deipnos.* l. xv, pag. 677.)

La ville d'*Abylos* est inconnue en Égypte, et il n'est pas douteux que ce ne soit par corruption que le mot Ἄβυλον s'est introduit au lieu d'Ἄ-βυδον.

La ville de *Tindium*, Τίνδιον, est également étrangère à la géographie égyptienne, et ce mot est visiblement corrompu. Zoëga propose de lire Θιν δὲ οἱ ὄνομα, à cause de la

DES ANTIQUITÉS D'ABYDUS.

Ces récits mêlés de fables font voir qu'Abydus renfermait des bois d'acanthes, et confirment les rapports déjà établis entre cette ville et le personnage de Memnon. Il me semble aussi que ce triomphe de Typhon et la chute des couronnes d'épines fleuries sont un symbole de l'invasion des sables faisant disparaître les bois d'acanthes à Abydus et dans tous les endroits exposés au même fléau. Je ne veux pas m'appesantir sur ces rapprochemens, qu'il serait facile de pousser plus loin, et je passe à une question plus importante.

On peut se demander quelle est l'ancienneté relative du palais de Memnon, comparée à celle des autres monumens de l'antique Égypte. La solution de cette question dépend de l'examen, à la vérité, conjectural, de l'origine d'Abydus même. Toutefois il existe des circonstances qui, si elles ne peuvent entièrement dissiper les ténèbres dans une matière aussi obscure, peuvent

---

ville de *This*, qui paraît avoir appartenu à la même préfecture que celle où Abydus était placée. Le nom de *This* ne nous est connu que par Étienne de Byzance, qui place cette ville auprès d'Abydus; mais Ptolémée parle du nome *Thinites*, dont *Ptolemaïs* était la capitale : il y a ici analogie de nom comme de position ; ce qui rend assez plausible la supposition de Zoëga.

Le texte d'Athénée mériterait d'être éclairci dans plus d'un endroit; mais une pareille recherche ne pourrait qu'être fort déplacée ici. Je me suis contenté de donner une traduction exempte de plusieurs inexactitudes de la version latine. Au lieu d'ἴσω τοῦ ἱεροῦ, il faut ἔξω, ainsi que tous les interprètes l'ont admis. Mais on ne voit pas pourquoi ils ont traduit la phrase antépénultième par ces mots, *vere flos exit nitidus*; ce qui est tout le contraire du sens : il faudrait, pour cette version, qu'il y eût dans le texte, οὐκ ἀφεγγές.

Il y a encore, dans les jardins qui entourent Abydus, des épines comme celles dont parlent Hellanicus et Démétrius, c'est-à-dire des acacias, qui ont en effet les fleurs d'un jaune terne. Qu'on apprécie maintenant la confiance de certains commentateurs, qui bien souvent dénaturent le texte, prétendant le restituer, et font mentir leur auteur par zèle pour sa gloire.

donner au lecteur le moyen de se former une opinion. Les raisons topographiques exposées au commencement de cette Description me paraissent bien expliquer pourquoi ce local a été choisi de préférence pour servir de siége à une grande ville : mais comment a-t-elle été consacrée à Memnon ?

Abydus, située autrefois à deux lieues et demie du Nil, est la seule ville du haut pays aussi écartée du fleuve, si l'on excepte Arsinoé du Fayoum. Elle confine à la Libye : elle est au point le plus rapproché de la grande *Oasis*, et, par conséquent, du chemin de l'Éthiopie supérieure. Quand l'Égypte fut gouvernée par une dynastie éthiopienne (non pas celle que la chronologie vulgaire appelle la xxve et place vers l'an 740 avant J. C., mais une autre[1] plus ancienne), les rois de cette dynastie n'ont-ils pas dû former des établissemens ? Je conjecture que Memnon, l'un de ces anciens princes, fonda la ville d'Abydus dans un lieu qui est le premier point où l'on touche en venant d'Éthiopie et sortant du désert. Aujourd'hui les caravanes d'Abyssinie ont pris une autre route, qui est plus longue, et elles entrent en Égypte au midi de Syout : mais c'est à cause de l'abandon d'Abydus.

Remarquons ici combien cette ville était favorablement placée pour le commerce d'Éthiopie. Placée à la moindre distance entre la grande *Oasis* et l'Égypte, à l'extrémité du grand coude du Nil qui se dirige vers

---

[1] Je veux parler des dix-huit rois éthiopiens qui, entre Menès et Mœris, régnèrent en Égypte, selon Hérodote (*Hist.* lib. II, §. 100). On sentira facilement pourquoi je n'entre ici dans aucun développement.

l'ouest, elle était l'entrepôt naturel et même nécessaire de toutes les marchandises de l'intérieur de l'Afrique; et l'on conçoit sans peine combien un si grand avantage a dû ajouter à sa prospérité. Abydus a pu être, par rapport au commerce d'Afrique, ce qu'était Coptos pour celui de l'Inde et de l'Arabie.

Une origine du nom de cette ville, que je présente, au reste, comme purement hypothétique, vient à l'appui de ma conjecture; savoir, qu'Abydus est une ville où se faisait le commerce des esclaves d'Éthiopie, commerce qui date de temps immémorial. La racine arabe *a'bada* عَبَدَ signifie *servir comme esclave*. *A'byd* عبيد est le pluriel de *a'bd*, esclave. Ce nom est propre aux domestiques noirs, et non aux autres serviteurs. Mais, de plus, le mot *a'bada* a la même signification dans l'hébreu עבד, le chaldéen עבד, et le syriaque ܥܒܕ. On peut encore ajouter que le mot *byd* بيد ou *beydâ* بيدا, d'où *bedaouy* est formé, veut dire *désert*; en éthiopien, le mot *badou* ⴱⴻⴷⵓ signifie aussi *désert*[1].

Il est assez digne de remarque que les environs d'Abydus et ceux de Hoû, que j'ai dit dans le commencement avoir succédé à cette ville, renferment cinq villages qui portent un nom très-approchant de ce nom antique, que je crois le reste d'un ancien nom égyptien, bien qu'on l'ait pris constamment pour être d'ori-

---

[1] Si l'on objecte que les Éthiopiens ne pouvaient avoir de marché d'esclaves tirés de leur propre pays, la réponse est facile : de nos jours, les caravanes d'Abyssinie amènent annuellement en Égypte des esclaves abyssins. C'est un usage suivi dans cette contrée depuis un temps immémorial, que de ramasser des enfans et des jeunes gens dans les montagnes, pour les vendre aux Asiatiques.

gine grecque. Ces villages sont, 1°. *el-A'bedyeh* العبديه et Kafr el-A'bedyeh, au nord-est d'Abydus, sur la rive droite du Nil; 2°. *el-A'bydeh* العبيد, à un myriamètre de Hoû, sur le bord du Nil; 3°. *el-A'bâdyeh* العباديه, à 4000 mètres au sud du précédent; 4°. *Kafr A'bâdyeh* كفر عباديه, entre les deux. L'orthographe de tous ces noms est la même que celle du mot *a'bada* ou *a'byd*. Ce ne peut être fortuitement que toutes ces positions limitrophes ont une dénomination si ressemblante au nom connu de la ville ancienne : aussi je pense qu'à la finale près, le mot *Abydos* retrace le nom antique de cette grande ville.

Il faut savoir qu'une montagne placée au midi de *Psoï*, nom qobte de *Ptolemaïs*, portait le nom d'*Ebôt*, ainsi qu'un savant académicien l'a remarqué d'après un fragment saïdique[1]. Il est possible, selon ce savant, que les Grecs aient fait *Abydus* du mot *Ebôt*. Quant à Zoëga, il faisait venir le nom d'*Abydus* du mot qobte *abât* ou *abêt*, qui, selon lui, signifie *monastère*.

Dans un ouvrage qui est resté manuscrit, le P. Sicard nous apprend que les ruines d'Abydus sont au pied d'une montagne de sable que les Qobtes nomment *Afud*, *Afod* ou *Afodos*; ce qui ne diffère de l'ancien nom que par le changement du *b* en *f*[2].

Nous ignorons la signification du nom de la montagne d'Ebôt en langue égyptienne, et nous ne pouvons en rien inférer sur l'origine elle-même d'Aby-

---

[1] *Catalogus codicum Copticorum*, ou Catalogue des manuscrits coptes du cardin. Borgia, rédigé par Zoëga, pag. 551.

Voyez les *Observations sur quelques points de la géographie de l'Égypte*, par M. Ét. Quatremère.
[2] *Ibid.*

DES ANTIQUITÉS D'ABYDUS.

dus[1]. Mais quelle que soit cette signification, elle ne peut être contraire à l'idée que nous avons avancée, que l'existence d'Abydus avait quelque liaison avec l'Éthiopie, le pays des esclaves. Enfin le caractère particulier de l'architecture du palais, qui porte certainement une physionomie distincte, bien que la splendeur égyptienne y brille encore de tout son éclat, est une circonstance de plus pour faire croire que la ville avait une origine étrangère.

Étienne de Byzance dérive le nom de la ville de celui d'un certain Abydus, et non pas de celui d'une montagne; mais il ne dit pas quel était cet Abydus, ni à quel pays il appartenait[2]. Selon la conjecture que je forme, c'est un prince appelé *Memnon* qui aurait été le fondateur de la ville, et son nom serait un mot égyptien grécisé. Il est à remarquer que, si l'on ôte la première syllabe, considérée comme un article préfixe, il reste une racine qui a la même signification en beaucoup

---

[1] Abydus est à plus de huit lieues au midi de Menchyeh, l'ancienne *Ptolemaïs*, de manière que la montagne d'Ebôt devait être aussi fort éloignée d'Abydus. Il paraît qu'*Abotis*, ville citée par Étienne d'après Hécatée, et dont la position n'est pas bien connue, était près de *Ptolemaïs*; comme son nom a le plus grand rapport avec celui de la montagne d'Ebôt, c'est sans doute auprès de Menchyeh qu'il faut chercher l'une et l'autre.

[2] Étienne attribue à une colonie de Milésiens la fondation d'Abydus : une pareille opinion mériterait à peine d'être mentionnée, si elle ne fournissait un argument en faveur de l'idée elle-même d'une colonie étrangère. Quant au nom de *Milésiens*, il est sans doute mis à la place d'un autre, et probablement par corruption du texte, sans qu'Étienne puisse être accusé d'une si forte erreur. Voici comment il s'explique : Ἀβύδοι..... καΤ' Αἰγυπτίον τῶν αὐτῶν (Milesiorum) ἄποικος ἀπὸ Ἀβύδου τίνος κληθεῖσα.

La confusion vient de ce qu'Abydus de l'Hellespont a été fondée en effet par une colonie milésienne. (Strab. *Geogr.* l. xiii, p. 490, etc.) Peut-être aussi αὐτῶν a-t-il été mis pour Αἰθιόπων; mais je ne donne cette idée que comme une conjecture.

de langues, c'est-à-dire *se ressouvenir, être constant, être fidèle à sa promesse*. Le mot de *Menès*, nom du premier roi égyptien, semble être le même mot sans la finale grecque. Ainsi *Memnon* signifierait *qui se ressouvient, qui est fidèle* [1].

Je ne dois pas omettre ici un passage de Diodore de Sicile au sujet de Memnon. Après avoir raconté, d'après Ctésias, que Memnon, fils de Tithon, fut envoyé au secours de Troie par les Assyriens, avec dix mille Éthiopiens, dix mille hommes du pays de Suse, et deux cents chars de guerre, l'historien ajoute que les *Éthiopiens limitrophes de l'Égypte* révoquent en doute ce récit, qu'ils revendiquent Memnon comme étant leur compatriote, et qu'ils montrent en preuve d'anciens palais encore appelés *Memnonia* [2]. Quand on fait attention au grand quartier du *Memnonium* à Thèbes, au palais de Memnon ou Ismandès à Abydus, enfin aux ouvrages du labyrinthe attribués à Ismandès ou Imandès, positivement appelés *memnoniens* par Strabon, et distingués, comme ceux d'Abydus, par des constructions voûtées; enfin quand on voit que tous ces monumens sont justement situés à l'entrée de la Libye, on est porté à y reconnaître ceux que les *Éthiopiens de l'Égypte* citaient en l'honneur de Memnon et pour prouver sa patrie. A la vérité, ce Memnon ou Ismandès ne peut avoir rien de commun, pour l'époque, avec celui qui a pu assister au

---

[1] En hébreu, אמן veut dire *être constant*, d'où *Amnan* אמון, nom propre; en arabe امن *être fidèle*, d'où *Amyn* امين et *Mâmoun* مأمون, noms propres; en grec μνάω, *se ressouvenir*.

[2] *Bibl. hist.* lib. II, pag. 77.

siège de Troie. Les Éthiopiens dont parle Diodore, voulaient exprimer qu'ils avaient eu un prince appelé *Memnon*, bien antérieur à celui dont parlaient les Grecs, et qui est probablement la source où Homère a puisé son héros.

Ce prince était célèbre par sa beauté ; pourquoi ne penserait-on pas que cette statue de héros dont nous avons parlé[1], si remarquable par la pureté du style, est celle de Memnon lui-même ? L'artiste a exprimé dans son ouvrage toute la vigueur et toute la beauté des formes de la jeunesse.

Toutes ces considérations, prises chacune isolément, auraient peut-être peu de force ; mais il me paraît que leur ensemble est propre à inspirer quelque confiance, et je crois voir au moins des raisons solides pour supposer qu'Abydus avait une origine particulière et très-probablement éthiopienne.

Cette opinion n'empêcherait pas de croire qu'Abydus remonte à une haute antiquité. Par son état de conservation, par la couleur de la pierre, le palais montre assez qu'il n'est point de l'âge du temple de *Latopolis*, ni des plus anciens édifices de Thèbes ; mais il peut être antérieur aux temples de *Tentyris*, et à beaucoup d'autres du pays inférieur.

Je conclus de tout ce qui précède, que les ruines qui subsistent à trois lieues et demie au sud-ouest de Girgeh, sur la limite du désert, sont bien celles de la célèbre ville d'Abydus, et que le monument appelé *Madfouneh*, c'est-à-dire *ensevelie*, est le reste du palais de Memnon ;

---

[1] *Voyez* ci-dessus, pag. 17.

que cette ville peut avoir été fondée par un prince appelé *Memnon*, du nombre des rois éthiopiens qui ont régné en Égypte; enfin que le surnom de *seconde Thèbes*, que portait Abydus, me paraît venir de ce que les Éthiopiens, en s'établissant dans cette ville, et l'ornant par de somptueux édifices, voulurent en quelque façon rivaliser avec les fondateurs de Thèbes, la plus ancienne capitale du pays et de toute l'antiquité. Si cette idée pouvait acquérir quelque certitude, elle éclaircirait certainement l'histoire de plusieurs monumens d'Égypte, dont le style s'écarte un peu du type général, et qui semblent appartenir à une époque particulière.

I.ʳᵉ SUITE DU CHAPITRE ONZIÈME.

NOTICE

SUR

LES RESTES DE L'ANCIENNE VILLE

DE CHEMMIS OU PANOPOLIS,

AUJOURD'HUI AKHMYM,

ET SUR LES ENVIRONS,

Par M. SAINT-GENIS,

Ingénieur en Chef des Ponts et Chaussées.

§. I. *Ville d'Akhmym.*

En descendant le Nil de Girgeh à Akhmym, situé sur la rive droite du fleuve, on côtoie la chaîne arabique, dont le pied se trouve assez rapproché du rivage. On voit sur le flanc de cette montagne plusieurs grottes bien taillées, et qui annoncent, comme c'est l'ordinaire, le voisinage de quelque ville autrefois considérable. Avant d'arriver à Akhmym, on fait un grand contour en suivant un canal qui est assez difficile à passer avec un fort vent du Nord. Dans cet endroit, notre *germe* faillit plusieurs fois de chavirer.

La ville est à un quart de lieue environ du Nil, sur une petite hauteur qu'on croirait avoir été faite exprès pour la mettre au-dessus de l'inondation, comme toutes les villes modernes de l'Égypte; mais cette élévation résulte de ce que l'emplacement de l'antique cité a été long-temps habité [1]. Un assez beau canal arrose le court espace qui la sépare du fleuve, et se dirige ensuite vers le nord, de manière que, lorsqu'il est plein, la ville est presque entièrement entourée d'eau.

Le Nil n'y était pas encore entré lorsque nous arrivâmes [2], mais il n'en était pas loin. Les environs sont couverts de cannes à sucre, plante qui exige beaucoup d'arrosement en Égypte, et qui se cultive, particulièrement dans le Sa'yd, au voisinage du fleuve ou de ses dérivations.

La petite ville d'Akhmym nous parut, au premier aspect, assez forte et bien bâtie en brique, ornée d'assez belles mosquées, et capable de contenir trois ou quatre mille habitans. A peine fûmes-nous débarqués, que plusieurs d'entre eux s'emparèrent de nous pour nous mener aux ruines, qu'ils nous savaient fort curieux de visiter : l'empressement qu'ils nous montraient eux-mêmes, et leur air de familiarité franche et assurée,

---

[1] Les villes antiques de l'Égypte devaient, comme celles d'aujourd'hui, être au-dessus de l'inondation. Lorsqu'elles sont abandonnées depuis long-temps, la plaine, qui s'est exhaussée par les dépôts du fleuve, s'est rapprochée du niveau de leur emplacement; mais, lorsqu'elles ont continué d'être habitées, leur sol a successivement été tenu bien au-dessus du plan de la vallée par les décombres qui s'y sont accumulées.

[2] 30 août 1799.

venaient de ce que la plus grande partie de leur population est composée de chrétiens, nos amis naturels.

ARTICLE I.

Description des antiquités de la ville.

Les restes d'antiquités se trouvent en dehors et autour de la ville, du nord-ouest au nord-est. On voit d'abord, dans un enfoncement d'où l'on a probablement tiré les autres pierres du temple, six à huit blocs d'un calcaire compacte et de dimensions énormes, aujourd'hui enfouis dans les décombres; ils ont environ vingt-cinq pieds sur trois en carré. Une de ces pierres, obliquement placée, et en partie engagée sous un bâtiment moderne, sort de terre d'environ dix-huit pieds de longueur et trois pieds d'épaisseur; elle est couverte d'une inscription grecque en six lignes, dont M. Jomard donne la traduction et l'explication dans son mémoire sur les inscriptions antiques : celle-ci est évidemment bien postérieure à la construction du temple égyptien, comme le prouvent le sujet, les caractères employés, et sa position sur la face du bloc opposée à celle dont les ornemens, tout égyptiens, faisaient partie de la décoration intérieure du temple[1]. En effet, le dessous de la pierre est orné d'hiéroglyphes, et principalement de quatre circonférences concentriques formant quatre zones, dont

---

[1] Il semble que ce temple a été peu à peu enfoui jusqu'au comble, comme tant d'autres, et que ce n'est que sa plate-forme qu'on aperçoit. C'est sur le côté de celle-ci qu'on a gravé *plus tard* l'inscription.

les deux intermédiaires sont partagées en douze compartimens : la figure qui était dans le cercle du milieu, est absolument effacée; celles des compartimens le sont également, ou bien peu distinctes. Le plus grand de ces cercles a trois pieds de diamètre : autour de celui-ci est un carré, et, dans chacun des angles compris entre ce cercle et les ornemens qui l'entourent, sont des peintures presque effacées. Le plus petit cercle contient des figures sculptées et peintes, dont on ne peut deviner les formes. Les deux aires suivantes sont divisées en douze parties : dans la plus petite, on remarque douze figures d'oiseaux, et dans l'autre, douze images trop peu visibles pour pouvoir être reconnues; enfin, dans la dernière zone, qui n'est pas divisée, il y a eu vingt-quatre figures humaines, aujourd'hui effacées.

Sur la face contiguë de la pierre se voit un globe ailé contre lequel s'élève, de chaque côté, un serpent ayant le cou enflé; les ailes sont grandes, étendues, et divisées en trois parties, dont les deux extrêmes sont peintes en bleu et la moyenne en rouge jaunâtre; le reste est couvert d'un blanc mat qui défigure tout, ainsi que l'inscription elle-même, et que je crois ajouté dans les temps modernes. Ces diverses figures et ces cercles concentriques paraissent avoir une sorte d'analogie avec un *zodiaque* ou monument relatif à la marche du soleil, principalement à cause de la division des cercles en douze parties égales; la pierre est celle *du dessus d'une porte*, en sorte que ce tableau astronomique aurait été au plafond, comme cela est ordinaire dans les temples de la haute Égypte. Pour voir cette sculpture, il faut pénétrer avec beaucoup de peine, et couché sur le dos, dans un trou qui a été pratiqué à dessein au-dessous du niveau de l'encombrement; cette position gênante ne permet pas de distinguer les images tracées sur la pierre.

On a trouvé auprès de cette ruine, au milieu des décombres modernes, les débris de deux momies avec leurs langes.

Voilà tout ce qui reste d'un *premier temple*, dont pourtant on a cru reconnaître encore l'ancienne entrée tournée au nord-ouest. Les habitans ont employé une petite partie de ses matériaux dans la construction de quelques-unes de leurs maisons, et le surplus à faire de la chaux. Le poids et la dureté de ces dernières pierres paraissent seuls les avoir fait respecter : on a scié les colonnes de l'édifice pour en faire des meules.

En marchant vers le sud-ouest, on trouve un autre temple, que les habitans appellent *el-Birbé*, nom qu'ils donnent communément à ces monumens antiques; mais rien n'y est resté debout : toutes les pierres, quoique plus grosses encore que les précédentes, ont été renversées; elles sont presque toutes d'une espèce de poudingue calcaire et blanchâtre, et ornées d'hiéroglyphes et de figures sculptées. Une de ces pierres représente un vautour sculpté en relief dans le creux, qui a de fort grandes ailes, et tient dans chaque griffe un objet qui paraît être une feuille : une autre, qui a dû faire partie d'un plafond, est parsemée d'étoiles qui se détachent sur un fond bleu; elles sont blanches; leur centre est rouge, et elles sont très-voisines les unes des autres. Ces pierres se trouvent dans une fouille de quelques pieds de profondeur, qu'on a faite pour extraire les plus maniables et débiter les autres.

L'entrée de ce *second temple* paraît avoir été tournée au sud-est : on n'a pas mesuré l'étendue de ses ruines; mais tout annonce qu'il était très-vaste.

On trouve sur une petite place de la ville, et dans une mosquée, un grand nombre de colonnes de granit rose de Syène, de grès calcaire ou autre pierre calcaire provenant des anciens monumens. Dans le portique d'une autre mosquée, on voit un bloc de granit gris d'environ dix pieds de surface, et couvert d'une longue inscription grecque en gros caractères, presque entièrement effacée.

ARTICLE II.

Description de Chemmis *ou* Panopolis, *d'après les anciens auteurs.*

En recherchant ce qu'étaient le premier et le second temples, nous recueillerons beaucoup de notions intéressantes sur la ville antique, son culte particulier, ses usages, etc. « L'éloignement pour les coutumes étrangères, dit Hérodote, liv. II, se remarque dans toute l'Égypte, *excepté à Chemmis*, ville *considérable* de la Thébaïde, près de *Neapolis*, où l'on voit un temple de Persée, fils de Danaé (*a*)[1]. Ce temple est de figure carrée, et environné de palmiers : le vestibule est vaste et bâti de pierres; et sur le haut on remarque deux grandes

---

[1] *Voyez* les éclaircissemens à la suite de cette Notice, et de même pour les lettres *b* à *k*.

SUR CHEMMIS OU PANOPOLIS.

statues[1], aussi de pierre. Dans *l'enceinte* sacrée[2] est le temple, où l'on voit une statue de Persée. Les Chemmites disent que ce héros apparaît souvent dans le pays et dans le temple; qu'on trouve quelquefois une de ses sandales, qui a deux coudées de long (*b*), et qu'après qu'elle a paru, la fertilité et l'abondance règnent dans toute l'Égypte (*c*). Ils célèbrent en son honneur, et à la manière des Grecs, des jeux gymniques, qui, de tous les jeux, sont les plus excellens : les prix qu'on y propose sont du bétail, des manteaux et des peaux (*d*).

« Je leur demandai un jour pourquoi ils étaient les seuls à qui Persée eût coutume d'apparaître, et pourquoi ils se distinguaient du reste des Égyptiens par la célébration des jeux gymniques. Ils me répondirent que Persée était originaire de leur ville, et que Danaüs et Lyncée, qui firent voile en Grèce, étaient nés à *Chemmis* (*e*); ils me firent ensuite la généalogie de Danaüs et de Lyncée, en descendant jusqu'à Persée (*f*). Ils ajoutèrent que celui-ci étant venu en Égypte pour enlever de Libye, comme le disent aussi les Grecs, la tête de la Gorgone (*g*), il passa par leur ville (*h*), où il reconnut tous ses parens; que, lorsqu'il arriva en Égypte, il savait déjà le nom de *Chemmis* par sa mère; enfin, que c'était par son ordre qu'ils célébraient les jeux gymniques en son honneur........ Les filles de

---

[1] *Voy.* pour ces colosses la note *b*.
[2] C'est l'enceinte *générale* des édifices religieux, laquelle renfermait le temple proprement dit : elle était ordinairement construite en briques crues, avec de grandes portes en pierre de taille richement sculptées. *Voyez*, dans la description des ruines d'*Elethyia*, quelques notions générales sur les différens systèmes d'enceinte des anciens Égyptiens.

A. D.   IV.   4

Danaüs apportèrent d'Égypte les mystères de Cérès, que les Grecs appellent *thesmophories* (1). »

Comment Hérodote, qui paraît avoir visité *Chemmis* dans son voyage à Thèbes, puisqu'il décrit si bien le *second temple*, celui de Persée, et qu'il questionna les habitans, ne parle-t-il pas du *premier* ? Je suis obligé, dans la pénurie de renseignemens où je me trouve sur ces deux temples, de tirer du silence de cet historien les inductions suivantes : 1°. que le temple de Persée était le plus remarquable de la ville par son étendue, par sa beauté, et par cette particularité qu'il avait été élevé en Égypte à un simple héros venu de la Grèce, quoique d'origine égyptienne; ces conditions paraissent appartenir particulièrement à nos *secondes ruines*, qui sont plus vastes, dont les matériaux sont plus forts et le plan mieux conservé : 2°. que, si le *premier temple* était dédié *au Soleil* sous le nom d'*Osiris* ou sous tout autre, si ce culte était obligé, en quelque sorte, et répandu dans toutes les villes d'Égypte, si d'ailleurs l'édifice était très-ancien, plus petit que le précédent et d'une beauté ordinaire, ce monument n'avait pas été jugé digne d'une mention expresse par Hérodote, qui en avait vu ailleurs, et surtout à Thèbes, de si prodigieux, toujours consacrés à la même divinité primitive, *le Soleil*. Ces considérations semblent s'appliquer préférablement aux *premières ruines*, qui sont moins étendues, composées de moins gros blocs, plus détruites, et qui nous présentent encore des vestiges qu'on peut avec probabilité regarder comme ayant appartenu à un bas-relief analogue aux zodiaques qu'on voit dans quel-

SUR CHEMMIS OU PANOPOLIS.

ques-uns des temples élevés *au Soleil*, sous quelque nom, emblème ou allégorie qu'il fût adoré. Or, Diodore de Sicile nous apprend [1] qu'*Osiris* a été nommé *Sérapis*, *Dionysius* et *Pan*. On sait que Sérapis était le même qu'Osiris, ou le Soleil inférieur, c'est-à-dire au solstice d'hiver. Plutarque assure qu'Isis et Osiris étaient aussi les mêmes que Cérès et Bacchus [2] ou Dionysius, et les Dionysiaques grecques les mêmes encore que les Pamylies égyptiennes [3]. On reconnaît la filiation de toutes ces idées mythologiques ou religieuses entre les Égyptiens et les Grecs, dans les récits des expéditions d'Osiris, Bacchus et Pan en Orient. Je pense donc que le *premier temple* était consacré à cette dernière divinité, dont il a été tant parlé à l'occasion de *Chemmis*, et qui donna son nom à cette ville.

Suivant Diodore [4], « Osiris ayant assemblé une grande armée, dans le dessein de parcourir la terre pour y porter toutes ses découvertes, et surtout l'usage du blé et du vin,.... prit encore avec lui *Pan*, fort respecté dans le pays; car non-seulement les Égyptiens placèrent depuis sa statue dans tous leurs temples, mais encore ils bâtirent dans la Thébaïde une ville qu'ils appelèrent *Chemmis* ou *Chemmo* [5], qui, dans le langage égyptien, signifie *ville de Pan* [6]. »

---

[1] *Bibl. hist.* lib. 1, sect. 1.

[2] Hérodote est d'accord avec Plutarque sur l'identité d'Osiris et de Bacchus.

[3] « Les Pamylies ressemblent à nos Phallophories » (processions du phallus). (Plut.) Les Pamylies, suivant Jablonski, étaient des fêtes en l'honneur d'*Osiris* ou du *Soleil*.

[4] *Bibl. hist.* lib. 1, sect. 1.

[5] Ce nom a beaucoup d'analogie avec *Chem-no* ou *Cham-no*, ville, pays de *Cham*, fils de Noé, qui s'établit en Égypte, et y fut, dit-on, adoré sous le nom d'*Ammon* (Jupiter), ou le soleil au signe du belier.

[6] *Chemmis* paraît être une termi-

« *Les Pans et les Satyres* qui habitent *auprès de Chemmis*, dit Plutarque, furent instruits les premiers de cet événement (la mort d'Osiris), et en répandirent la nouvelle. De là les frayeurs soudaines qui saisissent une multitude, ont été appelées *terreurs paniques*. »

Continuons d'examiner la nature du dieu *Pan*, en ce qui concerne son analogie avec le Soleil ou Osiris, et tend à prouver que le *premier temple* lui était consacré[1]. « Parmi les Grecs, dit Hérodote[2], on regarde Hercule, Bacchus et *Pan* comme les plus nouveaux d'entre les dieux. Chez les Égyptiens, au contraire, *Pan* passe pour très-ancien; on le met même au rang des huit premiers dieux...... » Et ailleurs : « Les mendésiens (adorateurs de *Pan*) prétendent que ces huit dieux existaient avant les douze dieux...... Le bouc et le dieu *Pan* s'appellent *Mendès* en égyptien. » Quelle que soit l'opinion de Jablonski sur l'exactitude de cette signification, il n'en est pas moins vrai, et il le reconnaît lui-même, que *Mendès*, *Pan* et le *Bouc*, sont des noms ou des symboles d'une même divinité chez les Égyptiens, dont les Grecs se rapprochent beaucoup dans leur culte et leurs idées sur le dieu *Pan*.[3] Il est également reconnu

---

naison grecque ajoutée au nom égyptien *Chemmo*. C'est la même ville que Strabon nomme *Panopolis*, d'après ce que vient de dire Diodore; et l'on voit facilement comment les Grecs, qui, dans leur langue, appelaient *Pan* le dieu dont il s'agit, ont donné à la ville une dénomination entièrement grecque dans le mot *Panopolis*.

[1] Je laisserai de côté les interprétations grammaticales ou métaphysiques de Court de Gebelin et autres, sur *Pan*, qui signifie *tout*, la *nature*, les campagnes, les prés, les bois, etc.; sur les *satyres* ou *laboureurs* (*satur*, rassasié de biens; *sator*).

[2] *Hist.* lib. II, §. 46 et 145.

[3] Toutes les variantes sur l'origine et la nature de Pan, chez les Grecs, trouvent une explication naturelle dans le nombre des dieux de ce nom qu'ils avaient multipliés jus-

SUR CHEMMIS OU PANOPOLIS.

que le *Pan égyptien* était l'emblème de la force génératrice et reproductive de la nature[1], comme le bouc lascif, le *phallus* (et le Priape des Grecs, suivant Diodore), l'étaient aussi; ou plutôt, et plus matériellement, du soleil, qui féconde et conserve tout[2]. Osiris lui-même, Mendès et le *Pan de Chemmis*[3] n'ont-ils pas le *phallus* pour symbole commun?

Il résulte donc de tout ceci que le *premier temple* était vraisemblablement celui de *Pan*, comme l'indique la pierre sur laquelle étaient représentés les douze emblèmes relatifs au soleil : savoir, ou les douze dieux dont les Grecs avaient emprunté les noms à ce peuple, et parmi lesquels le culte égyptien et le culte grec donnaient à *Pan* un rang distingué; ou bien les douze mois de l'année, avec les quatre saisons aux angles du tableau; ou tout autre symbole quadruple ayant du rapport avec la *nature* entière et *son principe générateur*, que *Pan* représentait également.

Tout semble annoncer, où du moins m'autoriser à conjecturer, que le culte de Pan proprement dit, Pan *de Chemmis*, et non Mendès, *du nome Mendésien*, prit naissance à *Panopolis*. Le *Chemmo* (k) qui accompagna Osiris, donna son nom à la ville, ou le reçut d'elle, et les Grecs n'ont fait que le *traduire*, comme je l'ai dit dans la note 6, pag. 51, par les mots *Pan* et *Panopolis*.

---

qu'à douze; cela donne une grande latitude pour le rapprochement que je viens de faire.

[1] Ou même de la *nature entière*, mère de toute chose.

[2] *Voyez* la première assertion de Diodore, que j'ai citée pag. 51.

[3] *Est verò in hac urbe* (dit Ét. de Byzance, à l'article *Panospolis*, traduction latine) *magnum dei simulacrum, in quo apparet erectum veretrum, dextrâque flagellum intentat lunæ*.

Il reste toujours certain que cette ville était très-ancienne, très-célèbre, et l'une des plus grandes et des plus belles de l'Égypte. Son antiquité et sa célébrité sont prouvées par le récit de Diodore, qui fait remonter son origine presque au temps d'Osiris, et par l'épithète particulière que Strabon donne à *Panopolis*. Celle de *considérable* qu'emploie Hérodote, et surtout l'étendue de ses vestiges, les dimensions colossales et la richesse d'ornemens des matériaux qui composent ses monumens, démontrent encore la beauté de cette cité.

On sait par Hérodote que *Chemmis* était le *chef-lieu* d'un des nomes affectés à la résidence des hermotybies, l'un des deux corps de milice établis par Sésostris, et qui formaient ensemble une des sept classes de citoyens; aucun homme de cette classe, exclusivement consacrée à la profession des armes, n'exerçait d'art mécanique : mais il paraît que les autres habitans du nome et de la ville de *Chemmo* étaient très-laborieux, et qu'outre la culture, qui devait être belle, comme l'annonce la fertilité du territoire, aujourd'hui couvert de cannes à sucre, ils avaient une industrie particulière. « *Panopolis* est l'ancienne demeure des artisans qui travaillent le lin et la pierre, » dit Strabon, liv. xvii. Soit qu'il ait voulu désigner par ces derniers mots la gravure en pierre fine, dont on a trouvé dans la haute Égypte de si nombreux et de si parfaits échantillons, soit qu'il ait voulu indiquer la fabrication de cette immense quantité d'idoles et de statues en pierre de toutes les qualités et de toutes les dimensions, où enfin la taille et la sculpture des matériaux des temples, dont *Panopolis* elle-même nous montre encore de beaux restes, on voit que l'industrie des Chemmites était très-importante dans un pays tel que l'Égypte. Il en était de même de la culture du lin et de la fabrication des toiles, qui étaient d'un si grand usage, et qui formaient, comme aujourd'hui, le vêtement ordinaire d'une classe nombreuse d'habitans et des femmes, et celui qui était de rigueur pour les prêtres [1].

Les tisserands avaient sans doute pour les coutumes étrangères le même éloignement, qui, selon Hérodote, n'était point partagé par les Panopolitains, à l'égard de la gymnastique seulement. « Chez les Égyptiens, dit-il, les femmes vont sur la place et s'occupent du commerce, tandis que les hommes, renfermés dans leurs maisons, travaillent *à la toile*. Les autres nations font la toile en poussant la trame en haut, les Égyptiens en la poussant en bas [2]. »

ARTICLE III.

De l'état d'Akhmym sous les Arabes et de nos jours.

La ville d'Akhmym et ses monumens ont conservé long-temps leur importance, qui était encore réelle à l'époque des Arabes. Mais duquel de ses deux temples

---

[1] « Les prêtres portent des habits de lin, nouvellement lavés, attention qu'ils ont toujours.... Amasis envoya en Grèce plusieurs offrandes.... (entre autres), à Minerve de la ville de Linde, un corselet *de lin* qui mérite d'être vu. » (Hérodot. liv. II.) *Voyez*, pour les détails, Pline, liv. XIX, cap. I. Les Égyptiens brodaient aussi de très-beaux dessins à l'aiguille. *Voy*. dans Hérodote, liv. III, §. 47, la description d'un pareil corselet.

[2] *Hist.* liv. II, §. 35.

el-Edrysy[1] voulait-il parler, lorsqu'il comptait les édifices antiques d'Akhmim parmi les *berâbâ*[2] ou monumens les plus remarquables de l'Égypte, ou les avait-il en vue tous les deux? Le *second temple*, dont il reste le plus de vestiges étendus et de matériaux volumineux, est-il celui dont Aboù-l-fedâ disait, il y a environ quatre cents ans, « On admire à Akhmim *un* temple comparable aux plus célèbres monumens de l'antiquité; il est construit avec des pierres d'une grandeur surprenante, sur lesquelles on a sculpté des figures innombrables? » Quoique ce prince auteur ait profité des ouvrages d'el-Edrysy, prince géographe comme lui, on voit qu'il s'explique comme un homme qui aurait vu les lieux en détail dans ses nombreuses expéditions, et que ce qu'il dit s'applique plus facilement au *second temple*.

Les Arabes ont été bien plus loin dans leurs recherches sur Akhmym. Léon d'Afrique l'appelle la ville la plus ancienne de toute l'Égypte; il prétend qu'elle fut fondée par Ichmim, fils de Misram. Maqryzy, Murtadi et Gelâl-el-dyn parlent aussi de ce fils de Misram, qui reçut de lui en partage une province de la haute Égypte, dont Akhmym fut la capitale; cette ville devint ensuite la *résidence* du nouveau possesseur. Or, on sait que ce Misram ou Misraïm des Orientaux et de l'Écriture, fils de Cham, petit-fils de Noé, et qui peupla l'Égypte[3],

---

[1] Né en 1099 et mort entre 1175 et 1186, il acheva sa Géographie en 1150.

[2] Les noms arabes prennent communément une voyelle pour marquer la pluralité. *Berâbâ* est donc le pluriel de *birbé*. Cette remarque achève de prouver que les deux temples subsistaient en grande partie au milieu du XIIe siècle.

[3] Aussi les Arabes prétendent-ils que l'Égypte, appelée *Masr*, *Mesr* ou *Misr*, tire son nom de *Misram*. On sait que, dans leur langue,

est regardé comme le même que Menès, premier roi du pays, suivant les historiens grecs. Quoi qu'il en soit, il n'est pas possible de ne pas reconnaître le nom antique *Chemmis* dans celui d'*Ichmim* ou *Akhmym*, d'après la manière vague et variable dont les Arabes prononcent et placent leurs voyelles ; toujours brèves, parmi les consonnes *radicales* des mots de leur langue.

Abou-l-fedâ, après nous avoir parlé du temple le mieux conservé de son temps, nous indique l'état où était alors la ville. « Akhmym, dit-il, est une *grande ville* de la haute Égypte, située sur la rive orientale du Nil. » Mais aujourd'hui, quoiqu'elle soit très-étendue et très-avantageusement située sur cette langue de terre baignée par le Nil, elle a beaucoup perdu, puisque les ruines antiques sont hors de ses limites actuelles. Elle est assez bien bâtie ; les angles des maisons sont construits en briques cuites, et le reste des murs, en briques durcies au soleil ; elle a de hauts minarets, et présente le même aspect que les autres villes du Sa'yd, à cela près que les rues en sont plus larges, plus belles et moins malpropres.

Le commerce et l'agriculture y fleurissent : mais ses belles manufactures antiques de toiles de lin sont remplacées par des fabriques de toiles de coton grossières ; et ses divers ouvrages en pierre durable, par de fragiles poteries, que l'on transporte pourtant dans toute l'Égypte. Il y a un couvent de la Propagande[1], quelques Qobtes

---

les points-voyelles varient fréquemment.

[1] Les Franciscains s'introduisirent dans le pays en qualité de médecins, et furent premièrement établis *dans la maison même du gouverneur arabe.*

catholiques, et environ deux mille chrétiens en tout dans la ville et le voisinage; plusieurs d'entre eux sont aussi catholiques romains. Mais l'islamisme y domine, du moins dans le gouvernement, quoique plusieurs des émyrs, princes ou cheykhs, qui ont successivement commandé à Akhmym, aient presque toujours protégé les chrétiens et épousé quelquefois des esclaves chrétiennes, en leur permettant l'exercice secret de leur religion. Ils ont même plus d'une fois été poursuivis par le gouvernement du Kaire comme suspects de christianisme. Les Arabes venus de la Mauritanie pour s'établir dans une partie de l'Égypte beaucoup plus remplie de Qobtes que le Delta, ayant besoin de se concilier l'affection des gens du pays pour réussir dans leur entreprise, et pouvoir, au besoin, résister à l'autorité musulmane qui régnait au Kaire, se sont toujours montrés beaucoup moins intolérans que les Turcs. Ces Arabes descendent de ceux qui chassèrent les Grecs des côtes d'Afrique. Ils se sont ensuite répandus dans la haute Égypte, où ils ont peu à peu renoncé à leur vie vagabonde, conquérante ou nomade. Ils s'y sont complètement fixés, et sont devenus artisans et agriculteurs. Ils possèdent dans ce pays des villages, de petites villes presque entières, et sont gouvernés par leurs chefs particuliers, quelquefois très-puissans.

Le reste de la population, et surtout les Qobtes, très-nombreux à Akhmym, ont parfaitement conservé leur caractère de physionomie; c'est-à-dire, ces traits du visage vigoureusement prononcés, ce nez droit et à narines découpées, ces yeux oblongs, ces lèvres épaisses, et les autres signes d'un mélange de race avec les peuples de l'intérieur de l'Afrique; enfin, ce teint d'un rouge brun qu'on retrouve, avec tous les caractères précédens, dans les sculptures coloriées de la haute Égypte, dont nous n'avons pu voir que quelques débris à Akhmym, mais qu'Abou-l-fedâ y avait vues en quantité innombrable. Quand on étudie avec soin la population et les monumens du Sa'yd, il est impossible de ne pas reconnaître la race qui a élevé ces monumens.

§. II. *Environs d'Akhmym.*

J'ai dit, au commencement de cette notice, un mot des environs d'Akhmym, en décrivant ses abords. Je dois encore faire observer que le beau canal tiré du Nil, tout près de la ville, *antique* comme elle, est un reste de ce système ingénieux d'irrigation si bien approprié au régime du fleuve, ainsi qu'à la forme de la vallée, et dont les anciens Égyptiens ont laissé le modèle aux modernes. Ce système consistait principalement à faire des prises d'eau plus courtes et plus rapides dans la partie supérieure du cours du fleuve, à les conduire dans les parties trop difficilement inondées par lui, ou exposées à l'envahissement des sables du désert, telles que le pied de la montagne, et à agrandir ainsi la surface du terrain cultivable. Ce canal contribuait donc beaucoup à augmenter l'importance de la culture du sol de l'ancienne *Chemmis*; et il a encore efficacement servi à conserver ce faible reste de splendeur que nous avons reconnu dans le moderne Akhmym.

En suivant la direction du côté droit du canal, on est conduit au couvent dit *des Martyrs*. On remarque d'abord, en faisant ce trajet, que la langue de terre sur laquelle s'élève la ville, est adossée contre la montagne, et que la plaine qui sépare cette montagne du Nil, est très-étroite; mais la chaîne se replie, non loin de là, vers l'est, et forme, en élargissant la plaine, une gorge profonde dont les talus sont très-rapides, et qui se dirige presque en remontant vers le sud-est. On trouve, dans le flanc de toute cette montagne, des *grottes antiques* qui sont la suite de celle d'Akhmym, et qui ont servi de refuge aux chrétiens pendant la persécution de Dioclétien.

En avançant dans la vallée, les excavations se multiplient, et l'on trouve le couvent qobte appelé *Mâ'doud*, qui n'est autre chose qu'une suite de grottes creusées dans le rocher, sauf la chapelle, qui est bâtie en brique. L'une de ces excavations, qui n'a pu être destinée qu'à d'*antiques sépultures* égyptiennes, et n'a pu servir ensuite de demeure qu'à de courageux ermites, est située à mi-côte et presque inaccessible. Rien n'est égal à l'horreur des solitudes que présente toute cette vallée. Autour de la grotte, on trouve de petites habitations que les solitaires ou les moines ont bâties, comme les murs par lesquels ils ont fermé l'ouverture des grottes antiques qui formaient les cellules de leur couvent.

En revenant de la vallée vers le canal, on voit près d'un village plusieurs étages de grottes sépulcrales qui couvrent presque toute la hauteur de la chaîne de rochers : quelques-unes sont simples et ont leur ciel taillé en berceau, comme à *Elethyia*; d'autres sont accolées deux à deux et trois à trois. Dans presque toutes on trouve trois niches, profondes d'environ un mètre et élevées de la même hauteur au-dessus du sol; on y introduisait les momies par une ouverture supérieure qu'on y voit encore. Les parois et les voûtes de plusieurs de ces catacombes sont peintes d'une couleur uniforme, avec ou sans figures, encore comme à el-Kâb : l'entrée de quelques autres est encombrée, et paraît avoir été autrefois souterraine; mais elle a été violée, et l'on voyait autour une grande quantité de momies.

Enfin, vers le point où le canal paraît se perdre dans la plaine, on rencontre, au pied de la montagne, le tombeau du fameux santon appelé *Cheykh Harydy* : un psylle moderne y montrait ce serpent auquel les anciens Égyptiens, les musulmans et les chrétiens, chacun suivant sa théologie, attribuaient tant de pouvoir, et qui était pour eux un emblème si différent [1]. C'est ce serpent Harydy sur lequel Savary a raconté tant de fables populaires.

En remontant dans la même direction au-dessus d'Akhmym, on trouve encore des grottes du même genre que celles du nord, contenant chacune deux tombes creusées dans le roc, avec un conduit dans le fond aboutissant à une espèce de niche : plus loin, un autre hypogée, plus grand que les autres, a son plafond

---

[1] Suivant l'ancienne mythologie égyptienne, le serpent était le symbole du dieu Cneph ou *bon génie*. On prétend que les Chrétiens qobtes regardent le serpent Harydy comme le démon Asmodée. Selon les Mahométans, l'esprit du cheykh qu'ils révèrent a passé dans le corps de ce reptile. *Voyez* la Notice qui suit.

soutenu par quatre piliers couverts d'hiéroglyphes, au milieu desquels se détachent en demi-relief deux grandes figures d'hommes et deux de femmes; sur le ciel de la carrière, distribué en compartimens, sont sculptées et peintes diverses figures humaines dont les couleurs sont bien conservées. Autour de cette grande grotte il y en a encore huit petites. Enfin l'on découvre, au pied de la même chaîne, à un quart de lieue de distance, plusieurs débris d'un temple.

Tous ces vestiges des environs d'Akhmym, le canal antique, les nombreux hypogées de la montagne, etc., peignent bien les alentours d'une ville considérable, ainsi que *Chemmis* l'a toujours été.

NOTES

ET ÉCLAIRCISSEMENS.

(*a*) Ce passage fait voir qu'on a élevé un temple à un homme qui n'a jamais été divinisé, à un héros inférieur à Hercule, et seulement antérieur d'environ un siècle à Thésée : ceci donne une idée de l'origine du plus grand nombre des dieux de l'Égypte, de la Grèce et de Rome. Le temps a presque tout fait dans la hiérarchie compliquée de ces nombreuses divinités.

(*b*) Les anciens, et les Grecs comme les Égyptiens, ont toujours attribué une grande force et des formes colossales à leurs héros; c'est l'effet naturel du penchant de l'esprit humain pour le merveilleux. La force et les hauts faits ont établi les premières différences entre les hommes, dans l'enfance des peuples. Voyez Hercule, Persée, Thésée, etc., chez les Grecs, et les grandes figures de Sésostris et des vainqueurs en général, ou des divinités, sur tous les monumens de la haute Égypte.

Quant aux deux premières statues en pierre qui paraissaient, suivant Hérodote, au haut du vestibule, je pense que c'étaient des colosses comme nous en voyons devant tous les pylônes des *enceintes sacrées* ou des *entrées particulières* des édifices antiques.

(*c*) On voit encore ici que les Chemmites, comme le reste des Égyptiens, rapportaient tout aux phénomènes physiques, à leur fleuve et à leur agriculture.

(*d*) Les peaux et le bétail ont un rapport évident avec le culte de *Pan* et les mœurs des *Satyres* ou *laboureurs originaires de Panopolis*. Les manteaux rappellent l'industrie particulière aux Chemmites pour la tisseranderie.

(*e*) On peut dire que la Grèce fut la *fille* de l'Égypte : l'origine de la civilisation de la première se trouve dans l'histoire bien courte et bien authentique de quelques colonies qui abordèrent dans ce pays. Inachus, présumé Phénicien, s'établit à Argos, en 1856 avant J. C. Cécrops conduit dans l'Attique une autre colonie égyptienne en 1556. Cadmus bâtit Thèbes en 1493, *sur le modèle de la Thèbes d'Égypte*. Il était Phénicien, il est vrai, comme Inachus : mais il apporta, dit-on, en Grèce la plupart des *divinités de l'Égypte* et de la Phénicie, avec l'alphabet.

Danaüs, en 1485, amène sur les côtes de la Grèce le premier vaisseau qu'on y voit. Il transportait ses cinquante filles; et Lyncée ayant conspiré contre son frère Ramessès, Ægyptus ou Sésostris, qui revenait de ses conquêtes en Égypte, il fut obligé de se réfugier dans le Péloponèse, et s'empara du royaume d'Argos : de là vient toute l'histoire des Danaïdes, forcées d'épouser les cinquante fils d'Ægyptus, qu'elles égorgèrent la première nuit de leurs noces, à l'exception de Lyncée, dont parle Hérodote, et qui fut épargné par Hypermnestre. Ce fait se passa évidemment en Égypte, où Sésostris régnait dans Thèbes, peu éloignée de *Chemmis*. Danaüs avait même partagé la couronne avec son frère pendant neuf ans; et cette dernière ville fut vraisemblablement le siège de son gouvernement particulier, et le théâtre du massacre. Le reste de la fable du *tonneau percé*, que Jupiter condamna les Danaïdes à remplir éternellement, est d'invention grecque. Voilà toutefois la troisième colonie, et l'une des plus anciennes, venue d'Égypte en Grèce et partie de *Chemmis*. C'est celle qui conserva le plus de relation avec sa première patrie, et qui influa le plus sur la civilisation des anciens Pélasges, comme toute cette notice tend à le prouver.

(*f*) Elle n'est pas bien longue; la voici :

Danaüs, Lyncée, Abas, Prœtus, Acrisius, Danaé ; qui portait le nom de son trisaïeul ; et enfin Persée, roi en 1313. Acrisius, détrôné par son frère Prœtus, avait été rétabli par son petit-fils Persée, qui le tua par mégarde en jouant au petit palet, ou le changea en pierre en lui présentant la tête de Méduse. Prœtus, dans ses querelles, avait montré de la passion pour sa nièce Danaé, et devint le père de Persée : c'est le Jupiter transformé en pluie d'or.

(*g*) Méduse. Les anciens ont, de tout temps, peuplé l'Afrique de toute sorte d'animaux fabuleux, d'hommes et de femmes sauvages, qui ont fait imaginer ensuite la fable vraisemblablement allégorique des Gorgones. Bien plus tard, Athénée fait périr plusieurs soldats de Marius, dans la guerre de Jugurtha, par les regards de monstres semblables. Une des premières armées romaines qui descendirent en Afrique, eut encore une bête non moins merveilleuse à combattre. Pline et Diodore de Sicile ont pris la peine d'expliquer la nature de quelques-uns de ces prétendus animaux, et de donner des interprétations de la fable des Gorgones et de l'expédition de Persée. Dans des temps plus modernes encore, on a fait un récit romanesque du combat d'un chevalier de Saint-Jean de Jérusalem, Dieudonné de Gozon, contre je ne sais quel lézard prodigieux de la Libye. Enfin, de nos jours, les Égyptiens crédules, et qui ont sans doute conservé une partie des traditions superstitieuses de l'antiquité sur les monstres de l'Afrique, prétendent que, sur la route d'Akhmym à la grande *Oasis* et à celle de Jupiter Ammon, on trouve des êtres inanimés qui se convertissent lentement en animaux, et qui donnent naissance à des espèces bizarres d'êtres organisés, diversement combinées entre elles, et successivement transformées en celles qui existent aujourd'hui sur la terre; tandis qu'il en est d'autres qui se sont éteintes, et dont on ne trouve plus que des ossemens qu'on ne peut ranger dans aucune classe connue.

(*h*) Persée fit, comme on le voit, toutes ses expéditions en Afrique et autour de l'Égypte : ses victoires sur les Gorgones; sur Atlas, roi de

Mauritanie, qu'il changea en pierre; l'enlèvement des pommes d'or du jardin des Hespérides, et la délivrance d'Andromède en Éthiopie. En Grèce, il réunit le royaume d'Argos à celui de Mycènes. Les peuples de ces deux états lui élevèrent des *monumens héroïques*; mais il reçut encore de plus grands honneurs dans l'une des Cyclades où son vaisseau avait abordé, et à Athènes, où il eut un *temple*, comme a *Chemmis*, sans être pour cela regardé comme un dieu.

(*i*) Voilà encore une des traces de ces usages qui furent introduits par les Chemmites dans la Grèce, et dont j'ai parlé. La Cérès des Grecs était à peu près la même qu'Isis, qui enseigna les premières lois aux hommes : de là vient le surnom de *Thesmophore* (législatrice), que les Grecs lui donnèrent.

(*k*) Il ne faut pas confondre ce Chemmis avec le roi dont parle Diodore de Sicile, lorsqu'il dit : « Le huitième successeur de Nileus (cet Ægyptus très-ancien dont il a été question), fut Chemmis, qui régna cinq ans : ce fut lui qui fit élever la plus grande des trois pyramides...... A Chemmis succéda Cephren, son frère..... ensuite Mycérinus et Bocchoris. »

II.ᵉ SUITE DU CHAPITRE ONZIÈME.

NOTICE
SUR LES ANTIQUITÉS
QUE L'ON TROUVE
A CHEYKH EL-HARYDY,

Par E. JOMARD.

Nazlet el-Harydy est le nom d'un petit village de la province de Syout, sur la rive droite du Nil, à quatre lieues au-dessus de Qâou el-Kebyreh ou Antæopolis, et en face de Tahtah; la montagne y est tout proche du fleuve, dont elle n'est séparée que par un petit champ cultivé. Dans toute cette partie de la vallée, la chaîne orientale est presque toujours très-voisine du Nil; toutes les fois qu'il se trouve un espace un peu plus large entre elle et le fleuve, on y voit quelque culture et de petites habitations [1].

---

[1] Cet endroit se nomme également *Cheykh* et *Nazlet el-Harydy*, du nom du cheykh dont le tombeau est dans la montagne (*voyez* pl. 62, fig. 6, *A*., vol. IV). Au nord et à sept mille mètres d'Akhmym, il y a un autre village appelé de même *Cheykh el-Harydy*.

A sa naissance, la montagne a une pente de quarante-cinq degrés; elle s'élève ensuite à pic, à une hauteur de plus de quatre cent cinquante pieds au-dessus du niveau du fleuve; elle est percée de catacombes et de carrières, dont une, très-considérable, a seize gros piliers, et des puits d'espace en espace. La longueur de celle-ci est d'environ quatre-vingt-un mètres (deux-cent cinquante pieds), sur seize mètres (cinquante pieds) de profondeur. On trouve çà et là, auprès des ouvertures de ces grottes antiques, des débris de baume et de momies d'animaux. Sur le penchant de la montagne, il y a beaucoup de briques et de poteries brisées, qui annoncent les restes d'une ancienne ville ou bourgade. Les parois de la montagne sont pleines d'inégalités, et comme déchirées en tout sens. On trouve encore des carrières et des grottes antiques jusqu'à deux mille mètres au-dessous de Nazlet el-Harydy, ainsi qu'au-dessous de ce point, et du côté d'el-Rayâneh.

Au bas de la montagne, j'ai vu le reste d'un colosse taillé dans une partie du rocher: sa matière est de la pierre calcaire compacte, de la même espèce que certains colosses de Karnak. Il est au niveau de la plaine, et séparé d'un rocher qui lui-même est très-saillant sur le sol. La figure est assise. Le socle et la statue sont d'un seul bloc[1]: on ne voit plus la tête; il en est de même des jambes et du devant des cuisses. Il a une draperie jetée sur les épaules, et cette draperie est dans le goût romain. La sculpture est grossière et très-peu détaillée, comme si l'on eût voulu seulement la dé-

[1] *Voyez* pl. 62, fig. 7, 8.

grossir pour l'achever ailleurs. Il n'est pas douteux que cet ouvrage ne soit étranger aux Égyptiens. La hauteur du colosse assis, compris le socle, est de $2^m,7$, sans compter la tête; la proportion serait de $3^m,7$, s'il était debout. Les Turcs ont essayé d'exploiter ce morceau pour le débiter à leur usage; on voit, au bas du dos de la figure, cinq cavités qui ont été pratiquées pour y insérer des coins et faire éclater les fragmens.

La géographie comparée ne permet pas d'assigner avec certitude l'ancienne position qui a existé dans cet endroit. Ptolémée indique une position de *Passalus* au-dessus d'Antæopolis; mais l'Itinéraire d'Antonin place bien au-dessous la ville de *Pesla*, dont le nom a beaucoup d'analogie avec *Passalus*, ainsi que l'a remarqué d'Anville. Il en est de même de *Pescla*, qui se trouve dans la Notice de l'empire. D'un autre côté, l'Itinéraire présente une position de *Selinon* au-dessus d'Antæopolis et avant Panopolis : il est très-vraisemblable qu'elle occupait le même emplacement que Cheykh el-Harydy.

Mais ce qui ne présente aucune incertitude, c'est l'existence des carrières qui ont été exploitées en cet endroit par les anciens Égyptiens. Il est permis de croire que les pierres du grand temple d'Antæopolis ont été puisées en partie dans les carrières de Cheykh el-Harydy; j'en juge par la ressemblance qu'il y a entre leur nature et celle de la pierre dure du colosse que j'ai trouvé dans ce dernier endroit[1]. La montagne est composée de pierre calcaire en grande partie semblable à l'espèce que j'ai décrite plus haut; on y trouve quelques

[1] *Voyez* la Description d'Antæopolis, *A. D.*, *chap. XII.*

parties quartzeuses, mais principalement, et à chaque pas, de gros cristaux de spath calcaire rhomboïdal très-beau, non par filons ou par couches, mais par masses séparées et saillantes à la surface du rocher : il y en a de considérables et qui ont de deux à trois pieds de grosseur; d'autres tapissent des sortes de puits naturels [1].

Le nom de la montagne est *Gebel Cheykh el-Harydy*, du nom du petit village qui se trouve au pied. Cet endroit est connu pour recéler une multitude de voleurs qui rôdent sur le Nil; ce qui rend ces parages très-dangereux pour les voyageurs qui ne sont pas sur leurs gardes [2].

C'est près de ce petit village, bâti de roseaux, que se trouve le tombeau de cheykh el-Harydy, prétendue résidence du serpent que la crédulité des voyageurs a rendu si fameux. Curieux d'éclaircir ce fait, qui a donné lieu à beaucoup de conjectures, nous appelâmes des villageois qui étaient assemblés sur la rive, et nous leur

---

[1] Certaines masses sont cristallisées confusément, et d'un blanc mat comme la neige; d'autres enfin sont colorées par de l'oxide de fer jaune, et offrent des accidens curieux. Les lits inférieurs sont horizontaux, et formés successivement de couches d'oxide pur et de couches de spath. Parmi les cristaux bien formés, il y en a de parfaitement beaux et de la plus grande transparence : quelques-uns sont en aiguilles, comme le cristal de roche; d'autres affectent une forme allongée comme le gypse : mais, dans tous les fragmens, on retrouve toujours la forme primitive rhomboïdale. On avait pris à tort ces cristaux pour de l'adulaire, et aussi pour du spath pesant.

[2] Ces voleurs sont singulièrement hardis. Comme nous partions de Cheykh el-Harydy, la nuit, par un beau clair de lune, un homme se glissa sur notre barque; il osa voler un turban sur la tête du pilote pendant qu'il tenait le gouvernail, et se jeta aussitôt à l'eau : on lui tira un coup de pistolet; mais il plongea, et ne releva la tête qu'à une grande distance, où il se trouvait hors de la portée.

annonçâmes que notre intention était de visiter le tombeau du cheykh. Quelques-uns d'entre eux portèrent cet avis dans la montagne ; bientôt nous vîmes descendre plusieurs hommes portant des drapeaux rouges et blancs, et nous faisant des démonstrations d'amitié : nous nous rendîmes au milieu d'eux avec notre escorte. Dans cet endroit, la montagne est ouverte et forme une gorge étroite qui fait plusieurs détours sinueux. Cet aspect, si rare en Égypte, semble propre à inspirer des sentimens religieux. Nous arrivâmes, après avoir marché une demi-heure depuis le bord du Nil, et en montant toujours, sur une sorte d'esplanade à mi-côte, où est le tombeau de cheykh el-Harydy. C'est une petite mosquée arabe, assez mal construite ; rien n'annonce dans ce lieu d'anciennes constructions : à côté est un escalier taillé dans le roc, et composé d'une douzaine de marches[1].

On nous dit qu'un grand nombre de musulmans, habitans des villages voisins, venaient annuellement prier sur ce tombeau, et qu'on attribuait à cet acte de piété des effets merveilleux et des guérisons presque certaines. Nous avions appris que, pour entretenir cette pratique, à laquelle les dévots joignaient toujours des offrandes, on montrait au peuple un serpent qui passait pour être immortel et pour être animé de l'esprit du cheykh : nous pressâmes vivement celui qui nous avait introduits, de satisfaire notre curiosité en nous montrant

---

[1] Selon un des voyageurs modernes, cet escalier communique mystérieusement avec l'intérieur de la mosquée ; nous n'avons pu vérifier ce fait : il en est de même d'une très-grande excavation qu'il dit être tout au sommet de la montagne, et où l'on se rend par un chemin très-escarpé.

le serpent. Il nous répéta plusieurs fois, et en faisant tous les sermens que nous exigeâmes, que ce serpent n'existait point, et que le récit des voyageurs était faux à cet égard. Le peuple accourait en foule, disait-il, pour prier sur le tombeau du cheykh, selon l'usage des musulmans; et ceux qui desservaient cette espèce d'oratoire, récevaient des présens peu considérables, qui suffisaient pour leur nourriture. Il ajouta qu'à la vérité, lorsque le nombre des assistans était considérable, un des desservans avait coutume de jouer avec des serpens pour divertir l'assemblée; qu'il prenait ces serpens dans la montagne, et les laissait échapper ensuite. Nous demandâmes qu'ils nous fissent jouir de ce spectacle. Aussitôt un d'eux s'éloigna, et en fort peu de temps il rapporta un serpent qu'il maniait avec beaucoup de confiance et d'adresse : il nous le fit toucher aussi; et, après avoir agité plusieurs fois les drapeaux sur notre tête, et récité des prières dans lesquelles il invoquait le cheykh, il nous passa plusieurs fois le serpent autour du cou, et ajouta que, s'il plaisait à Dieu, nous serions exempts de maladies et d'accidens. Nous le remerciâmes d'un aussi bon augure. Notre présent, qui était assez modique, parut considérable, et excita une vive reconnaissance. Nous vîmes, à l'entrée de la grotte, quantité de pierres noircies où l'on avait fait du feu, et nous remarquâmes que la terre était teinte de sang. On nous dit que plusieurs des fidèles qui visitaient le tombeau, avaient coutume d'immoler des moutons et des buffles, et que la chair était offerte aux desservans. Avant de quitter ce lieu, nous voulûmes nous procurer, à prix d'argent, le serpent qu'ils nous avaient montré, et nous en donnâmes cent médins. Son espèce est petite, sa couleur grise, et il est taché de roux. Ce serpent n'ayant point encore été décrit par les naturalistes, M. Geoffroy le joignit à sa collection de reptiles. Au reste, il n'aura pas été difficile de le remplacer au tombeau de cheykh el-Harydy; toute la montagne renferme un grand nombre de ces mêmes serpens [1].

On a attribué une origine absurde à l'usage où sont aujourd'hui les Égyptiens de visiter le tombeau et le serpent de cheykh el-Harydy; on a cru aussi que cette coutume dérivait de l'ancien culte des serpens. Ces idées appartiennent aux Européens; mais on sera peut-être curieux de connaître quelle est l'opinion des gens du pays. Selon une tradition qu'un des derniers voyageurs a recueillie sur les lieux, il a existé dans cet endroit, il y a plusieurs siècles, un cheykh fameux par sa sainteté; après sa mort, on remarqua un serpent près de sa maison, et quelqu'un répandit que l'ame du cheykh était passée dans le serpent. Bientôt celui-ci eut la réputation de guérir les maladies invétérées et de donner la fécondité aux femmes stériles [2]. Des pélerinages annuels furent établis à l'époque de l'inondation; beaucoup de malades se crurent soulagés; des femmes, stériles

---

[1] Les faits contenus dans ce dernier alinéa sont, pour la plupart, extraits du Journal de voyage de M. Fourier, avec lequel j'ai remonté dans la haute Égypte.

[2] Le même voyageur dont je viens de parler, rapporte qu'il vit, dans l'intérieur de la mosquée, une petite table carrée couverte d'un tapis, sur laquelle, lui dit-on, le serpent venait se placer; et là, il se laissait toucher par les malades et les dévots. La salle renfermait encore le modèle d'une barque et des cornes de bouc, suspendus à une traverse de bois.

jusque-là, devinrent fécondes, et les merveilles attribuées à ce serpent, exagérées encore par la renommée, trompèrent des voyageurs trop crédules.

Il nous serait facile de rapporter ici de plus grands détails sur cette superstition; mais, comme nous ne croyons pas qu'elle ait aucun rapport avec les pratiques de l'antiquité égyptienne, ce ne serait pas ici le lieu d'en parler. D'ailleurs, de pareils récits nous semblent mériter peu d'intérêt de la part des lecteurs judicieux, si ce n'est peut-être sous le rapport de l'art des Égyptiens modernes, où l'on retrouve les traces de cette industrie qui a rendu célèbres les anciens psylles. Strabon, Élien, et d'autres auteurs, nous ont raconté, sur les psylles, des faits curieux qui le deviennent encore davantage par le rapprochement qu'on peut en faire avec ce qui se passe de nos jours. Mais c'est aux naturalistes à traiter cette question sous le rapport des habitudes et de l'éducation des animaux. A l'égard de la superstition du serpent de cheykh el-Harydy, je me bornerai à ajouter que, dans un article très-piquant du *Courrier de l'Égypte*[1], feu M. Lancret a relevé les contes absurdes que des voyageurs modernes avaient voulu accréditer en Europe.

[1] Journal imprimé au Kaire, n°. 83.

CHAPITRE DOUZIÈME.

DESCRIPTION

DES

ANTIQUITÉS D'ANTÆOPOLIS,

Par E. JOMARD.

§. I. *Observations générales.*

Quand on remonte le Nil pour visiter les monumens de la Thébaïde, le premier que l'on rencontre sur les rives du fleuve et qui donne une haute idée du style et de la majesté des ouvrages de l'Égypte ancienne, est celui que l'on trouve au village de Qâou. Tous les voyageurs seront frappés, comme nous l'avons été nous-mêmes, en apercevant de leurs barques ces belles colonnes et ces chapiteaux à feuilles de dattier, à travers des groupes de palmiers de même grandeur, et, pour ainsi dire, confondus avec ces arbres eux-mêmes, dont ils retracent la fidèle image. Si un artiste égyptien, revenu au milieu de nous, voulait nous révéler le secret de cette architecture, nous rendre palpables l'origine de l'art et le type naturel qui a servi à l'imitation, certes, il ne pourrait imaginer rien de plus favorable à son dessein que l'état actuel du portique de Qâou, qui, par un hasard heureux, est comme entrelacé aujourd'hui avec de superbes dattiers, couronnés, comme les colonnes, par des têtes élégantes. Je n'entreprendrai point d'exprimer le sentiment de surprise que nous avons éprouvé en abordant à Qâou : il est des impressions qu'on ne saurait transmettre; et le charme que produit sur l'esprit, les sens et l'imagination, une chose absolument neuve, se refuse à toute description. Le palmier d'Égypte est partout, sans doute, noble et imposant par l'élégance et la simplicité de sa tige, par la richesse et la symétrie de son feuillage; mais nulle part, comme ici, on n'est frappé de ces caractères, si éminemment propres à l'imitation, peut-être parce que c'est la première fois qu'on vient à considérer le palmier sous le rapport de l'art. Père nourricier de toutes les classes d'habitans, appliqué à mille usages, source d'abondance et de richesse pour tous, cet arbre est en Égypte comme une seconde providence, et ce n'est que par les services qu'il rend qu'on est habitué à le juger. Sans en recueillir moins de fruits, les anciens Égyptiens en avaient tiré encore un autre parti. Le port droit et cylindrique de sa tige leur donna la première idée du fût d'une colonne, et ses feuilles ramassées en tête, celle d'un chapiteau. La courbure de ces immenses feuilles qu'on pourrait considérer comme de véritables branches [1], les détails de l'écorce, enfin les fruits eux-mêmes, furent

---

[1] J'ai mesuré dans la basse Égypte des feuilles de dattier qui avaient plus de dix mètres de longueur, et qui étaient grosses à proportion.

copiés par les artistes avec ce goût sage et non servile, qui seul peut être admis dans l'imitation de la nature, et qui fait que cette imitation plaît à-la-fois à l'esprit et aux yeux. C'est ce sentiment de plaisir qu'on éprouve au plus haut degré, en débarquant à Qâou, l'ancienne *Antæopolis*.

§. II. *Remarques géographiques et historiques.*

Le nom principal du lieu, qui est *Qâou*, est accompagné de différentes épithètes qu'on trouve aussi dans les diverses relations des auteurs arabes et des voyageurs. On a surnommé ce lieu *el-Kharâb*, à cause des buttes de décombres de l'ancienne ville; *el-Charqyeh*, orientale, par opposition au village de Qâou *el-Gharbyeh*, situé au couchant du fleuve; et *el-Koubara* ou *el-Kebyreh*, la grande, pour le distinguer de ce même village, qui est beaucoup plus petit que celui où se trouvent les antiquités. Quant à l'orthographe de *Gau* ou à celle de *Kau*, elles sont également vicieuses.

Ce n'est pas dans le nom tout grec d'*Antæopolis*, ou ville d'Antée, qu'il faut chercher le véritable nom que ce lieu portait dans la haute antiquité : les Grecs ont rarement conservé ou même traduit les antiques dénominations égyptiennes, et la nomenclature arabe d'aujourd'hui offre peut-être plus de ressources pour les retrouver. L'endroit qui nous occupe en est une preuve. Son nom actuel, avons-nous dit, est *Qâou*, distingué, par l'épithète de *Kebyreh* ou *la grande*, d'un autre village portant le même nom, mais plus petit. On trouve dans les manuscrits qobtes de la Bibliothèque du roi, et dans les fragmens qobtes de Zoëga [1], qu'Antæopolis répondait à Tkôou, c'est-à-dire Kôou avec l'article. Il existait aussi une montagne appelée *Pkôou* [2], placée du côté oriental; ce qui est encore le même nom avec l'article au masculin, genre qui est celui du mot signifiant *montagne* en qobte [3]. Or, nous avons visité, à l'orient de Qâou, une montagne très-connue dans le pays pour les catacombes qu'elle renferme ainsi qu'une vaste carrière, et pour avoir servi d'asile aux anachorètes; plus tard, j'en donnerai la description.

Le nom qobte de *Tkôou*, ⲦⲔⲰⲞⲨ, me paraît donc répondre parfaitement à celui de *Qâou* قاو, qui a souvent été écrit *Kâou* كاو; et s'il a une signification qualificative, c'est là qu'il faudrait chercher, et non dans le mot d'*Antée*, des lumières sur l'origine et l'histoire de cette ville. Antée, dit la fable grecque, était un géant, fils de la Terre, qui fut terrassé par Hercule. Chaque fois qu'il touchait à la terre, soudain il reprenait des forces pour combattre son terrible ennemi : Hercule n'en put venir à bout qu'en le soulevant en l'air et l'étouffant par un effort extraordinaire. Mais cette fable cache peut-être

---

[1] *Voyez* les *Observations sur la géographie de l'Égypte*, par M. Ét. Quatremère, et la *Géographie de l'Égypte*, par M. Champollion, t. 1.

[2] D'après les mêmes fragmens cités par M. Ét. Quatremère.

[3] Ⲡⲧⲱⲟⲩ, montagne, ὄρος. *Un pays de montagne*, ὀρεινὴ, se dit

ⲠⲒ ⲒⲀⲚⲦⲰⲞⲨ (Luc. 1, 39); le même mot sans l'accent sur l'Ⲓ, μονιὸς ἄγριος, *singularis ferus* (Ps. XVI, 13); ou ὄναγροι, *onagri* (Ps. CIII, 2). Peut-être trouvera-t-on ici une étymologie du nom d'*Anteu*, les Grecs ayant supprimé l'article.

quelque allégorie relative aux phénomènes que présente la contrée; à la fin de cet écrit, nous proposerons une conjecture sur son origine.

Il est presque superflu de rechercher, par la géographie comparée, si le portique et les ruines qui nous occupent sont bien les restes d'Antæopolis : les Grecs ont pris soin eux-mêmes de graver le nom d'*Antée* sur ce portique, dans une inscription qui est malheureusement brisée en six morceaux, mais qu'il n'est pas impossible de restituer presque entière; inscription monumentale et faite au nom des souverains d'Égypte : nous apprenons par elle qu'Antée était honoré dans ce magnifique temple. Cette inscription devant faire le sujet d'un paragraphe séparé, je ne m'y arrêterai pas davantage, et je citerai en peu de mots les autorités géographiques, toutes unanimes en faveur de cette position d'Antæopolis; il est extraordinaire que Pococke et d'autres auteurs aient pu en douter.

D'après l'Itinéraire d'Antonin, il y avait seize milles de *Panopolis* à *Selino*, et autant de *Selino* à *Anteu*, en tout trente-deux; or, ces trente-deux milles se trouvent exactement dans la distance d'environ quarante-sept mille cinq cents mètres qu'il y a de Qâou à Akhmym ou Khmym, où sont les restes de l'ancienne *Panopolis*[1], comme son nom est lui-même le reste de *Chemmo*, ancien nom de la ville de Pan, suivant Diodore de Sicile.

Ptolémée décrit Antæopolis comme étant méditer-

---

[1] Cette ville est décrite dans une notice particulière de M. Saint-Genis, annexée au *chapitre XI* sous le titre de 1re *suite*.

ranée, et non sur la rive du Nil; distinction qu'il fait toujours. Ce qui est arrivé à Koum Ombou et ailleurs, est également arrivé à Qâou : le fleuve s'est jeté vers l'orient, par une pente qui paraît aller en augmentant toujours. Comme ce n'est pas ici le lieu d'en exposer tous les exemples, et qu'il importe à l'étude de la géographie de les approfondir, je me bornerai à en citer un seul qui est des plus remarquables et qui n'est point connu, réservant pour un travail séparé la recherche générale dont il s'agit. La ville et les environs de Meylâouy ont été abandonnés par les eaux du Nil, qui baignaient autrefois ses murailles; cette ville, jadis le port de chargement des grains destinés à la Mecque, est aujourd'hui à deux mille trois cents mètres à l'ouest du Nil, et la ville de Minyeh lui a succédé. Plus loin, du côté du midi, le fleuve s'est encore rapproché davantage de la montagne d'Arabie. Dans ce mouvement général vers l'est, le fleuve ne s'est pas retiré brusquement; il s'est avancé à l'est peu à peu; ses bras ont d'abord enveloppé des îles de petite dimension, qui se sont ensuite agrandies, puis transformées en d'autres îles, pour faire place à de vastes plaines, et se reformer plus loin vers l'orient. Les îles actuelles disparaîtront aussi un jour, jusqu'à ce que le Nil ait atteint partout le pied de la chaîne arabique, ou au moins le point le plus bas de ce plan incliné. La grande île qui est devant Qâou el-Koubarâ, est incontestablement produite par la cause que je viens d'exposer; c'est un démembrement de l'ancienne rive droite du fleuve, et de la plaine qui le séparait d'Antæopolis dans les temps reculés, à l'époque où ce lieu était *méditerranée*, μεσόγειος, ainsi que l'appelle Ptolémée[1]. Aujourd'hui les monumens qui étaient loin du Nil, sont exposés à être détruits par les eaux, qui bientôt baigneront le pied des colonnes[2]. Il n'y avait pas plus de vingt ans, à l'époque de l'expédition française, que la grande île était jointe au continent, si l'on en croit le rapport des gens du pays.

Hérodote, Strabon, Pomponius Méla, Solin, gardent le silence sur la ville d'Antée en Égypte; Pline nomme seulement le nom *Antæopolites* parmi ceux qui font partie de la Thébaïde : mais ces trois derniers auteurs parlent d'un roi Antée en Mauritanie, défait par Hercule, et d'une ville de son nom, située dans cette partie de l'Afrique. Il paraît que cet Antée a été confondu avec celui des Égyptiens. Mais Diodore a parlé de celui-ci dans trois endroits de sa Bibliothèque : comme les passages de cet historien doivent être cités dans le dernier paragraphe, je ne crois pas devoir ici m'y arrêter davantage.

Bien qu'Hérodote ne parle pas d'Antée, il s'explique

---

[1] Ἀπὸ ἀνατολῶν δὲ καὶ τοῦ ποτ. Ἀνταιοπολίτης νομὸς, καὶ μητρόπολις Ἀνταίου μεσόγειος.. ξβ' γ'.   κζ' γ'

Ab orientali autem parte fluvii Antæopolites Longit.   Latit.
nomus, et metropolis Antæi mediterranea.... 62° 20'.   27°40'.

[2] C'est à ce mouvement progressif du Nil vers l'orient que sont dus les îlots, les bas-fonds et les canaux étroits qui rendent difficile la navigation de cette partie de son cours; nous en avons fait la fâcheuse expérience à notre départ de Qâou. Depuis trois heures du soir et toute la nuit suivante, notre barque est restée engagée dans les sables, malgré de pénibles efforts, et au milieu des coups de vent les plus violens. Le lendemain seulement, elle a pu se remettre à flot, par le secours d'un grand nombre d'hommes qui, s'étant mis dans le fleuve avec nos matelots, sont parvenus à la soulever.

nettement, dans plusieurs passages, au sujet de l'Hercule égyptien, bien antérieur au fils d'Alcmène[1]. C'était, selon cet auteur, le plus ancien des douze grands dieux de l'Égypte, qui sont postérieurs aux huit premiers dieux. Pan, Hercule et Bacchus, dit Hérodote, passent parmi les Grecs pour les dieux les plus récens, tandis que chez les Égyptiens ces dieux sont très-anciens. Macrobe dit aussi que les Égyptiens adorent Hercule, qu'ils ont pour cette divinité la plus profonde vénération, et que ces peuples, dont les traditions remontent si haut, n'ont jamais connu son origine.

La ville d'Antée n'est pas au nombre de celles où les Romains entretenaient des troupes; mais à *Muthis*, à quelques milles de l'endroit, il y avait une cohorte en garnison[2]. Cependant cette ville est demeurée, sous la domination romaine, le chef-lieu d'une préfecture; l'existence du nome *Antæopolites* est prouvée par les médailles, au moins jusqu'à l'empereur Trajan. On lit sur le revers de la médaille frappée pour ce nome, les mots ANTAI L IΓ, et du côté de la face, AT. TPAIAN CΘB ΓΘPM Δ[3]; c'est-à-dire IMPERATOR TRAJANUS AUGUSTUS GERMANICUS DACICUS; — ANTÆOPOLITES, ANNO XIII°.

Aujourd'hui Qâou n'est plus qu'un village dépendant de la province de Girgeh. Il est bâti en maisons de brique assez bien construites : des tombeaux placés en

---

[1] Herod. *Hist.* lib. II, c. 44, 45 et 145.

[2] Vid. *Notit. utriùsque imperii*, pag. 90. *Muthis*, suivant l'Itinéraire; *Mutheos*, suivant la Notice. La Table de Peutinger ne fait point mention non plus de cette ville d'Antæopolis.

[3] *Voyez* la planche des nomes d'Égypte, *A.*, vol. v, pl. 58; *voyez* aussi le Mémoire sur les nomes et la carte ancienne de l'Égypte.

avant offrent des formes remarquables, un surtout qui porte aux quatre angles des oreillons à la manière des tombeaux grecs et romains. Il ne possède aucune industrie particulière, et les habitans m'ont paru plus qu'ailleurs livrés à la paresse et à l'oisiveté. Partout, il est vrai, la curiosité qu'excitaient nos observations et nos recherches, rassemblait autour de nous la population des villages; et cette multitude demeurait comme en contemplation et oisive pendant des heures entières : mais j'en ai été frappé à Qâou plus qu'ailleurs. Le pays n'est point riche, il est mal cultivé : aussi à cette indolente inaction des *fellâh* se joignait une disposition d'esprit voisine de la malveillance et contraire à nos travaux. Combien n'avons-nous pas eu de peine pour pénétrer dans le village, pour avoir de légères provisions, pour nous faire conduire à la montagne ? Ils s'étaient d'abord tous enfuis ; ce n'est que long-temps après qu'ils revinrent : un air sombre et défiant chez les uns, chez les autres une attitude contrainte et presque menaçante, partout froideur et mauvaise volonté, tel est l'accueil que nous avons reçu à Qâou. Il n'en était pas de même dans les endroits plus riches, là où la culture était prospère, et l'industrie plus florissante; nous y avons, au contraire, trouvé presque toujours une confiante bienveillance, compagne ordinaire de l'état d'aisance et de bien-être.

J'ai vu à Qâou des scarabées d'une grande taille, que les paysans avaient trouvés dans les fumiers. Un fait plus singulier à citer est l'existence d'un dattier qui, aux deux tiers de sa hauteur, se divise en deux tiges égales; chacune de ces tiges est plus grosse que le tronc, et chacune aussi porte une tête aussi grande, au moins, que s'il n'y en avait qu'une seule sur l'arbre. Au point de la bifurcation, le tronc est plus épais qu'en dessous, et semble annoncer une maladie du palmier. Ce phénomène est le seul du même genre que j'aie vu en Égypte, et je n'ai pas entendu dire qu'aucune personne ait vu d'autres dattiers bifurqués[1].

§. III. *Vestiges d'antiquités qui subsistent à Qâou et aux environs.*

Les restes de l'ancienne ville d'Antæopolis consistent dans un temple principal avec des buttes de décombres tout autour et une grande enceinte qui l'enfermait, un édifice à l'ouest, orné de colonnes, et des murs de quai baignés par le Nil. On peut ajouter, comme des dépendances de la ville, la carrière et les hypogées pratiqués dans la montagne arabique.

Le grand temple devant faire l'objet du paragraphe suivant, je vais décrire d'abord les ruines environnantes.

Le village de Qâou est divisé en deux parties, l'une qui est sur le bord du Nil, et l'autre au nord-est. C'est au levant de la première que sont situées les ruines et les buttes de décombres. L'enceinte rectangulaire qui enfermait les monumens, s'étendait sans doute jusqu'à cette partie du village, et elle se rattachait probablement

---

[1] M. Cécile l'a représenté dans sa vue du portique. *Voyez* pl. 40, *A.*, vol. iv.

à un grand mur de quai qui était à l'extrémité la plus occidentale des ruines. Ses dimensions (dans cette supposition) devaient être de quatre cent vingt-cinq mètres sur environ cent quinze. Quoique cet espace soit assez étendu, je ne pense pas cependant que la ville y fût circonscrite.

Le tiers de cette enceinte est aujourd'hui presque sans vestiges; les côtés du nord et de l'est sont les plus apparens: du côté du sud ou du Nil, elle a été, à ce qu'il paraît, entraînée par les eaux; car les buttes alignées qui sont sur la rive, ne sont pas les restes de cette clôture.

Il paraît que l'enceinte était de briques cuites au soleil. L'entrée du grand temple était au milieu de la longueur, et, dans son axe, il y avait, à cette enceinte, une issue ouverte, encore apparente aujourd'hui.

Les buttes qui sont à l'est et à l'ouest de l'espace où était le temple, n'ont pas été fouillées; mais, d'après les débris de poteries antiques et les fragmens de tout genre répandus à la surface, je ne doute pas que des fouilles bien dirigées n'y fissent rencontrer quelques morceaux précieux d'antiquité.

Dans le prolongement, et à cent trente mètres des trois colonnes les plus méridionales du portique, est un grand massif carré, de construction antique, tout-à-fait semblable à un piédestal, et dont il n'est pas facile d'assigner l'objet[1]. Il ne pouvait avoir aucun rap-

---

[1] Il paraît qu'il y avait plusieurs piédestaux semblables : j'ignore s'ils supportaient des statues; mais j'ai trouvé à Cheykh el-Harydy, village à trois lieues et demie au sud, où il y a des ruines, une statue romaine colossale qui pourrait y convenir. *Voyez* pl. 62, fig. 6 et 7, et la no-

port avec le temple, et il ne paraît pas se rattacher à l'édifice de l'est, d'autant plus que ses faces sont inclinées par rapport aux colonnades de cet édifice. Sa dimension est de deux mètres et demi. Comme il est aujourd'hui plongé dans l'eau, je crois pouvoir le considérer comme un point d'appui pour le quai en maçonnerie, servant à garantir les édifices. Une grande portion de ce quai a été emportée par les eaux. On l'a reconstruit à différentes époques, et on l'a rapproché du temple, comme le prouve un reste de muraille, aujourd'hui baigné par le Nil, et qui est tout près des grandes pierres de l'ouest, dont nous parlerons plus bas. Mais le fleuve, s'avançant toujours vers le nord, a détruit la plus grande partie de la construction, et a fini par atteindre les fondations de la porte qui a existé dans cet endroit, dans l'axe même du grand temple [1].

Il paraît que le quai actuel a été bâti pour arrêter les ravages du fleuve, et qu'il l'a été avec les débris des monumens: ainsi, par ces deux motifs, on ne peut douter qu'il ne soit postérieur au grand temple. Du temps de Norden, le Nil avait déjà la même tendance qu'aujourd'hui. Il remarqua, au nord de Qâou, un canal bordé d'une digue en pierre que le fleuve avait emportée.

A moins de vingt mètres à l'ouest de ce massif, sont deux rangées de colonnes parallèles au fleuve avec des murs d'entre-colonnement, seul reste actuel de l'*Édifice de l'ouest* [2]. Le diamètre des colonnes est d'un mètre

---

tice qui fait la IIe *suite du chapitre XI.*
[1] *Voyez* ci-après.

[2] *Voyez* le plan général, pl. 39, fig. 1, *A.*, vol. IV.

juste, et l'entre-colonnement, de 2^m,79 d'axe en axe. Les crues du Nil ont enlevé une partie de ce petit bâtiment, et les décombres ont caché l'autre; chaque rangée est de sept colonnes. L'architecture de cet édifice, qui était bâti en pierre calcaire, paraît avoir été fort simple. Il est impossible d'en faire un plan restauré; mais, d'après les dimensions de ce qui reste, on peut croire que sa longueur ne dépassait pas vingt à trente mètres. Les murs d'entre-colonnement et d'autres circonstances prouvent au reste que c'est un édifice égyptien. Il diffère des petits temples appelés *typhoniens*, par ses colonnades, et par sa position relativement au temple principal. Les entre-colonnemens sont bouchés par des tableaux.

A la partie la plus occidentale des ruines est un fragment de quai assez considérable; au lieu d'être construit en éperon, il forme au contraire un angle rentrant, dont une branche a plus de vingt mètres, et l'autre plus de quinze. La bâtisse est faite de larges pierres de taille, et paraît solidement établie; mais on ignore ce qu'est devenu le reste de cette construction. L'exhaussement du fond du Nil allant en croissant, ces quais sont déjà submergés jusqu'à la sommité pendant les crues, et ils finiront par disparaître entièrement. Il faudra que les habitans rehaussent leur village pour parvenir à se défendre contre les débordemens des eaux; mais le temple et les autres restes de l'ancienne ville seront un jour la proie du fleuve, parce que rien ne les protége plus contre les inondations.

En face des ruines d'Antæopolis, il y a une île de

peu d'étendue et un canal de cent cinquante mètres seulement; mais le grand canal a plus de mille mètres. Qu'on se représente une crue de douze à quinze mètres, et une masse d'eau de cette étendue battant contre les colonnades, et qu'on ajoute à une si grande pression la pente que le Nil affecte du côté du nord, on concevra sans peine combien il est difficile que le portique résiste un jour à la cause qui paraît avoir détruit le reste du monument.

C'est à une lieue au nord qu'est située la chaîne arabique. Là, sur les parois d'une gorge profonde, les anciens Égyptiens ont pratiqué de grandes excavations, d'où ils ont tiré les matériaux de leurs villes. L'une de ces carrières est d'une étendue presque incroyable : on a mesuré ses deux dimensions principales; elles sont de six cents pieds sur quatre cents (environ deux cents mètres sur cent trente) : on remarque, au plafond, des projections tracées, comme j'en ai trouvé à Gebel-Aboufédah, et dont je parlerai dans le chapitre XVI. Ces tracés avaient pour objet de servir à la coupe des pierres. Des essais stéréotomiques du même genre se voient dans différens hypogées.

Le fait le plus curieux qu'on observe dans ces grottes, c'est qu'il s'y trouve des inscriptions en caractères pareils à ceux des papyrus. C'est aux voyageurs qui visiteront ces lieux, à faire en sorte de copier les inscriptions cursives tracées sur les piliers de la carrière.

Au nord, on trouve différens hypogées dont le plafond est creusé en berceau. Le plan des salles est pareil à celui des grottes sépulcrales de Thèbes et de Syout.

Au fond sont des niches où l'on voit les figures des maîtres des catacombes. Il y a des puits et des galeries qui correspondent aux salles supérieures. Ainsi que la carrière dont j'ai parlé, plusieurs de ces catacombes renferment des caractères cursifs, outre les inscriptions hiéroglyphiques.

Cette partie de la montagne arabique est fréquemment percée d'ouvertures semblables. Au-dessus de Qâoû, le rocher se rapproche du fleuve; nous y avons vu des portes symétriquement creusées. Près d'el-Rayâny, il y a quatre grandes ouvertures. La montagne a été taillée; au-dessus sont de vastes appartemens.

La nature de la montagne est une pierre calcaire d'un grain assez dur, et susceptible d'un certain poli.

§. IV. *Grand temple d'Antæopolis.*

J'ai déjà dit que le temple d'Antæopolis était primitivement dans l'axe de l'enceinte, et que le fleuve s'était rapproché considérablement du côté méridional de l'édifice, dont il n'est plus aujourd'hui qu'à quinze ou seize mètres. Il est probable que ce progrès ira toujours en croissant, et que le portique finira par être baigné par les eaux, quand d'ailleurs le fond du lit sera exhaussé suffisamment. Déjà même je ne doute pas que les eaux n'y parviennent dans les grandes inondations, quoique je ne m'en sois pas informé près des habitans; et je me fonde sur ce que la partie inférieure des colonnes, jusqu'à la hauteur d'un mètre ou plus, est détériorée visiblement. Le sel que contient la terre qui fait le sol actuel du portique, est dissous par les eaux et paraît attaquer la pierre. J'ai trouvé sur le fût, à plus d'un mètre de terre, des parties tout imprégnées de sel marin, et des éclats se détachant sans peine de la pierre, quoique naturellement très-dure.

En second lieu, si l'on fait attention que le premier portique est la seule partie subsistante de tout cet édifice, qui était si solidement bâti; que le portique suivant, que je crois avoir existé, et toutes les autres salles du temple, sont renversés, et que les pierres sont aujourd'hui à terre, on est fort porté à croire que cette destruction est l'ouvrage des eaux du Nil, qui ont miné insensiblement les fondations et fait écrouler les murailles.

La nature de la pierre dont le temple est bâti, est, comme celle de la montagne arabique, une sorte de calcaire compacte, à grain très-fin, à cassure conchoïde, d'un aspect grisâtre, et qui répand une odeur désagréable quand on vient à la frotter. Cette pierre est susceptible d'un assez beau poli, semblable à celui de l'albâtre. La montagne appelée *Gebel-Cheykh el-Harydy*, au-dessus de Qâou, en est aussi composée.

La porte du temple était tournée à l'ouest-sud-ouest, à peu près parallèlement à la direction que le Nil a dans cet endroit. La longueur de l'édifice ne peut se connaître aujourd'hui d'une manière exacte; mais on en a une connaissance fort approchée, par la position d'une grande niche ou tabernacle monolithe qui se trouve aujourd'hui dans l'axe même du portique, et qui occupait sans doute le fond du sanctuaire, ainsi que les deux niches des éperviers du grand temple de Philæ. Ce monolithe, quoique en partie enterré, est encore debout, et paraît être à sa place primitive. La distance de son centre à l'entrée du portique est de cinquante-neuf mètres, à quoi il faut ajouter environ dix mètres pour la partie postérieure à l'*adytum*, dans la restauration que je propose[1]. Ainsi le temple avait au moins une longueur de soixante-neuf mètres : cependant il pouvait être beaucoup plus long. Sa largeur, au portique, était de quarante-cinq mètres, d'après la restauration la plus probable des antes, qui sont aujourd'hui renversés : la profondeur du portique était de seize mètres.

La hauteur du temple était de 15^m,06, ou le tiers environ de sa largeur. Cette dimension est connue d'une manière certaine, à cause des parties qui subsistent de la corniche[2], et de la fouille qu'on a faite au pied d'une colonne. Le diamètre inférieur des colonnes est de 2^m,32, et la colonne a 11^m,50 de haut ou cinq diamètres, en comptant la base et le chapiteau. Celui-ci a 2^m,5 de hauteur; et la base, 0^m,6. Un dé de 0^m,433 couronne le chapiteau. L'entre-colonnement est partout de trois mètres, excepté au milieu, où il est de 5^m,40. L'encombrement des colonnes est environ de deux mètres et demi (sept pieds et demi). Les débris de la partie postérieure du temple sont encombrés beaucoup davantage. On aperçoit de grandes et grosses pierres qui ont appartenu aux plafonds, sortant du sol d'espace en espace, depuis le portique jusqu'au grand monolithe; mais le

---

[1] *Voyez* le plan, fig. 1, pl. 41, et la pl. 42. [2] *Voyez* la pl. 40.

plus grand nombre des débris est recouvert de ruines et de terres amoncelées, ou masqué tout-à-fait par des groupes et des buissons de palmiers. L'une de ces pierres a 6^m,50 de long sur 1^m,20 [1] dans les deux autres sens; plusieurs autres ont également six mètres et demi de long; une d'elles a 6^m,70 de long : j'en ai mesuré une qui a 7^m,60 de longueur sur plus de trois mètres.

Le portique est lui-même, comme nous l'avons dit au commencement de cette description, environné et même en partie occupé par des groupes de dattiers [2] qui lui donnent une physionomie particulière. Ce portique consistait en dix-huit colonnes placées sur trois rangs : le deuxième et le troisième rangs sont entiers; mais celui de la façade n'a plus que trois colonnes, au lieu de six; savoir, les deux du milieu et la suivante à droite. La chute de ces trois colonnes a entraîné les architraves et les plafonds qu'elles supportaient [3]; c'est ce qui fait qu'on trouve par terre de grandes portions d'entablement, de frise et de corniche : mais le reste du portique est encore couvert de son plafond.

En parlant des diverses parties qui restent de l'édifice, j'ai dit presque tout ce qu'il y a à dire sur la disposition. Si l'on prend pour guide l'analogie des autres temples du même genre, on sera porté à croire que ce premier portique de dix-huit colonnes était suivi d'un second portique de douze colonnes plus petites et plus

---

[1] Mon journal de voyage porte ici 4^m,20; mais c'est probablement une erreur.

[2] *Voyez* les pl. 39 et 40.

[3] Il paraît que du temps de Pocoke, vers 1740, les dix-huit colonnes étaient debout.

basses, ensuite de deux salles oblongues et perpendiculaires à l'axe, puis du sanctuaire avec deux pièces latérales, enfin d'une galerie servant à isoler le sanctuaire et communiquant à des salles placées à droite et à gauche du temple. Mais une autre construction se rattachait au plan général du monument, et je dois en faire mention avant d'entrer dans une description détaillée. C'était sans doute une grande porte analogue à celle qui précède le temple de Denderah, le vieux temple de Karnak, etc. Dans l'axe du portique et à environ quatre-vingts mètres, on trouve d'énormes pierres sur le sol : l'une d'elles a $9^m,87$ de long sur $1^m,45$ de hauteur et $1^m,60$ de largeur ; d'autres, sans être aussi colossales, sont encore d'une dimension extraordinaire : ces blocs gigantesques sont plus grands que les pierres mêmes qui ont servi à Thèbes[1]. A la vérité, la nature de la pierre que j'ai décrite plus haut, se prêtait parfaitement, et beaucoup plus que la pierre des montagnes de Thèbes, à la taille et au transport de ces assises colossales. Le poids de l'une des plus grandes devait être d'environ quatre-vingt-six milliers de livres. Je laisse à d'autres à rechercher par quels moyens on soulevait, on charriait et surtout on mettait en place, à une grande hauteur, ces pierres si longues et si pesantes : je me borne à dire que la plus grande pierre du pont de Neuilly est longue de trente-quatre pieds six pouces, sur une largeur et une épaisseur égales de deux pieds six pouces ; c'est-

---

[1] Un de nos collègues a noté dans son journal une pierre beaucoup plus large ; elle avait trente pieds de long sur huit de largeur et cinq d'épaisseur. Pocoke parle d'une pierre de vingt-un pieds sur huit de largeur et cinq d'épaisseur, et d'une autre de trente pieds sur cinq d'épaisseur.

à-dire 1,1ᵐ,21 sur 0ᵐ,81 ; et que les deux pierres du fronton du Louvre, également célèbres pour leurs dimensions, ont chacune cinquante-deux pieds sur huit de largeur et un pied deux pouces d'épaisseur. Ainsi le poids de la première est de trente-quatre milliers et demi, et celui des secondes, de plus de soixante-dix-sept milliers ; c'est-à-dire que ces poids sont inférieurs, l'un, de cinquante-deux, et l'autre, de neuf milliers, aux pierres de Qâou. Je n'ose toutefois affirmer que les pierres que j'ai vues à terre aient été effectivement élevées et dressées à leur place pour couvrir la porte que je dis avoir existé dans cet endroit. En effet, comment des pierres aussi longues seraient-elles tombées sans se briser ?

La façade du portique était garnie, comme dans les autres temples, par des murs d'entre-colonnement ; mais ce qu'il y avait de particulier à celui-ci, est que toutes ces murailles étaient ouvertes, au lieu d'être fermées par des tableaux, comme dans les autres temples, de manière que tous les entre-colonnemens formaient autant de portes semblables à celle du milieu, mais plus basses[2]. Au premier coup d'œil, on pourrait croire que ces issues multipliées choquent le système de l'architecture et même de la religion égyptienne, dans laquelle on interdisait l'entrée des temples à la multitude ; on pourrait,

---

[1] Le chariot sur lequel on a transporté cette pierre pesait onze milliers. Trente-six à quarante-huit chevaux, suivant les endroits de la route plus ou moins difficiles, étaient attelés au chariot. Elle a été amenée de Meulan, à onze lieues de Paris.

[2] Voy. pl. 41, fig. 2, A*, vol. IV. Pococke semble faire entendre qu'il a vu des tableaux dans les entre-colonnemens ; mais il s'est sans doute mal expliqué.

par conséquent, regarder ces portes comme ayant été pratiquées postérieurement à la construction primitive de l'édifice. Mais, d'abord, il était aussi facile d'entretenir des portes fermantes dans les entre-colonnemens latéraux que dans celui du milieu; secondement, la forme, le style et la décoration en sont parfaitement conformes au caractère de l'architecture égyptienne. C'est donc une particularité que l'architecte du monument d'Antæopolis a voulu introduire dans son plan; et nous devons joindre ce nouvel exemple à ceux que l'on connaît déjà de la variété qui, contre l'opinion commune, règne dans les monumens de l'Égypte.

Je viens à la description du singulier monolithe placé à cinquante-neuf mètres de la façade et dans l'axe du portique. La première idée qui se présente en apercevant cette masse, qui est le seul reste bien conservé et debout de tout le temple proprement dit, c'est qu'elle doit sa conservation à ce qu'elle est formée d'une seule pierre. En se rappelant les tabernacles de Philæ, taillés en granit, et ceux aussi en granit qui étaient à Qoûs, à Butos, à Saïs et dans beaucoup d'autres endroits, on ne peut douter que les Égyptiens, en construisant ces chambres monolithes, n'aient eu ce but-là même de leur donner une solidité et une durée plus grandes encore que celles des monumens. Celle d'Antæopolis a une forme qui la distingue de toutes les autres. C'est un sommet en pyramide quadrangulaire, dont l'angle est fort aigu : le corps lui-même du tabernacle est rectangulaire, à côtés inégaux; il ne forme pas un prisme droit, mais les faces sont légèrement inclinées. L'intérieur est creusé en forme de niche prismatique; le devant est orné d'un cordon et d'une corniche dont la ligne saillante est en même temps, de ce côté, la base de la pyramide.

Le monolithe est enterré; il en sort de terre une portion de trois mètres de haut, sans compter la pyramide, qui a plus de 1^m,40 de hauteur perpendiculaire; ce qui fait en tout environ cinq mètres. Voici ses principales dimensions, que j'ai mesurées avec le plus grand soin :

Longueur de la face du nord à la base de la pyramide.. 2^m,69.
Face de l'est ou de l'ouest...................... 2 ,13.
Longueur de l'apothème........................ 1 ,98.
Longueur du côté de la niche, ou profondeur...... 1 ,58.
Largeur....................................... 1 ,13.

Je n'ai pu faire exécuter une fouille au pied de ce monolithe; mais on peut estimer que sa hauteur était au moins de cinq mètres.

La pierre qui a servi à le construire, est de ce même calcaire à grain fin et compacte, susceptible d'un beau poli, et pour l'extraction duquel on a exploité les carrières de Gebel-Cheykh el-Harydy.

Cette même pierre se prêtait à une sculpture très-délicate: aussi le travail des ornemens dont le monolithe est décoré, est d'une grande finesse; toute la sculpture est en relief, et le relief est très-doux à l'extérieur. Le devant seul est sculpté; les trois autres faces sont lisses et polies. La corniche est ornée d'un globe ailé, et la frise, au-dessous, porte un disque semblable. Chacun des côtés est décoré d'hiéroglyphes distribués en trois colonnes verticales très-bien conservées. La niche intérieure est ornée de divers sujets, qu'on serait naturellement porté à étudier avec la plus grande curiosité, dans l'espérance d'y trouver des lumières sur le culte ou la destination du temple. Mais, ainsi que nous l'avons vu dans les autres sanctuaires, les sujets représentés sur les faces de la niche n'offrent aucun personnage, aucun symbole particulier : les différens êtres qui figurent dans la mythologie égyptienne y sont combinés ensemble, et forment un sens mystérieux qui sans doute échappera encore long-temps aux recherches. Ici l'épervier et le chacal semblent jouer le principal rôle. Dans une frise qui décore la sommité de la niche, le scarabée est représenté les ailes ouvertes, et symétriquement répété de distance en distance. Au fond et au-dessous de cette frise, on voit un épervier tourné du côté gauche, et à côté deux chacals dirigés du côté droit. Sur la face de la niche, regardant le sud, on voit encore un épervier et un chacal se tournant le dos. Un personnage, qui ne paraît pas être de l'ordre sacerdotal, fait à ces divinités symboliques une offrande de deux vases.

En faut-il conclure que l'épervier ou le chacal, ou tous les deux, étaient révérés dans ce temple? Non, sans doute. Les hiéroglyphes qui accompagnent ces tableaux, auraient pu aider à éclaircir un jour ce mystère : je regrette de n'avoir pu les copier. Au reste, une grande partie de ces caractères est effacée, et les figures elles-mêmes de la partie inférieure sont dégradées absolument, peut-être par la cause dont j'ai déjà parlé, c'est-à-dire par le séjour des eaux, qui paraissent avoir rongé le bas des colonnes.

Je connais plusieurs monolithes terminés par une pyramide obtuse, celui que j'ai trouvé à Meylâouy, celui de Qous et plusieurs autres; mais le seul qui soit couronné d'un sommet aigu et figurant la pointe d'un obélisque, dont il a d'ailleurs les dimensions, est celui d'Antæopolis. Les Égyptiens travaillaient, à la vérité, en bois, de petites niches de cette forme; et j'en ai vu un exemple assez curieux dans un cabinet d'antiquités[1].

Le lecteur a déjà pris une connaissance générale de la décoration du portique d'Antæopolis, s'il a remarqué, au commencement de cette description, l'analogie que j'ai montrée entre les palmiers et les colonnes, qui semblent aujourd'hui confondus, et produisent par leur réunion un aspect singulièrement pittoresque; c'est aussi ce qui frappe le plus, quand on veut étudier le système d'ornement que l'architecte a suivi. Le fût des colonnes est légèrement conique, ainsi que le tronc du dattier. Le chapiteau est formé par neuf longues palmes, terminées supérieurement par des courbes gracieuses. Les têtes des feuilles sont réunies par un massif découpé en neuf parties qui leur correspondent, et qui sont diversement disposées par rapport au dé carré qui porte le chapiteau. Cette irrégularité apparente provient du nombre impair des palmes; circonstance qui n'existe que dans le monument de Qâou : elle fait que les cha-

---

[1] Le fragment dont je parle est à la Bibliothèque du roi. La niche au-dedans n'a que sept pouces environ de hauteur : ce petit tabernacle pose sur un socle, qui supporte aussi trois figures en bois, debout, devant l'ouverture de la niche.

piteaux présentent par-devant une feuille vue de face, et par derrière, à l'extrémité opposée du diamètre, une arête formée par les plans de deux autres feuilles [1]. Au reste, la coupe des faces, des arêtes et des courbes du chapiteau, est d'une exécution pure, qui ne laisse rien à désirer.

Une autre particularité de ces chapiteaux, est que les côtes seules des palmes sont indiquées; les folioles ne le sont pas.

Le fût est divisé par des cercles horizontaux ornés d'hiéroglyphes, et chacune des bandes intermédiaires est partagée par des lignes verticales qui séparent autant de tableaux. Il y a ainsi sur chaque colonne douze compartimens, occupés chacun par une offrande, un sacrifice, ou une autre scène sculptée en relief. Le dieu est assis; le prêtre a les bras élevés, et tient dans ses mains une offrande qui est répétée sur l'autel. Toutes ces sculptures sont exécutées avec délicatesse.

Au-dessous du chapiteau, le fût est décoré par cinq liens et par des serpens de la forme et de l'attitude ordinaires de l'*ubœus;* les serpens sont l'un sur l'autre, comme entrelacés, couronnés d'un disque, et ils forment par leur réunion un ornement agréable. Entre les serpens, et du côté extérieur, il y a un autre ornement de forme arrondie, qui est aussi d'un genre particulier, et qui semble être un appendice des liens. Au-dessus est une grande colonne verticale d'hiéroglyphes, qui descend jusqu'au bas du fût. Toutes les lignes qui composent ces ornemens, sont travaillées avec beaucoup de pureté, et

---

[1] *Voyez* la pl. 41, fig. 4 et 5, *A.*, vol. IV.

répondent au soin qui a présidé à toute la construction. Le massif de la porte principale est décoré de tableaux intéressans : on voit un sphinx sur un autel, tenant un vase couronné de la tête d'épervier, et qui est dans l'action d'offrir ce vase à Osiris, portant la même tête ; une figure de héros qui s'agenouille avec beaucoup de mouvement devant la même figure d'Osiris, et Isis derrière lui ; et, derrière le personnage, le signe de la divinité, la croix à anse répétée *quatre fois :* c'est une répétition que je n'ai jamais rencontrée que dans ce seul endroit. La ceinture et le casque de cette figure ne permettent point de douter qu'il ne s'agisse d'un héros.

C'est à la partie inférieure de toutes les colonnes qu'est le sujet le plus curieux ; c'est une image d'oiseau symbolique posée sur une coupe, précédée d'une étoile, et tout-à-fait semblable aux figures qu'on voit sur les colonnes de Philæ et d'*Apollinopolis magna.* Dans un mémoire sur cette dernière ville, j'ai donné le nom de *phénix* à cet oiseau mystérieux qui a les ailes et le bec d'un aigle et une huppe sur la tête, et j'ai exposé les motifs qui viennent à l'appui de mon opinion[1] : je me bornerai donc à renvoyer à ces recherches, et à ajouter que peut-être ici, comme à Edfoû, le symbole du phénix annonce que le monument a été fondé en mémoire et à l'époque du renouvellement de la période sothique. La coupe sur laquelle est ici la figure du phénix, semble sortir du milieu des lotus, qui eux-mêmes sortent des feuilles entrelacées, comme dans les monumens que

---

[1] *Voyez* la pl. 41, fig. 3, et la description d'Edfoû, *Ant. D.*, chapl. 38, fig. 9, et consultez la Des- pitre *V.*

j'ai cités tout-à-l'heure. Quant à la base sur laquelle les colonnes reposent, elle est cylindrique et sans aucun ornement.

Le portique était couronné par un entablement qui ne subsiste plus qu'en partie; la frise, avec son cordon, a 1^m,79 de hauteur, c'est-à-dire est de la même hauteur que la corniche, et presque égale au diamètre du chapiteau.

La frise était décorée de deux bandes horizontales d'hiéroglyphes, et, au milieu, d'un globe ailé. La corniche formait une gorge saillante et d'un effet très-agréable à l'œil : le milieu renfermait aussi un vaste globe ailé, et le reste était orné de cannelures et de légendes hiéroglyphiques.

Le plafond du portique subsiste encore en partie : on y voit des hiéroglyphes sculptés.

Je terminerai ici la description succincte des ornemens du temple d'Antæopolis, en ajoutant que l'ornement égyptien qui occupait le milieu de la frise du frontispice, n'existe plus : on l'a supprimé pour y graver des caractères grecs. C'est cette inscription grecque, d'un genre fort curieux, et sous le rapport de sa composition, et sous le rapport plus important de l'histoire des monumens d'Égypte, qui va faire l'objet du paragraphe suivant : mais auparavant je ferai remarquer les rapports simples qui existent entre les principales dimensions de cet édifice.

Si l'on divise en dix parties la hauteur de la colonne, y compris la base et le dé, on trouve que l'entablement renferme . . . . 3 de ces parties;

le diamètre....................	2 de ces parties;
la hauteur de la porte principale..	6,
le chapiteau....................	2,
la corniche....................	$1\frac{1}{2}$,
l'architrave, avec le cordon......	$1\frac{1}{2}$,
la hauteur des assises..........	$\frac{1}{2}$,
la hauteur totale...............	$13\frac{1}{3}$.

Or, cette dixième partie de la colonne est précisément le module ou demi-diamètre inférieur.

La façade, restaurée d'après les règles ordinaires, avait quarante de ces modules; c'est-à-dire le triple de la hauteur, ou enfin cent coudées : la hauteur de la colonne avait vingt-cinq coudées; celle du chapiteau, cinq; celle de la porte, quinze; et le diamètre de la colonne, cinq. (*Voyez* mon Mémoire sur le système métrique des anciens Égyptiens, *chapitre IV*.)

Je rappellerai aussi, en peu de mots, les caractères de singularité que présente le temple d'Antæopolis : le premier consiste dans ce monolithe, qui, dans ses dimensions et dans la forme de son pyramidion, retrace tout-à-fait la figure d'un obélisque; le second, c'est le nombre impair des feuilles de dattier qui ornent le chapiteau des colonnes; le troisième est dans les entre-colonnemens de la façade, garnis de portes comme celui du milieu, qui ordinairement est le seul ouvert.

Deux peuples célèbres ont gravé des inscriptions sur ce temple. Ils ont mis à honneur d'apprendre à la postérité qu'ils en avaient réparé quelque partie; et aujourd'hui, après tant de siècles, les hiéroglyphes, les sculptures, et toutes les inscriptions en langue sacrée, sont encore conservés et intacts, tandis que les lettres grecques et romaines, gravées après coup, sont presque illisibles et éparses sur des débris.

§. V. *Inscription grecque tracée sur la frise du temple.*

Avoir aperçu les restes de la sculpture égyptienne encore subsistans parmi les lettres grecques de l'inscription que les Ptolémées et les empereurs ont fait graver sur la frise d'Antæopolis, est une circonstance heureuse, une sorte de découverte utile pour assigner l'antiquité relative des monumens bâtis en Égypte : aussi vais-je m'attacher à consigner ici soigneusement tous les détails de cette observation, que j'ai déjà exposée dans un mémoire sur les inscriptions antiques [1]. Si l'ornement égyptien a disparu sous l'inscription, celle-ci, à son tour, est, pour ainsi dire, détruite, puisqu'elle est divisée en six fragmens, qu'il n'en reste que deux en place, et qu'on en trouve avec peine trois autres à terre. Cependant, si l'on se sert des dimensions données par les mesures de la frise pour rapprocher tous ces fragmens, copiés et mis à une même échelle entre des limites données, on parvient à restaurer et à lire l'inscription, et à acquérir la preuve qu'elle a été substituée à un symbole de la religion égyptienne. Ainsi ont été trompés dans leur dessein ceux qui ont voulu dépouiller les Égyptiens de la gloire d'avoir érigé le beau temple

---

[1] *Voyez* le Mémoire sur les inscriptions anciennes recueillies en Égypte, 1re *partie.*

d'Antæopolis (si toutefois telle a été leur intention), en y écrivant une inscription grecque à l'honneur des modernes souverains.

Le monument d'Antæopolis n'est pas le seul où les Grecs et les Romains ont gravé des inscriptions : mais il est l'unique où l'on ait employé à cet effet la frise, et, par conséquent, où l'on ait osé enlever les caractères hiéroglyphiques; ce qui est déjà une circonstance propre à démontrer que l'inscription est du temps des Romains, et non des rois grecs, protecteurs, comme on le sait, de la religion égyptienne. Partout ailleurs les inscriptions du temps des Lagides, et même des empereurs romains, sont tracées sur le listel des corniches, qui présentaient en effet un espace uni et lisse, le seul de ce genre qu'admette l'architecture égyptienne : mais cet espace est nécessairement très-étroit; il ne pouvait recevoir que deux ou trois lignes d'écriture. Si l'on avait à inscrire quelque texte un peu long, il fallait donc prendre un autre parti; savoir, celui d'enlever les inscriptions hiéroglyphiques elles-mêmes.

La frise d'Antæopolis présentait une circonstance favorable à ce dessein. Tandis que, dans la plupart des temples, la frise est ornée, d'un bout à l'autre, par des hiéroglyphes profondément gravés en creux, ici elle renfermait au milieu, ainsi que la frise d'*Apollinopolis magna*, un vaste globe ailé, taillé en relief, correspondant à celui de la corniche, et finissant, comme lui, aux deux colonnes du milieu : sa longueur était de plus de six mètres; et sa hauteur, d'un mètre et demi environ.

C'est ce globe que l'on a gratté; mais quelques-unes

des pennes de droite ont laissé des traces que les profanateurs ont oublié d'effacer, et ces traits nous ont fait découvrir la supercherie, après un examen attentif. J'en ai fait d'abord l'observation, et je l'ai consignée dans mon journal de voyage; trois de mes collègues l'ont également notée, et d'autres témoins encore ont observé le fait comme moi.

Il eût été plus difficile d'exécuter ce dessein, si toute la frise eût été sculptée en hiéroglyphes. En effet, il eût fallu alors abattre la pierre de plusieurs pouces de profondeur, et graver ensuite l'inscription sur ce plan reculé; mais le ton de la pierre, changé dans un espace plus étendu, et le renfoncement surtout, auraient toujours décelé cette fraude.

Aujourd'hui la plus grande partie de l'entablement est renversée. Trois des colonnes étant tombées, les architraves se sont écroulées avec leurs supports. Les assises qui reposaient sur les deux colonnes du milieu, se sont brisées, et l'inscription grecque, aussi bien que le globe ailé de la corniche supérieure, se trouvent aujourd'hui divisés en plusieurs fragmens.

Au-dessus de celle de gauche (en regardant le portique), on voit encore en place un morceau de la frise, et l'on y distingue les quatre lignes suivantes, dont les caractères ont deux décimètres de haut (bloc n°. 2) :

ΣΠΤΟΛΕΜΑ
ΙΔΙΣΣΑΚΛ
ΛΟΝΑΝΤΑΙΩ
ΣΣΕΡ ΣΤΟ

CH. XII, DESCRIPTION

Ces fragmens étaient précédés de sept lettres, comme on peut juger par le côté droit et le point où commençait nécessairement l'inscription.

A 5^m,70 de là, on trouve en place un autre morceau de la frise, qui répond au-dessus, et l'on distingue les lettres qui suivent (bloc n°. 5):

ΕΥΧΔΙ ΙΣΤΩΝ
ΜΗΤΟΡΕΣ
ΟΙΑΝΤΩΝΙΝΟΣ
ΝΙΘ

Voilà tout ce qui reste en place. Au-dessus de ces fragmens d'architrave, il y a aussi des fragmens de la corniche.

J'ai trouvé à terre deux grandes pierres portant des caractères grecs et placées dans l'entre-colonnement du milieu, c'est-à-dire au-dessous des parties correspondantes de l'entablement; mais l'une d'elles paraît brisée en deux fragmens. Un seul est visible, et l'on n'y aperçoit que les lettres du bas : les lignes qu'on y voit écrites, font suite évidemment les unes aux autres et à celles que j'ai rapportées. Ces pierres sont dans diverses positions, ou droites, ou retournées, et les inscriptions sont plus ou moins difficiles à lire.

Voici les caractères qu'on trouve sur le premier bloc (n°. 3 et 4):

ΑΙ ΙΟΙΣΣιΝΝΑC
ΕΝΕΩΣΑΝΤ

Sur le deuxième (n°. 5) :

ϽΠΑΤΡΑΣΘΕΩΝΕΓΙΦΑΝΩΝΚ·
ΊΕΩΣΑΔΕΛΦΗΘΕΟΙΦΙΛ
ΚΙᴧΤΟ··Σ···ΣΑΡΕΣΛıΡΗ
···ΔΑ··Ο···Ε······

En mettant ces deux fragmens entre les deux qui sont encore en place, et suppléant à ce qui manque au n°. 3, l'espace se trouve rempli, et il ne reste plus à retrouver que le commencement de l'inscription, consistant en sept lettres à chaque ligne, ainsi que je l'ai dit. Avec ces sept lettres, le commencement tombera à l'aplomb du dé de la colonne de gauche, comme la fin tombe sur le dé de celle de droite, et tout sera parfaitement symétrique.

Avant d'examiner et de restituer cette inscription, je rapporterai encore quelques autres circonstances relatives au fait matériel du travail qu'il a fallu faire pour la tracer; si elles paraissaient trop détaillées, que l'on réfléchisse aux conséquences qui peuvent se déduire de pareils faits, et l'on reconnaîtra l'importance des plus minutieux détails.

Une chose bien constatée par tous nos collègues, c'est que le plan où est gravée l'inscription est le même que celui du reste de la frise. Ainsi les hiéroglyphes contigus aux dernières lettres de l'inscription (bloc n°. 5), et ces lettres elles-mêmes, sont creusés sur une seule et même surface plane.

M. Fourier a écrit dans son journal de voyage, journal dont il faisait jour par jour la lecture à ses collègues, que *les lettres sont tracées sur un plan qui n'est point au-dessous de celui des hiéroglyphes contigus;* d'où il conclut que l'inscription a été substituée aux hiéroglyphes qui s'y trouvaient d'abord, et qui, de part et d'autre, l'accompagnent encore.

M. Jollois, dans son journal, a noté que *l'inscription a été substituée à un globe qui décorait la frise.*

Dans mon propre journal de voyage, où j'ai inséré une description de l'édifice, que j'avais observé et mesuré dans le plus grand détail avec M. Chabrol, j'ai consigné les expressions suivantes : « Sur la frise de la façade, où il y avait probablement jadis *un bas-relief* égyptien, comme le globe ailé, on voit les restes d'une inscription grecque, qui aura été gravée sur la frise dépouillée de son bas-relief; car elle est sur le même plan que celui où sont sculptés les hiéroglyphes voisins. »

M. Corabœuf a reconnu sur les lieux qu'il y avait, à la droite, des vestiges de caractères égyptiens, montrant avec évidence que l'inscription avait été mise après coup, c'est-à-dire qu'on les avait grattés pour graver les caractères grecs. Enfin, M. Ripault a constaté le même fait.

Si le milieu de la frise eût renfermé des hiéroglyphes en creux, comme ceux qui sont à droite et à gauche, on n'eût pu graver d'inscription, si ce n'est à un plan inférieur : donc c'était un *bas-relief*, un globe ailé, qui occupait cet emplacement.

Une autre preuve que cet ornement égyptien, qui a

été enlevé, était d'une autre nature que les hiéroglyphes de la frise, c'est que ceux-ci, à l'endroit où ils touchent aux lettres grecques, forment précisément une finale très-commune dans les inscriptions hiéroglyphiques[1].

Un des voyageurs a cru remarquer que les mêmes caractères n'étaient pas tous absolument semblables, d'un bout à l'autre de l'inscription. Je n'ai point fait cette remarque, bien qu'elle n'eût pas dû m'échapper quand je les ai copiés en grand, avec tout le soin possible : non-seulement les lettres sont de même hauteur, mais les lettres telles que l'Ω, le Σ, etc., sont de la même forme dans les quatre lignes, excepté le Π, qui varie dans la première ligne. A la vérité, l'inscription renferme des noms de princes très-différens, dans les premières et dans les dernières lignes; mais on ne concevrait pas comment les premiers, pouvant disposer de toute la hauteur de la frise, n'auraient écrit que sur trois lignes, au lieu de quatre, laissant ainsi un vide très-apparent et choquant. Ce qui est infiniment probable, c'est que le fait consigné dans les deux premières lignes et la moitié de la suivante, et qui date des Ptolémées, était connu des auteurs de l'inscription, à l'époque où ceux-ci la firent exécuter, et qu'ils ont cru devoir le rappeler en tête de cette même inscription. Cette idée prend un caractère de certitude, si l'on songe que, sous les rois Lagides, on n'aurait point osé effacer les symboles égyptiens; ce n'est même que sous le sixième de ces rois que l'on commença à faire inscrire leurs noms sur les listels

[1] *Voyez* mon Tableau des hiéroglyphes, *A:*, vol. v, et les Observations sur l'écriture hiéroglyphique.

des corniches[1] : mais cette espèce de sacrilége n'était plus d'aucune importance sous les empereurs.

On demandera pourquoi les Romains, qui ont gravé l'inscription, ont rappelé une époque des Ptolémées : c'est que le fait dont il s'agit était peut-être gravé sur le listel de la corniche du temple lui-même ; l'inscription ayant fini par s'effacer par le laps des temps[2], ou bien la corniche s'étant déjà écroulée, les Romains auront refait l'inscription sur un endroit plus apparent. Ce qu'il y a de certain, c'est que le listel offre un espace qui convient très-bien à l'étendue des deux premières lignes et demie, en les inscrivant sur deux lignes, comme à Qous et à Ombos. Nous n'avons point aperçu de vestiges de cette ancienne inscription ; mais aussi nous ne les avons point cherchés ; et ils n'auraient d'ailleurs pas été faciles à découvrir, toute cette partie de la corniche ayant disparu sous les décombres.

Ce serait ici le lieu de discuter toutes les parties de l'inscription d'Antæopolis pour restaurer les lettres mal conservées et combler les lacunes ; mais je crois devoir renvoyer toute cette discussion au mémoire dont j'ai parlé, et je me borne à en donner ici la restitution la plus probable. Par la première partie, on apprend que *Ptolémée Philometor*, et *Cléopatre*, sa femme, ont consacré le portique à Antéc et aux dieux adorés dans le même temple ; par la seconde, que les empereurs *Antonin* et *Verus* ont réparé l'entrée (ou peut-être la toiture), en l'honneur du dieu Pan, l'an iv de leur règne.

---

[1] *Voyez* mon Mémoire sur les inscriptions anciennes.
[2] Pendant environ trois cent trente années.

DES ANTIQUITÉS D'ANTÆOPOLIS.

ΒΑΣΙΛΕΥΣΠΤΟΛΕΜΑΙΟΣΓΠΤΟΛΕΜΑΙΟΥΚΑΙΚΛΕΟΓΑΤΡΑΣΘΕΩΝΕΠΙ
ΦΑΝΩΝΚΑΙΕΥΧΑΡΙΣΤΩΝ

ΚΑΙΒΑΣΙΛΙΣΣΑΚΛΕΟΠΑΤΡΑΠΤΟΛΕΜΑΙΟΥΒΑΣΙΛΕΩΣΑΔΕΛΦΗΘΕΟΙ
ΦΙΛΟΜΗΤΟΡΕΣ

ΤΟΠΡΟΠΥΛΟΝΑΝΤΑΙΩΚΑΙΤΟΙΣΣΥΝΝΑΟΙΣΘΕΟΙΣΑΥΤΟΚΡΑΤΟΡΕ
ΣΚΑΙΣΑΡΕΣΑΥΡΗΛΙΟΙΑΝΤΩΝΙΝΟΣ

ΚΑΙΟΥΗΡΟΣΣΕΒΑΣΤΟΙΑΝΕΝΕΩΣΑΝΤΗΝΤΟΥΝΕΟΥΘΥΡΙΔΑΕΤΟΥΣΤΕ
ΤΑΡΤΟΥ......ΠΑΝΙΘΕΩΙ [1]

TRADUCTION LATINE.

Rex Ptolemæus, Ptolemæi et Cleopatræ, deorum epiphanôn et gratiosorum (filius),

Et regina Cleopatra, Ptolemæi regis soror, dei philometores,

Propylon Antæo et unà honoratis diis. Imperatores Cæsares Aurelii, Antoninus

Et Verus, Augusti, restauraverunt templi limen (aut *tectum et limen*) *anno* IV... *Pani deo.*

§. VI. *Conjectures sur l'origine de la ville et du nom d'Antæopolis.*

Diodore est le seul auteur qui puisse nous mettre sur la voie, pour découvrir l'origine du temple que renfermait l'ancienne ville d'Antæopolis. Si l'on ne consulte que la fable commune d'Antée et d'Hercule, on ne voit en aucune façon comment les Égyptiens auraient élevé un temple en l'honneur d'un personnage réputé d'invention grecque, et qui appartenait, disait-on, à un pays très-éloigné de l'Égypte : cependant ce lieu s'appelait, sans aucun doute, *ville d'Antée*, selon Plu-

[1] Ou bien, ΑΝΕΝΕΩΣΑΝΤΗΝΣΤΕΓΗΝΚΑΙΤΗΝΘΥΡΙΔΑ etc.

tarque, Ἀνταῖε πόλις. C'était, selon Diodore, le *bourg d'Antée,* Ἀνταίου κώμη, situé du côté de l'Arabie. Enfin, le mot ΑΝΤΑΙΩ, gravé aujourd'hui sur le portique, ne laisse aucune incertitude sur cette dénomination.

Typhon, dit Diodore, homme cruel et impie, avait égorgé son frère Osiris, qui régnait avec sagesse, et il avait divisé son corps en plusieurs fragmens : Isis, aidée du secours d'Horus, voulut venger son époux; elle attaqua Typhon, et c'est dans ce lieu que se livra le combat où il périt avec tous ses partisans. L'auteur ajoute que l'endroit tire son nom d'Antée, qu'Hercule avait tué du temps d'Osiris[1]. Or, à l'époque où il quitta l'Égypte pour faire le tour du monde connu, Osiris avait partagé entre des ministres le soin de gouverner le pays : il avait

[1] Φασὶ γὰρ νομίμως βασιλεύοντα τῆς Αἰγύπτου, τὸν Ὄσιριν ὑπὸ Τυφῶνος ἀναιρεθῆναι τοῦ ἀδελφοῦ, βιαίου καὶ ἀσεβοῦς ὄντος. Ὃν διελόντα τὸ σῶμα τοῦ φονευθέντος εἰς ἓξ καὶ εἴκοσι μέρη, δοῦναι τῶν συνεπιθεμένων ἑκάστῳ μερίδα, βουλόμενον πάντας μετασχεῖν τοῦ μύσους, καὶ διὰ τοῦτο νομίζοντα συναγωνιστὰς ἕξειν καὶ φύλακας τῆς βασιλείας βεβαίους. Τὴν δὲ Ἶσιν ἀδελφὴν οὖσαν Ὀσίριδος καὶ γυναῖκα, μετελθεῖν τὸν φόνον, συναγωνιζομένου τοῦ παιδὸς αὐτῆς Ὥρου. Ἀνελοῦσαν δὲ τὸν Τυφῶνα καὶ τοὺς συμπράξαντας, βασιλεῦσαι τῆς Αἰγύπτου. Γενέσθαι δὲ τὴν μάχην παρὰ τὸν ποταμὸν, πλησίον τῆς νῦν Ἀνταίου κώμης καλουμένης· ἣν κεῖσθαι μὲν λέγουσιν ἐν τῷ κατὰ τὴν Ἀραβίαν μέρει, τὴν προσηγορίαν δ' ἔχειν ἀπὸ τοῦ κολασθέντος ὑφ' Ἡρακλέους Ἀνταίου, τοῦ κατὰ τὴν Ὀσίριδος ἡλικίαν γενομένου. Osirim enim, justè regnantem in Ægypto, à Typhone fratre, homine violento et impio, trucidatum esse memorant. Is, dilaniato interfecti corpore in XXVI frusta, cuique facinoris socio unum tribuit, ut omnes ita piaculo innecteret, sibique in regni defensione et custodia firmos haberet adjutores. At Isis, soror et conjux Osiridis, auxiliante filio Horo, vindictam cædis persequens supplicio de Typhone complicibusque sumpto, regnum Ægypti capessit. Pugnam ad fluvium commissam esse prope vicum dicunt, qui Antæi nunc nomen habet, et situs est in parte quadam Arabiæ. Dictus ab Antæo, quem Hercules Osiridis ætate supplicio affecit. (Diod. Sic. Bibl. hist. l. 1, pag. 24, edit. Wessel. Amst. 1746.)

DES ANTIQUITÉS D'ANTÆOPOLIS.

confié à ce même Antée l'administration de la Libye et de l'Éthiopie; à Busiris, la partie maritime et celle qui touche à la Phénicie; et à Hercule, le gouvernement général de tout l'empire [1].

Enfin Diodore, racontant ailleurs les travaux d'Hercule, dit qu'après avoir purgé l'île de Crète des monstres qui l'infestaient, il passa en Libye, où il défit Antée dans un combat singulier. Cet Antée, célèbre par sa force et son habileté dans la lutte, avait coutume de défier et de combattre les étrangers, et de les mettre à mort. C'est après la mort d'Antée qu'Hercule *revint en Égypte*, où il donna la mort à Busiris, qui plongeait aussi ses mains dans le sang de ses hôtes; après quoi il bâtit *la ville aux cent portes* [2].

---

[1] Καὶ στρατηγὸν μὲν ἀπολιπεῖν ἁπά-
σης τῆς ὑφ' αὐτὸν χώρας Ἡρακλέα,
γένει τε προσήκοντα καὶ θαυμαζόμενον
ἐπ' ἀνδρείᾳ τε καὶ σώματος ῥώμῃ.
Ἐπιμελητὰς δὲ τάξαι τῶν μὲν πρὸς
Φοινίκην κεκλιμένων μερῶν καὶ τῶν ἐπὶ
θαλάττῃ τόπων Βούσιριν, τῶν δὲ κατὰ
τὴν Αἰθιοπίαν καὶ Λιβύην Ἀνταῖον.
Imperatorem vero toti suæ ditioni reliquit Herculem, genere propinquum, cunctisque, ob fortitudinem et corporis robur, suspiciendum. At tractibus qui ad Phœniciam inclinant et locis maritimis Busirim, Æthiopiæ et Libyæ Antæum, curatores dedit. (Ibid. lib. 1, p. 20.)

[2] Ποιησάμενος οὖν τὸν ἐκ ταύτης
πλοῦν, κατῆρεν εἰς τὴν Λιβύην, καὶ
πρῶτον μὲν Ἀνταῖον, τὸν ῥώμῃ σώματος καὶ παλαίστρας ἐμπειρίᾳ δια-
βεβοημένον, καὶ τοὺς ὑπ' αὐτοῦ κατα-
παλαισθέντας ξένους ἀποκτείνοντα,
προκαλεσάμενος εἰς μάχην, καὶ συμ-
πλακεὶς διέφθειρεν.... Μετὰ δὲ τὸν Ἀνταίου θάνατον παρελθὼν εἰς Αἴγυπτον, ἀνεῖλε Βούσιριν τὸν βασι-
λέα, ξενοκτονοῦντα τοὺς παρεπιδημοῦν-
τας. Διεξιὼν δὲ τὴν ἄνυδρον τῆς Λιβύης,
καὶ περιτυχὼν χώρᾳ κατάρρυτῳ καὶ
καρποφόρῳ, πόλιν ἔκτισε θαυμαστὴν
τῷ μεγέθει, τὴν ὀνομαζομένην Ἑκα-
τόμπυλον· ἢ ἔθετο τὴν προσηγορίαν
ἀπὸ τοῦ πλήθους τῶν κατ' αὐτὴν πυ-
λῶν· διέμεινε δὲ ἡ ταύτης τῆς πόλεως
εὐδαιμονία μέχρι τῶν νεωτέρων καιρῶν.
Inde cùm solvisset, ad Libyam appulit. Hic primò Antæum, robore corporis et luctandi peritiâ famosum, qui advenas palæstrâ victos interimebat, ad certamen provocatum, consertâ manu, occidit...... Post Antæi cædem in Ægyptum digressus, Busiridi tyranno necem intulit : qui hospitum eò delatorum sanguine manus polluebat. Dumque arida Libyæ transit, solum offendit riguum et fertile : in quo e. imiæ magnitudinis urbem condit, à porta-

A. D. IV.

Ainsi le royaume de cet Antée n'était pas en Égypte, mais en Libye; et sa mort est antérieure à celle d'Osiris, comme à la défaite de Typhon; enfin, le lieu dont il s'agit était déjà connu par le nom d'Antée, avant de servir de théâtre au combat où Typhon périt. Mais, se demande-t-on, d'où vient qu'un roi de Libye donna son nom à une ville d'Égypte, et qu'un étranger put obtenir d'un tyran les honneurs d'un temple? Comment expliquer ces bizarreries par la mythologie égyptienne? Nous avouons qu'il paraît impossible de concilier toutes ces choses, autrement qu'en supposant une méprise de la part des Grecs. L'ancien, le vrai nom du lieu avait peut-être, comme le pense Jablonski, de l'analogie avec celui d'Antée[1] : en ce cas, ils en ont fait *le bourg d'Antée*, Ἀνταίου κώμη, sans autre motif que cette ressemblance et la célébrité du rival d'Hercule; cette confusion était moins extraordinaire, à cause du rapport qu'avait Antée avec Osiris et Hercule, dieux de l'Égypte. On a vu dans tous les temps les étrangers défigurer les noms d'un pays, en les rapportant à ceux qui, dans leur propre langue, s'en rapprochent le plus.

D'un autre côté, Antæopolis, considérée comme siège du combat entre Isis et Typhon, présente une question curieuse et qui n'est pas indigne d'examen : l'on con-

---

rum numero Hecatompylon, *id est, centum portarum, nominatam; cujus felicitas ad citeriores etiam œtates perduravit.* (Diod. Sic. *Bibl. hist.* lib. IV, pag. 263.)

[1] Ce n'est pas que j'adopte l'étymologie de ce savant, qui confond deux villes et deux préfectures aussi différentes que celles d'Antæopolis et de Panopolis. Toutefois, le nom d'Οὐβιέντης (ⲟⲩⲏⲃ-ⲉⲛⲧⲏⲥ), *prêtre d'Entès*, qu'Eusèbe cite d'après Manéthon (*in Syncel.*) comme celui d'un roi égyptien, paraîtrait annoncer l'existence d'un dieu Antès, comme le suppose Jablonski.

DES ANTIQUITÉS D'ANTÆOPOLIS. 115

çoit que cette aventure mythologique a pu donner une grande célébrité à ce lieu, et que si l'on y érigea un temple magnifique, ce fut à cause de l'antique tradition. Nous essaierons de l'interpréter, bien entendu sans donner cette explication pour être plus vraisemblable qu'elle ne l'est en effet.

D'après les notions que l'on a des symboles égyptiens, il me semble que l'entreprise de Typhon signifie quelque grande irruption des sables, qui, venant à coïncider avec une crue très-médiocre, s'avancèrent, dans ce lieu même, jusqu'au bord du *fleuve* (Osiris), pénétrèrent jusque dans son lit, et le divisèrent en une multitude de parties. Quelques années après, un grand débordement recouvrit les sables sous une épaisse couche de limon et de *terre végétale*, où reparurent ensuite de fertiles *moissons* (symboles d'Isis et d'Horus).

Pour prévenir de pareils malheurs et entretenir la fertilité du sol, on creusa un large canal (qui aujourd'hui est le lit même du fleuve); et la ville, quoique éloignée, reçut le bienfait des eaux. Celles-ci amenèrent avec elles les crocodiles. On sait que, suivant Eusèbe[1], cette espèce d'animal était un symbole de l'eau potable (πότιμον ὕδωρ). Or, Plutarque nous fait entendre que le crocodile était en honneur dans la ville d'Antée[2]. Par-là, Antæopolis se range dans la classe

---

[1] *Præpar. evang.* lib. III, c. XI.
[2] Voici le passage de Plutarque :
'Εναλχος δὲ Φιλῖνος ὁ βελτιστος ἥκων πεπλανημένος ἐν Αἰγύπτῳ παρ' ἡμῶν, διηγεῖτο, γραῦν ἰδεῖν ἐν 'Ανταίου πόλει κροκοδείλῳ συγκαθεύδουσαν ἐπὶ σκίμποδος εὖ μάλα κοσμίως παρεκτεταμένῳ.

Nuper optimus Philinus, cùm in Ægypto vagatus ad nos rediisset, narravit, se, in urbe quæ ab Antæo nomen habet, vidisse vetulam cum

8.

d'Arsinoé, d'Ombos et des villes du nom de *Crocodilopolis*[1], et sa position méditerranée est parfaitement d'accord avec cette explication.

Pour justifier cette idée par la nature du terrain qui fut la scène de la prétendue lutte où Typhon périt, je dois dire que Qâou est situé au-devant d'une gorge longue et profonde du Moqattam ou chaîne arabique; les sables du désert, apportés dans cette gorge par des vents impétueux, doivent s'y engouffrer, former des tourbillons terribles et de véritables trombes, phénomène qui n'est pas rare dans le pays qui sépare le Nil de la mer Rouge. Donnez à ces vents chargés de sables le nom de *Typhon*, au Nil celui d'*Osiris*, à la terre fertile celui d'*Isis*, à ses productions celui d'*Horus*, et vous reproduirez la fable égyptienne.

Je n'ignore pas que l'on cite plus d'un lieu pour avoir été le théâtre de la défaite de Typhon : il en est de même de l'endroit où l'on croyait qu'Osiris avait perdu la vie; mais ces traditions diverses ne font qu'appuyer le sens que je suppose à ces anciens mythes. En effet, de pareils phénomènes ont dû se reproduire dans toutes les localités semblables. Osiris mort à Memphis ou à Abydus me paraît peindre la retraite du Nil, qui cou-

---

crocodilo dormientem, juxta eam in grabato mollissimo decore porrecto. (Plutarch. *de Solert. animal.* t. x, pag. 63, édition de Reiske, *Lipsiæ*, 1778.)

Je ne doute pas que ce Philinus n'ait voulu parler d'un bas-relief représentant le crocodile couché sur un autel, à peu près comme celui du portique d'Esné (voyez *A.*, vol. 1, pl. 82, fig. 2, et pl. 97, fig. 2), e que Plutarque n'ait pris ou voulu faire prendre une scène sculptée sur le temple d'Antée pour une anecdote récente.

[1] *Voy.* la Description d'Ombos, chap. *IV*.

lait auparavant au pied de la chaîne libyque, et que les sables ont contribué à repousser vers l'est; et si Typhon, vaincu par Isis et Horus, et tué à son tour, soit au lac Sirbon, soit à Antæopolis, soit ailleurs, est un symbole, qu'est-ce autre chose qu'un débordement extraordinaire sur des terres sablonneuses, et le triomphe de la culture sur l'aridité du désert ?

Bien que je n'aie donné aucune explication du nom d'*Antée* ou d'un nom analogue que le lieu portait peut-être dans les temps reculés [1]; bien que la fable grecque semble, au premier coup d'œil, n'avoir rien de commun avec la fable égyptienne, surtout à cause du siége d'Antée aux confins de la Libye, cependant il y a, dans la première, des traits que les Grecs paraissent avoir empruntés à la seconde. Selon les poëtes, « Antée était un géant fils de *Neptune* et de la *Terre*. » Antée peut avoir été une image des sables de la Libye confinant à l'Égypte, comme Typhon l'était de ceux de l'Arabie. Je conçois la double origine des sables libyques, comme étant formés par les *rochers* calcaires tendres, que la mer baigne et use incessamment, jusqu'à ce qu'ils se transforment en gravier et en poussière, et que le vent de nord-ouest, venant à s'en emparer, les transporte dans l'intérieur des terres [2].

---

[1] *Voy.* pag. 78, note [3]. On pourrait chercher quelque similitude entre la signification du mot qobte ⲦⲰⲞⲨ ou ⲚⲦⲰⲞⲨ, *les montagnes*, et le nom d'*Anteu*, appliqué aux montagnes de Libye.

[2] Qu'on me permette ici de rendre compte de ce que j'ai observé maintes fois en Égypte sur le bord de la mer. J'avais coutume d'aller sur la côte, près de l'embouchure de Rosette, à Alexandrie, etc., pour ramasser des cailloux et des fragmens de porphyre, de granit et de marbres précieux roulés par les flots.

L'expression de *géant* convient d'autant mieux à Antée, que les dunes sablonneuses et mobiles qui parcourent le désert sont souvent gigantesques, s'élèvent et s'abaissent, et forment subitement des montagnes, qui, se déplaçant au gré des vents, vont porter partout la stérilité et la mort.

« Antée tuait les voyageurs dans le désert, et il avait fait vœu de bâtir un temple à son père avec des ossemens humains. » On sait assez à quels fléaux sont exposés ceux qui traversent les déserts de la Libye, et combien

La forme de ces débris et de ceux des rochers, plus ou moins gros et anguleux à mesure que je m'éloignais du rivage et que j'entrais dans les eaux, attirait chaque fois mon attention, et souvent je restais une heure entière à considérer, dans son origine et dans sa marche, le phénomène de la formation des sables. Sans doute, sur cette rive d'exil où je me voyais captif, mon imagination ne s'arrêtait pas à une contemplation monotone; et l'aspect de la mer, celui des vaisseaux que je voyais au loin la sillonner librement, me reportaient sans cesse vers l'idée de la patrie, dont je me croyais séparé pour toujours : mais cette idée m'attachait encore plus au spectacle du rivage; il m'a tellement frappé, que peu d'images me sont demeurées plus présentes. Je voyais la vague se briser à mes pieds et apporter une petite ligne à peine sensible d'un sable très-fin; une autre vague revenait chargée comme la précédente, et cette nouvelle ligne de sable repoussait un peu la première. Celle-ci, une fois hors de l'atteinte de l'eau, frappée par un soleil ardent, était bientôt séchée et donnait prise au vent, qui aussitôt s'en emparait et la charriait dans l'air. Les parties de gravier, moins légères, n'arrivaient pas aussi loin; mais, soumises au même mouvement alternatif, elles s'usaient de plus en plus et se transformaient peu à peu en sable fin, tandis que les cailloux roulés, et ensuite les fragmens anguleux et de toute forme, étaient portés par la vague jusqu'à une distance plus ou moins grande, en raison inverse de leur pesanteur. J'avais souvent cherché la cause de cette énorme quantité de sables qui pénètre dans le Delta et qui va en croissant : en effet, le Delta n'a aucune communication avec la Libye ni l'Arabie, dont le Nil le sépare; les sables ne peuvent pas traverser ses larges branches. En étudiant le phénomène que je viens de décrire, je reconnus que telle est l'origine des sables du Delta, c'est-à-dire que la mer, et la terre qu'elle baigne, contribuent à les former, de la même manière que les sables eux-mêmes de la Libye.

DES ANTIQUITÉS D'ANTÆOPOLIS.

de victimes ont dû périr, avant l'usage des caravanes, dans ces périlleux voyages aussi meurtriers que la peste et les combats.

« Hercule combattit ce géant et le terrassa plusieurs fois; mais la Terre, sa mère, lui rendait des forces nouvelles : il fallut que le héros soulevât son ennemi en l'air, et le fît périr en l'étouffant[1]. » Hercule, dit Macrobe, est le symbole du soleil : *Sed nec Hercules à substantia solis alienus est; et reverà Herculem solem esse, vel ex nomine claret. Verùm sacratissimâ et augustissimâ Ægyptii eum religione venerantur; ultraque memoriam, quæ apud illos retrò longissima est, ut carentem initio colunt. Ipse creditur et gigantes interemisse*[2]. Le dieu, selon Macrobe[3], était l'image de la force de cet astre. Nous ne voyons pas quelle influence pouvait exercer le soleil contre la marche progressive des sables; mais considérons qu'Osiris était toujours le symbole commun du soleil et du Nil. Or, nous avons vu que l'Hercule ancien ou égyptien était un des *ministres* d'Osiris : par ce mot, je comprends les branches et les dérivations du fleuve, qui partout *font sentir son influence* et *parvenir ses bienfaits;* et je m'appuie sur ce passage de Cicéron qui, parlant de l'Hercule égyptien, l'appelle *Nilo genitus* [4].

---

[1] Apollodor. *Bibl.* lib. II. Hygin. XXXI, etc.

[2] *Saturn.* lib. I, pag. 244.

[3] Macrobe fait dériver *Heraclès* de ἥρα et κλέος, c'est-à-dire *gloire de l'air*. Sans traduire ce mot comme lui par *solis illuminatio*, on peut remarquer que, dans sa lutte avec Antée, c'est au milieu de l'*air* qu'Hercule signale sa force. Ce pouvoir qu'Hercule exerce sur l'air semble avoir aussi un emblème dans la salutaire influence de la crue du Nil pour purger l'atmosphère des exhalaisons pernicieuses.

[4] Cic. *de Nat. Deor.* l. III. Osiris

Lorsque les Égyptiens s'aperçurent de l'empiétement des sables sur la vallée du Nil, sans doute ils essayèrent différens moyens pour s'en débarrasser. Il y en avait bien peu d'efficaces contre un si terrible fléau. Il est possible qu'ils aient tenté d'abattre, dans quelques endroits, ces montagnes de sable que j'ai regardées comme l'image d'Antée. Mais c'était en vain qu'on renversait les dunes par les efforts les plus pénibles, et que *l'on terrassait le géant* : le sable rendu à la terre déserte (ou Antée venant à toucher sa mère) reprenait toute sa force, c'est-à-dire que les vents brûlans de la Libye le reportaient sur le sol de la fertile vallée. Comment succomba-t-il dans cette lutte? Ce fut, selon moi, par de larges canaux ou bras du Nil, creusés ou entretenus au pied de la chaîne de Libye. Les efforts des sables venaient expirer sur la rive. En effet, ils ne pouvaient traverser ces branches larges et profondes, n'étant plus soutenus comme les dunes le sont à leur pied ; alors ils cédaient à leur poids et retombaient dans les eaux courantes : c'est donc dans les airs que périssait le prétendu géant, saisi et *comme étouffé par les bras du héros.*

Il faut avoir vu la rive gauche du canal de Joseph pour apprécier la justesse de ces idées, si en effet elles

---

était le double symbole du soleil et du Nil; mais il avait beaucoup de formes et d'attributs pour les Égyptiens, et les Grecs en ont encore augmenté le nombre. Jablonski s'est attaché à les définir. Les influences diverses d'Osiris-soleil avaient aussi leurs formes comme celles d'Osiris-fleuve. Hercule était, selon moi, une de ces formes consacrées, et les ramifications du Nil en étaient le signe sensible et réel. Quand on raconte qu'Hercule fit rentrer le Nil dans son lit (Diod. *Bibl. hist.* l. 1), il faut entendre qu'une partie de l'Égypte ayant été submergée par un débordement excessif, on creusa des canaux qui délivrèrent le pays des eaux surabondantes.

ont quelque fondement. Un talus élevé, presque perpendiculaire, formé de sable fin et délié, compose dans maints endroits cette rive désolée, tandis que la rive droite, tout-à-fait plane, couverte d'un pur limon, et sans aucun mélange de sable, reçoit les plus riches cultures. Mais partout où le canal est comblé ou sans eau, les sables ont pu traverser, et ils s'avancent de plus en plus, jusqu'à menacer les rives elles-mêmes du grand fleuve. Je ne cite pas ici l'exemple de la rive gauche de la branche de Rosette, parce qu'il est plus connu ; mais il est impossible de voir les hautes dunes d'Abou-Mandour, celles où Rosette elle-même est en partie déjà ensevelie, toute la rive depuis la tête du canal qui se jette dans le lac *Mareotis* jusqu'à Ouardân, et de regarder ensuite sur la rive droite les riantes prairies du Delta, sans se demander si, le Nil venant à changer de cours, ces montagnes colossales ne se précipiteraient pas bientôt sur la rive opposée.

C'est par cette suite d'inductions, fondées toutefois sur des phénomènes très-réels, que je me trouve amené à conjecturer que la fable d'Antée et d'Hercule a son origine dans la lutte des sables de Libye contre les eaux du Nil, et dans le triomphe des canaux (peut-être de quelque grand canal, comme celui de la Bahyreh ou tout autre) sur la marche des dunes sablonneuses. Si le royaume d'Antée était placé par les Grecs aux extrémités de la Libye, ce n'est pas seulement parce qu'ils voulaient dissimuler son origine égyptienne, mais c'est encore parce que les montagnes sablonneuses sont produites par la même cause sur toute la côte septentrionale de l'Afrique, partout enfans de *Neptune* et de *la Terre*. A la vérité, je ne vois que l'Égypte où l'on ait lutté contre elles par des travaux dignes du nom d'Hercule. Mais l'Égypte confinait avec la Libye; et, pendant long-temps, la partie orientale de celle-ci fut sous la dépendance des maîtres des bords du Nil.

Ce n'est pas une chose indigne d'examen que les dénominations géographiques données à plusieurs lieux de l'Égypte, et qui appuient ma conjecture. On appelait *Herculéen* le canal qui séparait de la Libye la vallée d'Égypte, le même dont j'ai parlé plus haut, comme ayant servi à arrêter la marche des sables. La bouche Canopique, autrement Naucratique, s'appelait aussi *Héracléotique;* elle était voisine d'une ville d'*Heracleum*, placée sur le bord de la mer. On donnait le nom d'*Heracleopolis magna* à une ville placée près de la Libye, auprès du Fayoum, c'est-à-dire du canal de Joseph, de cette dérivation du Nil qui servait de barrière aux sables de la Libye. Enfin à l'orient, auprès de la branche Pélusiaque, il y avait une ville appelée la petite *Heracleopolis*, ou *Sethrum :* le canal Pélusiaque et ses branches pouvaient aussi arrêter les sables mouvans de l'Arabie. D'où viendrait ce surnom d'*Hercule*, si souvent répété en Égypte et dans les traditions du pays, s'il s'agissait du héros que les Grecs ont divinisé? A la vérité, il faudrait connaître le nom d'Hercule en égyptien et sa signification précise, pour apprécier ces rapprochemens : c'est une découverte que l'on fera peut-être par la suite, en étudiant les monumens de la littérature égyptienne.

Je suis loin d'attacher de l'importance aux idées que je viens d'exposer; je conviens d'ailleurs qu'une explication partielle n'est point assez concluante, et que c'est l'ensemble de toutes les fables qu'il faut embrasser, pour arriver à une interprétation parfaite : mon seul but est de réunir les faits et les vraisemblances qui aplaniront un jour l'explication des mythes égyptiens. Persuadé, comme je le suis, que les phénomènes du climat, les circonstances locales et l'observation des êtres et des corps naturels en sont l'origine et la base première, et que c'est sur ce fonds très-réel qu'a travaillé ensuite l'imagination exaltée des Égyptiens, j'ai jugé qu'il n'était pas inutile de faire des rapprochemens, fussent-ils même un peu hasardés, et de dépouiller les fictions de leur merveilleux, pour en mieux saisir le sens propre et positif. Cette méthode est précisément l'inverse de celle qu'ont suivie les Grecs, qui presque tous ont mal compris les fables égyptiennes et les ont prises au pied de la lettre, et qui, en les empruntant et se les appropriant, en ont encore exagéré le merveilleux et le gigantesque.

Ainsi, dans cet essai d'interprétation, la fable d'Antée et d'Hercule se trouve rapportée et rattachée à celle de Typhon et d'Osiris; et nous ne pouvons guère en douter, après avoir étudié l'Hercule égyptien dans Hérodote, dans Macrobe et dans Diodore, surtout après avoir reconnu que le nom d'Antée lui-même a été donné à un personnage et à un lieu d'Égypte, ainsi que l'apprennent le passage de Plutarque et la tradition curieuse dont nous avons l'obligation à Diodore de Sicile [1].

[1] Plutarque reproche à Hérodote d'avoir supposé qu'Hercule Béotien n'appartenait point à la Grèce, et il lui oppose Homère, Hésiode, Pindare et tous les poëtes; mais le même Plutarque convient que les Égyptiens considéraient Hercule comme un ancien dieu, et non comme un demi-dieu mortel, ainsi que faisaient Hérodote et les Grecs. (Plutarque, *De la malignité d'Hérodote*.)

CHAPITRE TREIZIÈME.

DESCRIPTION

DE SYOUT,

ET DES ANTIQUITÉS

QUI PARAISSENT AVOIR APPARTENU

A L'ANCIENNE VILLE DE LYCOPOLIS;

Par MM. JOLLOIS et DEVILLIERS,

Ingénieurs des Ponts et Chaussées, Chevaliers de l'Ordre royal de la Légion d'honneur.

§. I. *Observations générales sur la ville et la province de Syout.*

Les antiquités de Syout sont bien peu importantes après celles de Thèbes et de Denderah; nous nous en occuperons néanmoins avec intérêt. Nous ne pouvons oublier qu'elles sont les premières que nous avons vues dans la haute Égypte; que nous leur devons les premières notions exactes que nous nous sommes formées sur les arts des anciens Égyptiens ; que nous avons copié à Syout les premières pages complètes de l'écriture hiéroglyphique, et qu'aux environs de cette ville nous avons recueilli les premiers débris de momies. Nous apprécions bien au-delà de leur valeur réelle ces premiers fruits de nos recherches et de nos travaux, et nous nous reportons avec plaisir à une époque qui ne nous a laissé que d'attachans souvenirs.

Partis de Gyzeh le 19 mars 1799 dans l'après-midi, nous sommes arrivés en face de Syout le 28 mars, à la fin de la journée. Nous avons fait ce voyage sur le Nil, dans une grande barque à voile triangulaire, et nous avons été assez heureux pour passer à la vue de partis d'Arabes, de Mamlouks et de Mekkains, sans même être attaqués. Nous ne parlerons pas des accidens de la navigation : non qu'ils ne soient très-réels ; mais ils sont tellement communs, qu'ils ont été racontés par tous les voyageurs.

Quoique nous ayons pour but spécial de faire connaître les antiquités de *Lycopolis*, nous entrerons cependant dans quelques détails sur l'état actuel de la province et de la ville de Syout. Ces détails, que nous n'aurions pu placer ailleurs, ont été recueillis avec soin.

Dans la province de Syout, on compte environ quarante mille familles, composées l'une dans l'autre de cinq individus. Le nombre des femmes est beaucoup plus considérable que celui des hommes. Cette province paye trois cent soixante-dix mille francs d'imposition en argent, et deux cent seize mille *ardeb* de grain, qui, au prix réduit de trois francs l'ardeb, font six cent quarante-huit mille francs. Le montant total des impositions est donc de plus d'un million ; et le nombre des habitans, de deux cent mille[1].

La vallée du Nil est moins resserrée par les montagnes à Syout que dans tout le reste de son étendue, depuis Beny-Soueyf. D'une montagne à l'autre, c'est-à-dire du sommet de la chaîne arabique à l'un des hypogées de Syout, dont on voit l'entrée, pl. 43 (2-2), nous avons mesuré par des opérations trigonométriques dix-neuf mille sept cent quatre-vingt-neuf mètres.

La largeur réduite du Nil en face de Syout est de deux cent trente mètres. D'après les sondes que nous avons faites le 31 mars 1799, la section réduite était de cinq cent soixante mètres ; la vitesse moyenne était de quarante mètres par minute. Nous ne donnons ici que des aperçus : M. Girard, dans son Mémoire sur l'agriculture et le commerce de la haute Égypte, est entré dans les plus grands détails à ce sujet.

Suivant les observations de M. Nouet, la ville de Syout est située sous le 28° 55′ 20″ de longitude et le 27° 10′ 14″ de latitude septentrionale. Elle est à mille ou douze cents mètres du Nil, sur la rive gauche de ce fleuve. Tout près du Nil, est un petit village appelé *el-Hamrah*. Il peut être considéré comme le port de la ville de Syout, à laquelle il est joint par une digue élevée au-dessus des plus grandes inondations. Cette espèce de chaussée est tortueuse, et il faut à peu près un quart d'heure pour la parcourir à pied. A son extrémité la plus voisine de la ville, il existe un pont

---

[1] Ces renseignemens sont extraits du journal de voyage de M. Fourier.

par-dessous lequel on donne à volonté de l'écoulement aux eaux de l'inondation, que la digue a pour objet principal de soutenir dans la partie supérieure de la province.

A l'entrée de la ville, on voit quelques colonnes de granit et de marbre, dont plusieurs sont cannelées.

Syout est une des plus grandes villes de la haute Égypte; elle est située dans une position assez pittoresque, entre le fleuve et la montagne. On y voit un grand bazar et d'assez belles maisons. Les constructions sont faites en briques crues; les angles seulement et quelques *chaînes* sont en briques cuites. Des tronçons de colonnes en porphyre, en granit et en marbre, servent de seuils à plusieurs grandes portes. Sur quelques-uns on reconnaît des cannelures torses.

Le principal commerce de Syout consiste dans les toiles de lin, les poteries, le natron et l'opium. La caravane de Darfour arrive ordinairement à Beny-A'dy, à deux ou trois lieues au nord de Syout. Les habitans de ce bourg ayant montré un esprit de révolte quelques jours après l'arrivée de la caravane, on envoya contre eux un corps de troupes françaises. Aidés de quelques corps de Mamlouks et d'Arabes, ils opposèrent une assez vive résistance. Le chef de brigade de dragons, Pinon, fut tué, ainsi que plusieurs soldats; mais le bourg fut emporté d'assaut et livré au pillage : quelques soldats firent un butin considérable; plusieurs eurent jusqu'à trois et quatre mille francs en argent monnoyé; et l'un d'eux enleva, dit-on, vingt-quatre mille francs en or. Le lendemain, les soldats vendaient pour vingt, trente et quarante *párah*[1] les esclaves noirs des deux sexes qu'ils avaient emmenés.

Il existe à Syout dix fabriques d'huile. Nous avons fait connaître ce genre d'industrie en décrivant la planche relative à l'art du fabricant d'huile. (*Voyez É. M.*, Arts et Métiers, pl. I.) Nous ne répéterons point ici ce que nous en avons dit dans cette description. Le prix de la journée d'ouvrier, à Syout, varie de cinq à douze *párah*, suivant la force et l'intelligence des individus.

La culture est fort soignée dans toute la province, et surtout aux environs de la ville. Le froment y vient très-beau ; l'orge, le dourah, le lin, les féves, et différentes sortes de graines, s'y cultivent avec succès : on y récolte aussi le pavot, dont on extrait l'opium. Aux environs de la ville, et particulièrement au nord, sont de beaux jardins, plantés en abricotiers, figuiers, grenadiers, palmiers, napecas, orangers et citronniers : on y voit aussi quelques jeunes sycomores. Ces jardins sont d'un très-grand rapport et se louent fort cher.

On trouve autour de la ville un grand nombre d'abreuvoirs d'une construction remarquable. Ces petits bâtimens sont composés d'un réservoir couvert, de la forme d'un parallélogramme allongé. Il y a trois fenêtres sur chacun des grands côtés, et une seulement sur les deux autres. Ces fenêtres sont à un mètre au-dessus du sol, et ont un mètre et un tiers environ de hauteur : elles sont voûtées en ogive. A l'une des extrémités du bâtiment est un bassin demi-circulaire, de la même largeur

---

[1] Le *párah* vaut environ trois liards de France, c'est-à-dire un peu moins que quatre centimes.

que le réservoir, et dont le bord supérieur est à un mètre au-dessus de terre. A l'autre extrémité il y a un puits[1], d'où l'on tire l'eau avec un *treuil* et des seaux, pour la verser dans le réservoir. L'ensemble de ces petites constructions est d'un style arabe assez pur, et ne manque pas d'élégance. Il existe sur des canaux, aux environs de Syout, plusieurs ponts assez solidement construits : ils sont établis sur des massifs en brique; leur architecture n'a rien d'agréable. Le plus souvent ni les arches ni les piles ne sont d'égales dimensions.

En sortant de la ville, du côté de la montagne, on se trouve sur des monticules de décombres semblables à ceux qui environnent presque toutes les villes de l'Égypte. Près de cette extrémité de la ville, et à gauche, dans la rue qui vient du marché, nous avons remarqué une colonne de 9^m,65 de hauteur, sur 3^m,21 de circonférence : elle est debout, et presque à moitié enterrée dans les décombres. Elle a été posée sur un socle de vingt-trois centimètres de hauteur, et scellée en plâtre : sa base a cinquante-quatre centimètres d'épaisseur; et la moulure de l'astragale, treize centimètres : en dédui-

---

[1] Aux environs de Syout, en faisant des fouilles, on trouve d'abord un mètre et demi ou deux mètres de limon; on rencontre ensuite des couches de limon mélangées d'un sable dont la proportion augmente à mesure qu'on s'enfonce davantage; on parvient après à du sable extrêmement pur; enfin, on découvre l'eau. On a fait des fouilles en plusieurs endroits sur une ligne perpendiculaire à la direction de la vallée, et nous avons remarqué que la hauteur de l'eau dans les puits était en raison de leur distance au fleuve. C'est évidemment ce qui doit avoir lieu lorsque le Nil baisse, circonstance dans laquelle nous nous trouvions alors. Le contraire doit arriver lors de la crue du Nil. *Voyez* le Mémoire de M. Girard sur l'agriculture et le commerce de la haute Égypte.

sant de la hauteur totale de la colonne, qui est de $9^m,65$, ainsi que nous l'avons dit ci-dessus, les soixante-dix-sept centimètres de la base et du socle, il reste pour le fût $8^m,88$. Cette colonne ressemble beaucoup à celles du *Divan* de Joseph au Kaire[1]. Le sol sur lequel elle est posée, est à neuf cent soixante-trois millimètres au-dessous du niveau moyen du terrain cultivé dans la plaine. M. Girard (Mémoire sur le nilomètre d'Éléphantine, *A.*) a établi que l'exhaussement de la vallée du Nil est de cent trente-deux millimètres par siècle : il y aurait donc, en adoptant ses calculs, environ sept à huit siècles que la base de la colonne était au niveau de la plaine. On doit supposer qu'elle a été posée, dans l'origine, à un mètre au moins au-dessus des plus grandes inondations, en sorte que son antiquité peut remonter aux premiers siècles de l'ère chrétienne.

Entre Syout et la montagne, sont des maisons de Mamlouks, où l'on avait établi le quartier-général de la division Desaix. Ces maisons dominent la ville; on les avait crénelées, et l'on avait placé dans les points les plus élevés quelques petites pièces de canon. Cette espèce de citadelle se trouvait à gauche de la route qui conduit à la montagne : à droite, est une vaste plaine que le Nil couvre dans le temps de l'inondation. C'est là que nous nous établîmes sous des tentes et des baraques en natte, afin d'être plus près des antiquités que nous avions à visiter, et aussi parce qu'il n'était pas prudent de loger dans la ville, dont les habitans ne supportaient encore notre domination qu'avec impatience. Dans ce

---

[1] *Voyez* pl. 71 et 72, *É. M.*, vol. II.

séjour, nous fûmes attaqués de violens maux d'yeux, presque tous en même temps, le 3 et le 4 avril 1799. Le vent du sud régnait alors; nous éprouvions du soulagement lorsque le vent passait au nord.

En suivant la route qui va de Syout à la montagne, on arrive bientôt à la limite du terrain cultivé, où est le cimetière moderne. Ces dernières demeures des musulmans n'inspirent pas la tristesse; elles ont un aspect beaucoup plus gai que l'intérieur des villes : on arrive à celles-ci par une avenue plantée en acacias, napecas et sycomores. Les tombeaux principaux sont d'une architecture légère, peints de différentes couleurs, et environnés d'arbres. Quelques murs d'enceinte sont construits par gradins en retraite les uns sur les autres, et forment des espèces de pyramides. Parmi les ornemens peints, ou, pour mieux dire, barbouillés sur les murs, on remarque des fleurs, des arbres, et d'autres objets qui semblent avoir du rapport avec la profession du défunt. Sur le tombeau d'un *cheykh el-bahr* ou *cheykh el-merkeb* (chef des bateliers), on a représenté fort grossièrement plusieurs *germes* (barques du Nil). N'est-ce pas là une tradition de l'écriture hiéroglyphique? Les enceintes des tombeaux sont crénelées. Les tombes sont carrées ou pyramidales, et toujours peintes en blanc.

Non loin de ce cimetière est le pied de la chaîne libyque, dans laquelle on aperçoit un grand nombre de grottes disposées par étages, jusqu'au sommet de la montagne. Ces excavations sont de trois sortes. La plus grande partie et les plus intéressantes ont été creusées par les anciens Égyptiens pour servir de sépultures : on les reconnaît aux hiéroglyphes dont elles sont décorées, et à l'art qui a présidé à leur exécution ; leurs parois sont parfaitement bien dressées, suivant un talus régulier. D'autres grottes ont servi de refuge aux premiers chrétiens de cette contrée : sur les parois de quelques-unes de celles-ci, on voit des figures de saints dessinées et peintes dans le plus mauvais goût. D'anciens hypogées ont aussi été habités par les mêmes hommes, qui, à cet effet, les ont agrandis, grattés et recrépis, afin de faire disparaître toutes les traces de l'antique religion du pays : quelquefois les anciens hiéroglyphes ont conservé leurs formes, et sont seulement recouverts de peintures grotesques. Outre les deux espèces de grottes dont nous avons parlé, on voit encore des carrières anciennes. Au pied de la montagne passe un grand canal, qui a pu servir au transport des pierres : ce canal se joint au Bahr-Yousef et communique avec le Nil par un petit embranchement transversal, à deux ou trois cents pas au-dessous de la ville de Syout.

§. II. *Des hypogées de la montagne de Syout.*

Nous avons examiné successivement et avec attention toutes les grottes anciennes, que nous appellerons du nom d'*hypogées*, pour nous conformer à ce qui a été observé dans les écrits précédens. Nous allons en donner la description détaillée.

L'hypogée principal, situé presque en face de la route qui conduit de la ville à la montagne, est peu élevé au-dessus de la plaine. Il nous a paru très-remarquable par sa grandeur, la régularité de son plan, et surtout par la quantité prodigieuse de sculptures dont ses parois sont couvertes. Il est vrai qu'alors nous ne connaissions pas les tombeaux des rois de Thèbes.

L'entrée de l'hypogée n'est pas immédiatement à la surface de la montagne. On a commencé par enlever les premières couches du rocher jusqu'à une certaine profondeur, afin de trouver la pierre *franche* et homogène; on a dressé ensuite ce rocher sur une largeur de douze à quinze mètres et une hauteur de sept à huit, en lui donnant un talus de trois centimètres par mètre : c'est dans cette surface qu'est ouverte l'entrée de l'hypogée, qui a véritablement quelque chose d'imposant et de solennel. On pénètre d'abord dans une espèce de vestibule oblong, dont les parois latérales ont un talus de trois centimètres par mètre. Le plafond de ce vestibule, ainsi que de presque toutes les salles de l'hypogée, est taillé en portion d'arc de cercle très-surbaissé. A peu de distance de la façade, on remarque une baguette saillante, semblable à celles qui accompagnent toujours les corniches égyptiennes. Le plafond est peint d'étoiles jaunes parsemées sur un fond bleu. Dans les autres salles on voit d'autres sortes de peintures, dont les couleurs sont plus ou moins bien conservées : on y reconnaît des espèces d'arabesques disposées en carreaux et en losanges, et combinées avec diverses fleurs.

Au milieu du fond du vestibule est une porte d'une proportion élégante : elle est entourée d'un bandeau en saillie sur le fond, de $1^m,30$ de largeur de chaque côté, et de 2^m,42 dans la partie supérieure. Cette espèce d'encadrement est ornée de caractères hiéroglyphiques, disposés dans quatre lignes verticales sur les côtés, et sept lignes horizontales au-dessus de la porte. La face à gauche du vestibule est couverte d'hiéroglyphes très-dégradés. A l'extrémité au fond, est un homme représenté debout et de grandeur naturelle : il tient un bâton. Dans l'embrasure de la porte, il y a aussi dix lignes verticales d'hiéroglyphes. Tout autour de la porte, intérieurement, il règne une feuillure qui en recevait les vantaux. On voit encore en haut et en bas, aux angles de cette feuillure, les trous dans lesquels étaient scellées les crapaudines : nous les avons indiqués sur le plan [1]. Quoique nous n'ayons marqué la crapaudine que d'un seul côté, nous sommes disposés à croire que la porte avait deux vantaux. Un seul vantail aurait eu l'inconvénient de dépasser la feuillure de la porte, lorsqu'il aurait été ouvert : cette irrégularité n'est pas probable. La salle qui vient immédiatement après le vestibule, est très-vaste : sa largeur est double de sa profondeur ; elle a environ deux cents mètres superficiels : elle n'est pas tellement encombrée, que nous n'ayons pu en trouver le sol primitif. A droite en entrant, sont sculptées quarante-deux lignes d'hiéroglyphes, de 0^m,14 de largeur chacune, et de 4^m,75 de hauteur. A gauche, toute la face latérale, jusqu'au fond, est couverte d'hiéroglyphes qui sont fort dégradés : ils n'ont pas été sculptés avec un grand soin ; les lignes ne sont pas exactement verticales, et les caractères sont mal formés. A l'extré-

[1] Voyez *A.*, vol. IV, pl. 44, fig. 1.

mité est une figure en bas-relief, plus grande que nature : elle tient un bâton à la main.

Il y a trois portes dans le fond : la plus grande est au milieu ; les deux autres, parfaitement semblables entre elles, sont à égale distance de la première. Autour de ces portes, il règne des bandeaux décorés de lignes verticales et horizontales d'hiéroglyphes. Au-dessus de la porte du milieu, on compte six rangées horizontales de ces caractères, et quatre rangées verticales de chaque côté. Dans l'embrasure et à droite, il y a neuf lignes de grands hiéroglyphes ; on distingue aussi les trous dans lesquels étaient encastrées les crapaudines supérieures et inférieures. A gauche, l'embrasure est décorée de sculptures représentant un homme tenant un bâton, et de deux rangées d'hiéroglyphes : on ne voit plus du personnage que sa tête ; le reste est dégradé. Dans les embrasures des petites portes, il y a deux rangs horizontaux d'hiéroglyphes, parmi lesquels on distingue des bouts de pique ; et à côté, un homme vêtu d'une robe longue, tenant une massue d'une main et un bâton de l'autre. Les deux portes latérales conduisent à deux petites salles de $5^m,60$ de longueur, sur $3^m,20$ de largeur, qui ne communiquent par aucune autre porte avec le reste de la grotte.

La porte du milieu donne entrée dans une espèce de galerie d'une longueur à peu près double de sa largeur. La cloison latérale à gauche, qui sépare cette galerie de l'une des petites salles dont nous avons parlé, a été enfoncée, et l'on a ouvert une communication entre ces deux pièces. Cette première galerie aboutit à une autre en forme de fer-à-cheval, environnant de trois côtés une petite salle carrée, qu'on peut considérer comme un sanctuaire, et où nous avons cru reconnaître qu'il y avait eu des statues qui ont été enlevées. Les parois sont couvertes de sculptures encore intactes, sans doute parce qu'elles étaient assez difficiles à apercevoir; nous ne les avons bien vues nous-mêmes qu'au moyen de flambeaux: elles représentent particulièrement des sacrifices. Ceux des bas-reliefs qui sont à droite et à gauche de la porte en dedans et jusqu'aux murs latéraux, ont été dessinés, et sont représentés dans la pl. 45, *A.*, vol. IV.

Dans le premier bas-relief, fig. 1, quatre personnages sont occupés à immoler une victime, qui semble être un bœuf. Les quatre jambes de l'animal sont nouées ensemble avec une corde, que l'un des personnages tient à deux mains et tend fortement en appuyant un de ses pieds sur le nœud. Un autre personnage accroupi a le genou appuyé sur la tête renversée de la victime : il lui passe la main gauche sous le cou, de manière à la forcer à présenter la gorge; et de la main droite il tient un couteau avec lequel il se dispose à lui ôter la vie. Un troisième personnage, placé au milieu, est également armé d'un couteau, et s'apprête à dépouiller ou à dépecer le bœuf, ainsi que le font voir les bas-reliefs suivans. Un quatrième personnage apporte avec précaution un vase, qui, sans doute, contient l'eau destinée à laver la victime.

. Dans le deuxième bas-relief, fig. 3, la victime paraît frappée, mais elle est encore maintenue par une corde. On détache une de ses épaules.

Dans le troisième bas-relief, fig. 4, l'animal semble tout-à-fait sans mouvement. Cela est facile à reconnaître, parce que le personnage qui le maintenait a ôté son pied de dessus le nœud de la corde, et ne fait plus d'effort. Une des jambes de devant de l'animal est tout-à-fait détachée, et l'un des personnages l'emporte sur son épaule. Un autre personnage paraît se disposer à verser sur la victime l'eau contenue dans un vase qu'il porte avec précaution.

Dans le quatrième bas-relief, fig. 2, l'animal est à moitié dépouillé. Les deux sacrificateurs sont occupés à le dépecer. Un des autres personnages maintient les pieds de derrière de l'animal, et le quatrième emporte la seconde jambe de devant et un lambeau de la victime.

Dans le cinquième bas-relief, fig. 5, on a détaché et on emporte une des cuisses de la victime. Les deux sacrificateurs continuent à la dépecer. Le quatrième personnage tient un globe ou un vase rond au-dessus de la partie postérieure de l'animal.

Les autres bas-reliefs, fig. 6, 7 et 8, ont trait à un second sacrifice, auquel trois personnages seulement sont occupés : mais on ne suit pas aussi bien la succession des opérations. L'animal que l'on sacrifie ressemble beaucoup à celui des premiers bas-reliefs : toutefois il ne paraît pas aussi difficile à maîtriser, car personne ne tient la corde avec laquelle ses jambes sont attachées. Sur l'un des bas-reliefs, l'animal n'est représenté qu'à moitié. Dans tous les trois, un de ses membres est détaché : mais, dans l'un, on emporte ce membre ; dans l'autre, il n'est pas représenté; et dans le troisième, on le rapporte. Un personnage qui fait partie de chacune de ces trois scènes, tient un vase au-dessus de la victime, et paraît se disposer à verser sur elle ce qu'il contient.

Ces représentations nous ont portés à croire que la salle où elles sont sculptées était un sanctuaire, et que l'hypogée lui-même était un temple. Les parois de l'entrée du sanctuaire sont très-dégradées, en sorte qu'on n'y voit plus d'hiéroglyphes. La porte qui la fermait était bien certainement à deux vantaux; car on voit de chaque côté dans les feuillures, en haut et en bas, les traces des tourillons. Son embrasure est ruinée par le bas, ainsi que celle de toutes les autres baies; ce qui provient sans doute du travail que l'on a fait pour enlever les crapaudines métalliques sur lesquelles les portes tournaient.

Dans la paroi latérale à gauche de la galerie qui environne le sanctuaire, on remarque l'ouverture d'un conduit incliné, de plusieurs mètres de longueur, à la suite duquel est un puits vertical de quatre à cinq mètres de profondeur. Au bas de ce puits, on rencontre un autre conduit incliné, de cinq à six mètres de longueur, qui revient sous le sanctuaire, et dont l'extrémité inférieure est aux trois quarts obstruée par un amas de décombres. Là, on trouve à différentes hauteurs trois petites salles de trois mètres environ sur cinq mètres. Deux de ces petites salles sont parallèles et au même niveau que l'extrémité du conduit auquel l'une fait suite, l'autre étant à gauche. La troisième salle, perpendiculaire sur la direction des deux autres, descend plus bas et s'étend plus à droite. On y remarque les ouvertures de deux conduits inclinés qui se dirigent sous les autres; ils sont tellement encombrés, qu'il nous a été impossible d'y pénétrer. A l'extrémité de cette espèce de caveau, à gauche ou à l'ouest, est un autre conduit, mais qui ne paraît pas avoir été fait de main d'homme : il ressemble plutôt à une fissure naturelle du rocher. Nous y sommes entrés fort avant, en nous traînant à plat ventre, sans pouvoir aller jusqu'au fond, parce qu'il devient de plus en plus étroit..Il est rempli de décombres; ce qui nous fait présumer qu'on s'en sera servi pour placer une partie des gravois qui sont provenus du creusement des salles inférieures de l'hypogée. Peut-être aussi sont-ce les premiers travaux entrepris pour ouvrir un conduit semblable à celui que l'on voit dans une salle inférieure d'un autre hypogée de Syout, représenté pl. 47, fig. 4, 5, 6 et 7.

La complication des dispositions des diverses parties de ces souterrains est telle, que non-seulement il est difficile de les décrire, mais encore de les représenter par le dessin. Il est possible cependant que nous n'ayons vu qu'une petite partie de cette syringe; car nous ne savons pas où aboutissaient les deux conduits, actuellement obstrués, que nous avons vus dans l'endroit le plus profond où nous ayons pu parvenir. On déposait les corps des personnages importans dans ces réduits cachés et d'un accès si difficile. Le désir de soustraire les dépouilles des morts aux insultes et même aux regards des vivans a fait creuser les hypogées que de tous côtés on rencontre dans les montagnes de la haute Égypte. On doit au même motif les magnifiques tombeaux des rois de Thèbes et les pyramides de l'Égypte moyenne.

Nous avons dit plus haut que le plan de l'hypogée dont nous venons de donner la description, et les bas-reliefs qui le décorent, annoncent un temple : cela n'empêche pas que les parties inférieures n'aient été consacrées aux sépultures, comme presque tous les autres hypogées de Syout, où l'on voit un grand nombre de tombes creusées dans le rocher.

Nous avons dessiné presque tous les hiéroglyphes qui décorent la première salle de l'hypogée : on les trouvera représentés pl. 49, fig. 2 et 4. C'étaient les premières pages un peu étendues de cette écriture symbolique que nous découvrions; elles étaient pour nous d'un grand intérêt. Retenus à Syout par suite des dispositions militaires de la campagne, nous avions tout le loisir nécessaire pour copier ces inscriptions avec une grande exactitude. Nous osons à peine avouer qu'au milieu de ces faibles restes des immenses travaux des Égyptiens, nous avions formé le projet de recueillir les dessins de tous les hiéroglyphes que nous rencontrerions dans notre voyage. A la vue du temple de Denderah, le premier que nous visitâmes dans la haute Égypte, nous fûmes bientôt désabusés, et nous reconnûmes l'impossibilité de remplir une semblable tâche.

Les tableaux hiéroglyphiques que nous donnons, sont complets et très-exactement copiés; d'ailleurs, ils n'offrent rien de plus remarquable que ceux qu'on trouve avec profusion dans tout notre ouvrage. Les personnages qui sont mêlés à ces hiéroglyphes, sont toujours sculptés sur les portes, soit à la face extérieure, et alors ils regardent le passage, soit dans l'embrasure, et dans ce cas ils regardent du côté de l'extérieur. Ils sont armés le plus souvent d'un bâton, avec lequel ils semblent vouloir arrêter les profanes, et d'une massue, dont ils paraissent menacer de les frapper.

Nous ferons remarquer le bas-relief pl. 49, fig. 10, où l'on voit déposées devant une figure assise une multitude d'offrandes de fleurs, de fruits et d'animaux de toute espèce. Parmi ces offrandes sont la cuisse et la tête d'un animal semblable à celui dont les bas-reliefs du sanctuaire, gravés pl. 45, représentent le sacrifice.

On a copié aussi un bouc et une gazelle qui sont dessinés avec beaucoup de vérité. La pl. 49, fig. 11 et 12, en offre la représentation.

En gravissant au-dessus et un peu à droite de l'hypogée principal, jusqu'aux deux tiers de la hauteur de la montagne, on arrive à quatre autres hypogées très-voisins les uns des autres; ils sont à peu près au même niveau, et trois d'entre eux communiquent ensemble par des galeries exécutées sans la moindre régularité. Ces communications ont très-certainement été établies dans des temps modernes par les habitans de ces tristes demeures, lorsqu'ils en eurent rejeté les momies des anciens Égyptiens. Un de ces hypogées est représenté pl. 48, fig. 9; le bandeau de la porte est formé de chaque côté par deux lignes verticales d'hiéroglyphes, et au-dessus par trois lignes horizontales. C'est par erreur que l'on n'a indiqué que deux lignes, fig. 10. La cote 63 centimètres, qui est exacte, en comporte trois : il est vrai que cette cote a été mal rapportée sur le dessin, comme on peut le vérifier en consultant l'échelle. Ces trois lignes d'hiéroglyphes sont représentées fig. 11. Au bas des deux colonnes verticales, de chaque côté de la porte, on a omis de graver deux figures d'Isis assise et allaitant Horus. Ces deux figures se regardent, et forment de part et d'autre un petit tableau de $1^m,20$ de hauteur, sur $0^m,50$ de largeur. La pose des personnages est gracieuse, et la forme du siége est très-agréable.

Dans l'embrasure de la porte, on a sculpté un personnage tenant un bâton et une massue; il est environné d'hiéroglyphes : c'est un de ceux que l'on a représentés pl. 49, fig. 8 et 9. Cet hypogée est partagé en deux salles par des piliers conservés dans la masse du rocher pour soutenir le milieu du plafond. Aux angles de jonction des deux salles, et sur la même ligne que ces piliers, sont deux pilastres qui leur correspondent. La première partie de l'hypogée est carrée; la seconde est plus large que la première, mais beaucoup moins longue, et elle est terminée dans le fond par une surface courbe où l'on a creusé deux niches et un conduit tortueux qui communique à gauche avec l'hypogée voisin. A droite en entrant dans la première salle, on voit un conduit semblable, qui communique avec l'hypogée que nous décrirons après celui-ci.

On a creusé dans le sol de cet hypogée trois tombes de différentes dimensions, qui probablement étaient recouvertes par des couvercles en granit, semblables à celui que nous avons remarqué dans un des tombeaux de Thèbes, représenté pl. 79, fig. 14, *A.*, vol. II. Il ne peut donc y avoir aucun doute sur la destination de cet hypogée : il servait très-certainement aux sépultures.

L'hypogée situé à droite de celui que nous venons de décrire, est représenté pl. 47, fig. 8 et 9 : il est extrêmement dégradé. La porte est entourée d'un bandeau en hiéroglyphes; et dans l'embrasure sont sculptés, comme à l'ordinaire, de grands personnages armés d'un bâton et d'une massue, et regardant à l'extérieur : ils sont environnés d'hiéroglyphes. Ces sculptures sont représentées pl. 49, fig. 6 et 7. L'intérieur de l'hypogée est une salle hexagone très-irrégulière, dont le plafond était soutenu par deux piliers ménagés dans les rochers : ces supports sont tellement dégradés, qu'on ne voit plus que leurs extrémités à terre et au plafond. Sur une des faces, à gauche et dans le fond, sont de grandes pages d'hiéroglyphes sculptés en relief dans le creux et coloriés en bleu de ciel. Dans le milieu de la face du fond est une niche de deux mètres de hauteur, sur un mètre de largeur et soixante centimètres de profondeur. Sur la gauche on voit deux excavations modernes; l'une forme un petit cabinet, et l'autre est un conduit par lequel on communique avec la première salle de l'hypogée voisin, que nous avons décrit ci-dessus.

A gauche du premier hypogée, est celui que nous avons représenté pl. 47, fig. 2; sa porte est très-grande et environnée d'hiéroglyphes. A gauche de la porte sont encore d'autres hiéroglyphes, et un personnage de sept mètres environ de proportion, qui tient une massue et un bâton : on a omis de le représenter dans l'élévation géométrale, pl. 47, fig. 1. Les sculptures du côté droit ont été entraînées dans l'éboulement d'une partie du rocher. La vue de cette porte est représentée pl. 46, fig. 10. Dans l'embrasure on voit encore de grands personnages armés de bâtons et environnés d'hiéroglyphes. Le plan de l'intérieur de cet hypogée est très-régulier; c'est une salle parfaitement carrée, dont le plafond repose sur quatre piliers égaux et symétriquement placés. Au milieu du fond est une niche demi-circulaire; on en voit une autre semblable à gauche. Sur la droite, un conduit tortueux communique avec le premier hypogée dont nous avons parlé.

Le quatrième hypogée, situé à cet étage dans la montagne, est un peu séparé des autres : nous en avons donné le plan, fig. 3, pl. 48. A son entrée, la montagne est taillée verticalement sur une assez grande étendue. Le bandeau de la porte est décoré d'hiéroglyphes disposés par rangées horizontales dans la partie supérieure et verticales de chaque côté. Au-delà de cet encadrement sont encore d'autres lignes verticales d'hiéroglyphes, à l'extrémité desquelles on a représenté deux espèces de gardiens armés d'un bâton et d'une massue, pl. 48, fig. 4 et 5. Dans l'embrasure de la porte, on voit deux personnages semblables, pl. 49, fig. 1 et 3. L'intérieur de l'hypogée présente une salle assez régulière, formant un carré long, et dont le plafond est soutenu par quatre piliers symétriquement placés. Les deux piliers du fond sont plus gros que ceux du devant, comme si l'on eût voulu proportionner leur force à la masse du rocher qu'ils ont à supporter. A gauche dans le fond, on voit l'entrée d'un conduit creusé récemment.

Nous ne pouvons nous dispenser de faire remarquer l'analogie qui existe entre les dessins de l'hypogée que nous venons de faire connaître, et ceux de notre collègue M. Jomard (*voyez* pl. 46, fig. 1, 2, 3, 4, 5, 6, 7 et 8); analogie qui nous porte à croire que ces dessins se rapportent au même hypogée. L'entrée est décorée de la même manière. Quelques hiéroglyphes copiés par M. Jomard, au-dessus du personnage de la fig. 5, pl. 46, sont dans une place analogue sur le dessin complet que nous avons donné pl. 48, fig. 5 : le personnage est le même. Les plans de l'intérieur ne diffèrent qu'en quelques points sur lesquels il était facile de se tromper. Le premier, c'est que l'hypogée de la pl. 46 est moins profond que celui de la pl. 48; différence qu'on pourrait expliquer en supposant que l'on a pris la cote partielle de la deuxième partie de la salle pour une cote totale. Le deuxième point est que le contour du plan à droite, dans la pl. 46, est symétrique avec le contour à gauche, tandis que dans la pl. 48 il y a de légères différences; ce qui pourrait tenir à ce que l'auteur du dessin de la pl. 46 n'aurait levé qu'un côté, et aurait supposé l'autre semblable. Enfin l'auteur de ce dernier dessin aurait fait tous les piliers égaux, quoiqu'ils ne le soient pas suivant la pl. 48, parce qu'il n'en aurait mesuré qu'un. Une ressemblance entre ces deux hypogées se trouve encore dans les représentations des scènes militaires qui leur sont communes. Nous avons noté qu'il existe dans celui de la pl. 48 trois rangs de combattans portant des boucliers d'une forme particulière, et tels qu'ils sont représentés pl. 46, fig. 4, et que chaque rang de soldats de cette marche militaire est composé de quatorze guerriers. Nous avons de plus extrait la note suivante du journal de voyage d'un de nos collègues (M. Balzac), à l'article des hypogées de Syout : « On a remarqué un bas-relief couvrant le côté d'une salle de vingt pieds de large sur dix-huit de haut, formé de sept à huit rangs de soldats posés sur une ligne horizontale, et tous de la même manière. Ils se présentent de profil, et sont armés d'un casque, d'une lance et d'un bouclier. » La dimension de vingt pieds donnée pour la longueur du bas-relief convient bien à la longueur de la première partie des hypogées de la pl. 46, fig. 1, et de la pl. 48, fig. 3; mais la hauteur de *dix-huit* pieds est beaucoup trop forte dans l'un comme dans l'autre. Peut-être doit-on lire *huit pieds;* ce qui convient alors parfaitement. Réduisant le nombre des rangées de soldats dans la même proportion, on trouvera trois rangées seulement au lieu de *sept* à *huit,* nombres qui paraissent avoir été écrits de mémoire par M. Balzac, et cela se rapportera au premier témoignage que nous avons cité et au dessin de M. Jomard. Ce dernier a mis plus de quatorze soldats dans chaque rangée, et il a donné au bas-relief beaucoup plus de vingt pieds de longueur.

Les dissemblances que nous avons remarquées, font croire à M. Jomard que l'hypogée qu'il a donné dans la pl. 46, n'est pas le même que celui que nous avons figuré pl. 48. Nous ne partageons pas son opinion, parce que nous ne concevons pas comment ce second hypogée, si voisin de ceux que nous avons visités tant de fois, aurait échappé à nos recherches pendant tout le temps que nous avons passé à Syout.

Dans cet hypogée, nous avons remarqué encore beaucoup d'hiéroglyphes disposés par lignes verticales de $2^m,74$ de hauteur et de $0^m,16$ de largeur chacun : les traits de séparation ont un centimètre de largeur.

Immédiatement au-dessus de l'hypogée principal, et à peu près à la même hauteur que les précédens (*voyez* pl. 43, 3-3), sont trois autres hypogées très-voisins les uns des autres : ils ont été représentés pl. 47, fig. 3, et pl. 48, fig. 1 et 6. Le premier est creusé sur un plan très-régulier et plus riche que ceux dont nous venons de parler. De l'extérieur, on pénètre dans un vestibule carré long, plus large que profond ; il a $9^m,74$ de largeur sur huit mètres seulement de profondeur. En face de la porte de l'hypogée et dans le fond du vestibule, est une autre porte qui conduit, par un couloir de quinze à seize mètres de longueur, à une salle de même dimension que le vestibule. Dans le fond de cette salle sont trois niches, dont on concevra facilement la disposition en consultant le plan et la coupe fig. 3 et 5, pl. 47. Les parois de cet hypogée sont extrêmement dégradées ; il est très-probable qu'elles étaient autrefois couvertes d'hiéroglyphes peints. Sur la minute du plan de cet hypogée, nous avons indiqué, dans le couloir à droite, l'entrée d'un conduit incliné, fig. 6, qui, suivant notre journal, serait dans le vestibule. Ce conduit a environ huit mètres de longueur. La petite salle qui est à son extrémité, fig. 4, 6 et 7, est carrée, et creusée de douze pieds de profondeur sur la moitié de sa superficie. Au bas de la partie la plus profonde, on trouve trois autres conduits semblables, dont l'un s'enfonce dans la montagne, et les deux autres se dirigent sous l'hypogée : ils sont tous les trois remplis de décombres.

A droite de cet hypogée est celui que nous avons représenté pl. 48, fig. 6; son plan ressemble beaucoup à celui du précédent : seulement il n'est pas aussi étendu. Le vestibule est de même largeur, mais moins profond, et le couloir est plus court. La salle du fond de cet hypogée est moins large que son vestibule. A droite et à gauche, à peu près en face l'un de l'autre, et presque au fond du couloir, sont deux conduits horizontaux qui aboutissent à deux petits caveaux, où sans doute étaient déposées des momies. On verra dans la coupe représentée fig. 7, pl. 48, que le plafond du vestibule est plus élevé que celui du couloir, et ce dernier plus que celui de la salle suivante. Les deux conduits sont à la hauteur du sol du couloir. Le plafond du vestibule est décoré d'ornemens peints. Un cadre d'étoiles forme la première bordure : le reste est rempli de dessins en échiquier, dans le goût des Grecs, des Étrusques et des Arabes. Toutes les parois de cet hypogée ont été couvertes d'hiéroglyphes peints en bleu de ciel. Dans l'embrasure de la première porte, il y a des hiéroglyphes. Le bandeau de la deuxième porte est orné de deux rangées d'hiéroglyphes sur les côtés, et de trois au-dessus. Le plafond du couloir est taillé en arc de cercle (*voyez* fig. 8, pl. 48). Cet hypogée est, de tous ceux que nous avons vus dans la montagne de Syout, le plus richement décoré et le plus soigné.

Le troisième hypogée, pl. 48, fig. 1, voisin des deux précédens, est très-petit, et il ressemblerait plutôt à un caveau dépendant autrefois d'un hypogée plus grand qui aurait été détruit par l'éboulement d'une partie du rocher.

Sur la gauche de la montagne, nous avons remarqué des figures égyptiennes en pied, sculptées en demi-ronde-bosse (*voyez* pl. 46, fig. 9). Il y en a cinq d'un côté et quatre de l'autre, y compris une autre figure, de moitié plus petite, qui paraît représenter un enfant. Ces figures sont très-mutilées. Elles ont $1^m,30$ environ de hauteur, et paraissent représenter des femmes. Nous supposons qu'elles ont appartenu au fond d'un hypogée dont la partie antérieure a été détruite dans un éboulement partiel de la montagne. Au milieu du bas-relief est une excavation irrégulière.

Plusieurs de nos collègues, au nombre desquels était M. Fourier, ont remarqué, en descendant la montagne de Syout, le dessus d'une porte presque entièrement enfouie. Ils se sont glissés avec peine par l'ouverture qui restait, et se sont trouvés dans un petit temple égyptien, semblable à ceux de Minyeh (*voyez* pl. 64, *A.*, vol. IV). Seulement l'architecture de celui-ci leur a paru plus grossière; au lieu de colonnes, ce sont des piliers carrés qui soutiennent le plafond. Les hiéroglyphes et les peintures sont bien conservés, et l'on y a distingué une procession de quatorze prêtres portant des offrandes à une divinité. N'ayant point visité nous-mêmes cet hypogée, nous nous sommes bornés à rapporter ici les faits consignés dans le journal de M. Fourier.

Il paraît que tous les hypogées de Syout étaient beaucoup moins dégradés il y a quelques années. Un homme du pays, qui nous conduisait, nous a dit les avoir vus en bien meilleur état ; les peintures étaient plus fraîches et mieux conservées ; les jambages des portes et les plafonds n'étaient point brisés comme ils le sont à présent. Suivant lui, ce sont des beys et des Mamlouks qui les ont ainsi endommagés récemment en y tirant des coups de fusil, dont effectivement on voit encore des traces en plusieurs endroits. Cependant il n'a pas pu nous faire connaître exactement ni en quel temps ni par quels Mamlouks ces dégâts avaient été causés.

Les monumens taillés dans le roc ont une cause de destruction qui leur est particulière : les fissures naturelles du rocher et le peu d'homogénéité de ses parties font que les parois ne présentent pas une solidité comparable à celle d'un édifice construit en matériaux choisis. Les piliers, que l'on avait artistement ménagés, sont, pour la plupart, détruits ou réduits à moitié de leur épaisseur. Les milieux des plafonds sont presque tous détachés; les angles seuls sont bien conservés.

La montagne dans laquelle les hypogées de Syout sont taillés, est calcaire : la pierre est en général très-dure, et fait feu au briquet. On y trouve beaucoup de cristaux de carbonate de chaux sous différentes formes, quelques coquilles et une grande quantité de *silex* en rognons. Au-dessus de la montagne, on voit un lit de ces cailloux. La pierre calcaire qui les renfermait a été détruite par les eaux, ou par toute autre cause; car on ne conçoit guère que les pluies, qui sont si rares dans cette contrée, aient produit un si grand effet. Non-seulement le plateau tout entier, mais encore les flancs de la montagne, dans quelques parties où la pierre calcaire a aussi été détruite, sont couverts de ces cailloux siliceux. Il paraît que la cause de destruction du rocher est toujours agissante; car, ainsi que nous l'avons fait remarquer, il y a plusieurs hypogées dont les parties antérieures ont disparu, et dont il ne reste plus que le fond.

Les cailloux siliceux qui sont dans la masse du rocher ont dû gêner considérablement les ouvriers qui sculptaient les parois des hypogées. Dans quelques endroits, ils ont été laissés à leur place, et l'on a peint par-dessus. Ils forment ainsi sur le mur des saillies très-désagréables à la vue. A Thèbes, où l'art avait fait plus de progrès, les sculpteurs enlevaient ces *silex* et les remplaçaient par des pièces incrustées dont les joints étaient imperceptibles. (*Voy.* la Description de Thèbes, *chap. IX, sect.* x, pag. 18.)

Plusieurs hypogées de Syout semblent ne pas avoir été achevés, bien que l'on y trouve des peintures. Nous avons eu déjà l'occasion de faire remarquer que les peintres n'attendaient pas que les sculpteurs eussent entièrement complété les décorations d'un édifice, pour appliquer les couleurs sur les parties terminées.

Dans tous les hypogées de Syout, on voit un grand nombre de cases où les momies étaient autrefois renfermées. Nous avons même trouvé, dans plusieurs, des fragmens de ces momies, particulièrement de loups ou de chacals[1], de jeunes chats, ainsi que d'oiseaux de proie qui avaient encore leurs plumes.

Après avoir fait nous-mêmes toutes les recherches possibles pour trouver des momies bien conservées, nous nous adressâmes à un de ces hommes qui font leur métier de fouiller les catacombes pour y trouver des amulettes qu'ils vendent quelquefois assez cher. Cet homme semblait bien connaître la montagne; mais il faisait un grand mystère de ce qu'il savait. Il nous dit un jour que, deux ou trois ans auparavant, on avait trouvé dans la montagne des chiens enveloppés de linge, et qui paraissaient avoir été conservés depuis long-temps. Ces chiens, nous dit-il, avaient été enterrés anciennement avec autant de soin, parce qu'ils étaient regardés comme *des dieux par le peuple qui existait alors*. On voit que cet homme avait quelques idées de l'ancienne histoire de son pays. Il n'est pas probable qu'elles lui soient venues par tradition; nous croirions plutôt qu'elles lui ont été communiquées par des voyageurs européens. Nous promîmes à notre guide une forte récompense, s'il nous apportait de ces momies : il fit des recherches, et deux jours après il nous annonça qu'il en avait trouvé. Il nous mena vers le bas de la montagne dans un endroit où il

---

[1] On a rapporté des ossemens tirés de momies de chacal. Ces fragmens sont recouverts de feuilles d'or assez bien conservées. *Voy.* la pl. 2, fig. 7 et 13, *A.*, vol. III, et l'explication de cette planche. C'est par erreur que ces objets ont été placés sur une des planches de Thèbes.

avait fait un trou dans les décombres, et nous y vîmes une grande quantité de momies d'animaux presque toutes brisées et déposées par lits horizontaux entre des nattes. Nous avons rapporté quelques-unes de ces momies, parmi lesquelles il y avait des oiseaux de proie, des chats, peut-être aussi des singes. La plupart étaient des chacals ou des loups. Nous avons encore trouvé dans ces décombres une momie humaine assez bien conservée. Ses cheveux, dont nous avons rapporté une partie, ne sont pas crépus. Elle n'avait pas été très-soigneusement embaumée, et les bandelettes n'étaient pas arrangées avec une grande perfection; mais cependant, parmi les momies des catacombes de Thèbes, nous en avons vu de bien inférieures à celle-là. Le sol en cet endroit est couvert de morceaux de vieilles toiles, de plumes, de becs d'oiseaux, et d'ossemens de divers animaux. Tous ces décombres ont très-certainement été tirés des hypogées. Ils en auront été rejetés avec mépris par les Chrétiens qui ont habité ces tristes demeures, et qui, sans doute, n'ont pas laissé un seul caveau intact. On doit donc renoncer à trouver des momies dans les catacombes de Syout. Ce n'est que dans les amas de débris dont nous avons parlé, et qui paraissent avoir été déposés là avec quelque précaution, puisque les lits sont séparés par des nattes, que l'on pourrait, à force de recherches, espérer de découvrir des momies passablement conservées.

Nous pressions un jour notre guide de nous conduire à des grottes où nous trouverions des momies humaines tout entières. Après y avoir réfléchi quelque temps, il

ET DE SES ANTIQUITÉS.　155

nous le promit; mais il nous dit qu'il fallait aller un peu loin dans la montagne. Ce voyage n'était pas sans danger : toutefois, séduits par les promesses de notre guide et par l'espérance de visiter des catacombes qui eussent été respectées, « nous partîmes sans escorte [1], parce que les troupes alors à Syout étaient trop peu nombreuses et trop occupées pour nous en fournir une, et sans rien dire de nos projets, dans la crainte que le commandant de la place, par intérêt pour notre sûreté, ne s'opposât à notre excursion. Notre guide nous fit gravir la chaîne libyque. Nous descendîmes de l'autre côté dans une vallée étroite, que nous suivîmes pendant une heure; puis nous montâmes plusieurs collines, et nous traversâmes successivement quelques ravins où la chaleur était fortement augmentée par le reflet des rayons solaires que renvoie un terrain blanc, dépouillé de toute espèce de végétation. Enfin, après avoir marché environ deux heures, notre guide, nous montrant les restes d'un ancien édifice, et, près de là, quelques voûtes peu élevées au-dessus du sol, nous dit que c'était en cet endroit qu'il y avait des momies d'homme. Nous reconnûmes facilement que nous n'étions pas sur des ruines de l'antique Égypte, mais sur des ruines chrétiennes, humbles demeures de ces anachorètes qui, dans les premières années de notre ère, se réfugièrent dans les déserts de la Thébaïde. Pendant que nous considérions les restes du saint monastère, notre guide s'était mis à fouiller

---

[1] Cette relation est extraite du journal de voyage de M. du Bois-Aymé, avec lequel nous avons fait l'excursion que nous lui laissons raconter ici.

sous une des petites voûtes, et bientôt il nous appela pour nous faire voir un cercueil de bois de sycomore, qu'il venait d'en tirer. Ce cercueil renfermait un homme blanc dont les parties musculaires, la peau, les dents, les ongles et la barbe étaient parfaitement conservés, ainsi que le linceul qui enveloppait le corps. Nous n'aperçûmes cependant aucune trace d'embaumement. Cette étonnante conservation doit être attribuée à un terrain aride que jamais la pluie ni le fleuve n'arrosent, à un air sec et à un soleil brûlant. » Nous revînmes de notre expédition un peu honteux de son résultat, et en grondant notre guide, qui ne concevait pas pourquoi nous n'étions pas satisfaits.

En revenant à Syout, nous passâmes sur le plateau qui couronne la montagne dans laquelle sont creusés les hypogées. Ce plateau domine, d'un côté, sur toute la vallée du Nil, et, de l'autre, la vue s'étend au loin vers le désert de la Libye. Il est couvert de tessons de poterie; on croit même y reconnaître des restes de citernes et de conduits pour les eaux : on y remarque un grand nombre de débris de constructions en brique. Toutes ces ruines, les hypogées et les fragmens de colonnes que nous avons vus à Syout ou dans les environs, annoncent assez l'existence d'une ancienne ville. La position de Syout est irrévocablement fixée sur la carte de l'Égypte qui a été levée pendant le cours de l'expédition française; et toutes les erreurs des voyageurs antérieurs et des géographes[1] sont, par cela seul, rectifiées. D'un autre côté, les itinéraires anciens s'ac-

---

[1] *Voyez* d'Anville, Mémoires sur l'Égypte, pag. 181.

cordent pour placer dans cette position la ville qui, au temps de Ptolémée, portait le nom de *Lycopolis*. Les loups ou les chacals y étaient en vénération, et cela explique pourquoi nous avons trouvé dans la montagne une si grande quantité de débris de momies de ces animaux. D'ailleurs, il n'y a point de ruines aux environs de Syout qui puissent être comparées à celles que l'on y rencontre. Il est donc à peu près certain que la ville de *Lycopolis* occupait l'emplacement de Syout, entre le Nil et la montagne; que les catacombes de cette ancienne ville étaient dans la montagne voisine, et qu'une forteresse dépendante de *Lycopolis* existait sur le plateau qui domine tout le pays. Quelques traditions anciennes, rapportées par Diodore de Sicile [1], tendent à faire croire, en effet, que *Lycopolis* était une position militaire importante.

[1] Diod. Sic. *Bibl. hist.* lib. 1, pag. 99.

CHAPITRE QUATORZIÈME.

DESCRIPTION
DES RUINES D'ACHMOUNEYN
ou
HERMOPOLIS MAGNA,

Par E. JOMARD.

§. I. *Généralités.*

Le nom d'*Hermopolis* a été donné à plusieurs villes d'Égypte. Hermès ou Thoth le Mercure égyptien, était honoré, en divers lieux de cette contrée, pour les bienfaits sans nombre qu'on lui attribuait. Il avait inventé les arts agréables et les arts utiles : on lui devait les principes de la musique, de l'écriture, de la grammaire, de l'éloquence; l'art de raisonner et celui de calculer; enfin la découverte des mesures et la plupart des sciences[1]. Ce personnage symbolique avait un temple à *Hermopolis magna* dans l'Heptanomide, et à *Hermopolis parva* dans la partie occidentale de la basse Égypte; enfin, l'on peut

---

[1] Plut. *de Iside et Osiride*, Plat., Diod., etc.

regarder la ville d'Hermonthis, au-dessus de Thèbes, comme lui ayant été consacrée. Le surnom de *Magna* donné à la première de ces villes annonce la prééminence qu'elle avait sur les autres; c'est ce que l'étendue actuelle des ruines confirme très-bien. En effet, cette étendue ne le cède point, si elle n'est supérieure, à celle des plus grandes villes dont nous avons retrouvé les vestiges, Thèbes et Alexandrie exceptées.

La ville d'*Hermopolis magna* était méditerranée, c'est-à-dire située dans l'intérieur des terres et au milieu d'une des plus grandes plaines de l'Égypte. Plusieurs canaux du Nil s'y rendaient jadis, si l'on en juge par ceux qui subsistent encore et qui arrosent la plaine. Non-seulement elle était la capitale d'une préfecture appelée *nomus Hermopolites,* mais elle était indubitablement le lieu principal de toute l'Heptanomide : aussi elle n'a cessé de rassembler dans ses murs une grande population, jusqu'à l'époque où l'empereur Adrien bâtit sur la rive droite du Nil, en face même d'Hermopolis, une cité nouvelle où il déploya toute la grandeur romaine. C'est à ce moment qu'a commencé la décadence de la ville égyptienne [1].

Les générations qui se sont succédées sur le sol de cette dernière, ont laissé des traces des divers âges qui les ont vues fleurir. A côté des constructions égyptiennes, on trouve des ouvrages des Grecs, des débris de l'architecture romaine. Toutes les habitations se sont détruites et amoncelées l'une après l'autre, et les hauteurs que ces décombres ont formées sont presque de

[1] *Voyez* pag. 162, note 4.

véritables montagnes. La suite de ces hauteurs forme une ceinture très-étendue, saillante et élevée au-dessus de la plaine. C'est dans un enfoncement qu'elles laissent entre elles, vers le nord et sur l'axe des ruines, qu'est situé le portique égyptien, reste d'un temple remarquable par la grandeur de ses proportions; à l'autre extrémité est situé le village actuel d'Achmouneyn, l'un des plus considérables de la province de Minyeh.

§. II. *Observations historiques et géographiques.*

On peut regarder comme à peu près impossible de remonter à l'origine de la ville d'Hermopolis. Les Grecs, auxquels nous devons la connaissance de cette ville, ne nous ont pas conservé son nom antique, à moins qu'on ne veuille regarder *Hermès* comme un ancien nom égyptien [1]. C'est à Hermopolis, dit Hérodote [2], qu'on avait coutume de transporter les ibis embaumés, comme les éperviers à Butos. Bien que Diodore de Sicile ne parle point de cette ville, elle était encore de son temps une des plus importantes de l'Égypte. Pline fait seulement mention du nome *Hermopolite*. Strabon nous apprend que, chez les Hermopolites, le cynocéphale était en honneur. Cet animal était une espèce de singe consacré au Mercure égyptien, suivant Horapollon.

Sous l'empereur Trajan, on frappa à Hermopolis,

---

[1] Zoëga le regarde comme venant de ⲈⲠ-ⲈⲨⲤ, *pater scientiæ* (p. 224).
[2] Hérodote, *Hist.* liv. II, §. 67.

ou peut-être dans la métropole de l'Égypte, des médailles qui portent le nom du nome *Hermopolite*. L'ibis qui se trouve sur ces médailles, est un symbole connu d'Hermès, auquel il était consacré [1], ainsi que le cynocéphale. Sous Adrien, on avait également frappé une médaille de la préfecture hermopolitaine, où l'on voit un cynocéphale assis [2]. J'ai copié sur un des édifices d'Achmouneyn une inscription grecque en l'honneur des Antonins; cette inscription est monumentale, et elle prouve que ce lieu avait de l'importance sous le règne de Marc-Aurèle [3].

Du temps d'Ammien Marcellin, Hermopolis était encore une des plus célèbres villes de la Thébaïde [4]. Dans la Notice de l'empire, on voit qu'il y avait là un poste de cavalerie; *cuneus equitum scutariorum Hermopoli* [5]. Un certain Herméas, né à Hermopolis, que Plutarque cite dans son Traité d'Isis, avait écrit un livre sur cette ville: c'était un poëme en vers ïambes en l'honneur de sa patrie [6].

Dans le Bas-Empire, un évêché y fut établi; beaucoup de couvens des environs relevaient de l'évêque d'Hermopolis.

---

[1] Horapoll. *Hieroglyph.* pag. 51. Plutarch. *de Iside et Osiride*. Platon, in *Phædro*. Consultez l'*Histoire naturelle et mythologique de l'ibis*, par M. Savigny, §. 12.

[2] *Voyez* la planche des nomes d'Égypte, dans la collection d'antiquités, *A*., vol. v, pl. 58. Il y a encore d'autres médailles de ce nome, qui sont également significatives.

[3] *Voyez*, ci-dessous, le §. III.

[4] Hermopolis, Coptos et Antinoé, sont les trois villes que nomme Ammien Marcellin comme les principales; mais il est vraisemblable qu'Hermopolis a commencé à déchoir avec la prospérité d'Antinoé. (Am. Marc. *Rer. gest.* lib. XXII, pag. 233.)

[5] *Notit. Imperii utriusque*, p. 90.

[6] Photius, *Bibl.* cod. CCLXXIX.

Ainsi l'on peut assurer que ce lieu a été à-la-fois une des plus anciennes villes de l'Égypte et une de celles qui ont existé le plus long-temps. Sa position centrale, au milieu de la vallée, entre le fleuve et la grande branche connue sous le nom de *Bahr-Yousef*, enfin dans une des plaines les plus larges de l'Heptanomide et même de toute la Thébaïde, était un suffisant motif pour qu'on en fît le siége d'une grande préfecture, et que cet avantage lui demeurât pendant une longue suite de siècles. Ce qui l'a fait déchoir a été, sans doute, la fondation de la ville d'Antinoé dans son voisinage. Mais, depuis la domination romaine, une autre cause a contribué à lui faire perdre sa prépondérance, et cette cause est la diminution successive du volume d'eau que fournissait la branche appelée *canal de Joseph*, et dont les habitans disposaient, dans l'antiquité, pour l'irrigation de leur territoire. Quand ce canal a cessé d'y apporter l'eau nécessaire pour abreuver une grande population et pour l'aménagement des terres, les habitans se sont rapprochés peu à peu du Nil, et la ville de Meylâouy a succédé à Hermopolis.

Meylâouy el-A'rych est située à deux lieues environ au sud d'Achmouneyn : autrefois placée sur le Nil (et elle l'était encore en 1720), cette ville était la capitale de la province moderne ; son port servait à la réunion des grains destinés pour la Mecque, et recevait en échange les produits de l'Arabie, dont elle était l'entrepôt. Mais le fleuve a abandonné ses murailles, et une autre ville a succédé à son tour à ces deux capitales. C'est Minyeh qui est aujourd'hui le chef-lieu de la province ; néanmoins celle-ci porte toujours le nom de province d'Achmouneyn, *Ouláyet Achmouneyn* ou *Aqlym Achmouneyn*.

Il me reste à faire voir ici que la géographie comparée place incontestablement à Achmouneyn la ville d'*Hermopolis magna*. Bien que cette position soit généralement reconnue comme certaine, je ne puis cependant, dans cette description, me dispenser d'en alléguer la preuve géométrique, s'il est permis de s'exprimer de la sorte. L'Itinéraire d'Antonin fait passer la route par les points suivans : *Oxyryncho Ibiu* xxx, *Hermopoli* xxiv, *Cusis* xxiv, *Lyco* xxxv. Il résulte de cette route que d'Hermopolis à Lycopolis il y a cinquante-neuf milles romains; convertie en mètres sur le pied de 1478 mètres par mille [1], cette distance équivaut à 87202 mètres : or, on trouve 87500 mètres sur la carte moderne, entre Achmouneyn et Syout dont l'emplacement est le même que celui de Lycopolis [2].

La latitude donnée par Ptolémée pour Hermopolis, selon Abou-l-fedâ, est de 27° 40′ : on a trouvé, par les dernières observations astronomiques, 27° 45′, d'après la latitude de Minyeh et la composition de la carte. Il y a ici bien plus d'exactitude que dans les autres latitudes de ce géographe.

Quand on manquerait de documens géographiques,

---

[1] *Voyez* mon *Mémoire sur le système métrique des anciens Égyptiens*.

[2] *Voyez* la Description de Syout, par MM. Jollois et Devilliers, chapitre *XIII, A. D.*

L'Itinéraire ne présente que cinquante-quatre milles entre Oxyrynchus et Hermopolis; la carte en fait trouver un peu plus de soixante-huit (101000 mètres) entre Behneseh et Achmouneyn. Si Behneseh est réellement le reste d'Oxyryochus; il faudrait écrire *Ibiu* xxxiv, et *Hermopoli* xxxiv.

l'étendue considérable de terrain qu'occupent les ruines d'Achmouneyn, ne permettrait pas de chercher ailleurs la ville capitale qui était dans ce quartier. Je ne dois pas omettre ici cette circonstance, que la province elle-même dont Minyeh est aujourd'hui le chef-lieu, s'appelle *province d'Achmouneyn ;* ce qui prouve bien que ce même endroit a toujours donné son nom à la contrée, et que par conséquent il en était la capitale [1].

§. III. *Topographie des ruines d'Achmouneyn.*

Lorsqu'on est à Antinoé et qu'on veut visiter les ruines d'Achmouneyn, on traverse le Nil et on descend à el-Bayâdyeh, village uniquement composé de chrétiens [2]. De là on se dirige, au sud-ouest, vers Deyr el-Nasârah, petit couvent, où il faut traverser un large canal peu profond, appelé *Tera't el-Sebakh,* et qui est l'origine du bas-fond connu sous le nom de *Bathen.* On va ensuite à l'ouest ; et, après avoir marché pendant une heure et un quart depuis le couvent, on arrive aux ruines d'Achmouneyn. La montagne libyque reste en-

---

[1] On lit dans S. Augustin, *de Civitate Dei,* lib. VIII, cap. XXVI : *Hic enim Hermes major, id est, Mercurius, quem dicit avum suum fuisse, in Hermopoli, hoc est in sui nominis civitate, esse perhibetur.*

Je citerai encore dans cette note un passage des Annales de George Cedrenus : *Hermopoli, quæ est urbs Thebaïdis, Persica arbor fuit, cujus folia aut cortex cuivis morbo mederentur : eam ferunt arborem sese inclinasse, et Christum adorasse in Ægyptum fugientem, eique umbram præbuisse* (lib. XXX, pag. 252, *Xylandro interprete,* Paris, 1647, in-fol.). Je laisse au lecteur à qualifier l'espèce de cet arbre miraculeux.

[2] Cette population chrétienne est un reste des anciens habitans d'Hermopolis du Bas-Empire : obligés de fuir cette partie de l'Égypte, ils se sont établis à el-Bayâdyeh, et même sur l'autre rive du fleuve. *Voyez* la Description d'Antinoé, *chap. XV.*

core très-loin à l'ouest. Tout le bassin a plus de trois lieues un quart de largeur[1]. La culture en est d'une extrême richesse : il y a peu de contrées mieux arrosées. Au levant, les canaux du Nil y versent leurs eaux; au couchant, et au pied de la chaîne de Libye, le canal de Joseph, supérieur au niveau du Nil, contribue un peu à l'irrigation; enfin le milieu de cette plaine est sillonné par des canaux qui, s'ils ne sont pas navigables comme dans l'antiquité, répandent, distribuent et conservent en partie toute l'année, avec le secours des digues, les eaux de l'inondation. J'ai résidé plusieurs jours à Achmouneyn, et j'ai fait trois voyages dans ce canton; chaque fois j'en ai admiré la fertilité : aussi Achmouneyn est-il un village riche et populeux, son territoire étendu, ses habitans riches en chevaux, en bestiaux, en cavaliers; ils sont tous bien armés, et ne craignent pas les insultes des Arabes. Ce n'est pas ici le lieu d'examiner cet état actuel du pays; dans un mémoire sur le canal de Joseph et l'Égypte moyenne, je placerai les observations qui se rapportent à cette matière.

La plaine est traversée, dans toute sa largeur, par une digue principale appelée *Gesr Soultâny* ou *Gesr el-Achmouneyn*, qui vient s'appuyer, du côté de l'est, sur les ruines; c'est là qu'aboutit le chemin que j'ai indiqué; de l'autre côté des ruines, c'est-à-dire du côté de l'ouest, la même digue continue et s'appuie sur le canal de Joseph, en face de Touné, l'ancienne *Tanis.* En arrivant aux ruines, il faut encore traverser un petit canal qui en fait tout le tour.

[1] Plus de 9000 toises, près de 18000 mètres.

D'ACHMOUNEYN (HERMOPOLIS MAGNA).

Ce qui frappe la vue, en arrivant au pied de ces ruines, c'est la grande étendue, la hauteur, la couleur sombre et presque noire, des décombres dont elles sont formées. On se porte avec empressement sur un des monticules les plus élevés, pour embrasser tout l'ensemble. De là on aperçoit, vers le nord, le magnifique portique placé sur l'axe des ruines; au sud, le village; çà et là, des enfoncemens où les eaux des canaux parviennent et séjournent; de tous côtés, des débris et des fragmens de pierres renversées, la plupart d'architecture grecque et romaine. Le plan des ruines forme un rectangle dont la longueur est exactement, ainsi que l'axe du grand temple, parallèle au méridien magnétique : dans cette dimension, les ruines ont plus de 2200 mètres; la largeur en a 1650, et le contour, 6300.

En partant du point où la digue aboutit, et allant vers le nord, on rencontre d'abord des piédestaux et des bases de colonnes en pierre calcaire, épars sur le sol, soit qu'ils proviennent d'un édifice aujourd'hui ruiné et dont on ne retrouve plus le plan, soit qu'ils aient été transportés d'un autre endroit. Parmi ces fragmens sont des colonnes de granit, et une base attique en pierre calcaire numismale, bien conservée. Les monceaux de ruines qui se sont accumulés sur ce point, ont enseveli, sans doute, la plus grande partie de ces débris. Il subsiste cependant quelques parties moins détruites que les autres.

Si l'on se dirige vers l'ouest, on traverse le grand chemin allant du nord au sud et conduisant au village, et qui paraît être le reste d'une ancienne rue longitudinale de la ville ; cette rue était dans le prolongement de l'axe du temple. Des ruines de briques sont au-delà. Le temple lui-même est à six cent cinquante mètres environ de l'extrémité nord des décombres : nous en ferons, dans le paragraphe suivant, une description spéciale. En revenant vers le sud, on trouve, dans un bas-fond où séjournent les eaux d'un petit canal qui traverse les ruines, plusieurs colonnes en granit renversées ; auprès, sur une butte élevée, des restes de fours où l'on a converti en chaux les matériaux des monumens ; plus loin, des blocs de pierre ayant appartenu à des monumens antiques. A l'extrémité sud, est le village qui a succédé à cette grande ville : il a plus de trois cents mètres de longueur ; sa population est de cinq cents ames ; son nom entier est *Nefs el-Achmouneyn*.

Au milieu des buttes qui composent ces ruines, sont des bas-fonds couverts de salpêtre que les habitans exploitent ; ils savent lessiver les terres et fabriquer le salpêtre, avec lequel on fait ensuite la poudre à canon dans la petite ville de Meylâony. Je ne dois pas oublier de dire que les trous des fouilles servent de repaire à de nombreux chacals et à des renards ; les étangs qui sont dans les bas-fonds, sont remplis de canards et de poules d'eau.

On trouve dans les fouilles quantité de vases antiques : plusieurs sont des amphores où les anciens chrétiens, au rapport des habitans, conservaient le vin ; leur hauteur est d'un demi-mètre, ou dix-huit pouces : la plus grande partie est brisée, et l'on trouve au fond des résidus qui annoncent en effet, quand on les brûle, qu'une liqueur spiritueuse y a séjourné. On voit encore, dans les débris, des vases d'un beau ton rouge étrusque, dont la pâte est très-fine, des portions de verre de diverses couleurs, et beaucoup de médailles romaines.

Auprès du village, et à l'est, il y a aussi des colonnes de granit de trois pieds de diamètre, des pierres ornées d'oves et autres moulures grecques, des fragmens d'architrave, et divers débris d'entablement[1]; au nord, est le reste d'une grande mosquée ruinée, qui était enrichie de colonnes fort belles, dont une partie est encore en place; enfin, au midi, il y a des colonnes en granit.

Allant du village vers le nord, on trouve d'abord des débris d'architecture grecque ou romaine; puis d'autres colonnes de granit, dont trois sont debout et encombrées aux deux tiers.

Dans l'axe même et à quatre cents mètres au sud du grand temple, est un édifice en pierre calcaire, presque entièrement ruiné et enfoui, et qui avait échappé aux voyageurs. On voit hors du sol sept à huit grosses pierres liées par leurs assises. En faisant faire quelques fouilles, j'ai trouvé sur l'une d'elles, qui regarde la terre, une inscription grecque portant le nom des Antonins. Elle est dans la forme de celles d'Antinoé. Voici ce qu'il m'a été possible de copier :

ΑΓΑΘΗΙ ΘΥΧΗΙ
ΥΠΕΡ ΑΥΤΟΚΡΑΤΟΡΩΝ ΚΑΙΣΑΡΩΝ
ΜΑΡΚΟΥ ΑΥΡΗΛΙΟΥ ΑΝΤΩΝΙΝΟΥ.

[1] M. Balzac a vu dans les ruines un chapiteau ionique.

CH. XIV, DESCRIPTION DES RUINES

C'est-à-dire,

> A LA BONNE FORTUNE,
> POUR LES EMPEREURS CÉSARS
> MARC-AURÈLE ANTONIN, etc.

Je n'ai pu transcrire le reste de l'inscription, ni continuer les fouilles que j'avais commencées, et qui m'auraient peut-être fait reconnaître ce monument pour un *Typhonium*, tel qu'il en existe dans la plupart des anciennes villes, à côté des grands temples. J'avoue toutefois qu'il m'est impossible de rien affirmer sur la nature de cet édifice, et même sur le style de son architecture; il est trop encombré pour que j'aie pu découvrir s'il est d'origine égyptienne, grecque ou romaine. Ce n'est pas l'inscription seule qui me porterait à penser que sa construction est l'ouvrage des Romains, puisque ceux-ci ont tracé des inscriptions sur un grand nombre de monumens égyptiens; mais il est intéressant d'avoir dans celle-ci, une preuve certaine que la ville florissait encore sous les Antonins. Les caractères en sont tracés avec une sorte d'appareil; ils sont d'une grande dimension, et semblent appartenir à une inscription monumentale. Les pierres qui faisaient partie de cette construction, sont, au reste, d'une grandeur considérable.

Auprès de cette ruine il y a encore les tronçons de sept à huit colonnes de granit. Ainsi voilà, dans les ruines d'Achmouneyn, six endroits où il y a des colonnes de cette matière, qui sont peut-être les restes d'autant d'édifices somptueux élevés en différens âges[1].

---

[1] Ces colonnes ne sont peut-être autre chose que des restes d'anciennes églises.

Il est possible aussi que les colonnes d'un même monument aient été transportées en plusieurs lieux de ces ruines, quoique, du reste, le poids de ces masses puisse être considéré comme un obstacle suffisant pour l'empêcher.

Tous ces débris annoncent la richesse de l'ancienne Hermopolis, et l'étendue actuelle des ruines confirme cette idée. Le tour actuel est d'environ 6300 mètres (3230 toises), comme je l'ai dit. Les constructions particulières ont disparu, comme partout; cependant, en beaucoup d'endroits, on trouve des murs en briques crues, qui paraissent avoir appartenu à la haute antiquité. Il ne faut pas les confondre avec d'autres constructions qui sont faites en briques crues de petite dimension, et qui sont l'ouvrage des Égyptiens modernes : les premières se reconnaissent à la grandeur des briques qui les composent.

§. IV. *Du portique d'*Hermopolis magna.

Le portique d'Hermopolis, seul reste considérable de cette grande ville, a appartenu à l'un des plus magnifiques temples de l'Égypte ancienne. Les dimensions des colonnes ne le cèdent qu'à celles des plus grandes colonnes qu'on trouve dans les grands palais de Thèbes, et le diamètre excède celui des colonnes de Tentyris de plus d'un quart; la longueur du portique devait excéder celle du *pronaos* de Dendérah, à peu près dans le même rapport. Ainsi ce monument est un des plus considérables de l'architecture égyptienne. Cette grandeur colossale nous a paru plus gigantesque encore, en sortant d'Antinoé, où nous avions séjourné quelques jours, et où les proportions, quoique d'ailleurs plus élégantes, nous paraissaient mesquines auprès des édifices de la Thébaïde, qui avaient laissé dans notre esprit de si fortes impressions.

J'ai dit que le portique est dans l'axe des ruines, à six cent cinquante mètres environ de leur extrémité septentrionale. Il est peu encombré; douze colonnes sont encore debout, couronnées de leurs soffites, des architraves et des plafonds : mais il a beaucoup souffert, et il a même perdu une ou deux rangées de colonnes entières; car tout annonce qu'il était composé de dix-huit ou vingt-quatre colonnes. Ce qui surprend le plus, est de trouver si peu de vestiges du temple proprement dit. Partout ailleurs, par exemple à Esné, où le portique seul subsiste, l'on peut supposer aisément ce que sont devenues les parties postérieures; même à Antæopolis, le sol est jonché de pierres qui proviennent des murailles de l'édifice. Ici, l'on ne voit plus rien, et le sol lui-même est peu élevé; on doit donc croire que cette partie du monument a été détruite à dessein, de fond en comble, et qu'on a cherché à faire disparaître jusqu'aux débris des ruines. La pierre dont il a été bâti est calcaire, et l'espèce en est numismale : telle est sans doute la cause de la destruction de l'édifice. Les chrétiens et les Musulmans ont brisé les pierres pour les convertir en chaux.

Les architraves et les plafonds sont encore aujourd'hui en place, comme je viens de le dire. Un quart de la corniche; au milieu de la façade, est également conservé; le reste n'existe plus : les antes ont disparu en entier. Les chapiteaux sont mieux conservés que les fûts des colonnes; de vives couleurs y brillent encore d'un grand éclat. S'il faut en croire le récit que m'ont fait les habitans, c'est Moustafa-bey qui a sapé six des colonnes et les a mises dans l'état où on les voit, afin de faire écrouler l'édifice et d'en tirer l'or qui, disent-ils, y est caché. Après avoir dégradé extérieurement quelques assises de pierre, il reconnut l'inutilité de ses efforts, et renonça à sa folle entreprise. Je ne puis attribuer à un bey, ou du moins à un seul homme, la destruction même superficielle des colonnes, bien que cette dégradation, qui s'élève jusqu'à dix et douze pieds au-dessus du sol, nuise peu à la solidité de ce portique, et n'en ait en aucune manière ébranlé les supports; elle ne peut être l'ouvrage que d'un très-long temps, ou d'une suite d'efforts de la part de plusieurs hommes puissans[1].

Ainsi que dans les autres villes anciennes, les habitans du voisinage ont les idées les plus absurdes sur l'origine du monument. J'abuserais de la patience du lecteur, si je rapportais les contes extravagans des gens du pays; je préfère citer le surnom qu'ils donnent au temple d'Hermopolis. Plusieurs d'entre eux se sont accordés à me dire qu'il s'appelait *Mahlab el-Benât*, c'est-à-dire lieu d'amusement pour les jeunes filles (où les

---

[1] On a cru aussi que le séjour des eaux de l'inondation avait pu produire cet effet, parce que la pierre calcaire laisse infiltrer et même remonter l'humidité.

jeunes princesses). Au reste, je crois avoir entendu appliquer ce surnom à d'autres anciens édifices.

Le temple est exactement orienté selon le nord de la boussole, c'est-à-dire que la façade est tournée vers le sud magnétique; du moins elle l'était en 1800, le 29 octobre[1]. Cette direction n'est point d'accord avec celle qu'on croyait avoir toujours été affectée par les Égyptiens, celle du levant; mais l'axe du temple est parallèle au cours du Nil, et nous avons vu quelquefois les édifices placés dans ce sens. La ville d'Hermopolis avait la même direction que l'édifice, et même les axes de l'une et de l'autre se confondent presque en un seul. L'observation que nous avons faite, de la coïncidence de l'aiguille aimantée avec l'axe du temple d'Hermopolis, servira dans tous les temps à connaître la marche que suit la déclinaison magnétique dans ses variations.

La hauteur totale du portique au-dessus de la base des colonnes est de $16^m \frac{2}{3}$ à fort peu près[2]; la base avait environ 7 décimètres de haut : la colonne, compris le dé et sans la base, a $13^m,16$ de hauteur.

La circonférence du fût de la colonne, mesurée à la hauteur des premiers anneaux ou bandes circulaires qui lient les côtes entre elles, autrement de la quatrième assise, est de $8^m,8$, d'où l'on conclut le diamètre de $2^m,8$, ou près de neuf pieds; tout en bas du fût, la circonférence est de $8^m,7$.

Le chapiteau a $3^m,94$ de haut avec le dé.

L'entre-colonnement du milieu est plus grand que les

[1]. Le 7 brumaire an VIII.
[2]. *Voyez* pl. 52, *A.*, vol. IV, et l'explication des planches.

autres; sa largeur est de 5^m,20 entre le nu des fûts. L'entre-colonnement ordinaire est de 4 mètres; parallèlement à l'axe, il n'est que de 3^m,66. A défaut de la longueur totale de la façade du portique, qu'on ne peut connaître à cause de la destruction des antes, on a mesuré l'intervalle extérieur entre la première et la sixième colonne; il est de 38 mètres, environ 117 pieds : la façade entière devait avoir environ 50 mètres [1].

Le portique d'Achmouneyn est un exemple de la solidité de la construction égyptienne. Aucun édifice peut-être n'avait été bâti plus solidement; ses proportions sont massives, et la hauteur de la colonne n'a que cinq diamètres, tandis que dans d'autres monumens elle en a six. En revanche, l'entablement a des proportions moins élevées qu'ailleurs; elles paraissent même un peu basses pour la hauteur des colonnes : mais l'appareil était parfait; et le monument serait intact comme les parties subsistantes, si les constructeurs eussent fait choix du grès pour leurs matériaux, au lieu de la pierre calcaire, dont les barbares ont fabriqué de la chaux.

Ceux-ci ont tellement exploité cette riche carrière, qu'on ne voit derrière le portique ni colonnes, ni fragmens de colonne, de frise ou de corniche, ni reste de muraille, ni même aucun éclat de pierre; et ce n'est pas une des choses les moins surprenantes pour les voyageurs, jusqu'au moment où ils en ont découvert la cause.

Les assises dont les colonnes sont formées sont égales et régulièrement hautes de 0^m,56. La partie inférieure

---

[1] Consultez la pl. 52, *A.*, vol. IV, pour connaître les dimensions des autres parties du portique.

du fût a 3 assises; la partie moyenne et la partie supérieure en ont 4; les liens inférieurs, 1 et demie; les deux autres liens, chacun 2; le chapiteau, 6; enfin le dé, 1; et si la base en avait 1 et demie exactement, comme je le pense, le tout faisait 25 hauteurs d'assise[1].

Les pierres de l'architrave sont d'une grandeur énorme. Il n'y en a que cinq dans toute la longueur de la façade. La plus grande, qui est au milieu, est longue de 8 mètres (près de 25 pieds). Les autres sont de $6^m,8$. Ce qui reste de la corniche est une grande pierre, un peu entamée du côté gauche, et dont la longueur est de $10^m,8$ (environ 33 pieds $\frac{1}{4}$).

J'ai dit que la pierre avait pu être tirée de la montagne libyque; cependant Besa, ancienne ville égyptienne, située de l'autre côté du fleuve, avait de vastes carrières qu'on admire encore aujourd'hui. Il se peut qu'elles aient fourni aussi des matériaux aux édifices d'Hermopolis.

Il n'est guère possible d'asseoir un jugement sur la disposition que devait avoir ce grand édifice; nous n'avons pas même tenté de le restaurer. Il est certain que le premier portique était composé de dix-huit colonnes, peut-être même de vingt-quatre, comme à Denderah; et l'on peut supposer avec vraisemblance qu'il était suivi d'un second péristyle, de plusieurs salles, du sanctuaire et de l'enceinte. Y avait-il un pylône en avant du temple? c'est ce dont on ne peut avoir aucune preuve,

---

[1] Selon le P. Sicard, les colonnes sont de trois morceaux. Il faut qu'il n'ait pas aperçu les assises aujourd'hui si apparentes, ou qu'au temps de son voyage on n'eût pas encore détruit la surface extérieure des colonnes.

du moins par les vestiges subsistans; car les ruines qui sont au midi du temple sont trop éloignées pour être le reste de ces portes antérieures.

On doit d'autant plus regretter la destruction du temple d'Achmouneyn, que sa disposition et toutes ses parties avaient certainement un caractère particulier, comme on peut en juger par les singularités que présente le portique. Tous les temples ont dans leur corniche, au-dessus de l'entrée, un vaste globe ailé qui s'étend d'une des colonnes du milieu à l'autre. Ici, il n'y a point de globe ailé; la corniche, dans toute sa longueur, est uniformément décorée de légendes hiéroglyphiques, appuyées sur des vases, couronnées de feuilles, et très-serrées l'une contre l'autre. Dans le seul espace de l'entre-colonnement du milieu, du centre d'une colonne à celui de l'autre, il y en a vingt-six : c'est l'unique exemple d'un édifice égyptien dont la façade ne soit pas décorée du disque ailé. Les colonnes n'ont d'hiéroglyphes que sur le dé et sur les fuseaux intermédiaires. Enfin, ce temple est le seul qui, dans son premier portique, présente des colonnes du genre de celles-ci.

Les colonnes d'Hermopolis sont décorées de fuseaux ou cannelures, comme celles de Louqsor, du *Memnonium,* et aussi d'Éléphantine, et le chapiteau est en forme de bouton de lotus tronqué. Les fuseaux sont liés par trois anneaux, de cinq bandes chacun; en bas et au milieu, ils sont au nombre de huit; au-dessus, il y a trente-deux fuseaux : le chapiteau est également à côtes, et leur nombre est aussi de huit. Le bas du fût est arrondi et un peu plus étroit que le diamètre du premier tiers : c'est l'imitation de la tige du lotus à sa partie inférieure. La frise ou architrave est composée de tableaux encadrés par des hiéroglyphes et représentant des offrandes aux dieux de l'Égypte. Dans ces tableaux, le dieu principal a tantôt la tête de l'ibis, et tantôt celle de l'épervier. Les soffites sont enrichis d'inscriptions hiéroglyphiques, et les plafonds sont ornés d'étoiles serrées et très-petites. Sous le plafond du milieu, il y a des figures d'oiseaux ayant les ailes déployées.

Ce qui étonne le plus après les proportions gigantesques des colonnes, c'est la conservation admirable des couleurs dont le temple était revêtu. Les chapiteaux sont colorés en jaune, en bleu et en rouge ; dans la corniche, les feuilles qui couronnent les légendes sont peintes en bleu, et ce bleu est très-vif. Les plafonds ne sont pas colorés[1], ou du moins les couleurs ne sont plus visibles.

En finissant ce paragraphe, je ferai remarquer la symétrie qui règne dans les différentes parties du portique d'Hermopolis, et les proportions qui existent entre un membre et l'autre : cette régularité des lignes n'est pas moins frappante que dans les autres édifices ; et de plus, les proportions sont exactement conformes aux mesures égyptiennes. Il serait superflu de m'étendre au long sur ces rapports, et je me bornerai à rassembler ici les principaux :

---

[1] Du temps du P. Sicard, le plafond était peint d'azur : mais il n'a pas vu de peintures sur la corniche ; ce qui est assez extraordinaire. En revanche, il dit que le dessous de l'architrave est d'une couleur d'or qui éblouit les yeux.

D'ACHMOUNEYN (HERMOPOLIS MAGNA).

DIMENSIONS.	LONGUEURS en mètres.	RAPPORTS des dimensions.
Hauteur des assises................	0^m,56.	1.
— de la base présumée..........	»	1 $\frac{1}{2}$.
— de l'apophyge...............	1, 68.	3.
— des liens, au-dessus de l'apophyge.................	0, 84.	1 $\frac{1}{2}$.
— de la partie intermédiaire du fût.	1, 24.	4.
— des liens du milieu...........	1, 12.	2.
— de la partie du fût, à 32 cannelures..................	2, 24.	4.
— des liens supérieurs..........	1, 12.	2.
— du chapiteau...............	3, 36.	6.
— du dé....................	0, 58.	1.[1]
— de l'entablement présumé.....	»	5.
Hauteur totale des colonnes.........	13, 86.	25.
Hauteur de l'ordre entier...........	»	30.
Diamètre des colonnes.............	2, 8.	5.

D'après la valeur de 462 millimètres que nous attribuons à la coudée égyptienne, il est facile de voir que la hauteur des colonnes avait 50 coudées; le diamètre, 6; et la hauteur de l'ordre entier, 56[2]. Ces nombres sont entièrement conformes à la division senaire, qui était la base de l'ancien système métrique égyptien.

§. V. *Environs d'Hermopolis magna.*

Avant de terminer cette description, je ferai une excursion dans les environs de la ville, où j'ai trouvé

---

[1] Il s'en faut de 2 centimètres. *Voyez* la pl. 52, *A.*, vol. IV.
[2] *Voyez* mon *Mémoire sur le système métrique des anciens Égyptiens*.

quelques positions anciennes qui ont des rapports avec Hermopolis ; mais je ne ferai point mention des autres lieux de l'Heptanomide, dont il doit être question dans les chapitres suivans. La première de ces positions est au nord, à la vérité à une assez grande distance[1] ; mais le nom d'*Ibiu* ou *Ibeum*, la ville des ibis, est nécessairement lié avec le culte d'Hermopolis, et ce lieu dépendait du nome Hermopolitain. Le nom actuel est *Tahâ el-'Amoudeyn*, ou Tahâ des colonnes. L'Itinéraire place *Ibiu* à vingt-quatre milles au nord d'Hermopolis ; ce qui ne fait que huit lieues de vingt-cinq au degré[2], au lieu de onze à douze, qui sont la distance de Tahâ jusqu'à Achmouneyn.

Voici ce que j'ai trouvé dans le village de Tahâ : au sud-ouest et contre le village, est une butte de ruines élevée, assez étendue, d'environ cinq à six cents mètres ; Tahâ paraît lui-même en partie bâti sur les ruines. Dans un fond, j'ai remarqué plusieurs colonnes en granit et en pierre calcaire, et de différens diamètres, dont quelques-unes sont petites et d'une mauvaise exécution : il y en a cinq ou six en granit. J'ai jugé que c'était le reste d'une église chrétienne, bâtie avec des débris des monumens antérieurs, et la tradition est conforme à cette opinion. Il y a encore, sur le bord du grand canal el-Dafa' qui baigne les ruines, deux grosses pierres qui paraissent avoir roulé du haut de la butte. Les cheykhs

---

[1] A six myriamètres.

[2] Les huit lieues tomberaient exactement sur Minyeh, où, au reste, je n'ai vu que peu de vestiges antiques. Il est plus probable que l'Itinéraire est fautif, et qu'on doit lire xxxiv, au lieu de xxiv. En effet, trente-quatre milles font onze lieues et un tiers.

que j'ai consultés ne connaissent point l'ancien nom du lieu, et ils disent seulement que le surnom du village lui a été donné à cause des colonnes qu'on voit aujourd'hui dans les ruines.

Je ne trouve donc ici que de faibles vestiges de la ville d'*Ibeum* ou *Ibiu;* mais je ferai remarquer qu'au-dessous d'Etsâ, sur le Nil, à sept mille cinq cents mètres au nord-est, est un village appelé *Baiâou* ou *Bayâhou*, dont le nom a de l'analogie avec l'ancien nom grec. On dit aussi *Baioum*, et les habitans se nomment *Baioumy*. Quelques-uns prétendent que ce village est nouveau. Une butte de décombres, également voisine (à trois mille mètres au nord de Tahâ et de la digue), porte encore le nom de *Koum el-A'moudeyn,* butte des colonnes; mais on n'y trouve rien d'antique; seulement on y voit quelques débris en poteries et en briques[1].

A l'ouest d'Achmouneyn et au-delà du canal de Joseph, sont les restes de la ville de Tanis dont parle Strabon. Le nom actuel de *Touné,* village bâti sur ses ruines, ne laisse pas de doute sur sa position; on l'appelle aussi *Touné Gebel,* ou de la montagne. C'est peut-être un reste de la distinction qu'on avait établie autrefois entre les noms de *Tanis* de la basse Égypte et de *Tanis* dans la Thébaïde. Strabon dit que le canal partant de *Thebaïca Phylace* conduisait à Tanis. Nous voyons aujourd'hui les restes de Tanis un peu à l'ouest du canal de Joseph; mais celui-ci s'est peut-être porté à l'est par la suite des temps. C'est le village d'Etqâ qui

---

[1] On ne trouve au reste *Ibiu* mentionné que dans l'Itinéraire, à moins qu'on ne lise, dans Étienne de Byzance, Ἰϐεῖον au lieu de Ἰρεῖον.

est aujourd'hui sur le canal même, et Touné en est a deux mille mètres environ, sur la limite du désert. Le village est bâti au sud de l'ancienne ville; au lieu de buttes de décombres, comme on en voit partout, j'ai trouvé des murs en briques crues, encore aujourd'hui debout, avec des débris de vases antiques. Les briques sont de petite dimension; mais la construction est soignée et faite par assises bien réglées. Au nord et près d'un jardin, j'ai vu une quinzaine de grosses pierres numismales, aujourd'hui informes pour la plupart, et qui peuvent avoir appartenu à un temple, mais où aucun caractère, aucune figure visible, n'annoncent un temple au Soleil, comme des voyageurs le rapportent. Plusieurs ont la forme de colonnes; une, qui est encore debout en partie, a deux mètres environ de diamètre. Au lieu d'exploiter la montagne, les habitans de Touné brisent tous les jours ces anciennes pierres pour les convertir en chaux. Plusieurs autres pierres numismales qu'on trouve au sud de Touné, auprès d'un étang, annoncent que la ville s'étendait jadis jusque là; les habitans assurent qu'elles n'y ont pas été transportées.

Les anciens Égyptiens ont exploité la montagne libyque en face de Tanis. J'y ai reconnu des excavations; une grande catacombe y a été creusée, et la porte a été pratiquée dans une grande façade coupée à pic et dressée. C'est presque, dans ce canton, le seul endroit de la chaîne où la pierre soit à découvert; ailleurs, elle est toujours cachée sous les dunes de sable. Auprès de cette grotte antique, la chaîne s'abaisse vers une ancienne vallée comblée; les Arabes y ont pratiqué un chemin qui les mène à la petite *Oasis,* et qui conduit aussi à Behneseh et au Fayoum.

Entre les ruines de Touné et la crête de la montagne, précisément en face de l'ouverture faite dans le rocher, il y a aussi des ruines aujourd'hui cachées en partie par les sables : on y aperçoit des murs de briques crues, encore debout. Les briques sont petites, alternativement de champ et à plat. On trouve, aux environs, des fragmens d'albâtre et de marbre travaillés, quantité de pierres numismales taillées, et beaucoup de morceaux d'un ciment dur, fait de gros sable et de chaux. Ce ciment est bien poli en dehors, et il a la couleur de l'enduit des citernes qu'on trouve aujourd'hui en Égypte. La nature des pierres que j'ai vues dans les ruines et à Touné, annonce que la montagne libyque est, dans cette partie, composée de pierres numismales; à trois ou quatre cents mètres à la ronde, les dunes de sable sont parsemées de briques cuites et d'éclats de vases. Les ruines n'ont pas de noms connus, les Arabes leur donnent le nom banal de *Deyr,* et ils m'ont dit que, vers le nord, il y en a beaucoup de semblables dans la montagne.

Je dois dire ici un mot du lieu appelé *Bâbeyn,* où étaient de prétendues écluses sur le canal de Joseph, que des voyageurs ont dit avoir vues au nord de Tanis. J'ai voulu vérifier ce qu'il y avait de positif sur le nom et sur l'existence de ces *portes.* Je ne me suis pas contenté d'interroger les cheykhs et les habitans du lieu, dont aucun n'avait même connaissance du nom de *Babeyn ;* j'ai parcouru encore pied à pied les rives du canal, et je n'ai pas vu le moindre vestige d'une seule construction.

Des Arabes m'ont cependant parlé d'un endroit de ce nom, placé à l'ouest de Darout-Achmoun, presque au sommet de la montagne; mais ce sont deux *portes* de catacombes percées dans le rocher, et qui conduisent à des salles où l'on trouve des colonnes. Il devait y avoir aux environs quelque position ancienne, correspondant, suivant l'usage, à ces hypogées; je n'en ai vu cependant aucune, et l'on ne m'a point parlé d'un lieu qui renfermât des antiquités. Des hommes de Tendeh et d'el-Badramân m'ont aussi nommé un endroit du nom de *Medynet el-Bâbeyn;* mais ils n'en connaissent que le nom. Il est donc certain que les écluses prétendues n'ont aucune existence, et je crois que c'est le sens du mot arabe *Bâbeyn*, les *deux portes*, qui a induit en erreur les voyageurs et les écrivains.

Il me reste à parler d'un endroit que Strabon nous a fait connaître sous le nom d'*Hermopolitana Phylace*. Voici comment il s'exprime : « A l'écart du Nil est Oxyrhynchus... ensuite *Hermopolitica Phylace*, certain lieu où l'on fait payer un droit aux marchandises qu'on transporte de la Thébaïde : là, on commence à compter par schœnes, de soixante stades chacun, jusqu'à Syène et Éléphantine. Ensuite vient *Thebaïca Phylace*, et le canal qui conduit à Tanis. » On peut se demander si ce premier poste était placé sur le Nil, comme le ferait entendre Ptolémée[1], ou bien sur le grand canal. Strabon

---

[1] Ptolémée suppose 28° 15′ de latitude au point dont il s'agit, et 28° 26′ à Hermopolis; différence, 11′ (plus de deux myria-

ne s'explique point sur sa position précise. Si la position correspondante, sous le nom de *Thebaïca Phylace*, était destinée à reconnaître les navires descendant de la Thébaïde, il est très-vraisemblable que la première avait la même destination, quant aux barques venant de Memphis et de l'Heptanomide par le canal de Joseph. La navigation sur ce canal était autrefois bien plus importante qu'elle ne l'est à présent. Strabon s'y embarqua, et la manière dont il raconte son voyage ferait croire qu'il le prit pour une branche du Nil; même il ne parle nullement du grand fleuve.

Le village de Darout Omm-Nakhleh, qui s'appelle aussi *Darout-Achmoun*, et dans le voisinage duquel nous venons de voir qu'il y avait des vestiges d'antiquités, pourrait bien être dans l'emplacement du château ou poste hermopolitain, comme Darout el-Cheryf (ou, selon les chrétiens, Darout-Sarâbâm), situé à l'embouchure du canal, était le poste thébaïque. Le nom commun de *Darout* semble correspondre à l'ancien nom commun de *Phylace*. Darout-Sarâbâm est sur la limite de la Thébaïde et de l'Heptanomide, et Darout-Achmoun est près du désert, presque en face d'Achmouneyn et au-dessous de Tanis. Enfin son surnom d'*Achmoun* paraît signifier la même chose qu'*Hermopolitain* : car, ainsi que nous le verrons bientôt, *Achmouneyn* est

---

mètres) : cette distance convient bien à Darout el-Cheryf, où je place *Thebaïca Phylace*. Ptolémée, qui n'indique pas particulièrement l'un ou l'autre de ces deux postes, avait en vue, selon moi, ce dernier. Le passage ne renferme que le mot de *Phylace*, sans l'épithète d'*Hermopolitana*.

un reste de l'ancien nom de la ville ; *Hermopolis* est un nom imposé par les Grecs.

Au nord d'Achmouneyn, sur le canal, est un lieu composé de deux villages contigus, appelés *Qasr-Hour*. Le mot *Qasr* signifiant *château*, et *Hour* étant un ancien nom égyptien[1], on pourrait encore chercher dans cet endroit l'ancien château d'Hermopolis, et avec assez de vraisemblance.

Si l'on croit que le poste hermopolitain devait être sur le Nil, en se fondant sur ce que les Qobtes parlent du port de Schmoun, on pourrait supposer cette position en trois endroits : l'un, à l'origine du Tera't el-Sebâkh, où est un couvent dont j'ai fait mention plus haut ; le second, à el-Reyremoun, origine d'un canal qui se rend à Achmouneyn ; le troisième, enfin, à Meylâouy, où le Nil passait dans le siècle dernier. Mais je dois dire qu'il n'existe point de vestiges d'antiquités dans les deux premiers, et que le troisième n'a aucune butte de ruines.

Il y a moins d'incertitude sur le poste thébaïque. Il est certain que Darout-Sarâbâm, village aujourd'hui riche, peuplé et bien bâti, est le siège d'une ancienne position. Dans la mosquée qui est sur le canal, on trouve des colonnes antiques ; il y en a dix de marbre blanc, et deux autres torses. Les chapiteaux sont corinthiens ; mais l'ouvrage est grossier et paraît arabe. Dans la cour de Selym-aghâ, j'ai vu un piédestal en marbre de la même exécution ; j'ai vu aussi dans la même cour un

[1] Description d'Edfoû, *chapitre V*, §. v.

monolithe de granit, ouvrage égyptien, qui a été trouvé, quinze ans avant l'expédition, par des *felláh* creusant près d'un jardin, et qui sert aujourd'hui de marchepied. C'est le cheryf qui me racontait ce fait; d'autres me dirent que cette pièce avait été trouvée à Koum el-Ouysyr, butte sur le canal au nord de Darout. La grandeur du monolithe est de 36 pouces; sa largeur, de 32; sa profondeur, de 30. Il y a une niche pratiquée dans l'intérieur, et les faces sont ornées par une corniche et un cordon qui fait le tour.

En outre, les chrétiens disent que *Sarábám* est l'ancien nom de l'endroit, et que ce lieu a de tout temps été ainsi appelé sur leurs registres. Ils ajoutent que c'était autrefois une ville de Grecs (*Román*)[1], et les musulmans l'appellent *Beled-Koufry*, ainsi qu'ils font de toutes les ruines égyptiennes. Au reste, il n'y a point, comme dans les anciennes villes, de buttes couvertes de décombres, ou de constructions ruinées en brique.

Ce qui vient à l'appui de la tradition des chrétiens, est l'existence d'un ancien monastère appelé *Deyr Abou-Sarábám*, que j'ai vu auprès de Darout : c'est une petite enceinte carrée, où l'on enterre les chrétiens qui meurent dans les villages voisins. L'église était desservie par un homme très-pauvre et vivant d'aumônes; mais il n'y avait point de prêtres dans le couvent[2]. Le nombre des chré-

---

[1] Les Qobtes surnomment cet endroit *Beled-Román*, c'est-à-dire ancienne résidence des Grecs, et non des Romains, comme l'a cru Jablonski. *Roum, Román*, est le nom que les Qobtes donnent aux Grecs; nom qu'il ne faut pas confondre avec *Roummán*, qui signifie *grenade*.

[2] Au-dedans sont quelques *doum* et un dattier remarquable pour la

tiens est très-petit à Darout; une vingtaine y vivent d'aumônes, ou font le métier de *fellâh*. Le monastère est beaucoup plus ancien que le village même. Au rapport des Qobtes, il y a eu là jadis une habitation de Grecs, avant que les chrétiens s'y établissent. Son nom était *Deroueh-Sarâbâmoun* (دروة سراباموں). *Deroueh*, m'a-t-on dit sur les lieux, signifie *enceinte habitée*[1]; quant à *Sarâbâmoun*, il est facile de voir, selon moi, que c'est un nom composé de *Sarâb* ou *Serapis*, et d'*Amoun* ou *Ammon*[2]. Ainsi *Darout-Sarâbâm* est un nom corrompu et abrégé. D'Anville, et ceux qui l'ont précédé, sont donc tombés dans une double erreur, quand ils ont cru que *Darout el-Cheryf* voulait dire *le canal noble* ou bien *du cheryf*. Ce nom n'est pas une corruption de *Tera't el-Cheryf*; c'est le mot *Derouet* qui a été changé en *Darout*, et ils ont ajouté *el-Cheryf*, à cause qu'un cheryf[3] y avait fait sa résidence. Ainsi se détruit cette origine qu'on avait donnée au canal de Joseph, en l'appelant *canal du Patriarche*. On sait main-

grandeur; au-devant est un gros sycomore.

[1] Plusieurs savans font venir *Darout* et *Derouet* de Ⲧⲉⲣⲱⲧ, mot qobte, signifiant *dérivation*. M. Champollion le tire de ⲣⲱⲧ ou ⲣⲏⲧ, *dériver* (*L'Égypte sous les Pharaons*, tom 1, pag. 20). Le mot arabe *Tera't* signifie aujourd'hui à peu près la même chose; c'est le nom qu'on donne aux canaux.

[2] Les Égyptiens donnaient le nom d'*Amoun* à Jupiter. (Hérodot. *Hist. liv.* II, §. 42.) Ces assemblages de noms des dieux égyptiens se rencontrent souvent. On les voit fréquemment employés dans les manuscrits qobtes: les Chrétiens ont adopté les noms composés de cette espèce; et un saint anachorète, appelé *Sarapamon*, avait, suivant el-Maqryzy, donné son nom à une église voisine de Darout. (Étienne Quatremère, *Observations sur quelques points de la géographie de l'Égypte*, tom. 1, pag. 13.)

[3] On donne ce nom aux descendans de Mahomet; c'est toujours un cheryf qui est cheykh el-beled dans ce village.

tenant, à n'en plus douter, que c'est une dérivation naturelle et peut-être un ancien bras du fleuve, qui autrefois a été fort considérable¹.

Dans le village même de Darout, il y a peu de traces d'un ancienne ville. On m'a dit que, trente ans avant l'expédition, il y avait existé une fort ancienne église, qu'on a remplacée par une autre plus petite. J'ai vu dans celle-ci deux à trois petites salles oblongues, sur le plan commun des églises d'Égypte². Personne n'a pu me dire s'il y avait eu dans cet endroit un ancien fort, comme il devait en exister un à *Thebaïca Phylace*. Le bois de dattiers qui est auprès, renferme une grande quantité de briques cuites, annonçant d'anciennes habitations, et que les *fellâh* ont coutume d'y ramasser pour bâtir.

Je citerai ici Agatharchide, qui compte au nombre des cinq nomes placés entre Memphis et la Thébaïde, le lieu appelé *Phylaca,* et, selon d'autres, *Schedia,* où l'on percevait le tribut des marchandises apportées du pays supérieur. Il n'y a pas d'autres vestiges d'une préfecture de ce nom; mais le nom de *Schedia,* commun au poste du lac *Mareotis,* près d'Alexandrie, offre un rapprochement curieux³.

Je conclus que le château-fort dont parle Strabon, sous le nom de *Thebaïca Phylace,* était placé, non à Darout même, ou plutôt Derouet el-Cheryf, mais à Derouch Sarâb-amoun, où était une ancienne habitation, et non loin du couvent actuel, appelé par abréviation

---

[1] *Voyez* mon Mémoire sur le lac de Mœris, *A. M.*

[2] Le carreau était couvert de béquilles : les insectes y vivent dans une abondance incroyable, et rendent le séjour de ces églises insupportable aux étrangers.

[3] *Geogr. vet. Scriptores.*

Deyr Abou-Sarâbâm. L'autre position, appelée par les Grecs *Hermopolitana Phylace*, était, selon ma conjecture, soit à Qasr-Hour, soit à Darout-Achmoun, qu'il faudrait appeler *Derouet-Achmoun* : ce mot paraît signifier, en effet, *enceinte hermopolitaine* [1].

§. VI. *Rapprochemens et conclusion.*

Il ne faut pas chercher dans *Hermopolis*, nom qui semble entièrement grec, le véritable nom que portait la ville égyptienne. Le nom actuel d'*Achmouneyn* est peut-être plus propre à nous faire retrouver l'ancien. *Achmoun* ou *Chmoun* me paraît en être certainement le reste ; car les habitans m'ont rapporté que cet endroit s'appelait autrefois *Medynet-Achmoun*, ville d'Achmoun. Ce nom a la plus grande ressemblance avec *Chmoun*, en grec *Chemmis* et *Chemmo*, nom d'une divinité égyptienne, suivant Diodore de Sicile et d'autres auteurs. Achmoun, dans la basse Égypte, et auprès de l'ancienne ville de Mendès, donne son nom au canal mendésien. Achmym, dans la Thébaïde, a succédé à l'ancienne *Chemmis*, la *Panopolis* des Grecs. Enfin *Chmoun* ou *Schmoun* est le nom qui, dans tous les manuscrits qobtes, répond à *Hermopolis Magna* [2]. Les Arabes ont ajouté, par euphonie, l'élif initial, comme

---

[1] *Dourât* دورات, l'un des pluriels de *Dâr*, دار, signifiant *domus, mansio*, etc.

[2] *Voyez* les *Mém. sur l'Égypte*, par M. Ét. Quatremère, où ce savant a cité à l'appui du fait un grand nombre de textes qobtes ; *voyez* aussi *l'Égypte sous les Pharaons*, par M. Champollion.

dans *Achmym, Asouân, Esné,* et beaucoup d'autres noms.

Le nom de *Darout-Achmoun,* village situé en face d'Achmouneyn, montre encore que la même dénomination a appartenu à tout ce quartier de l'Égypte; c'était peut-être le nom du nome lui-même d'Hermopolis. Au reste, je n'entreprendrai pas de chercher dans les débris de l'ancienne langue égyptienne la signification du mot *Achmoun* (*Schmun* ou *Smun,* selon Jablonski) : c'est une tentative que ce savant a faite sans beaucoup de succès [1].

Dans son Traité d'Isis, Plutarque dit que les uns font cette divinité fille de Mercure, et les autres, de Prométhée, parce que celui-ci est la source de toute sagesse et de toute prudence, et celui-là l'inventeur de la grammaire et de la musique; c'est pourquoi à Hermopolis, ajoute-t-il, on donne les noms d'*Isis* et de *Justice* à la première des Muses, qui est *la Sagesse,* et qui fait connaître les choses divines aux *hiéraphores* et aux *hiérastoles,* appelés ainsi, de ce qu'ils portent les choses sacrées, ou s'habillent de vêtemens sacrés [2].

Ce passage nous fait entrevoir pourquoi Mercure était honoré à Hermopolis. Dans tous les temples, Isis et

---

[1] Jablonski traduit *Chmoun,* ⲋⲙⲟⲩⲛ, par *octavus.* Mercure, dit-il, fut le huitième dieu ajouté aux sept planètes; comme si Mercure n'était pas lui-même une des sept planètes! *Voyez* le *Panthéon des Égyptiens,* p. 300 et suivantes.

Le village où sont les ruines de cette grande ville a proprement pour nom *Nefs el-Achmouneyn,* et non *Achmouneyn.* Le sens du mot *nefs* (نفس) est *ame* (*spiritus, anima, vita, magnitudo, sanguis,* etc.), et le verbe *nefas,* aux différentes formes, a plusieurs sens, *respirer, croître, briller,* etc.

[2] Plutarque, *de Iside et Osiride.*

Osiris étaient l'objet du culte universel; mais Thoth ou le Mercure égyptien, à qui l'on attribuait symboliquement la découverte des lettres, des sciences et des arts, était pour ces peuples l'origine de l'ordre et de la justice, qui doivent présider à l'économie de la société. Les Hermopolitains avaient un culte particulier pour Mercure; et des animaux, tels que l'ibis et le cynocéphale, lui étaient consacrés dans cette préfecture : mais les hommes versés dans la connaissance des symboles savaient que ce culte était, au fond, en l'honneur de la divinité mère des arts et des sciences, et la première des Muses, selon Plutarque.

Citons encore cet auteur, qui, dans le même Traité, a rassemblé tant de traits curieux de la religion égyptienne. On montre, dit-il, à Hermopolis, un hippopotame, symbole de Typhon, sur lequel est un épervier combattant contre un serpent [1]. Il serait aisé de trouver dans les bas-reliefs égyptiens, et surtout dans les *Typhonium*, un sujet analogue; mais l'état de ruine du temple d'Hermopolis ne nous a pas permis d'y dessiner beaucoup de sculptures, et de retrouver l'emblème rapporté par Plutarque, dont le sens d'ailleurs n'est pas très-difficile à saisir [2].

Élien, après avoir rapporté les motifs assez puérils de la consécration de l'ibis à Mercure, dit que, suivant Apion, la vie de cet oiseau était très-longue : Apion, ajoute-t-il, cite en témoignage les prêtres d'Hermopolis,

---

[1] Plutarque, *de Iside et Osiride*, §. 50.

[2] *Voyez* la Description d'Edfoû, *A. D.*, chap. *V*, §. vii; et la pl. 64,

A., vol. 1, où l'on voit un épervier symbolique, à corps de lion, foulant aux pieds un serpent.

qui lui avaient montré à lui-même un ibis immortel[1]. Élien se donne la peine de combattre ce récit et la possibilité du fait matériel. Qui ne voit que ce langage figuré exprimait une idée très-simple; savoir, l'origine divine des arts et des sciences, dont Mercure passait pour l'inventeur, Mercure dont l'ibis était le symbole vivant? J'irai plus loin, et je supposerai que l'*ibis immortel* montré à Apion était une de ces figures de Thoth à tête d'ibis, si fréquentes dans les monumens égyptiens, et que l'on voit sur l'architrave du temple d'Hermopolis. Cette figure composée étant l'image d'un des dieux de l'Égypte, il n'était pas surprenant que les prêtres l'appelassent immortelle. Au reste, la vie de l'ibis passait pour être, ainsi que celle de l'épervier, d'une durée extraordinaire.

Dans un des dialogues de Platon (*in Phædro*), Socrate s'exprime ainsi : J'ai appris que, vers Naucratis, on adorait un ancien dieu appelé *Theuth*, auquel était consacré l'ibis; ce dieu, le premier, inventa les nombres, le calcul, la géométrie, l'astronomie, les jeux de dés et de hasard, et les lettres de l'alphabet.

Ainsi, avec la position nommée *Ibiu*, voilà trois endroits de l'Égypte où l'ibis était particulièrement en honneur. Ajoutons que c'était à Hermopolis, au rapport d'Hérodote, qu'on transportait les ibis embaumés[2].

J'insisterai ici sur les rapports du culte de l'ibis avec celui du dieu Thoth ou Mercure; rapports qui expliquent les récits des anciens au sujet d'*Hermopolis magna*,

---

[1] Ælian. *de Nat. anim.* c. XXIX, Lond. 1744.   [2] Hérodot. *Hist.* liv. 11, §. 67.

et l'existence d'une ville d'*Ibeum*. L'auteur de l'*Histoire naturelle et mythologique de l'ibis* (ouvrage que nous avons déjà cité) a rassemblé avec soin tous les traits qui peignent cet oiseau célèbre, et il est difficile d'y rien ajouter : néanmoins les honneurs que l'ibis recevait dans la grande ville de Mercure, méritent une attention particulière. Selon Diodore de Sicile, Hermès avait inventé les nombres, le calcul et les mesures. Il paraît que le système des mesures avait, chez les anciens Égyptiens, une grande importance : un dieu y présidait particulièrement ; et parmi les membres de l'ordre sacerdotal, il y en avait un spécialement chargé du soin d'y veiller : la connaissance de ce système était une notion qu'il fallait posséder pour remplir les fonctions d'hiérogrammate.

Si l'ibis présentait quelque rapport avec les mesures, il devait donc fixer l'attention des Égyptiens ; et sa consécration à Mercure dans Hermopolis, où il est si souvent sculpté ; dans *Ibeum*, qui porte son nom ; dans un lieu près de Naucratis ; enfin dans Memphis même, où l'on peut croire qu'il était honoré, puisque des catacombes entières sont remplies de dépouilles d'ibis religieusement conservées dans des vases et des enveloppes préparées avec art ; sa consécration, dis-je, à Mercure n'a rien qui doive étonner. Or, ce rapport de l'ibis avec les mesures des Égyptiens, un auteur ancien nous l'a fait connaître. Ils rapportent, dit Élien, que l'ibis en marchant a les jambes écartées de l'intervalle d'une coudée. On sait que cette espèce d'oiseau abonde pendant et après l'inondation. Au milieu des campagnes encore couvertes du limon du Nil, le pas de l'ibis se faisait donc partout remarquer; et s'il se rapportait en effet avec la mesure usuelle, rien n'était plus facile, plus commode, que d'en faire un certain usage (à la vérité un peu grossier), pour l'arpentage des terres. J'ai été curieux de savoir si, dans les bas-reliefs où cet oiseau a été sculpté, l'ouverture du pas a quelque relation avec la longueur de la coudée égyptienne. D'après l'opinion des Égyptiens, il était naturel de croire que les sculpteurs n'auraient pas manqué de donner au pas de l'oiseau la grandeur dont il s'agit : or, parmi les sculptures d'un petit obélisque en granit, trouvé au Kaire, il y a un ibis parfaitement travaillé, dont le pas a 0^m,0575. L'oiseau y est représenté au quart de la proportion; ce qui fait, pour le pas naturel, 0^m,231, moitié de la coudée de 462 millimètres [1]. Si Élien eût dit que le pas était d'une demi-coudée, il aurait été très-exact. Je ne prétends pas affirmer ici que l'ibis marchait toujours d'un pas égal à une demi-coudée; mais je remarque seulement que, dans les sculptures égyptiennes, tel est l'écartement de ses pieds.

C'est peut-être là le fondement de ce passage de Clément d'Alexandrie, où il dit que l'ibis paraît avoir donné aux Égyptiens la première idée du nombre et de la mesure; et en même temps l'explication du motif qui fit consacrer cet oiseau à Mercure, inventeur des mesures et du calcul [2]. Un fragment curieux d'un hymne à Hermès mérite d'être cité ici : « O Hermès *ibiforme* (ou à figure d'ibis), guide de la raison, auteur des lettres et

[1] *Voyez* le Mémoire sur le système métrique des anciens Égyptiens, chap. V.

[2] Je m'abstiens de citer ici toutes les qualités naturelles de l'ibis, exposées avec les plus riches développemens dans l'ouvrage de M. Savigny.

de toute espèce de mesure[1] ! » Le rapprochement de la forme de l'ibis avec Mercure est ici encore plus évident ; et il n'est plus douteux que ce dieu à tête d'ibis n'eût quelque rapport avec les mesures égyptiennes. Cette épithète d'*ibiforme* est surtout remarquable, en ce qu'elle traduit, si l'on peut dire ainsi, parfaitement la figure de Thoth telle que nous la voyons sculptée sur le temple d'*Hermopolis magna* et dans nombre d'autres édifices ; c'est-à-dire une figure d'homme avec le masque de cet oiseau.

Après tous ces rapprochemens appuyés sur les monumens eux-mêmes autant que sur le récit des auteurs[2], je suis fondé à conclure que les Égyptiens avaient élevé un temple, à Hermopolis, en l'honneur de Thoth ou Mercure, supposé l'inventeur des arts et des sciences les plus utiles à la société, telles que l'arithmétique, le calcul, l'écriture, la grammaire et la musique, la géométrie, l'astronomie, et la science des mesures ; que l'ibis y était consacré comme un symbole vivant du Mercure égyptien, et doué de facultés naturelles en rapport avec les idées qu'on avait de ce dieu ; et que c'était pour offrir une image sensible de ces rapports qu'on avait figuré celui-ci avec une tête d'ibis. Il est à regretter que le temple d'*Hermopolis magna* soit aujourd'hui aussi ruiné : nous aurions trouvé dans les sculptures du monument une multitude de sujets capables de donner des lumières sur cette origine emblématique des sciences et des arts.

[1] Ἑρμῆς ἰβίμορφε, etc.
[2] Afin de ne pas allonger cette description, je n'ai pas cru devoir citer ici tous les passages connus de Diodore, de Platon, de Plutarque, de Clément d'Alexandrie, etc., au sujet du Mercure égyptien.

CHAPITRE QUINZIEME.

DESCRIPTION

D'ANTINOÉ,

Par E. JOMARD.

§. I. *Considérations générales sur l'origine d'Antinoé.*

En abordant la description d'une ville d'Égypte entièrement romaine, après celle des magnifiques cités de la Thébaïde et de sa somptueuse capitale, on éprouve à-la-fois deux sentimens en apparence opposés : l'un, la crainte d'être bien loin au-dessous des monumens de l'art égyptien ; l'autre, l'admiration qu'excite la puissance de Rome pour avoir établi dans une région étrangère, au cœur même de la contrée, une architecture si différente de celle qui, pendant tant de siècles, y avait régné sans partage, et pour avoir jeté, conçu, exécuté en peu d'années le plan d'une grande ville, qui semble ne lui avoir pas plus coûté que n'eût fait un seul édifice, et qui, succédant à-la-fois à Thèbes, à Memphis, à Abydus, à Ptolémaïs, à Alexandrie, fut la capitale du pays jusqu'à la conquête des Arabes et jusqu'au démembrement de l'empire.

Sans doute, Antinoë ne renferme pas, comme les monumens de Thèbes, des statues colossales, des obélisques, des colonnades gigantesques; on n'y voit pas des palais, des temples ou des hypogées le disputant en magnificence; les richesses de la décoration architecturale y sont moins variées que dans les ouvrages de l'Égypte; enfin, le savoir, la hardiesse et l'habileté des constructeurs ne s'y montrent pas avec autant d'avantage : mais quelle idée ne prend-on pas de la grandeur d'un peuple qui, dans une région mal soumise, environné d'ennemis, crée tout d'un coup une capitale et la remplit avec des édifices tous étrangers au pays, des amphithéâtres, des arcs de triomphe, des colonnes triomphales, des thermes et des hippodromes? Que penser de ces rues magistrales, aussi longues que la ville nouvelle, qui la partagent dans les deux sens, et sont, d'un bout à l'autre, autant d'immenses colonnades? Que dire enfin de tant de travaux extraordinaires, si ce n'est que les Romains, ces maîtres du monde, ont fait en Égypte ce qu'ils ont fait en tout lieu; qu'ils n'ont connu aucun obstacle pour les entreprises les plus hardies, et qu'ils étaient dignes en effet de commander à l'univers, puisque partout ils relevaient les ruines des grands monumens, ou les effaçaient par d'autres merveilles? Cette habitude, chez les Romains, d'élever des édifices dans les lieux soumis à leur domination et de produire partout le grand et le beau, les a distingués des autres nations de la terre; faut-il s'étonner de ce qu'ils ont fait en Égypte, puisqu'ils ont couvert tous les pays conquis de villes, de ponts, de routes, d'aqueducs et de chaussées admirables? Rien n'atteste aujourd'hui leur grandeur comme toutes ces constructions; et il est vrai de dire que de si nombreux et de si beaux ouvrages ont fait autant pour la gloire de Rome que sa valeur guerrière et le génie de ses écrivains. Ce peuple était persuadé des grands souvenirs que laissent les monumens; car sous les rois, sous la république, sous les empereurs, il a toujours eu, si l'on peut dire ainsi, la même passion pour bâtir.

Adrien venait après des princes qui avaient élevé les édifices les plus somptueux. Il avait hérité de leur goût pour les arts, et il ne s'en montra pas indigne. Aucun n'a fait, sous ce rapport, de plus grandes choses, et construit plus de monumens dans toutes les parties de l'empire. L'histoire a conservé le souvenir de son voyage en Égypte : il fut frappé des mœurs de ce peuple si dégénéré, dont il ne restait plus rien en quelque sorte que son architecture. Les Grecs l'avaient presque fait oublier, et Rome effaçait alors tout ce qui avait existé avant elle. Les sciences, le génie de l'Égypte, avaient péri avec son existence politique: dénaturée, asservie, elle n'offrait plus à ses nouveaux conquérans que des ruines muettes et sans éloquence. Mais, eussent-ils été aussi éclairés, aussi passionnés pour les sciences qu'ils l'étaient peu, les Romains n'auraient pas appliqué leur génie à deviner celui des vaincus; il leur coûtait moins de faire aux descendans de ces mêmes Égyptiens le présent d'une ville nouvelle, que d'étudier les ruines, que de chercher à comprendre les ouvrages des plus anciens artistes et le système dans lequel ils avaient travaillé. Cette nation, qui a tant fait pour vivre dans la postérité, ne s'occupait point des intérêts d'une gloire étrangère; l'équité pour les peuples vaincus n'était point une vertu dont se piquassent les Romains, et ils n'ont fait aucun effort pour recommander au souvenir des hommes les nations les plus justement célèbres. Heureux les peuples qu'ils ont soumis, si leurs vainqueurs n'eussent pas violé les lois de la justice dans des occasions plus graves, et n'eussent offensé d'autres intérêts que ceux de la gloire acquise par de grands monumens!

Il ne paraît pas qu'Adrien ait connu mieux que ses compatriotes, les travaux de l'Égypte savante, et apprécié son antique civilisation, source première de celle de la Grèce et de l'Italie: mais il fut sensible aux beautés de son architecture, au style mâle et majestueux qui brille dans ses monumens. Il visita Thèbes; il fut frappé de ses restes encore aujourd'hui si augustes, et qui, de son temps, étaient moins des ruines et des débris qu'ils ne devaient ressembler à la capitale du monde, ébranlée seulement par quelque catastrophe et récemment abandonnée par ses habitans. En voyageur curieux, il laissa sur les monumens des traces de son passage, et permit que son nom y fût gravé pour attester son voyage aux bords du Nil. Une multitude de médailles furent frappées, en l'honneur du prince, dans toutes les préfectures ou sous leur nom. A l'exemple de Germanicus, il admirait la splendeur de Thèbes; et je ne doute point que l'aspect de ces grands ouvrages n'ait élevé encore son goût, naturellement porté vers le beau: peut-être doit-on au séjour d'Adrien en Égypte quelques-uns de ces gigantesques monumens qui signalèrent son règne[1]. Il n'imita pas l'architecture égyptienne, mais il se pénétra de ces principes qui ont présidé aux ouvrages de l'Égypte ; la solidité dans la construction, la proportion des matériaux, l'élévation du style, la majesté dans l'ordonnance, la symétrie des grandes lignes, en un mot l'*unité* des parties et l'*harmonie* des masses. Les monumens qu'il éleva dans Athènes, empreints de la pureté du goût et de l'élégance attiques, semblent aussi respirer le génie égyptien dans leurs grandes proportions, élément non moins nécessaire de la beauté en architecture.

C'est à cette cause première que j'attribue la fondation d'Antinoé, bien plus qu'au besoin d'honorer la mémoire d'un favori, et de laisser une cité entière pour monument d'un goût effréné. Je n'entreprends pas ici de disculper Adrien de l'accusation dont on a flétri sa mémoire ; car plus il y a de magnificence dans Antinoé, et plus la gloire de son fondateur devrait en être ternie. Mais, quelque passion qu'on suppose à ce prince pour le jeune Antinoüs, il n'est pas croyable qu'il ait créé une ville en son honneur, et comme pour perpétuer le souvenir d'une illustre infamie. D'autres causes ont présidé à l'origine d'Antinoé. Selon moi, les édifices de Thèbes suggérèrent à Adrien l'idée de bâtir une cité somptueuse, et dont les rues en colonnades devaient rivaliser avec les célèbres avenues de statues colossales. Il était aussi devenu nécessaire d'avoir une capitale nouvelle qui remplaçât l'ancienne. L'administration du haut pays exigeait un grand établissement, placé au centre

[1] *Voyez* ci-dessous, §. xv.

de l'Égypte : Alexandrie ne pouvait suffire qu'aux besoins maritimes ; Abydus, Memphis, étaient en ruines : *Hermopolis magna*, qui jouissait de l'avantage d'être au cœur de l'Égypte, se détruisait de jour en jour ; elle était d'ailleurs méditerranée, et non sur le Nil. Alexandre avait fondé une grande ville en Égypte ; les Grecs avaient eu dans la Thébaïde une ville toute grecque, Ptolémaïs : c'était un motif pour Adrien d'avoir une ville toute romaine. Enfin le siége que choisit Adrien, était lui-même une ancienne position. Auprès de là étaient les restes de *Besa*, ville égyptienne, consacrée à un dieu de même nom, qu'on honorait aussi à Abydus[1].

Tels furent, sans doute, les motifs qui firent établir dans ce quartier de l'Égypte, au centre de toute la contrée, en face même d'*Hermopolis*, une cité nouvelle, remplissant l'espace entier que laissent entre eux le fleuve et la montagne d'Arabie. Ces raisons politiques me paraissent avoir déterminé Adrien, bien plus que sa passion pour Antinoüs. Au reste, les statues qu'il lui érigea et dont il orna sa ville, le nom qui fut imposé à celle-ci, l'espèce d'apothéose qui fut décernée à ce favori, sont d'assez éclatans témoignages de l'affection du prince[2].

L'empereur ne se borna pas à fonder une ville en Égypte ; il créa en même temps une province, et Antinoé fut la capitale de ce nom nouveau. C'est le géographe Ptolémée qui nous a conservé ce fait assez extraor-

---

[1] *Voyez* Ammien Marcellin, et la Description d'Abydus, *A. D.*, chap. *XI*.

[2] Le Nain de Tillemont, d'après Spartien, rapporte qu'Adrien lui fit bâtir un temple magnifique à Mantinée en Arcadie, et qu'il établit en son honneur des jeux solennels.

dinaire; mais aucune médaille ne porte le nom du nome antinoïte.

Antinoé ne fut pas un établissement uniquement romain; une colonie grecque s'y établit. C'est ce que nous apprennent les inscriptions tracées sur les colonnes triomphales que l'on consacra dans la suite à Alexandre-Sévère. Il paraît que des pratiques et des rites particuliers y furent introduits, et que les *nouveaux Grecs* [1] se gouvernaient par des lois qui leur étaient propres [2]. Je termine ici ces considérations générales sur l'origine d'Antinoé, et je passe à des détails plus précis sur l'histoire de cette ville.

§. II. *Remarques historiques et géographiques.*

J'ai fait connaître, dans le paragraphe précédent, ce qu'il y a de plus vraisemblable sur l'origine d'Antinoé; mais je n'ai pas cité les circonstances qui accompagnèrent la fondation de cette ville. Adrien avait quitté l'Italie, l'an de Rome 886, et de notre ère 130, pour entreprendre son grand voyage d'Orient. En 132, XVe année de son règne, il visita l'Égypte, dont il était curieux d'étudier les mœurs, le climat et les monumens. Arrivé à Péluse, il fit reconstruire le tombeau de Pompée. Il paraît que les habitans ne plurent pas à ce prince : sa lettre si connue à Servien, son beau-frère, où il loue l'adresse et la sagacité des Égyptiens dans les arts et

---

[1] Νέοι Ἕλληνες.
[2] *Voyez* plus bas le §. VI, et mon Mémoire sur les inscriptions anciennes.

leur goût pour le travail, fait voir que l'humeur légère et turbulente des habitans avait laissé dans son esprit des impressions fâcheuses; il appelle cette nation *genus hominum seditiosissimum, vanissimum, injuriosissimum*[1]. A la vérité, il n'ignorait pas combien elle était dégénérée depuis la conquête des Grecs et bien auparavant. Il chercha à leur inspirer des sentimens plus favorables à la métropole, qu'ils n'en avaient montré depuis Jules-César; il rendit aux Alexandrins des priviléges qu'on leur avait enlevés, et leur accorda de nouveaux bienfaits. Il visita le musée et distribua des faveurs aux savans. Versé lui-même dans les arts et les sciences, il s'entretenait souvent avec les hommes de lettres et les gens les plus instruits[2].

On sait qu'il était accompagné dans son voyage par le jeune Antinoüs, qu'il aimait tendrement. Ce jeune homme périt malheureusement dans le Nil : les uns disent que sa mort fut volontaire et l'effet de son dévouement pour l'empereur; les autres, qu'il se noya par accident. Quoi qu'il en soit de ces traditions opposées, Adrien ressentit de cette perte une extrême douleur. Dans l'endroit où Antinoüs avait péri, le prince laissa des monumens en son honneur; et la ville qu'il avait résolu sans doute de bâtir dans ce même lieu, prit le nom de son favori. Tous les établissemens accordés aux colonies romaines furent réunis dans Antinoé; trois

---

[1] Vopisc. *Vit. Saturn.* pag. 245. *Voyez* ci-dessous, §. xv.

[2] Comme César, il honora les cendres de Pompée; il parcourut toute la Thébaïde avec le plus grand soin, et ne laissa rien échapper des choses les plus secrètes : on dit qu'il tira des temples les livres qu'il put y trouver, et les enferma dans le tombeau d'Alexandre.

à quatre années, dit-on, suffirent à l'érection de la ville entière, et elle devint promptement florissante.

Antinoé s'appelait aussi *Antinoopolis;* c'est le nom que lui donne Ptolémée : elle porte le nom d'*Antinoü* dans l'Itinéraire d'Antonin; d'Αντινω dans la Notice d'Hiéroclès, et d'*Antinoüs* dans S. Jérôme; enfin d'Αντινθεια dans d'autres auteurs. Comme il ne s'y trouvait pas de poste romain, du moins à l'époque de la Notice de l'empire, son nom ne se rencontre point dans cette Notice.

Alexandre-Sévère parcourut l'Égypte en 202. Ami des arts, il ajouta aussi quelques monumens à la ville romaine [1].

S. Jérôme [2], S. Athanase [3], Origène [4], et la Chronique d'Alexandrie [5], prétendent qu'Antinoüs était honoré comme un dieu, dans un temple fondé par Adrien avec des prophètes pour l'exercice du culte, et qu'on célébrait en son honneur des jeux gymniques. S. Épiphane compare le temple d'Antinoüs et les mystères qu'on y célébrait, aux temples et aux orgies de Memphis, d'Héliopolis, de Saïs, de Péluse, de Bubaste, d'Abydus, de Pharbætus, etc. [6]. Il paraît qu'Antinoé continua de fleurir jusqu'à la conversion des habitans au christianisme, et même, à cette époque, elle devint un évêché dépendant de Thèbes. A la fin du troisième

---

[1] Aurelius Victor. *Epitom.*

[2] *Ut sciremus quales deos semper Ægyptus recepisset, nuper ab Hadriani amasio urbs eorum* Antinoüs *appellata est.* (Hieronym. Contra Jovianum, epist. x.)

[3] Athanas. *Contra gentes*, pag. 8.

[4] Origenes. *Contra Celsum*, l. III, p. 136, etc.

[5] *Chronic. Alexandrin.* p. 598.

[6] S. Epiphan. tom. II, *Adversùs hæreses*, lib. III, pag. 1093.

siècle, suivant Eusèbe, les Antinoïtes étaient en relation avec l'évêque de Jérusalem. Un siècle après, dit Palladius, il y avait dans ce lieu une quantité considérable de monastères chrétiens.

Pour suivre dans l'histoire la trace de l'existence d'Antinoé après la domination romaine, il faut lire le géographe de Nubie. El-Edrysy nous apprend qu'*Ensené* (c'est ainsi que les Arabes appelèrent Antinoé, par corruption) était une ville ancienne, enrichie de monumens, de jardins et d'endroits agréables, où l'on jouissait de promenades délicieuses; que le pays était abondant en grains et en fruits et d'une grande fertilité; et que cette ville était appelée *la ville des Mages*[1]. Il ajoute que Pharaon fit venir de ce lieu les mages qui devaient lutter avec Moïse; tradition bizarre, qui pourrait bien se rapporter à l'existence de *Besa*, ancienne ville égyptienne placée dans le voisinage, et dont je parlerai plus bas[2].

Abou-l-fedâ s'exprime absolument comme le géographe de Nubie, et rapporte la même tradition: il est donc vraisemblable que la ville qui a existé dans cet endroit avant les Romains, était une des plus importantes d'Égypte. Abou-l-fedâ donne aussi le nom d'*Ensené* à Antinoé: les monumens commençaient déjà à tomber en ruine de son temps.

Le même géographe place Antinoé à 27° 39′ de latitude[3]; Ptolémée donne seulement, selon lui, 27°. Si

---

[1] *Geogr. Nub. ex ar. in lat. vers.* Paris, 1619, pag. 4.
[2] Au §. XIII.
[3] Latit. 27° 39′, canon. (Aboulf. *Descr. Ægypt. arab. et lat.* ed. Michaelis. Gott. 1776, pag. 20.)

l'on consulte la nouvelle carte d'Égypte, on trouve une latitude de 27° 48′ 15″; mais il ne faut pas fixer la position de la ville par les observations défectueuses de Ptolémée et d'Abou-l-fedâ. Il n'est pas non plus facile de faire usage ici des distances de l'Itinéraire d'Antonin, parce qu'elles se rapportent à des lieux peu considérables et où il n'existe pas de monumens importans. C'est plutôt de la position d'Antinoé qu'il faudra conclure l'emplacement des anciennes villes qui étaient placées dans le voisinage de cette capitale : ainsi, par exemple, on retrouvera la position de *Speos Artemidos*, en lisant dans l'Itinéraire romain, qu'il y avait huit milles d'Antinoé à ce point, et en mesurant sur la carte actuelle, plus de deux lieues et demie entre les ruines d'Antinoé et les hypogées de Beny-hasan [1], ainsi que nous le verrons dans le *chapitre XVI*.

Il me reste à parler ici du titre de nome ou préfecture qui fut donné, selon Ptolémée le géographe, au district d'Antinoopolis. L'Heptanomide est appelée aussi *Heptapolis*; les passages de Denys le géographe, Eustathe et Étienne de Byzance, prouvent qu'elle a toujours été une partie distincte de l'Égypte, intermédiaire entre le Delta ou pays inférieur, et la Thébaïde. C'est encore aujourd'hui l'Égypte moyenne; on l'appelle *Ouestâny*, mot qui a la même signification. Enfin ses limites sont encore les mêmes que celles de l'Heptanomide. Sept nomes, ainsi que l'indique son nom, en formaient toute l'étendue. Antinoé, placée dans cet espace, ne pouvait former un nome de plus, sans troubler toute la division

---

[1] Ces deux distances sont d'accord.

territoriale. Or, Ptolémée est le seul auteur qui parle d'un *nomos Antinoïtes;* aucune médaille n'a été frappée pour ce nome, tandis qu'on en possède pour quarante-cinq, tant de la Thébaïde que des régions inférieures, sans en compter d'autres mentionnés dans les écrivains, et qui appartiennent à différentes époques; du moins on n'a pas trouvé jusqu'à présent une seule médaille avec ce titre : les géographes, autres que Ptolémée, n'en font aucune mention.

Je pense donc qu'on essaya seulement de faire une sorte d'arrondissement distinct pour Antinoopolis, dont les habitans, le culte, les monumens, tout était nouveau, étranger même au reste de l'Heptanomide, et que le nom de *nome* fut donné par extension à cet arrondissement particulier. Au reste, comme on le verra dans la description de l'Heptanomide, il y eut plusieurs fois des changemens dans les divisions politiques de cette contrée moyenne et dans leurs dénominations.

Si l'opinion que j'ai avancée dans la description d'Hermopolis est fondée, savoir, que cette ville a été le chef-lieu de la haute Égypte, il n'est pas étonnant qu'Antinoé ait également porté, dans le Bas-Empire, le titre de *métropole de la Thébaïde,* comme on l'apprend dans Palladius et Rufin[1]. En effet, Antinoé avait succédé à *Hermopolis magna,* qui commençait à tomber en ruine.

El-Maqryzy parle, ainsi qu'Abou-l-fedâ et el-Edrysy, des magnifiques jardins d'Antinoé. Ceux-ci disent qu'une des portes de la ville fut transportée au Kaire, où on

[1] Pallad. *Hist. Lausiaca,* ap. *Bibl. Patrum,* pag. 976; Rufin, *Vitæ Patrum,* pag. 471.

la voyait de leur temps à Bâb Zoueyleh : mais el-Maqryzy va plus loin; il ajoute que Salâh el-dyn fit enlever toute l'enceinte d'Antinoé pour servir aux constructions de la nouvelle capitale[1]. Antinoé avait deux enceintes; car il y en a encore une sur pied, et même les restes d'une seconde, comme on va le voir dans le paragraphe suivant.

§. III. *Aspect général d'Antinoé; coup d'œil sur les monumens; topographie de la ville et des environs.*

Quand on remonte dans la haute Égypte, les premières ruines un peu apparentes que l'on rencontre sur la rive droite, sont celles d'Antinoé. A travers un bois de palmiers très-épais et situé dans un enfoncement du fleuve, on aperçoit des colonnes qui surmontent les dattiers, et dont la forme élancée annonce aussitôt qu'on approche d'une ville grecque ou romaine. Dès qu'on a mis pied à terre, on aperçoit une immense quantité de décombres dont le bois de dattiers forme la lisière, et du sein desquels semblent sortir des colonnes et des constructions : par leur couleur blanche, elles se détachent fortement sur le fond rembruni des ruines amoncelées et sur un ciel bleu-de-fer. Le rocher nu, élevé, d'un blanc plus éclatant encore que les monumens, forme un rideau de deux lieues, sur lequel se dessine ce grand tableau. Pour en jouir complètement,

---

[1] M. Étienne Quatremère conjecture heureusement qu'il s'agit d'Antinoé dans la vie de S. Pachome; où l'on rapporte qu'il fut conduit à la ville des Thébéens, εἰς πόλιν τῶν Θηϐαίων, c'est-à-dire la ville capitale, la métropole.

il faut se porter sur les buttes placées à l'ouest [1]. De là le spectateur aperçoit à droite le grand portique et les autres restes du théâtre : il remarque à ses pieds la grande rue longitudinale, qui n'est qu'une immense colonnade; dans la plaine, au-delà des ruines, l'hippodrome, le tombeau de Cheykh A'bâdeh, la montagne arabique et les excavations percées dans son sein; à gauche, la rue transversale, bordée, comme la première, de monumens et de colonnades terminées au levant par la porte de l'est; plus au nord, les grandes colonnes triomphales élevées à Alexandre-Sévère, et la porte septentrionale; enfin, en se retournant un peu, l'arc de triomphe et les colonnades en granit qui l'accompagnent. Au premier coup d'œil, on ne distingue que ces masses principales; si l'on jette ensuite des regards plus attentifs sur la grande rue, on voit partout, au pied des colonnes, des blocs aujourd'hui presque informes, mais qu'on reconnaît bientôt pour être autant de débris de figures, toutes sculptées d'après un modèle semblable [2]. A droite, on aperçoit une sorte de rue ou vallon d'une largeur extraordinaire, et qui se dirige vers le Nil; sa direction n'est pas une ligne droite, et sa largeur augmente vers la plaine déserte. Les constructions de briques ruinées qui la bordent, annoncent une ancienne rue au premier coup d'œil; mais sa grande largeur, le sable fin qui est au fond, et les traces d'eaux pluviales dont elle est sillonnée, repoussent cette supposition. On a supposé

---

[1] C'est de l'un de ces points qu'est prise la vue générale, pl. 54, fig. 2. En se portant de cette butte sur celle de droite, on voit le portique du théâtre, les colonnes d'Alexandre-Sévère, et à gauche, en se retournant, une partie de l'arc de triomphe.
[2] *Voyez* pl. 54, fig. 1 et 2.

que c'était un ancien canal qui traversait la ville, de l'est à l'ouest; mais on cherche le limon qui devrait en couvrir le lit. Quand on examine à l'est la plaine déserte et la montagne dans la direction de ce grand vallon sablonneux, on voit manifestement que l'une et l'autre portent des traces de ravines plus ou moins profondes, formées par les eaux de pluie qui se précipitent du haut de la chaîne arabique ou entre ses flancs, et que toutes ces traces aboutissent au vallon. Ainsi c'est par cette route que s'écoulent les torrens passagers qui descendent de la montagne; et comme la cause qui les produit a toujours existé, que la pente des rochers et du terrain est sans doute la même qu'autrefois, il est vraisemblable que la ville a toujours été traversée dans cette direction par les eaux pluviales.

Je dois encore faire mention ici d'une butte régulière, plus longue que large, et qui a, dans son plan, à peu près la dimension et la forme de l'hippodrome [1].

En regardant vers le sud, au-delà du théâtre, toujours de la même position, on aperçoit l'enceinte d'Antinoé, et plus loin un espace couvert de ruines, d'une grande étendue, reste d'une ville chrétienne, au bout duquel est le village de Deyr Abouhennys. Si l'on se tourne vers le nord, on voit la chaîne arabique revenant sur le Nil, comme pour fermer cet amphithéâtre naturel; sur sa cime, plusieurs anciens monastères abandonnés; enfin, entre le roc et Antinoé, d'autres ruines avec une enceinte particulière, qu'on croit être le reste de l'ancienne ville égyptienne de *Besa*.

[1] *Voyez* pl. 53.

Tel est l'aspect général que présente Antinoé quand, du haut des buttes de l'ouest, on parcourt de l'œil tout l'horizon [1]. Mais il y a dans la ville, et plus encore au-dehors, d'autres points d'où l'on découvre toute la vallée du Nil, aussi étendue sur la rive gauche, qu'elle est rétrécie sur la rive droite ; et ce nouveau tableau est encore plus pittoresque. On y aperçoit le riche village de Roûdah ; celui de Bayâdyeh, tout chrétien et connu par ses manufactures de sucre ; la ville de Meylâouy ; enfin le magnifique portique d'*Hermopolis magna*, à environ trois lieues à l'ouest.

On a vu plus haut que, pour bâtir sa nouvelle ville, Adrien profita d'un grand enfoncement dans la montagne, ayant la forme d'un arc dont les extrémités s'appuient sur le fleuve. Il est probable qu'il n'y avait alors qu'une très-petite partie de cette espèce de golfe qui fût cultivée ou cultivable, le sol étant presque partout, même encore aujourd'hui, au-dessus des plus fortes inondations. Je ne ferai donc point à cet empereur le reproche d'avoir sacrifié à son projet une grande étendue de terrain fertile, et cette réflexion s'applique au reste de l'espace compris dans ce bassin du côté du midi [2]. Je crois même que les magnifiques champs de canne à sucre [3], et les autres parties cultivées qui sont à l'ouest tant d'Antinoé que de Deyr Aboulhennys, ne sont dus qu'à l'exhaussement du fond du Nil, qui a permis à l'inondation d'atteindre jusqu'à leur niveau.

---

[1] *Voyez* pl. 53, au point *D*.
[2] *Voyez* pl. 54, fig. 1.
[3] J'ai remarqué, dans ce champ touffu, des cannes de douze pieds de hauteur (près de quatre mètres) ; une haie épaisse de *sesseban* lui servait de bordure et d'ombrage.

Par ce qui précède, on peut juger que la topographie ancienne du lieu devait être semblable à celle d'aujourd'hui : une description minutieuse du terrain serait superflue, et les planches gravées suppléeront à ce qui pourrait manquer ici de détails descriptifs [1]; je me bornerai à dire quelque chose de l'étendue de la ville. Sa forme générale, dans l'enceinte qui la borne sur trois côtés, est celle d'un trapèze dont les côtés parallèles sont la ligne du midi et celle du nord; à l'est, la muraille est interrompue, et plus avancée vers la montagne à un bout qu'à l'autre, mais toujours parallèlement à elle-même. La mesure exacte du périmètre de la ville, pris le long de l'enceinte au sud, à l'est et au nord, et sur la lisière des ruines du côté de l'ouest, est de cinq mille deux cent quatre-vingt-dix-huit mètres [2]. L'hippodrome et les ruines de Besa restent loin en dehors de cet espace.

La longueur de la ville, prise dans la direction de la rue principale, depuis la porte du nord-ouest jusqu'au point de l'enceinte correspondant vers le sud, est de mille six cent vingt-deux mètres [3].

Sa largeur, prise entre les maisons du village, près l'arc de triomphe et l'enceinte de l'est, est de mille quatorze mètres [4].

La largeur, prise dans le sens de la seconde rue transversale, était beaucoup plus grande; on trouve sur cette ligne mille cent soixante-douze mètres [5] entre l'enceinte et la lisière des buttes de décombres.

---

[1] *Voyez* pl. 53 et 54.

[2] Deux mille sept cent treize toises et demie environ.

[3] Huit cent trente-deux toises environ.

[4] Cinq cent vingt toises environ.

[5] Six cent une toises environ.

Si l'on mesure la longueur de l'enceinte sur le côté du midi, on trouve six cent quatre-vingt-dix-neuf mètres seulement[1]; du côté du nord, il y a mille cent huit mètres[2] de l'angle oriental à l'extrémité des décombres. Ces dimensions ont été mesurées exactement avec une bonne chaîne métrique, ainsi que toutes les autres, que je ne rapporte point ici pour éviter un détail fastidieux[3].

M. Corabœuf a aperçu vers le nord une seconde enceinte; elle est en pierre et en brique, et elle est jointe à l'autre par des massifs placés de distance en distance.

Sur les buttes de décombres dont j'ai parlé, il y a une multitude de fragmens de vases antiques de plusieurs espèces. Les uns sont semblables aux poteries étrusques; la couleur en est d'un beau rouge, le grain très-fin, et les ornemens simples, mais bien exécutés. Les autres sont d'une couleur grise : ce sont des amphores plus ou moins grandes, ou bien des pots coniques à deux anses, élargis vers le haut, dont le fond contient un dépôt luisant et de couleur noire; ce dépôt a l'aspect résineux et une odeur analogue à celle du sucre brûlé. Plusieurs pensent que c'est le reste d'un enduit qu'on avait mis intérieurement pour empêcher les liquides de sortir par les pores; d'autres prétendent que c'est le reste d'un dépôt de liqueur vineuse[4]. Quoi qu'il en soit, la quan-

---

[1] Trois cent cinquante-huit toises et demie environ.

[2] Cinq cent soixante-huit toises et demie environ.

[3] *Voyez* l'explication de la pl. 53, où j'ai rendu compte de la construction du plan.

[4] Peut-être est-ce la matière sucrée du vin qui, exposée à un soleil ardent, s'est caramélisée. Tous ces

tité prodigieuse de débris de vases et de poteries dont les ruines de la ville sont, pour ainsi dire, couvertes, a de quoi surprendre : il est probable qu'ils proviennent d'un grand nombre de générations qui se sont succédées sur le même sol. La ville d'Antinoé a, sans doute, été habitée long-temps après la domination romaine.

La quantité de l'encombrement n'est pas moins surprenante. Comment une ville postérieure de quinze siècles à la plupart des villes égyptiennes est-elle beaucoup plus encombrée que celles-ci ? A la vérité, c'est dans l'intérieur qu'il y a le plus de décombres, là où les habitations des Qobtes, et peut-être aussi des Arabes, ont contribué le plus à exhausser le terrain; car au portique du théâtre, à l'hippodrome, aux thermes, à l'arc de triomphe, aux colonnes triomphales, le sol est peu enfoui.

En faisant des fouilles dans les ruines, on trouve beaucoup de médailles qui appartiennent au temps de Constantin et du Bas-Empire, des agrafes, des boutons en cuivre et différentes antiques du même genre. Les habitans ont coutume de frotter les médailles sur la pierre, afin de mettre le métal à nu, croyant mieux les vendre aux voyageurs.

Tel est l'aspect des restes d'Antinoé. Maintenant que le lecteur a une idée générale de la ville et de ses environs, je vais le conduire de monument en monument, et ensuite je décrirai chacun en particulier. Le lecteur me pardonnera les détails sur une ville qui est impor-

---

vases sont percés de quatre trous. *Voy*. la planche des vases antiques, fig. 40, dans le vol. v (*Collection d'antiques*).

tante sous le double rapport de l'histoire d'Adrien et de celle de l'art : aucun voyageur ne s'y était arrêté assez long-temps pour la bien observer. J'ai été assez heureux pour y faire cinq voyages pendant le cours de l'expédition française.

Une observation qui est générale, c'est que tous les édifices sont construits en pierre calcaire numismale. Il n'y a point d'autres matériaux qui soient entrés dans la construction, si on en excepte les colonnes de granit qu'on trouve près de l'arc de triomphe et dans quelques autres endroits. Mais ces colonnes ont elles-mêmes leurs chapiteaux en pierre numismale. Il y a aussi différens morceaux en marbre, tels que la cuve des thermes, la statue d'Antinoüs, etc.[1].

Si, de la butte élevée où j'ai supposé le spectateur pour lui faire embrasser Antinoé d'un coup d'œil, on descend vers la droite en se dirigeant au sud, on arrive d'abord à la grande rue qui partage en deux la ville dans le sens de sa largeur. On est frappé de cette longue file de colonnes qui existent d'un bout à l'autre dans cette rue; il y en a très-peu d'entières. Elles étaient toutes de l'ordre dorique grec. Dans cette série de colonnes, il n'existe aucune interruption, excepté là où de somptueux édifices bordent la rue. A son extrémité méridionale, est le portique corinthien qui précédait le théâtre. C'est le monument le plus imposant et de meilleur goût de tous ceux qui décorent cette ville[2]. Quoiqu'il ait beau-

[1] M. Balzac a vu le fût d'une petite colonne brisée et des fragmens d'autels en marbre.
[2] *Voyez* pl. 55.

coup souffert, les colonnes, les piliers et les murailles qui subsistent forment encore un ensemble très-beau. En traversant le portique, on trouve les restes du *proscenium* et de l'amphithéâtre. Des fours à chaux que les barbares y ont établis, expliquent parfaitement la presque entière destruction de cet édifice; on en voit toutefois distinctement les dimensions, le plan et la disposition générale [1]. Entre les décombres et l'enceinte, dans cette partie, l'espace est uni et point encombré; je soupçonne que l'on n'habitait point de ce côté de la ville. En suivant l'enceinte jusqu'à l'ouverture du grand vallon sablonneux, on ne trouve rien de remarquable: mais, arrivé à un mur qui a servi à retenir les eaux du torrent, on aperçoit vers la droite un monument d'une étendue considérable; sa longueur est de plus de trois cents mètres. C'est un ancien hippodrome, dont l'ouverture est tournée vers la ville [2]; les degrés de l'amphithéâtre sont ruinés et couverts par les sables du désert qui se sont amoncelés du côté du sud-est, jusqu'au haut de l'édifice. La colonnade qui l'entourait a disparu: on voit seulement au pied quelques débris de colonnes renversées.

De l'hippodrome, on découvre la grande porte de l'est, à l'issue de la première rue transversale. Ce qui reste de cette porte, consiste principalement en deux grands piliers corinthiens placés un peu au-dedans de l'enceinte, et autour desquels sont beaucoup de ruines; au point même de l'enceinte, il n'y a pas de vestiges conservés de la porte qui devait y exister.

[1] *Voyez* pl. 53.
[2] *Voyez* pl. 53, et pl. 54, fig. 2, au point 2.

Si l'on descend la rue transversale, on trouve à droite et à gauche plusieurs beaux monumens presque détruits. Le plus remarquable parmi eux paraît avoir servi de bain public.

Arrivé au carrefour, on se retrouve dans la grande rue du portique du théâtre. Quatre colonnes plus grandes que les autres en occupaient les angles. Si de là on se dirige perpendiculairement, on remarque, à une certaine distance, quatre autres colonnes pareilles, dont une est entièrement debout et parfaitement conservée[1]. Le piédestal d'une autre, avec sa base, est encore sur pied. Ces monumens étaient des colonnes triomphales élevées en l'honneur d'Alexandre-Sévère. Au bout de cette même rue est un monument massif qui paraît avoir été un tombeau; et plus loin, le reste de la porte du nord.

En revenant sur ses pas au premier carrefour, et continuant la rue transversale qu'on avait quittée, on a devant soi l'arc de triomphe, qui est à l'extrémité la plus voisine du Nil. Ce magnifique bâtiment est le plus conservé de tous ceux qui embellissent la ville[2]. Entre lui et le fleuve sont deux grandes colonnades en granit.

C'est à quelque distance de l'arc de triomphe qu'est le village actuel de Cheykh A'bâdeh, qui a succédé à Antinoë. Les maisons sont bâties en briques crues, enduites de limon ou d'argile sablonneuse. Ces pauvres cabanes semblent encore plus misérables à côté des ruines de tout genre et des colonnes encore debout auxquelles elles sont adossées. Il y a même, dans quelques-

---

[1] *Voyez* pl. 59. [2] *Voyez* pl. 57.

unes de ces huttes, des colonnes qui gênent la circulation, sans que les habitans aient l'air de s'en apercevoir. Le village renferme une mosquée bâtie avec d'anciennes colonnes bizarrement placées et de toutes proportions, et qu'on dit le reste d'une ancienne église.

Dans ce village, qui est mahométan, on ignore tout-à-fait que le nom du lieu est tiré de celui d'un saint évêque d'Enséné; car c'est ainsi que l'endroit s'appelait, selon les Qobtes[1]. Aujourd'hui le nom d'*Enséné* est inconnu. Selon le P. Sicard, l'évêque se nommait *S. Ammonius*; il fut martyr à Antinoé. Les habitans l'ont pris pour un cheykh de leur religion, et ils le vénèrent comme un saint musulman. Je demandai à l'un d'entre eux s'il savait qu'ils honoraient un chrétien; il me répondit : *Toi, tu le sais ; mais nous, nous n'en savons rien*. Son tombeau est dans la plaine sablonneuse qui sépare Antinoé de la montagne arabique[2]. La plaine renferme beaucoup d'autres tombeaux, les uns recouverts de dômes, les autres d'une simple pierre; c'est là que les habitans de la rive gauche viennent enterrer leurs morts.

C'est une remarque générale, que les Égyptiens enterrent leurs morts dans les sables, soit vers la Libye, soit vers l'Arabie; ils vont pour cela jusqu'au désert, à quelque distance que ce soit. La raison la plus naturelle qu'on puisse apporter de cette coutume, c'est la crainte que la culture n'aille troubler les cendres des morts. L'inondation est encore aussi à redouter que la charrue.

[1] On dit vulgairement *Ensélé*. (*Voyez* ci-après, §. XIV.)   [2] *Voy.* pl. 54, fig. 2, au point 3.

Enfin, peut-être, est-ce le désir d'en conserver les restes ; car le sol du désert est, par sa sécheresse, très-propre à la conservation des cadavres : on a trouvé plus d'une fois sur le sable des momies naturelles dans une dessiccation parfaite.

Les habitans actuels de Cheykh A'bâdeh sont de race arabe. La chose est évidente pour le voyageur qui a comparé les Arabes cultivateurs avec le fellâh égyptien. Sur presque toute la rive droite du Nil, des tribus arabes ayant renoncé à la vie pastorale, se sont établies dans des villages; Cheykh A'bâdeh est un de ces points. Les Arabes y ont conservé le caractère natif et tous les traits qui les distinguent[1]. Ainsi que dans tous les autres villages de la même origine, on cultive avec succès et en abondance la canne à sucre; de beaux champs de cette espèce occupent le terrain qui touche aux ruines d'Antinoé, du côté du nord-ouest.

Les Arabes errans entretiennent des relations avec les Arabes de ce village, comme il arrive dans toute l'Égypte. Ennemis du fellâh, ils vivent en paix avec les cultivateurs de leur race, bien qu'ils aient du dédain pour ceux qui ont abandonné la tente et pris des habitations fixes. Aussi avons-nous aperçu quantité de Bédouins aux environs des ruines : ne soupçonnant pas qu'il y eût aucun danger dans nos excursions, nous allions fréquemment, sans escorte et sans armes, à une grande distance du fleuve où nos barques stationnaient; plusieurs fois des cavaliers arabes troublèrent

---

[1] *Voyez*, sur ce sujet, les *Observations sur les Arabes de l'Égypte moyenne*, *É. M.*, tom. I.

nos opérations, et ce n'est pas sans péril que nous vînmes à bout de les terminer. Un jour quelques-uns de mes compagnons de voyage, se promenant dans l'hippodrome, virent arriver trois Bédouins au galop; sans armes et sans aucune défense, ils furent obligés de se retirer précipitamment sur le Nil. Une autre fois, un voyageur[1] occupé à mesurer les dehors de la ville entendit le hennissement d'un cheval : en se relevant, il vit à quatre pas deux cavaliers arabes embusqués. Son domestique tenait un tromblon; le voyageur s'en saisit, et dit aux Arabes, avec une heureuse présence d'esprit, que, s'ils étaient amis, ils pouvaient passer sans rien craindre. Surpris de sa contenance, les Arabes délibèrent un moment, puis tournent la bride, et se sauvent dans la montagne.

La chaîne arabique a plusieurs vallons qui ont plus ou moins de profondeur. On m'avait rapporté qu'il existait dans le désert un chemin taillé dans le roc, large de quinze mètres, et conduisant à Antinoé. J'ai pris beaucoup d'informations sur ce chemin; tous m'ont assuré qu'ils n'en avaient aucune notion. MM. Raffeneau et Bert avaient cependant remarqué une route pareille dans leur reconnaissance[2] entre le Nil et la mer Rouge, et leurs guides les avaient assurés qu'elle se dirigeait sur les ruines d'Antinoé.

[1] M. Corabœuf.   [2] *Voyez* la pl. 100, fig. 1, *É. M.*

§. IV. *Portique et théâtre.*

J'ai dit que le portique est situé à l'extrémité sud-ouest et dans l'axe même de la rue longitudinale. Ce magnifique bâtiment formait ainsi le point de vue de cette grande ligne, longue de $1308^m \frac{1}{2}$, jusqu'au monument du nord-ouest. Son axe fait un angle d'environ 58° à l'ouest avec le méridien magnétique. Il y a quelque incertitude sur le point jusqu'auquel s'étendait l'édifice sur les parties latérales, et le plan général est difficile à restaurer d'une manière satisfaisante. Je me bornerai donc à décrire les restes actuels, et à proposer une conjecture sur l'ensemble des ruines du portique, et de celles de la partie postérieure.

Le monument se distingue de loin aux chapiteaux corinthiens de ses piliers et de ses colonnes, dont les angles sont très-avancés et lui ont fait donner par les Arabes le surnom d'*Abou'lqeroun* ou *cornu*[1]; c'est à quoi l'on distingue Antinoé, quand on navigue sur le Nil : ces chapiteaux élevés et saillans se découvrent à travers le bois épais de dattiers qui garnit les rives du fleuve.

Le portique était composé de quatre colonnes en avant, avec un entre-colonnement plus large au milieu ; de deux piliers en retraite, avec un massif où sont percées trois portes ; enfin, de deux colonnes et deux piliers postérieurs conduisant sans doute dans d'autres distributions qui ont disparu sous les décombres. Les deux colonnes an-

[1] Littéralement, *le père aux cornes.* Voyez la pl. 56.

térieures du côté du Nil sont debout et entièrement conservées dans toute la hauteur; il en est de même des deux piliers qui sont en avant des portes : la troisième colonne de devant est à moitié debout, et la quatrième est rasée. Les deux colonnes de la partie postérieure sont en partie debout [1]; il reste peu de chose des deux piliers qui les accompagnaient à droite et à gauche.

Le massif où sont percées les trois portes, est détruit dans sa partie supérieure : il subsiste encore jusqu'à la hauteur de la porte du milieu. Les portes latérales sont conservées entièrement, ainsi que deux fenêtres à fronton dont elles étaient surmontées.

Tout autour sont des tronçons de colonnes et des fragmens de chapiteaux. Le sol est jonché de débris qui annoncent que d'autres constructions, dont je parlerai tout-à-l'heure, se rattachaient au portique à droite et à gauche. L'encombrement de l'édifice est peu considérable.

La façade a $16^m,4$ de longueur; l'entre-colonnement du milieu, mesuré entre les socles des colonnes, est de $4^m,36$; et l'entre-colonnement latéral, de $2^m,44$. Le diamètre inférieur des colonnes est de $1^m,337$; et le supérieur, de $1^m,155$. La hauteur, compris la base et le chapiteau, est de $12^m,78$. Le socle ou stylobate sur lequel reposent les colonnes, est, ainsi que tout le sol de l'édifice, à un mètre de hauteur au-dessus du niveau de la rue; on y montait par des degrés, aujourd'hui cachés par les ruines : ainsi la hauteur totale de ce qui

---

[1] On ne comprend pas comment le P. Sicard a pu avancer que les quatre colonnes de derrière étaient rasées.

reste du massif du portique, est d'environ neuf mètres. Il ne subsiste plus rien de l'entablement ni du fronton. L'existence de celui-ci est prouvée par le récit des voyageurs qui nous ont précédés : on peut en évaluer la hauteur avec celle de l'entablement à 6^m,9 environ. Ainsi la hauteur totale du portique au-dessus du sol de la grande rue était d'environ 20^m,7.

Entre les colonnes antérieures et le massif où les portes sont percées, il y a un intervalle de 3^m,62 environ; et entre cette muraille et les colonnes ou piliers postérieurs, la distance est de 4^m,1. La porte du milieu était d'une haute proportion, et véritablement imposante : elle avait, compris le chambranle, environ 9^m,1 de hauteur, et 5$^m\frac{1}{2}$ de largeur; et dans œuvre, environ 8^m,3 de haut, sur 3^m,825 de large.

La base de la colonne a 0^m,7 de haut; le chapiteau, au-dessus de l'astragale, 1^m,53 : son diamètre inférieur, mesuré au même point, est de 1^m,304. La largeur du socle de la base est de 1^m,773; celle du grand socle, de 1^m,963. Le fût de chaque colonne est de cinq grosses pierres : chacun des tambours est de plus de deux mètres; le supérieur a 2^m,43. Telles sont les dimensions exactes du portique et de ses principales parties; le lecteur qui voudra connaître les mesures des détails, peut consulter les gravures[1].

Les colonnes des deux façades sont cannelées, et la cannelure est remarquable par sa belle exécution; elle est pleine jusqu'au milieu de la hauteur (à 3^m,545 du congé supérieur de la base), et vide dans la partie supé-

---

[1] *Voyez* pl. 56.

rieure; le nombre des cannelures est de vingt-quatre. A ce même point, le fût ne présente pas de renflement [1] : ainsi les colonnes étaient coniques.

La sculpture des chapiteaux est très-belle, quoique la pierre numismale dont ils sont composés, se prêtât difficilement à une exécution délicate, à cause des coquillages pétrifiés dont elle est remplie, ou même entièrement composée. Les feuilles d'acanthe et les caulicoles sont travaillées parfaitement; il n'y a pas moins de perfection dans les moulures des chambranles qui décorent les trois portes, bien que d'un style sévère, et dans les petites fenêtres à pilastre corinthien qui surmontent les portes latérales. Les chapiteaux de ces pilastres, étant, ainsi que leurs frontons, d'une très-petite dimension, font encore mieux ressortir la finesse du travail et la fermeté de la sculpture. L'appareil de la construction, dans le massif de la porte, est composé d'assises de $0^m,535$, et toutes d'égale hauteur. Les joints sont renfoncés profondément; ce qui produit à chaque assise une rainure très-marquée de $0^m,05$ de largeur, et donne à l'appareil un style très-mâle et simple à-la-fois.

Si l'on en croit les traditions, la porte du milieu était fermée par deux grands battans en bois, recouverts en fer; et ces battans furent transportés au Kaire pour servir à fermer la porte appelée *Bâb el-Zoueyleh* : il est certain qu'il existe au Kaire une porte appelée *Bâb el-Hadyd*, ou *Porte de fer*.

Dans le prolongement du massif intermédiaire sont,

---

[1] Le diamètre, mesuré à cette hauteur, est de $1^m,265$; le fût était conique : par le calcul, on trouve $1^m,274$; ce qui en diffère peu.

à droite et à gauche, des arrachemens de muraille qui liaient le portique avec d'autres constructions : j'y ai trouvé les restes d'un ordre ionique plus bas que l'ordre corinthien; on voit encore à terre les débris des colonnes et de leurs chapiteaux [1]. Il paraît que, dans cette direction, il y avait une galerie et une grande cour carrée conduisant au théâtre : deux demi-colonnes adossées aux piliers postérieurs confirment cette idée; ces colonnes sont d'ordre dorique et cannelées : on voit encore des bases d'autres colonnes pareilles, et il est à présumer qu'elles se prolongeaient à droite et à gauche, pour former une cour antérieure au monument qui suit.

Si, de la façade postérieure du portique, on s'avance au sud-est dans la direction de l'axe, on aperçoit des ruines fort étendues qui se dessinent en amphithéâtre : presque tout a été bouleversé ou détruit de fond en comble, ou brûlé sur la place. Ce n'est qu'en approchant de près qu'on reconnaît la forme demi-circulaire d'un vaste théâtre, semblable aux théâtres romains et analogue à celui d'Otricoli dans l'Ombrie; mais l'arc est plus grand qu'une demi-circonférence. Du portique à l'avant-scène on compte quarante-cinq mètres : là est le *proscenium*, marqué par six piliers formant trois entrées, dont il reste encore une partie debout; la scène s'y présente dans sa largeur totale, qui n'est pas inférieure à soixante-quatorze mètres. Des piliers de l'avant-scène au centre de l'amphithéâtre il y a encore cinq mètres :

---

[1] Je ne rapporte point les mesures de ces colonnes, qu'il n'a pas été possible de prendre avec la même précision que les autres. Voyez pl. 56, fig. 15. Nota. *La cote* 0^m,265, *pour la largeur de la volute, est trop faible.*

enfin de ce centre au pied des degrés on compte vingt-quatre mètres; c'est le rayon intérieur.

La profondeur de ces gradins est de vingt-un mètres: ainsi le rayon total est de quarante-cinq mètres.

Dans cette même direction, est une porte extérieure à huit mètres au-delà de l'amphithéâtre; apparemment il y avait deux entrées à l'édifice: celle-ci était celle du sud-est; le portique était celle du nord-ouest. Une grande porte est percée du fond de l'amphithéâtre au dernier rang des banquettes. Si l'on continue toujours au sud-est, on rencontre l'enceinte d'Antinoé à cent vingt-cinq mètres plus loin.

Dans le prolongement du premier rang de banquettes sur le diamètre, on voit de grosses pierres ruinées, et une pierre creusée circulairement, dont je n'ai pu deviner l'usage; l'espace qu'on regarde comme la cour antérieure, contient une foule de débris et de ruines. L'amphithéâtre est presque partout recouvert de sable; ce qui n'empêche pas de reconnaître les masses de ce monument, et la régularité du plan général.

La destruction du monument a sans doute plusieurs causes; mais la principale de toutes est la richesse même des matériaux dont il était construit. Plusieurs fours à chaux sont établis en avant de l'amphithéâtre; autour sont des débris de marbre blanc qui attestent que les barbares ont converti en chaux tout ce qu'il y avait de marbre ou de pierre calcaire propre à cet usage: on peut croire que les banquettes elles-mêmes étaient toutes de marbre.

Je n'ai pas parlé des restes d'un mur en brique placé

entre le massif du portique et le pilier postérieur, du côté du sud; il est parallèle à l'axe et se dirige sur la demi-colonne engagée : rien n'annonce que cette construction soit antique.

La grande distance du portique à la scène rend fort difficile toute espèce de combinaison tendant à le rattacher au théâtre. J'ai avancé plus haut qu'il y avait eu entre l'un et l'autre une grande cour intérieure, formée peut-être par une galerie d'ordre ionique, dont on voit le reste dans la direction du massif principal. Dans ce cas, le portique aurait servi d'entrée à une vaste enceinte ornée de colonnes sur les quatre côtés, et environnant le théâtre : c'est ainsi qu'on voit, dans plusieurs théâtres romains, ces grands promenoirs derrière la scène, le long desquels il y avait, de distance en distance, de petits monumens où l'on cherchait de l'ombrage, ou de simples portiques à un seul rang de colonnes. Il est évident que les fenêtres et les portes de de celui-ci avaient un but, et que les arrachemens contigus au massif annoncent une enceinte continue. Je reviendrai sur ce sujet ; mais je dois convenir qu'il reste trop peu de vestiges pour essayer la restauration générale de l'édifice.

§. V. *Arc de triomphe et environs.*

L'arc de triomphe termine à l'ouest la rue transversale d'Antinoé, comme le portique termine au midi la grande rue longitudinale. Quand on vient de la porte et de l'enceinte de l'est, on a en point de vue ce magnifique monument, qui est conservé, ainsi que je l'ai dit, plus que tous les autres édifices : il n'est pas encombré; le principal dommage qu'il ait souffert consiste dans la disparition des colonnes qui étaient adossées aux pilastres, et qui ont été emportées pour servir à la construction des églises chrétiennes et des mosquées. Les débris qui restent sur le sol, annoncent qu'elles étaient de granit. Aujourd'hui, le bois de palmiers dans lequel est placé l'édifice, le rend encore plus pittoresque.

Quand on approche du monument, on est frappé de la beauté et de la finesse de l'exécution; il y a dans les lignes, dans les angles, dans toutes les moulures des archivoltes, une pureté qui ne peut être comparée à rien de ce qu'on voit en Égypte dans le même genre d'architecture : le choix de la pierre, qui est d'un grain très-fin, est une des causes de la perfection admirable du travail.

L'axe du bâtiment fait un angle de 54° à l'est avec le méridien magnétique : ainsi cet axe, qui est le même que celui de la rue transversale d'Antinoé, est à angle droit de la rue longitudinale.

L'édifice est composé de trois arcades; celle du milieu est plus que double en largeur des deux latérales, et d'environ moitié plus élevée : l'épaisseur du monument est divisée en deux par des portes en arcade dirigées perpendiculairement à l'axe, et plus basses que les arcs latéraux de la façade; ce qui partage le bâtiment en huit massifs. Au-dessus des arcades latérales sont deux fenêtres. Derrière les quatre colonnes, il y a autant de pilastres qui ont toute la hauteur du bâtiment, depuis le soubassement jusqu'à l'architrave. Les colonnes et leurs entablemens, ainsi que les petits piliers placés en arrière, sont d'*ordre corinthien;* mais les grands pilastres et le grand entablement général qui porte le fronton, sont d'*ordre dorique :* l'un et l'autre présentent des particularités dont je parlerai plus tard. Les trois espèces d'arcs sont toutes d'ordre dorique; les colonnes seules sont corinthiennes, ainsi que leurs pilastres et l'entablement qu'elles supportent. Dans les quatre massifs du milieu, on a pratiqué des escaliers à vis, qui conduisent dans des salles supérieures.

Après cet aperçu général, je donnerai une idée juste de l'état actuel de l'édifice, en disant qu'il est entièrement conservé, à l'exception seulement, 1°. de l'angle du fronton de droite et du petit entablement qui portait la fenêtre; 2°. de l'angle du fronton de gauche et de l'entablement de ce côté; 3°. d'une portion du mur de la façade, et de l'entablement qui était au-dessus de l'arc du milieu : enfin j'ai déjà dit que les colonnes adossées avaient été enlevées. Tout le reste de l'édifice est intact[1] : on voit ainsi qu'il ne manque aucune partie essentielle, et que la restauration entière ne présente pas la moindre difficulté.

Entre l'arc de triomphe et le Nil, on aperçoit vers la gauche un piédestal massif, isolé, peu élevé, et qui sans doute avait en regard, du côté droit, un autre piédestal pareil. Les statues que supportaient ces piédestaux, étaient colossales, ou bien c'étaient des groupes de plusieurs figures[2].

[1] *Voyez* pl. 57.   [2] On en juge ainsi par la largeur

D'ANTINOÉ.

Quant aux colonnades et aux constructions environnantes, j'en parlerai à la fin de ce paragraphe. Je vais maintenant rapporter les dimensions principales de l'arc de triomphe.

La façade a $17^m,39$ de longueur; la largeur, non compris le soubassement qui supporte les colonnes et leurs pilastres, est de $10^m,12$: la hauteur totale est d'environ $18^m\frac{3}{4}$; elle est composée de vingt-six hauteurs d'assise, chacune de $0^m,72$. La hauteur de la grande arcade, sous la clef, est de $11^m,25$; et sa largeur, de $5^m,21$: celles des arcades latérales, de $7^m,71$ et de $2^m,46$; enfin celles des petites arcades transversales, de $5^m,45$ et de $2^m,26$.

La hauteur des grands pilastres doriques, compris le chapiteau, la base et le socle, ce qui est celle de l'ordre entier, a près de dix-neuf hauteurs d'assise; celle de l'entablement, trois; et celle du fronton, quatre.

Les pilastres corinthiens et leurs colonnes, avec la base et le chapiteau, ont neuf hauteurs d'assise ou $6^m,48$; et l'entablement, deux ou $1^m,44$; le soubassement qui supporte cet ordre secondaire, en a trois ou $2^m,16$.

Le diamètre inférieur des colonnes est égal à $0^m,59$: ainsi les colonnes ont plus de dix diamètres et demi. Le piédestal de l'ordre principal, quoique dorique, a précisément la même proportion : mais ce n'est pas la seule incorrection que présente le style de ce monument.

Les fenêtres qui surmontent les arcs latéraux, ont $1^m,6$

---

des piédestaux. *Voyez* pl. 58, *A*., vol. 1, fig. 2, et fig. 11, en *a*. *Dans la* fig 1, pl. 58, *la cote* $36^m,4$ *doit être lue* $26^m,4$.

de large sur 2^m,8 environ de hauteur. Telles sont les principales mesures extérieures de l'édifice : on trouvera sur la gravure les mesures de détail, et celles des moulures, qui ont été relevées avec le plus grand soin.

Pour pénétrer dans les escaliers à vis pratiqués dans les quatre grands massifs de l'arc de triomphe, il faut, à partir du socle inférieur, monter deux marches, hautes, l'une de vingt-quatre centimètres, l'autre de quatorze; et l'on se trouve alors dans une cage circulaire, dont le noyau, les marches et toutes les parties sont d'une exécution admirable. Rien n'égale ou ne surpasse la beauté de l'appareil, la finesse des joints, la solidité de la construction : aussi ces escaliers sont-ils encore aujourd'hui d'une conservation parfaite.

La hauteur du noyau de la vis, à partir du sol de la première marche jusqu'à celui de la salle voûtée où elle débouche, est d'environ 11$^m\frac{1}{3}$. On parcourt, pour monter jusqu'au sommet, sept circonvolutions entières chacune de dix marches, et encore trois autres degrés après; en tout soixante-treize degrés hauts de quinze centimètres ou cinq pouces et demi environ.

De la salle où arrive l'escalier, on se rend, en montant une marche[1], dans une très-grande chambre voûtée, longue de 7^m,5, sur 3^m,62 de large, et dont le sol est au niveau de la dix-septième assise. Cette grande pièce occupe le milieu du bâtiment; elle est haute de plus de 5$^m\frac{1}{2}$: j'ignore par où elle recevait la lumière. Il en est de même des pièces qui sont au haut des quatre

---

[1] *Cette marche est cotée par erreur sur la gravure* 0^m,026, *au lieu de* 0^m,26. *Voyez* pl. 58, fig. 15.

escaliers : mais celles qui se trouvent à droite et à gauche, à deux mètres plus bas, sont éclairées par des fenêtres placées au-dessus des arcades latérales, et dont j'ai parlé précédemment[1]; il entrait des reflets de lumière par les portes qui communiquent de ces dernières pièces avec les salles placées au-dessus des escaliers et avec la salle du milieu.

J'ai fait remarquer la beauté de l'exécution des escaliers à vis; il faut en dire autant des chapiteaux corinthiens et doriques, de toutes les corniches, des moulures des archivoltes, et de celles des bases des colonnes et de leurs piédestaux: on ne peut rien voir de plus pur et de plus agréable à la vue. Les détails sont d'une grande finesse et parfaitement bien conservés; mais le style de ces mêmes moulures manque de sévérité[2]. Il y a une très-légère saillie aux pierres de l'appareil; c'est un bossage à peine sensible, régulier et doux à l'œil.

La frise est décorée de triglyphes, qui ne présentent aucune particularité : les métopes sont vides. Autour des fenêtres qui surmontent les arcades latérales, il y a un chambranle riche, mais simple; ces fenêtres sont d'une proportion peu élevée, qui contribue à faire ressortir l'élévation, peut-être un peu trop grande, des arcades. On peut consulter la gravure pour les détails des autres parties de la décoration; il serait superflu de les décrire: j'ajouterai seulement que le fronton de l'édifice est d'une belle proportion.

[1] On y entrait par des portes percées dans la cage des escaliers. *Ces portes n'ont pas été indiquées dans la gravure.* Voyez pl. 58, fig. 15.
[2] *Voyez* ci-après, §. XI.

Les voûtes et les portes longitudinales ou transversales ne sont pas d'une moins belle exécution que le reste de l'arc de triomphe; l'élégance et la simplicité s'y font remarquer autant que la pureté et la finesse du travail : rien ne devait être d'un plus bel effet à Antinoé, que toutes ces portes croisées qui, en multipliant les issues, font passer aussi la lumière dans tous les sens. Il semble que, dans les jours de fête, la foule traversant les dix ouvertures de l'arc de triomphe devait donner à cet aspect quelque chose de varié et d'animé.

Il n'y a aucun doute que les huit colonnes de granit placées devant et derrière l'édifice ne fussent destinées à supporter des statues debout; ces figures, comme la place l'indique, devaient être isolées et colossales (de $2\frac{1}{2}$ à 3 mètres de haut) : mais il n'en reste rien; et les colonnes elles-mêmes, du côté de l'est, ont disparu de dessus leurs piédestaux. Sur l'autre côté, les fûts tronqués sont encore en place.

Je n'ai vu nulle part des traces d'inscriptions; s'il en a existé une, elle ne pouvait se trouver que sur la partie de la muraille placée au-dessus du grand arc, et qui est aujourd'hui renversée.

ENVIRONS DE L'ARC DE TRIOMPHE.

Entre l'arc de triomphe et le fleuve, il y avait une vaste cour environnée de colonnes de granit rouge, disposées sur quatre rangs. Les quatre premières sont encore en place du côté nord de cette espèce d'*atrium;* elles paraissent appuyées sur des constructions qui s'alignent avec l'édifice : de ce même côté l'on trouve deux autres colonnes debout [1]. Du côté du sud, on ne voit plus de colonnes que dans la première rangée; le nombre de celles qu'on trouve en place est de sept. D'après les distances de ces colonnes et l'entre-colonnement général, on est assuré qu'il y avait au moins quarante colonnes pareilles de chaque côté de l'arc de triomphe; mais il est possible qu'il y en eût beaucoup davantage, et qu'elles s'étendissent même jusqu'au bord du Nil. Celles qui manquent ont été enlevées pour embellir la mosquée du village. Selon un voyageur, il y avait des colonnes de porphyre dans le même endroit [2].

Cette disposition concourt, avec l'existence des deux grands piédestaux isolés, à faire voir que la façade principale du monument était tournée vers le Nil; on y arrivait après avoir traversé ces vastes péristyles, qui avaient sans doute aussi une entrée monumentale. Toutefois, je dois ajouter que plusieurs colonnes paraissent plus grandes que les autres, et qu'il y a, dans le plan, des irrégularités, telles que le défaut d'alignement entre quelques colonnes : mais elles ont sans doute été ébranlées ou déplacées par divers accidens; d'ailleurs toutes sont liées avec des constructions romaines.

On est surpris de voir, sur ces colonnes de granit, des chapiteaux en pierre calcaire; on l'est plus encore de ce que le chapiteau est corinthien, tandis que la proportion du fût est d'ordre dorique. Ces deux circonstances rendent presque évident que les fûts de granit ont

[1] *Voyez* pl. 58, fig. 1.
[2] Le P. Sicard, *Mém. des missions dans le Levant.*

été puisés dans des monumens antérieurs, peut-être à *Hermopolis magna*, qui était située de l'autre côté du fleuve. Ils portent l'empreinte d'un ouvrage grec, et leur époque est probablement celle des rois Ptolémées : le travail est un peu inégal, mais en général d'une bonne exécution; quant aux chapiteaux, ils sont faits de pierre numismale, et bien travaillés, malgré la difficulté que ce genre de pierre oppose à l'outil.

Au rapport du voyageur que j'ai cité précédemment, il y avait autour de toutes ces constructions une grande et forte muraille crénelée. Je n'ai point vu de pareille muraille; mais, à l'est de l'arc et dans la direction de la grande rue transversale, on trouve une vaste construction rectangulaire, entourée d'un mur épais, longue en dedans de $13^m,7$ sur $5^m,9$, et aujourd'hui découverte. Le mur du nord se prolonge exactement sur la rangée extrême de la colonnade de granit. Les murs sont en briques cuites, séparées par une épaisse couche de mortier dur qui est parfaitement conservé; les paremens sont réguliers et très-bien faits[1]. De pareilles murailles en briques subsistent dans la grande rue transversale, entre les bains et la porte de l'est; on en voit d'analogues à Alexandrie et dans d'autres endroits. Il serait possible que cette enceinte eût servi de citerne; mais je ne puis en apporter ni preuve ni indice, les décombres m'ayant empêché d'examiner si l'intérieur renferme quelque bassin. Il y a lieu de croire que de l'autre côté de la rue il y avait une construction pareille.

C'est à peu de distance de l'arc de triomphe, et auprès

[1] *Voyez* pl. 58, fig. 1, en C, et pl. 60, fig. 13.

du carrefour, que nous avons trouvé le torse d'une statue en marbre blanc, d'un excellent travail, et qui est le reste d'une figure d'Antinoüs; j'en parlerai ci-dessous, au §. VIII.

§. VI. *Colonnes dédiées à l'empereur Alexandre-Sévère.*

Il n'y a aucun doute que, dans le plan primitif d'Antinoé, l'on n'ait tracé ces grandes rues longitudinales qui divisent la ville en grands quartiers, et qui sont ornées de colonnes d'un bout à l'autre. Cependant il paraît que dans la suite on ajouta dans ces mêmes rues différens monumens. De ce nombre sont les colonnes triomphales dédiées à Alexandre-Sévère. Deux *quadrivium* ou carrefours ont été décorés avec ces colonnes : du moins tout annonce que les piédestaux qui subsistent dans celui qui est en vue de l'arc de triomphe et du portique du théâtre, supportaient des colonnes pareilles à celles qui se trouvent au carrefour le plus septentrional; peut-être étaient-elles consacrées à Adrien, comme celles-ci le furent plus tard à l'empereur Alexandre-Sévère. La direction des faces de ces piédestaux est vers le centre du *quadrivium,* et les angles intérieurs sont dans les directions des grandes colonnades[1]. Comme il ne reste que les piédestaux des colonnes qui étaient au carrefour de la rue de l'arc de triomphe, on ne pourrait faire à leur sujet que des conjectures plus ou moins probables : je ne m'occuperai donc que de celles du carrefour du nord.

[1] *Voyez* pl. 53, et pl. 60, fig. 18.

Dans le §. III, on a marqué la distance des colonnes d'Alexandre-Sévère, par rapport aux autres points des ruines d'Antinoé; il reste à décrire l'état actuel de ces monumens, qui diffère peu de leur état primitif. J'ai dit *monumens*, car ces grandes colonnes isolées, hautes de près de dix-huit mètres [1], peuvent passer pour monumentales. Leurs piédestaux élevés, leurs doubles socles, le large embasement du socle inférieur qui a près de $3^m \frac{1}{2}$ de côté [2], contribuent à leur donner un aspect très-imposant. Quatre colonnes de cette espèce, couronnées par des colosses, distantes de plus de dix-sept mètres [3], et dominant sur les édifices du voisinage, devaient produire un grand effet. On ne peut douter de l'existence de ces statues colossales, en considérant le dé élevé qui pose sur le chapiteau, et la rainure carrée qui se voit au-dessus du même dé.

Des quatre colonnes qui ornaient la place, deux sont renversées à terre, et semblent tombées tout d'une pièce; les tambours sont encore juxta-posés. Il reste de la troisième tout le piédestal et la base du fût. Enfin la quatrième est intacte, ou peu s'en faut; c'est celle qui est à l'est par rapport au centre du *quadrivium* [4]. Il ne manque rien à celle-ci, que la statue de l'empereur: probablement elle était en matière dure et précieuse, et elle a été emportée; je n'en ai point vu de débris à terre. Or, le sol est peu encombré aux environs, et au pied des colonnes il ne l'est pas du tout; il n'y a sur le pavé de la rue qu'une légère couche de sable.

[1] Cinquante-cinq pieds environ.
[2] Environ onze pieds.
[3] Près de cinquante-trois pieds.
[4] Voyez pl. 59, fig. 1.

La hauteur totale du monument, compris le socle inférieur et le dé qui surmonte le chapiteau, est de 17^m,843; celle du chapiteau est de 1^m,53; celle du fût, compris l'astragale, est de 10^m,08 : ce fût est composé de cinq morceaux ou tambours, sans compter les socles sur lesquels il repose; le dé supérieur est élevé de 0^m,99; le diamètre inférieur de la colonne a 1^m,25 [1]; le piédestal a une hauteur de 3^m,40 avec son socle.

Les pierres qui composent ces colonnes, sont toutes numismales; ce qui n'empêche pas que l'exécution de la sculpture ne soit très-belle, particulièrement dans le chapiteau à feuilles d'acanthe et dans l'ornement à feuilles d'olivier qui occupe la partie inférieure du fût, ornement qui, au reste, n'est pas d'un goût pur. Ce n'est pas la seule particularité que présente la décoration de ces colonnes; les profils du piédestal [2] sont d'une forme qui ne se rencontre nulle part. Ce qui n'est pas moins singulier, c'est la forme octogone du socle, immédiatement placé sous la base de la colonne. Quoique tout le monument soit de l'ordre corinthien, le fût n'a point la proportion ordinaire aux colonnes de cet ordre; il est beaucoup plus court.

Sur la face du piédestal tournée vers le centre du carrefour, on a tracé une inscription grecque, composée de quatorze lignes. Il paraît que cette inscription était placée sur les quatre colonnes; car on la voit encore aujourd'hui répétée sur les deux piédestaux subsistans.

---

[1] Cette mesure est prise au-dessus du feuillage qui occupe le bas du fût; elle a été omise dans la gravure, pl. 60, fig. 1

[2] *Voyez* pl. 60, fig. 6, 8 et 9.

Cette inscription a été gravée avec beaucoup de soin dans les planches, et je dois y renvoyer. Ce n'est pas non plus ici le lieu de la commenter, cette recherche devant trouver place ailleurs[1] ; mais je vais la rapporter toute entière. Elle apprend que les colonnes étaient dédiées à l'empereur Marc-Aurèle-Alexandre-Sévère. Voici l'inscription telle qu'elle existe aujourd'hui sur le piédestal de l'est :

ΑΓΑΘΗΙ ΤΥΧΗΙ

ΑΥΤΟΚΡΑΤΟΡΙΚΑΙΣΑΡΙΜΑΡΚΩΙΑΥΡΗΛΙΩΙ
ΣΕΟΥΗΡΩΙΑΛΕΞΑΝΔΡΙΕΥΣΕΒΕΙΕΥΤΥΧΗΙ
ΣΕΒΑΣΤ................ ΣΕ...Σ...
ΜΗΤΡΙΑΥΤΟΥ........ΙΛΠΤ ΤΗΤΩΝ
ΣΤΡΑΤΟΠΕ .Ν.......ΣΚΑΙΑΙΩΝΙΟΥ
ΔΙΑΜΟΝΗΣΑΥΤΩΝ....ΠΑΝΤΟΣΑΥΤΩΝΟΙΚΟΙ
ΕΠΙΜΗΟΥΙΟΙΟΝ Ι.....ΠΑΡΧΟΥΑΙΓΥΠΤΟΥ
.. ΙΑ ΙΙ ΟΙΝΙΟΙ.....ΙΔΙ............
ΑΝΤΙΝΟΕΩΝΝΕΩΝΕΛΛΗΝΩΝΙ ....
ΠΡΥΤΑΝΕΥΟΝΤΟΣΑΥΡΗΛΙΟΥΩΡΙΓΕΝ...
..ΤΚΑΙΑΠΟΛΛΩΝΙΟΥΒΟΥΛΕΥΤΟΥ[ΥΜΝ.....
ΕΠΙΤΩΝΣΤΕΜΜΑΤΩΝΚΑΙΩΣΧΡΗΜΑ........
ΟΥΛΗΣΑΘΗΝΔΙΛΟΣ L ΙΑ ΙΙ Τ

En s'aidant de l'autre piédestal, et des données fournies par l'histoire, on peut la restaurer presqu'entièrement de la manière suivante :

ΑΓΑΘΗΙ ΤΥΧΗΙ

ΑΥΤΟΚΡΑΤΟΡΙΚΑΙΣΑΡΙΜΑΡΚΩΙΑΥΡΗΛΙΩΙ
ΣΕΟΥΗΡΩΙΑΛΕΞΑΝΔΡΙΕΥΣΕΒΕΙΕΥΤΥΧΕΙ
ΣΕΒΑΣΤΩΙΚΑΙΙΟΥΛΙΑΙΜΑΜΜΕΑΙΣΕΒΑΣΤΗΙ
ΜΗΤΡΙΑΥΤΟΥΚΑΙΜΗΤΡΙΜΗΝΥΑΥΤΗΤΩΝ
ΣΤΡΑΤΟΠΕΔΩΝΥΠΕΡΣΩΤΗΡΙΑΣΚΑΙΑΙΩΝΙΟΥ

---

[1] *Voyez* mon **Mémoire** sur les anciennes inscriptions recueillies en Égypte, *Ant. Mém.*, et la pl. 56, *A.*, vol. v.

D'ANTINOÉ.

ΔΙΑΜΟΝΗΣΑΥΤΩΝΚΑΙΤΟΥΣΥΜΠΑΝΤΟΣΑΥΤΩΝΟΙΚΟΥ
ΕΠΙΜΗΟΥΙΟΤΟΝΩΡΙΟΥ.......ΕΠΑΡΧΟΥΑΙΓΥΠΤΟΥ
.........ΙΑ ΠΟΙΝΙΟ.. ....ΗΔΙ....
ΑΝΤΙΝΟΕΩΝΝΕΩΝΕΛΛΗΝΩΝΙ......
ΠΡΥΤΑΝΕΥΟΝΤΟΣΑΥΡΗΛΙΟΥΩΡΙΓΕΝΕΟΣ
..ΥΚΑΙΑΠΟΛΛΩΝΙΟΥΒΟΥΛΕΥΤΟΥΓΥΜΝΑΣΙΑΡΧΟΥ
ΕΠΙΤΩΝΣΤΕΜΜΑΤΩΝΚΑΙΩΣΧΡΗΜΑΤΩΝΤΗΣ
ΒΟΥΛΗΣΑΘΗΝΟΙΔΟΣ   L IA II T

Traduction latine.

BONÆ FORTUNÆ.

IMPERATORI CÆSARI MARCO AURELIO
SEVERO ALEXANDRO PIO FELICI
AUGUSTO ET JULIÆ MAMMEÆ AUGUSTÆ
MATRI ILLIUS ET MATRI ITIDEM
CASTRORUM, PRO SALUTE ET PERPETUA
STABILITATE ILLORUM ET TOTIUS ILLORUM DOMUS
SUB MEVIO HONORIO.... PRÆFECTO ÆGYPTI
.................(*ex mandato.*)
ANTINOITARUM NOVORUM GRÆCORUM.....
PRYTANE AURELIO ORIGENE...
ET APOLLONIO SENATORE GYMNASIARCHO
PROPTER CORONAS UT ET NEGOTIA
SENATUS ATHENIENSIS, ANNO XI....

Les colonnes triomphales Trajane et Antonine sont d'ordre dorique, tandis que les colonnes élevées à Antinoé en l'honneur d'Alexandre-Sévère sont corinthiennes: cependant on peut citer la colonne de Sainte-Marie-Majeure, comme étant aussi d'ordre corinthien. Le fût seul de celle-ci a seize mètres, c'est-à-dire six mètres de plus que celui des colonnes d'Antinoé. On voit aussi à Palmyre une colonne isolée du même genre que ces dernières.

Quant au feuillage dont le pied du fût est garni, c'est

une circonstance fort rare dans l'architecture des anciens. Les Romains ont peu employé de colonnes décorées de cette manière. On voit à Nîmes et au Baptistère de Constantin des colonnes ainsi ornées, mais sur une partie moins longue du fût. Ici la sculpture est en feuilles d'olivier et fort bien travaillée; mais, quelque belle qu'elle soit, l'œil n'est pas satisfait de ce genre de décoration.

On a cru mal-à-propos que cet ornement était en feuilles de chêne, pour faire allusion à une victoire remportée par l'empereur Alexandre-Sévère. S'il faut le regarder comme un emblème, ce serait un symbole de paix plutôt qu'un signe de triomphe : toutefois la victoire remportée l'an 233 de J. C. par Alexandre-Sévère sur Artaxerxès, roi des Perses, peut fort bien avoir été l'occasion qui fit ériger en son honneur ces quatre colonnes triomphales. L'époque du voyage d'Alexandre-Sévère en Égypte est de l'an 234.

§. VII. *Du cirque ou hippodrome.*

Au levant et hors de l'enceinte d'Antinoé, au milieu d'une plaine de sable et à peu près dans la direction du levant au couchant, est un vaste hippodrome de forme rectangulaire, qui a environ trois cent sept mètres de longueur, soixante-dix-sept mètres de largeur, et qui est terminé à un bout par un demi-cercle. Il subsiste encore dans son entier, quant au massif de la construction; mais, excepté quelques rangs de banquettes, les degrés de l'amphithéâtre sont ou démolis ou masqués par les sables, et les colonnes qui l'ornaient ont disparu. L'épine est peu conservée; ce qui en reste n'est guère qu'une élévation en dos d'âne, haute simplement d'un mètre, et qui a deux cent trente mètres environ de longueur : deux cippes de forme circulaire en occupent les extrémités.

La largeur du massif où l'amphithéâtre a été pratiqué, est de 9^m,25. Quatre escaliers doubles, placés sur les côtés et assez étroits, servaient à monter au sommet de la plate-forme; l'entrée en est placée à l'extérieur et voûtée. Trois vastes ouvertures communiquaient du dehors au dedans du cirque; deux placées entre les escaliers, et l'autre, dans l'axe de l'épine [1].

Au pied des marches il y avait un socle; on voit auprès de l'angle du sud deux restes de colonnes ayant appartenu sans doute à la colonnade ou galerie couverte qui faisait le tour de l'amphithéâtre, et qui n'existe plus aujourd'hui [2].

Le mur extérieur du massif est incliné à peu près comme les pylônes égyptiens. La hauteur apparente est d'environ douze mètres[*] avec le soubassement; mais il est impossible d'en juger exactement, les sables s'étant accumulés contre la construction et élevés dans beaucoup d'endroits jusqu'au sommet. L'axe de l'édifice est dirigé sur le grand *quadrivium* d'Antinoé.

Entre l'épine et le pied de l'amphithéâtre, il y a un

---

[1] *Voy.* pl. 60, *A.*, vol. IV, fig. 16 et 17.

[2] Il est possible qu'il y ait eu une colonnade au pied de l'amphithéâtre. Outre ces deux colonnes, on trouve au milieu de la longueur les restes de deux autres.

[*] *La fig.* 17, *pl.* 60, *porte, par erreur,* 4^m *au lieu de* 12^m.

espace large de plus de vingt-six mètres : ainsi dix chars auraient pu aisément passer de front. Ce monument, quoique très-grand, le cède en étendue aux grands cirques de Rome, puisque ceux de Caracalla et de Romulus avaient environ quatre cents mètres. La proportion de la longueur à la largeur, dans celui d'Antinoé, est d'environ 4 à 1 : ce n'est pas non plus la même que celle des cirques de Rome, qui est ordinairement de 5 à 1.

On sait que le *Circus maximus* fut orné d'un obélisque par ordre d'Auguste. A Antinoé, il eût été plus facile d'amener un des obélisques de la haute Égypte : il est possible qu'Adrien ait aussi érigé, dans son hippodrome, une de ces magnifiques aiguilles ; mais je n'ai vu aucune trace d'un pareil travail.

Les dimensions de l'hippodrome présentent, avec les mesures égyptiennes, des rapprochemens dignes d'attention. La longueur totale est de *mille pieds égyptiens* ou *dix plèthres* : la longueur de l'épine a sept cent cinquante pieds ; sa largeur, vingt ; et celle du cippe demi-circulaire qui est à l'extrémité, quarante. Le commencement de l'épine est éloigné de l'entrée de l'hippodrome de cent pieds ou un plèthre. Entre son extrémité et le fond du cirque, il y a cent vingt pieds. L'ouverture du cirque a cent quatre-vingt-dix pieds, et sa largeur totale, deux cent cinquante, ou le quart juste de la longueur totale[1]. Il est évident que ces rapports exacts ne sont

---

[1] *Voyez* la pl. 60, fig. 16, *A.*, vol. IV, et l'explication des planches ; *voy.* aussi mon *Mém. sur le système* métrique des anciens Égyptiens, chapitre IV, §. v, *A. M*

pas fortuits, et l'on doit conclure que des artistes égyptiens, habitués à l'emploi de mesures égyptiennes, ont tracé le plan de cet édifice.

Il est surtout bien remarquable que la longueur de l'épine est égale à la base de la grande pyramide de Memphis[1]. Je ne doute pas qu'Adrien, curieux des antiquités égyptiennes[2], ne se soit plu à consacrer ainsi, dans un monument qui lui était propre, des mesures qui rappellent les ouvrages et les institutions de ce peuple célèbre. Au reste, ces mesures sont les mêmes que celles des Grecs : le pied de l'*hecatompedon* était le même que le pied égyptien[3].

Ebn-Maqryzy offre un passage curieux au sujet de ce monument. « La ville d'Antinoé, dit-il, est une des plus considérables du Sa'yd : on y voyait un cirque qui servait, dit-on, de nilomètre; il était entouré de colonnes de granit rouge, qui étaient éloignées les unes des autres de l'intervalle d'un pas, et dont le nombre égalait celui des jours de l'année solaire[4]. »

Quant au nilomètre prétendu, il est à peu près certain qu'il n'a jamais existé dans le cirque, puisque le niveau de celui-ci, aujourd'hui supérieur au niveau du Nil, l'était encore davantage dans les temps anciens. J'ai été

---

[1] La mesure prise au-dessus du socle de la pyramide est de 230^m,9 (*voyez* le mém. cité ci-dessus, chapitre *III*, §. 1). L'épine du cirque en a 230; les neuf décimètres qui manquent font une différence presque insensible de $\frac{1}{756}$ qu'on peut attribuer au mesurage, autant qu'à l'erreur de construction.

[2] Ce prince était excessivement curieux de toutes les choses merveilleuses... Ἀδριανὸς καίτοιγε πάντων τὰ περίεργα πολυπραγμονῶν... *Adrianus quanquam curiositatum omnium explorator.* (Niceph. Callist. *Hist. eccles.* lib. IV, cap. 2.)

[3] *Voyez* le mém. cité ci-dessus.

[4] *Voyez* les Mémoires géographiques sur l'Égypte par M. Étienne Quatremère.

curieux de calculer quel était l'intervalle qui devait séparer les colonnes d'après le passage de Maqryzy : j'ai trouvé le circuit intérieur de six cent huit mètres; en divisant ce nombre par 365, on trouve $1^m,67$ pour l'entre-colonnement d'axe en axe; et si l'on suppose les colonnes grosses de $0^m,9$, la distance entre deux était $0^m,77$, ou le *pas simple* de Héron et de S. Épiphane. On pourrait faire encore d'autres suppositions[1]. Quoi qu'il en soit, cette immense colonnade en granit devait produire un effet admirable. On est étonné de ne pas voir une seule des colonnes en place, bien que le temps, d'une part, et, de l'autre, les sables amoncelés contre l'édifice aient pu les faire disparaître.

D'après le rapport des auteurs, on célébrait des jeux gymniques à Antinoé : Γυμνικος ἀγὼν ἐν τῇ 'Αντινοω ἐπιτελεῖται[2]. 'Αντίνοος· οὗ καὶ ἀγὼν ἄγεται 'Αντινόειος ὁ καὶ ἐφ' ἡμῶν γενόμενον[3]. Dans S. Jérôme, on trouve le passage suivant : « Ils ont élevé aux morts des tombeaux et des temples, et nous voyons encore aujourd'hui qu'Antinoüs, favori d'Adrien-César, reçoit des honneurs dans la ville qui a été fondée sous son nom, qu'on y célèbre des jeux gymniques, et que cet empereur lui a consacré un temple avec des prophètes[4]. » L'hippodrome et le

---

[1] *Voyez* le *Mém. sur le syst. métrique des anciens Égyptiens*, chapitre IX, 1re section, *A. M.*

J'ai fait aussi le calcul pour le circuit extérieur; celui-ci est de six cent cinquante mètres, et l'intervalle d'une colonne à l'autre s'en déduirait de $1^m,78$. En supposant le même diamètre aux colonnes, la distance entre les fûts serait de $0^m,88$ ou 3 pieds romains.

[2] *Gymnici ludi in Antinoe celebrantur.* (Sophron.) *Voy.* l'inscr.

[3] *Antinoüs : cujus sunt ludi agonales*, Antinoii *dicti, et œtate nostrá acti.* (Niceph. Call. *Hist. eccles.* l. III, c. 16.)

[4] Hieronym. *in Vit. script eccles.*

monument du sud étaient les théâtres de ces jeux, qui consistaient probablement en combats, en luttes de toute espèce, en courses de chars et de chevaux. Au reste, il serait difficile d'établir sur ce sujet une conjecture certaine, les historiens ne nous ayant transmis aucun détail.

§. VIII. *Des colonnades et des rues principales d'Antinoé; statue d'Antinoüs.*

De toutes les rues qui divisaient la ville d'Antinoé en ses différens quartiers, il n'y en a que deux qui soient aujourd'hui bien distinctes : l'une, qui est longitudinale, se rend du théâtre à la porte du nord-ouest; l'autre, transversale, va de l'arc de triomphe à la porte de l'est. Elles sont aujourd'hui presque nettes ou peu encombrées; l'une et l'autre étaient d'immenses colonnades : partout où il n'y a point de temples ou de monumens sur le bord de ces rues, on trouve une rangée de colonnes de l'ordre dorique grec, la plupart tronquées comme des bornes ou même jusqu'à la base. Ces colonnes sont d'une proportion médiocre; mais leur multitude devait produire un effet pour ainsi dire magique, surtout si elles étaient toutes, comme on le pense, ornées de statues. Leur largeur avait près de seize mètres[1] : ainsi ces rues étaient propres à de grandes courses de chars.

On a déjà dit, quelque part, que la longueur de la rue longitudinale était de 1308^m,5; et celle de la rue

[1] Plus de quarante-neuf pieds.

transversale, de 954 mètres : or, l'entre-colonnement est de 3^m,04 près du portique[1], et de 3^m,4 près des colonnes triomphales[2]. Le terme moyen, pris dans toute la ville, est 3^m,22. Le nombre des colonnes était ainsi, abstraction faite des carrefours, de sept cent soixante-douze dans la rue longitudinale, et de cinq cent soixante-douze dans la rue transversale. Je ne compte pas ici celles qui existaient entre l'enceinte et le portique du théâtre dans la première de ces rues ; et dans la seconde, entre l'enceinte et la porte de l'est, si la colonnade se prolongeait au-delà de cette porte. Je ne parle pas non plus des colonnes qui étaient entre l'arc de triomphe et le Nil.

Dans beaucoup de points, il n'y a qu'une légère couche de sable sur le sol des deux grandes rues : auprès du portique, j'ai trouvé à nu, le sol de la chaussée ; elle est formée en belles pierres de taille, disposées selon le système des voies romaines.

Les colonnes de la rue longitudinale ont encore à leur pied les torses des statues dont elles paraissent avoir été surmontées ; tous ces torses sont horriblement mutilés, et leurs restes, presque informes, recouvrent partout le sol, d'un bout à l'autre de la rue, surtout entre le portique et les colonnes d'Alexandre-Sévère. En comparant ces débris, on reconnaît cependant une forme commune : tous ont le mouvement de la statue d'Antinoüs, dont je parlerai tout-à-l'heure. Il est permis de conjecturer que la figure d'Antinoüs recouvrait les colonnes des deux grandes rues ; idée bien caractéristique de l'af-

[1] *Voyez* pl. 61, fig. 25.   [2] *Voyez* pl. 60, fig. 18.

fection d'Adrien pour son favori. Il paraît aussi que ces colonnades formaient, d'un bout à l'autre, une galerie couverte pour abriter du soleil. En effet, en arrière des colonnes, à environ deux mètres, on remarque des vestiges de murailles qui sont probablement les restes des façades des bâtimens qui bordaient la rue.

C'est auprès du *quadrivium* de l'arc de triomphe que nous avons trouvé une figure d'Antinoüs de grandeur naturelle, en marbre blanc et d'un excellent travail, dont il manque malheureusement la tête, les jambes et les bras : je les ai vainement cherchés. A mon quatrième voyage à Antinoé, j'ai transporté ce morceau de sculpture jusqu'au Kaire; mais les événemens militaires m'ont forcé de le laisser sur le port, et il a disparu depuis. Les formes pures et juvéniles respirent pourtant une certaine vigueur : autant qu'on peut en juger, l'attitude était d'une mollesse pleine de grâce. La figure est nue, et ne porte qu'une simple banderole attachée sur son épaule droite, et passant au côté gauche [1].

Le style dorique grec n'est pas absolument pur dans les colonnes des rues d'Antinoé; elles sont plus courtes et moins diminuées dans le diamètre supérieur que les colonnes appelées *pæstum* [2] : le chapiteau diffère aussi des chapiteaux connus; mais il se rapproche de celui du temple de Thoricion [3]. Près le portique du théâtre, le diamètre supérieur de la colonne a $0^m,61$; l'inférieur, $0^m,7$: la largeur du tailloir du chapiteau est de $0^m,83$. Auprès

---

[1] *Voyez* pl. 59, fig. 3 et 4.
[2] *Voyez* pl. 54, fig. 2, au point 1, et pl. 61, fig. 26 à 28.
[3] *Voyez* le *Parallèle des édifices anciens et modernes*, par Durand, pl. 63.

des colonnes triomphales, le diamètre inférieur des colonnes est plus grand d'un décimètre, c'est-à-dire qu'il est de 0^m,8; mais cette différence est insensible quand on n'applique pas la mesure. Il est facile de conclure la hauteur qu'avaient les colonnes[1].

Il paraît qu'au point où sont placées les colonnes d'Alexandre-Sévère, il y avait une autre rue transversale, dont on découvre encore de faibles vestiges: l'encombrement est tel, qu'on n'aperçoit point de traces de colonnades, si toutefois il en a existé dans cette rue; on ne voit pas non plus de restes des constructions qui la bordaient[2]. C'est la rue transversale de l'arc de triomphe qui sert encore aujourd'hui de communication entre le Nil et la montagne ou les vallons qui y débouchent; ce qui a contribué sans doute à maintenir son sol libre et dégagé: mais celle dont je parle ne sert point de chemin, et les fouilles l'ont comblée entièrement.

J'ai déjà dit quelque chose du vallon sablonneux qui traverse la ville entre le portique et l'arc de triomphe; comme c'est encore aujourd'hui une sorte de rue transversale bordée de maisons, j'en dois faire ici une description succincte. Depuis le Nil, où est son origine, jusqu'à l'enceinte de l'est, la largeur de cette grande voie sablonneuse va toujours en croissant; au milieu elle fait un coude. Au fleuve, elle a environ trente-quatre mètres de large; au coude, soixante-un; et à l'ouverture, vers le désert, cent vingt-six: son développement total est de sept cent quarante-un mètres de longueur, sans

---

[1] Il y a des fûts tronqués qui n'ont plus que 3^m,6; d'autres, 4 mètres, etc.
[2] *Voyez* le plan général, pl. 53.

compter la distance du Nil à la limite des décombres vers l'ouest.

On a mal-à-propos donné le nom de canal à ce vallon, d'autant mieux nommé ainsi que les habitans l'appellent *Vallon du buffle* (*Ouâdy Gâmous*), et que même il est cultivé sur quelques points. Son lit est supérieur au Nil, quoiqu'un peu plus bas, autant qu'il m'a semblé, que le sol de la rue principale. Aujourd'hui même, le fleuve ne doit y pénétrer que dans les débordemens extraordinaires, s'il est vrai que les eaux y atteignent. On peut dire que ce vallon est en quelque sorte l'inverse d'une dérivation du Nil, puisque c'est par là que s'écoulent les eaux pluviales : en effet, des *fellâh* m'ont assuré avoir vu les eaux descendre de la montagne par ce chemin[1]. Le rocher arabique est assez élevé dans cet endroit ; il est sillonné de ravins, qui réunissent les petites pluies d'hiver et les transportent dans la plaine sablonneuse qui est à l'est d'Antinoé. Arrivées à la vaste embouchure de ce vallon très-encaissé, les eaux s'y rassemblent nécessairement et se précipitent dans le fleuve ; la rapidité de leur course est d'autant plus grande, que la montagne est à pic.

L'enceinte massive construite par les Romains avait sans doute autant pour but de défendre la ville contre les torrens que de la garantir des Arabes pasteurs. La tradition du pays est aussi que la digue était destinée à préserver la ville contre les pluies soudaines. A l'entrée du torrent, les Romains ont bâti une digue en pierre numismale avec une porte au milieu ; on en voit encore

[1] *Voyez* la pl. 53 et la pl. 54.

aujourd'hui le reste [1]. Peut-être le lecteur sera-t-il surpris de me voir parler de pluie et de torrent en Égypte ; mais cette surprise ne serait point fondée. Contre l'opinion commune, il y a presque tous les ans, sur la rive droite du Nil, des chutes d'eau assez considérables, qui arrivent subitement et causent de grands dommages. Les habitans les connaissent bien, et ils font ce qu'ils peuvent pour s'en garantir. J'ai été témoin, dans l'hiver de 1801, de plusieurs orages de cette espèce, et des dégâts qu'ils ont amenés [2]. En outre, j'ai vu, dans maint endroit, des ravines étroites et très-rapprochées, creuses d'un à deux mètres, et dont la profondeur atteste la rapidité de ces courans passagers. Il faut savoir qu'entre le fleuve et la mer Rouge il y a des pitons élevés, qui rassemblent les nuages, et d'où les pluies s'écoulent vers la vallée du Nil, partout où les vallons leur ouvrent une issue.

Les bords du torrent à Antinoé sont garnis de constructions en briques plus ou moins ruinées. Il paraît par ce fait, autant que par la digue romaine bâtie à son ouverture, qu'il date de la fondation de cette ville, ou plutôt que les fondateurs, en la construisant, ont eu égard à cette circonstance locale. Cette direction des eaux pluviales est déterminée par la pente générale du

---

[1] *Voyez* la pl. 53.

[2] Ce qui prouve encore l'existence de ces ravines pluviales, si fréquentes dans la chaîne arabique, ce sont les sources des couvens de Saint-Antoine et de Saint-Paul, qui sont construits dans la montagne. MM. Raffeneau et Bert, dans leur reconnaissance des déserts à l'est de Syout, ont trouvé des sources pareilles, à une grande hauteur. L'un de ces voyageurs attribue le nom de montagne de la Fumée, *Gebel Doukhân*, à des nuages épais qui se fixent sur la montagne de ce nom, et non pas à une cause volcanique.

terrain, et rien ne peut la changer : seulement les Romains auraient pu élever la digue et l'enceinte à une assez grande hauteur, pour dériver les eaux par le midi de la ville. Je finirai cet article en observant que la largeur de ce vallon semblerait pouvoir donner la mesure de la surface d'eau qui en a recouvert ou en recouvre encore quelquefois le lit. Si cette idée est fondée, on peut juger de la quantité d'eau qui s'y écoule quelquefois, la largeur moyenne étant de quatre-vingts mètres.

§. IX. *Des thermes.*

Je donne ici le nom de *thermes* à un grand bâtiment, aujourd'hui ruiné, mais dont les restes suffisent pour faire voir qu'il a servi de bain public. Le théâtre et l'hippodrome exceptés, c'est le plus grand édifice de la ville. Il n'est pas assez conservé pour qu'on ait pu en donner une élévation géométrale; le plan présente une multitude d'arrachemens et de constructions presque rasées au sol : au premier coup d'œil, ce n'est qu'un chaos de piliers, de murailles, de colonnes, qui semblent n'être point coordonnés; mais il ne serait pas impossible de restaurer ce plan, du moins en grande partie[1].

L'entrée du bâtiment était sur la rue transversale, entre le *quadrivium* et la porte de l'est. Le côté oriental, plus conservé que l'autre, nous fait connaître la largeur du bâtiment, à supposer qu'il fût symétrique; elle était de $78^m\frac{1}{2}$. La profondeur n'est pas aussi facile à mesurer,

---

[1] *Voyez* pl. 61, fig. 22. Si cette restauration n'a pas été faite dans la gravure, c'est parce qu'on a voulu laisser ce soin au lecteur instruit.

les parties postérieures du bâtiment n'ayant pu être reconnues; ce qui est apparent, peut être évalué à soixante-huit mètres.

La façade était saillante et composée d'au moins huit piliers carrés-longs, séparés en deux parties, larges chacun de $0^m,85$ sur $1^m,33$; à six mètres en arrière, étaient les deux corps de bâtiment, également formés de piliers; les faces latérales étaient ornées de colonnes. Sur l'axe du bâtiment, à $17^m,7$ de la façade, on trouve un mur perpendiculaire, et, au-delà, des arrachemens de murailles dirigées suivant cette même ligne de l'axe; disposition qui annoncerait que les bains étaient divisés en deux parties symétriques, peut-être pour séparer les deux sexes. Cependant, à $23^m,8$ plus loin, l'axe est dégagé de constructions; et, en s'avançant encore de $22^m\frac{1}{2}$, on trouve de grandes salles et des galeries qui paraissent être l'entrée postérieure des bains. Il y a peu de colonnes dans ce plan : sur les côtés, les deux ailes étaient ornées de deux colonnes et de deux piliers avec demi-colonnes. Dans la partie postérieure, on voit encore à gauche le reste d'un porche à deux colonnes, qui, sans doute, avait son pendant à droite. Tout le reste est piliers : ces piliers, pour la plupart, supportaient des voûtes, comme on peut en juger par leurs plans; presque toutes les voûtes sont écroulées.

Les petits pilastres ont $6^m,5$ de hauteur, depuis le dessus du chapiteau jusqu'au-dessous de la base ou au-dessus du socle. On voit dans l'intérieur, du côté gauche, les restes de plusieurs portes et de niches carrées, sans doute à l'usage des baigneurs. Ces portes paraissent servir d'entrée aux couloirs et galeries qui divisaient le bâtiment dans ses différentes distributions. Dans plusieurs endroits, on retrouve les restes de fourneaux bâtis en briques, et partout des constructions de la même matière. Plusieurs murailles étaient revêtues en marbre; du moins on le juge par les trous qui servaient à fixer les plaques de marbre sur la muraille. Un des morceaux les plus remarquables, est un vaste bassin circulaire en marbre, qui a évidemment servi pour l'usage des bains : sa largeur est de 4 mètres[1]; sa profondeur, de $0^m,35$; la hauteur totale, de $0^m,75$: l'épaisseur des bords est de $0^m,425$. Cette cuve a sans doute été déplacée; aujourd'hui on la trouve à environ douze mètres à gauche de l'axe, et à quatorze mètres de la rue : elle présente dans son profil une coupe arrondie en forme de doucine; le dessous est entièrement plat. Il existe encore dans ces thermes un autre bassin beaucoup plus considérable; son diamètre est de plus de vingt pieds, ou plus de $6^m\frac{1}{2}$.

Dans la multitude de débris dont le sol est jonché, nous avons trouvé des restes de frises, de corniches, de colonnes et de murailles en partie debout; mais l'état de destruction de tous ces objets n'a permis de dessiner qu'un seul entablement[2]. En exécutant des fouilles, il est probable qu'on y ferait des découvertes précieuses.

§. X. *De divers édifices d'Antinoé.*

En se dirigeant le long de la grande rue à partir du portique, et après avoir passé le grand vallon, on trouve

---

[1] *Voyez* pl. 61, fig. 23 et 24.   [2] *Voyez* pl. 61, fig. 21.

à gauche divers édifices plus ou moins somptueux, aujourd'hui presque ruinés. Le premier, qui regarde le nord, et fait un angle par conséquent avec la rue, présente une façade composée de quatre colonnes corinthiennes[1]; le second consiste en quatre colonnes, groupées deux par deux; le troisième est une sorte de péristyle composé de deux rangées de six piliers chacune, et entre elles sont deux rangs de six colonnes : il y a là des piédestaux d'un profil particulier[2].

Plus loin, à trente-quatre mètres de l'axe de la rue, est une façade de grosses colonnes cannelées[3]; et auprès du carrefour qui est en face de l'arc de triomphe, sont plusieurs pilastres corinthiens. Ainsi, dans le petit intervalle qui sépare du vallon la rue transversale, on compte cinq monumens encore visibles, dont plusieurs sont plus considérables que le portique du théâtre et que l'arc de triomphe.

Dans cette même rue longitudinale, on trouve encore un grand portique analogue au péristyle dont je viens de parler; la façade est formée de deux piliers et deux colonnes d'ordre corinthien, les uns et les autres cannelés. On compte deux rangées de cinq piliers semblables et deux rangées de cinq colonnes[4]. La plus grande partie des colonnes et des piliers de ce monument corinthien est encore debout : les piliers qui bordent la rue, sont dans l'axe même de la grande colonnade d'ordre dorique grec; aussi une demi-colonne de cet ordre a-t-elle été appliquée sur chacun des piliers anté-

[1] *Voyez* pl. 53.
[2] *Voyez* pl. 60, fig. 14 et 15.
[3] *Voyez* pl. 53.
[4] *Voyez* pl. 61, fig. 1 à 6.

rieurs, pour les lier avec cette colonnade. La colonne dorique n'a pas tout-à-fait les mêmes proportions que celles que nous avons rapportées plus haut[1] : la hauteur du fût, au-dessus d'une sorte de stylobate, est de $3^m,6$, et celle du chapiteau de $0^m,27$; le diamètre supérieur a $0^m,55$, au lieu de $0^m,61$. Quant aux piliers et colonnes, leur hauteur totale est de $8^m,47$; le chapiteau seul a $1^m,10$.

Si, du carrefour qui regarde l'arc de triomphe, on se dirige vers la porte de l'est par la rue des thermes, on trouve à gauche les restes d'un édifice composé de colonnes de marbre blanc. Au-delà, à droite, est un portique de quatre colonnes cannelées, d'ordre ionique, ayant par derrière un massif percé d'une porte et quatre autres colonnes; la plupart de ces colonnes sont encore debout. La hauteur du fût est de $6^m,75$, non compris la base ni le chapiteau, qui a $0^m,41$. Le diamètre est de $0^m,91$. Le bâtiment a $10^m,58$ de façade et 11^m de profondeur : il a de l'analogie, par son plan, avec le portique du théâtre; la seule différence est que les piliers angulaires sont ici remplacés par des colonnes. Le nombre des cannelures est de vingt-quatre; et leur profondeur, de $0^m,04$. La cannelure ne commence qu'à $2^m,34$ de la base[2].

Au-delà encore, on trouve les restes d'un édifice à colonnes de granit, d'un mètre de grosseur; plus loin, les thermes dont j'ai fait la description; enfin, à l'extrémité de la rue, deux grands pilastres corinthiens encore

---

[1] *Voyez* ci-dessus, §. VIII, et pl. 60, fig. 18; pl. 61, fig. 25-28.

[2] *Voyez* pl. 61, fig. 7 à 14.

debout, isolés et distans de toute la largeur de la rue, et qui ont appartenu à un édifice magnifique, formant la *porte de l'est*. L'édifice était orné de colonnes de granit, dont on voit encore à terre plusieurs rangées avec d'autres blocs de la même matière. Le sol est couvert de débris; on y remarque de grands morceaux d'entablement en pierre numismale, des frises ornées de triglyphes et de rosaces. La sculpture en est d'un style grandiose et d'un excellent travail. La confusion de ces fragmens et de ces colonnes renversées est telle, qu'il est impossible de se former aucune idée nette du monument: on remarque avec surprise qu'il est éloigné de l'enceinte générale en briques, bien qu'il paraisse avoir été certainement l'issue de la ville du côté de l'est [1]; mais il en est de même de la porte placée derrière le théâtre, du côté du sud.

En revenant sur ses pas jusqu'au carrefour, et suivant ensuite la grande rue vers le nord-ouest, on voit beaucoup de débris confus et ensevelis sous les décombres; à peine aperçoit-on çà et là quelques fragmens de colonnes et de murailles. Vers la gauche, on trouve des piliers avec demi-colonnnes appliqués sur un des côtés; si l'on en juge par leurs dimensions, ils faisaient suite à la colonnade [2] : il y en a d'autres encore qui sont plus petits [3]. Dans la même rue, auprès des colonnes d'Alexandre-Sévère et avant d'y arriver, est l'emplacement

---

[1] On trouve entre l'enceinte et l'édifice les restes d'un mur de clôture en pierre.

M. Balzac rapporte qu'il a vu à Antinoé des esplanades servant de promenoirs, qui, malgré toutes nos recherches, nous ont échappé, à moins qu'il ne soit question de l'hippodrome et du vallon.

[2] *Voyez* pl. 60, fig. 10.

[3] *Voyez* pl. 60, fig. 11 et 12.

d'un édifice à pilastres corinthiens, distans de la colonnade de soixante mètres. Trois de ces pilastres occupent un espace de 8^m,8.

Après avoir passé les colonnes d'Alexandre-Sévère, et tout au bout de la rue longitudinale, on trouve le bâtiment du nord-ouest. Cet édifice est carré, de forme massive, entouré, à l'est et à l'ouest, de murailles encore visibles aujourd'hui; sa profondeur est d'environ trente-huit mètres. Il y avait tout autour une galerie; les portes sont aux angles de l'enceinte. L'édifice est rasé au-dessus des piliers; et l'on ne voit plus que les moulures des bases. Il est difficile de conjecturer la destination de ce bâtiment; cependant sa forme semble annoncer un tombeau, qui était peut-être celui d'Antinoüs lui-même [1].

A vingt-six mètres du monument du nord-ouest et dans l'alignement de l'enceinte, sont de gros piliers qui paraissent les restes d'une grande porte triomphale, faisant pendant au portique du théâtre. On y voit des restes de murailles, des bases de pilastres, etc. C'est entre cette dernière porte et l'enceinte du sud qu'il y a une distance de seize cent vingt-deux mètres, et cette longue ligne ne fait qu'une seule rue.

Au milieu des ruines de la ville on trouve encore les restes d'un autre portique corinthien, dont les colonnes n'ont pas été retrouvées en place. Les pilastres sont élevés et d'une belle exécution. La hauteur du fût seul est de 10^m,96, et celle du chapiteau est de 2^m,04. Le fût

---

[1] *Voyez* pl. 53, et l'explication de la planche à l'article du monument du nord-ouest.

est composé de seize pierres; et le chapiteau, de trois: au pied sont des fragmens d'entablement[1].

Tels sont les principaux édifices d'Antinoé, dont il subsiste des vestiges dignes d'être décrits. Mais on voit encore dans bien d'autres endroits des ruines et des colonnes détachées, en pierre et en marbre: beaucoup de ces colonnes sont tombées tout d'une pièce, pressées par le poids des buttes de décombres. La quantité de celles qui sont en granit, et qui certainement ne sont point l'ouvrage des Romains, annonce quelle abondance il y avait en ce genre à Hermopolis et dans les autres villes égyptiennes, où ils ont puisé ces riches matériaux.

§. XI. *Du style de l'architecture des monumens d'Antinoé; comparaison de ces monumens avec les autres édifices du même genre.*

Dans les chapitres qui précèdent, j'ai fait ressortir le mérite des édifices d'Antinoé, et le talent qu'on remarque dans l'exécution. Toutefois le style n'est pas partout de la même pureté, et je dois signaler toutes les parties des constructions qui m'ont paru pécher contre le goût. On sait que le siècle d'Adrien est l'époque depuis laquelle on vit l'art dégénérer: la simplicité commençait alors à faire place au bizarre. Quoique la *disposition* restât encore soumise à cette loi de l'unité qui est fondamentale en architecture, et que les principes de la *construction* fussent encore excellens, le

---

[1] *Voyez* pl. 61, fig. 16 à 20.

goût des ornemens affectés entrait déjà dans la *décoration*. Il ne faut donc pas être étonné que la ville qu'Adrien fonda en Égypte, offre des exemples de décadence.

Dans l'arc de triomphe, ce vice est plus sensible qu'ailleurs. Les trois ordres y sont mêlés d'une manière un peu choquante, quelle que soit la pureté de la taille des pierres et de la sculpture. Le corinthien est entièrement subordonné au dorique. Les grands pilastres sont de ce dernier ordre, et cependant ils ont dix diamètres et demi de haut; ceux qui leur sont adossés et qui ont moitié moins de hauteur, sont corinthiens. Les colonnes placées en avant ont un entablement corinthien, qui se trouve écrasé par le grand entablement dorique servant de base au fronton.

On voit aussi deux ordres dans l'arc d'Aurélien et dans l'arc dit *de Janus;* mais tous deux sont corinthiens : ces arcs diffèrent d'ailleurs beaucoup de celui-ci. Dans ce dernier, la richesse de tous ces ornemens confondus est plus contraire que favorable au bon effet de l'édifice. On blâme avec raison les quatre pilastres qui sont comme revêtus d'autres pilastres plus petits. Enfin on trouve les arcades un peu trop élevées.

Les frontons sont rares dans les arcs, surtout ceux qui occupent la place entière de l'attique[1]. Un des plus beaux arcs de triomphe, celui d'Auguste à Rimini, et l'arc de Marius à Orange, ont des frontons placés en avant de l'attique. A Antinoé, le fronton ne couronne pas l'attique; mais il en tient lieu. Quand on a relevé

---

[1] Je ne connais dans ce cas que l'arc de Palmyre et celui d'Adrien à Athènes.

ces différens défauts, il n'y a plus que des éloges à donner à l'édifice, tant pour la masse et pour l'ensemble, que pour la finesse et la beauté des détails.

Les colonnes d'Alexandre-Sévère donnent aussi lieu à des observations critiques. La proportion est trop courte pour l'ordre auquel elles appartiennent. En effet, le fût, compris le chapiteau, n'a que neuf diamètres. Le chapiteau est trop large au sommet, et paraît comme écrasé par le dé supérieur. L'ornement du bas de la colonne détruit la pureté du fût : on n'en trouve guère d'exemple que dans le Bas-Empire; par exemple, au Baptistère de Saint-Jean de Latran, dit *de Constantin*, et aussi aux bains de Nîmes[1] : mais la partie du fût décorée de feuillage est moins haute qu'ici. Au temple d'Auguste, à Milasa, on voit encore des colonnes ainsi ornées[2].

Le socle de la base, au lieu d'être carré, est octogone, sans que cette forme soit nécessitée par aucun motif apparent. Les moulures supérieures et inférieures du piédestal manquent aussi de pureté; elles présentent des angles aigus, et des profils qu'on ne rencontre nulle part dans les ouvrages du beau temps. Il n'y a point de renflement à la colonne; ce qui est peut-être une imitation des colonnes égyptiennes : peut-être le feuillage, à la partie inférieure du fût, est-il aussi une imitation de ces mêmes colonnes, qui sont toujours décorées de feuilles et de fleurs. Enfin le piédestal paraît un peu maigre pour supporter une colonne aussi haute. J'ai

[1] *Voy.* le *Parallèle des édifices anciens et modernes*, par Durand, pl. 71.
[2] *Ibid.* pl. 2.

déjà fait observer que les colonnes isolées, témoin la Trajane et l'Antonine, étaient en général doriques, tandis que celle-ci est corinthienne. Il y a aussi à Palmyre une colonne isolée d'ordre corinthien.

Le portique du théâtre est, sans contredit, l'édifice où il y a le moins à reprendre. La seule remarque importante à faire, est que le feuillage du chapiteau des colonnes est hors de l'aplomb du fût, et dépasse l'astragale. J'ai déjà dit que la restauration de cet édifice et de l'ensemble des constructions qui précédaient le théâtre, est fort difficile; seulement il est certain que le portique conduisait à ce même théâtre. Ce qui est probable, c'est qu'au-delà du portique était une grande cour de la même largeur que le théâtre même, environnée de colonnes et servant de promenoir, comme on le voit dans plusieurs amphithéâtres romains. Après la cour venaient les constructions postérieures, la scène, et le *proscenium*, qui est aujourd'hui bien marqué. Toutefois je n'ai vu nulle part des piliers rapprochés deux à deux, comme on le voit ici sur la scène.

On peut comparer le théâtre, pour la grandeur, à celui d'Otricoli en Ombrie et à celui de Catane : le diamètre est à peu près le même; il est plus petit qu'au théâtre de Marcellus. Celui d'Otricoli a une grande porte au fond du théâtre, comme dans celui du théâtre d'Antinoé. Quant au plan, ce dernier a beaucoup de rapport avec celui du théâtre de Taormina, ainsi qu'on l'a restauré[1].

Les colonnades d'ordre dorique grec, dont les deux

---

[1] *Voy.* le *Parallèle des édifices anciens et modernes*, par Durand, pl. 37.

grandes rues étaient bornées, fournissent aussi matière à quelques rapprochemens sous le rapport de l'art. J'ai dit que le chapiteau des colonnes avait de l'analogie avec celui des colonnes d'un temple de Thoricion [1]. C'est en effet la même proportion, le même profil. Dans l'un et dans l'autre, il y a un filet carré sous le tailloir; au-dessous est une partie purement conique, et des listels ou filets en retraite la joignent au fût : mais ceux-ci ont une courbure, et à Antinoé ils sont absolument carrés. Comme, sous Adrien, l'époque du style dorique grec était déjà fort ancienne, et l'emploi de ce style presque tombé en désuétude, on avait sans doute perdu la tradition des belles formes, et le caractère s'était altéré. Ce qui distingue ce chapiteau de ceux des temples de Minerve, des propylées, et des temples de Délos et d'Agrigente, c'est que les moulures ou listels, dans ceux-ci, appartiennent au corps même du chapiteau, tandis qu'à Antinoé (et c'est la même chose dans presque tous ceux de Pæstum ou Posidonia) ils appartiennent plutôt au fût, ou bien le séparent du chapiteau. Au reste, le chapiteau dorique romain du théâtre de Marcellus, avec trois annelets ou listels placés entre le quart de rond et le fût, ne diffère guère de celui d'Antinoé que par ce quart de rond, au lieu d'un cône renversé.

Comme j'ai déjà eu occasion de comparer l'hippodrome à des monumens du même genre, je ne ferai pas ici d'autres rapprochemens entre cet édifice et les autres, et je terminerai ce paragraphe par quelques nouvelles remarques sur l'arc de triomphe d'Antinoé. Ce qui le

---

[1] *Voy*. le *Parallèle des édifices anciens et modernes*, par Durand, pl. 63.

caractérise particulièrement, ce sont les trois arcs si élancés du milieu et des côtés, et le fronton qui occupe toute la largeur.

Aucun édifice ne se rapproche autant de celui-ci pour le caractère de l'*élévation* que l'arc de Marius à Orange, plus pur d'ailleurs pour le style : mais celui d'Antinoé diffère, 1°. par les fenêtres placées au-dessus des petits arcs, là où, dans l'arc de Marius, il y a des trophées ; 2°. par le fronton, qui a la largeur du bâtiment entier, au lieu de s'appuyer sur le grand arc seulement ; 3°. enfin par les colonnes basses et isolées, tandis qu'à Orange elles sont engagées et s'élèvent jusqu'à l'entablement.

Quoique le haut du bâtiment soit un peu ruiné, on voit aisément qu'il n'a jamais eu d'attique comme l'arc de Marius ; et l'on n'a aucune raison de croire qu'il y ait eu au sommet un char triomphal.

Le *plan* de l'arc d'Antinoé l'éloigne aussi de tous les autres connus : celui qui s'en écarte le moins sous ce rapport, est l'arc de Septime-Sévère, auquel il ne manque que deux issues pour avoir la même disposition. Dans l'arc de Septime, dans celui de Constantin, les colonnes sont isolées des façades comme à Antinoé. Au reste, il n'y a à Rome que ces deux arcs de triomphe qui soient percés de trois portes.

La façade de l'arc d'Antinoé est plus petite que celles des arcs de Marius, de Septime-Sévère et de Constantin : mais elle l'emporte de beaucoup sur les dimensions de ceux d'Adrien, de Trajan à Bénévent, de Titus, etc. ; elle est de la même grandeur que la façade de la porte Saint-Martin à Paris. Quant à sa profondeur, qui a environ dix mètres et demi, elle est plus grande que dans aucun arc connu ; le monument d'Antinoé est à peu près double, dans cette dimension, des arcs de Marius et de Septime-Sévère, et de la porte Saint-Martin. Les issues latérales qui sont pratiquées dans cette épaisseur, ajoutent beaucoup à la magnificence du monument.

§. XII. *De la ville égyptienne appelée* Besa, *et des ruines environnantes.*

Le sol qu'Adrien choisit pour bâtir Antinoé, avait été celui d'une ancienne ville égyptienne. De son temps, elle était tombée en ruine, et peut-être lui fournit-elle des matériaux. L'emplacement de Besa paraît avoir été au pied de la montagne et au nord de la ville romaine. Ce qui me le fait penser, c'est qu'on y trouve quantité de murs et de constructions en briques ruinées, cuites au soleil, et d'une grande épaisseur, telles que les murailles égyptiennes : on voit encore de ce côté une espèce de rue sur laquelle s'aligne la porte du nord-ouest de la ville romaine. Le champ cultivé qui est au-delà, vers le Nil, a probablement appartenu à l'enceinte de Besa, qui, en tout, n'occupait pas la moitié de l'emplacement d'Antinoé. En outre, il y a au nord-est une enceinte en briques solides, qui enferme ces ruines, et qui se rattache à celle de la ville d'Adrien : elle est fort anguleuse ; on remarque plusieurs tourelles dans son développement[1].

---

[1] *Voyez* pl. 54, fig. 1. On a oublié d'indiquer dans la gravure les petites tourelles rondes situées aux angles d'une des faces de l'enceinte,

Malgré la vraisemblance de cette conjecture, je dois observer que les Romains ont laissé des constructions en briques crues, semblables à celles des Égyptiens pour la pose des matériaux, quoique moins épaisses; il se pourrait donc que les murailles que j'ai décrites fussent d'ouvrage romain. Il n'existe pas assez de traces certaines d'un travail égyptien pour fixer avec précision l'emplacement de Besa : mais il n'y a aucune apparence que cette ville fût au midi d'Antinoé; dans ce dernier endroit a existé une ville chrétienne, dont nous parlerons plus tard[1].

Besa est le nom d'une très-ancienne divinité de l'Égypte, qui rendait des oracles célèbres dans la ville d'Abydus, ainsi que nous l'apprend Ammien Marcellin[2]. Il est encore question, dans Eusèbe, du dieu Besa[3]. Il n'est pas douteux qu'Antinoé n'ait été bâtie dans le même local que la ville consacrée à ce dieu, puisqu'elle a porté, selon Photius, le nom de *Besantinoé*[4], nom évidemment composé de *Besa* et d'*Antinoüs*. C'est ainsi qu'on voit beaucoup de noms formés de ceux de deux divinités égyptiennes, comme *Sarabamoun* ou *Serapammoun*, *Hermanubis*, *Horapollon*, *Besammon*, et une foule d'autres. Des chrétiens portèrent les noms de *Besa*, de *Bisarion*. C'est à quoi se bornent tous les ren-

---

plus modernes sans doute que les ruines.

[1] *Voyez* ci-dessous, §. XIV.

[2] J'ai déjà cité ce passage d'Ammien dans la Description d'Abydus. Voyez *A. D.*, chap. XI, pag. 11.

[3] Ὁ ἀνδρειότατος ὁπλομάχος τοῦ Θεοῦ Βῆσας. (Dionys. Alex. apud Euseb. l. VI, c. 41.)

[4] Photius, *Biblioth.* c. 279. Helladius, dit-il, était égyptien de nation, et de la ville d'Antinoüs, ou, comme il l'écrivait lui-même, *Besantinoüs*. Voyez Jablonski, *Pantheon Ægypt.* pag. 201, part. 3.

seignemens fournis par l'histoire et par l'examen des lieux.

Aux environs de ces ruines, sont celles de deux églises chrétiennes ruinées, placées sur le sommet de la montagne arabique; on leur donne le nom de *deyr*, ou monastères. La montagne qui enferme Antinoé, vient aboutir près du Nil, dans la direction de Nazlet Cheykh A'bâdeh, petit hameau, à la pointe la plus élevée de ce côté. C'est sur un rocher à pic que se trouve une de ces églises; aussi l'aperçoit-on de très-loin : les bâtimens étaient en briques crues; les murs sont debout, et l'on voit encore des cellules couvertes de leur toit. Les briques sont fort bien faites, et ressemblent, à la grosseur près, à celles des anciens Égyptiens. Le rapport des habitans confirme que les chrétiens avaient jadis une église dans cet endroit. Les environs sont occupés par des grottes et des carrières : au sud-est on trouve le lit d'un grand torrent; au couchant, une grande cavité ou plutôt un immense bas-fond, dont la position singulière sur le plateau de la montagne mériterait d'être étudiée par le géologue [1]. Il est difficile d'imaginer un aspect plus aride et plus escarpé, quand on regarde vers l'est; mais, si l'on jette la vue du côté du Nil, elle se repose sur une magnifique et immense campagne qui s'étend jusqu'au-delà du canal de Joseph.

Sur le sommet de la montagne d'Antinoé, il y avait, selon Abouselâh, le monastère de Saint-Mathias [2]. C'est

[1] *Voyez* pl. 54, fig. 1.
[2] *Voyez* les *Mémoires géographiques sur l'Égypte*, par M. Ét. Quatremère, pag. 42, tom. 1. Selon Abouselah et Maqryzy, il y avait auprès d'Antinoé quatre églises et six monastères.

probablement ici qu'il faut le chercher, ou bien dans une autre ruine pareille, placée dans l'angle rentrant de la montagne à l'est de la précédente, et qui est, comme elle, sur le sommet du plateau ou même sur une cime encore plus élevée. Cette église était bâtie en briques crues et avec soin ; il reste des murs debout, et des vestiges de voûtes [1] : elle paraît avoir été plus grande que la première.

§. XIII. *Des carrières et excavations pratiquées dans la montagne d'Antinoé.*

A l'est d'Antinoé, la chaîne arabique se dirige parallèlement au cours du Nil, dans un long espace de chemin ; cet espace entier est rempli d'excavations de tout genre, de grottes artificielles et d'immenses carrières. C'est là que les constructeurs d'Antinoé ont puisé les matériaux de la ville, et sans doute elles ont servi bien avant, pour bâtir Hermopolis. Plusieurs de ces excavations ont au-delà de dix mètres d'ouverture. Elles sont placées à diverses hauteurs dans la montagne ; semblables aux galeries des hypogées de Thèbes, elles ont des développemens immenses dans la montagne. Je ne les ai parcourues qu'avec une grande fatigue.

La plus étendue de celles que j'ai visitées, a son ouverture près de l'église que j'ai décrite au précédent paragraphe, c'est-à-dire celle qui est dans l'angle rentrant de la montagne. Le rocher est percé de grandes salles soutenues par les piliers qu'on y a laissés : elles se di-

[1] *Voyez* pl. 54, fig. 1.

visent en un nombre infini de branches qui vont dans tous les sens [1]. A peine y est-on entré, qu'on ne trouve plus qu'une obscurité profonde. Le sol est couvert d'éclats de pierre, et d'une certaine poussière que les *fellâh* viennent y chercher, du moins à l'entrée ; ils l'emploient comme engrais. Une multitude de chauve-souris y ont fait leur repaire ; elles exhalent une odeur infecte et fétide : l'extrême chaleur achève de rendre la respiration difficile dans ces vastes souterrains. Mais, en m'y enfonçant toujours de plus en plus, j'étais soutenu par l'espoir de découvrir quelque chose digne de curiosité et d'intérêt. Partout, les galeries et les chambres ont deux à deux mètres et demi de hauteur ; les ramifications sont contournées dans mille directions. Mon guide me dit qu'il y avait *deux heures* de chemin dans cette grande carrière : au village on m'assura même qu'en y entrant à Antinoé, on peut en sortir à Berché ; rapport difficile à croire, puisqu'indépendamment de la distance, qui est de deux lieues, on trouve dans cet intervalle des gorges très-profondes. Comme le sol de ces carrières est à peu près de niveau et presque au sommet de la montagne, elles doivent avoir leur issue dans le premier vallon au sud ; peut-être même l'ont-elles dans la face qui regarde la ville.

Je suis entré par l'ouverture qui est vis-à-vis de la rue des bains : après avoir marché dans toutes ces salles pendant près d'un quart d'heure, je m'aperçus que je n'aurais pas assez de lumière pour pouvoir aller jusqu'au bout, et je fus contraint de revenir ; mais nous ne re-

---

[1] *Voyez* pl. 54, fig. 1, et même planche, fig. 2, aux points 4, 9.

prîmes point le même chemin, et je me retrouvai à l'église dont j'ai parlé, à un quart de lieue du point où j'étais entré dans la montagne.

Les hommes du pays redoutent beaucoup de parcourir ces carrières; ils parlent de gens qu'on y rencontre souvent, morts de faim ou de soif, pour s'être égarés dans ces espèces de labyrinthes. De quatre cheykhs et huit *fellâh* que j'avais amenés à la montagne pour me suivre dans les carrières, un seul homme avec un enfant eut le courage de m'y accompagner. Au reste, il y a beaucoup de vague dans les récits que font les habitans au sujet de ces souterrains : quelques-uns prétendent qu'on trouve, tout au bout, des colonnes semblables à celles d'Antinoé; d'autres assurent que ce sont des piliers laissés après l'exploitation, ce qui me paraît plus vraisemblable d'après ce que j'ai vu de mes yeux. On ne voit aucune grotte ou catacombe égyptienne dans l'étendue du bassin qui renferme Antinoé; du moins je n'en ai pas vu, et les habitans m'ont répondu négativement quand je leur demandais s'il existait des *moghâyer*[1].

Outre ces carrières creusées dans le roc, il y a une multitude d'excavations et de grandes parties taillées à ciel ouvert sur le plateau de la montagne et sur les flancs. Il est même impossible de mesurer le travail qu'ont fait les Égyptiens pour enlever toute la pierre qui reposait sur les parois aujourd'hui découvertes.

[1] Nom que donnent les Arabes aux anciennes grottes sépulcrales.

§. XIV. *Ville chrétienne ruinée auprès de Deyr Abou-Hennys, grottes et environs.*

Au sud et à trois ou quatre cents mètres d'Antinoé est un espace couvert de ruines, presque aussi grand que la ville romaine elle-même : il est bordé, d'un côté, par le Nil et par quelques dattiers, et des trois autres côtés, soit par une enceinte, soit par les sables. Aucun bâtiment ne s'y rencontre, si ce n'est les ruines d'une église vers le nord ; mais les décombres sont remplis de maisons de briques ruinées, de voûtes et de murailles, et aussi d'une multitude de tombeaux. A la construction des murs et à l'espèce des matériaux, on reconnaît bientôt l'ouvrage des chrétiens. La façon des briques et l'épaisseur des murs sont les mêmes que dans les églises chrétiennes de la montagne ; ces briques sont régulièrement arrangées. La ville paraît ruinée depuis quatre ou cinq siècles. Les Qobtes rapportent qu'elle fut construite après la ruine d'Antinoé.

Le village qui subsiste encore auprès, sous le nom de *Deyr Abou-Hennys* (ou monastère de Saint-Jean), est le reste de la population chrétienne qui a habité cette ancienne ville : il est bâti sur une éminence de sable. Sa population est uniquement composée de chrétiens très-pauvres. L'église actuelle est vers le sud-ouest. Pour y entrer, on traverse une cour qui renferme une grande pierre creusée, appelée *hôd* : l'entrée est étroite et obscure. L'église est composée de plusieurs salles mal construites, et encore plus mal réparées : on me dit que la partie intérieure était d'ouvrage grec; elle est, en effet, bâtie par assises réglées, tandis que le reste est en moellons et plâtre. Quelques piliers sont décorés de chapiteaux corinthiens tirés d'Antinoé. Au seuil d'une porte, je vis deux morceaux de beau granit rouge, dont l'un est bien poli sur toutes ses faces. La disposition des salles est confuse. Au fond de l'autel est un tableau dont l'exécution, quoique fort mauvaise, fixa mes regards, à cause de la rareté des ouvrages de peinture en Égypte. Il y a deux sujets. L'un représente le saint qui a donné son nom à l'église et au village, el-Qaddys Abou-Hennys[1]: il est debout et revêtu d'une chape; le dessin est incorrect, et la couleur plate. Le peintre y a mis son nom en arabe, et la date de l'ouvrage, qui est récent (du treizième siècle de l'hégire). L'autre sujet représente l'archange Michel, avec cette inscription : *el-Melek Mykhâyl*[2]. Il est à pied, tient un sabre dans la main gauche; de la droite, il porte un très-petit buste, dont on ne voit rien que la tête et les épaules. Le prêtre que j'interrogeai, ne put absolument me dire ce que c'était que cette sorte d'idole. Il me raconta que le roi d'Antinoé s'appelait *Arianos*; Hasan-bey et ses Mamlouks, me dit-il, avaient pillé, brisé et brûlé l'église quelques années auparavant.

Cet homme, dont la science était d'ailleurs fort suspecte, m'assura que le nom de la ville était *Enselé*, quoique je lui parlasse d'*Enséné*, d'après tous les voyageurs : mais il se trompait certainement. Pour être com-

[1] الـقـدّيس ابو حنيس   [2] الملك ميخايل

pris dans le pays, il faut, quand on prononce le nom d'*Enselé*[1], accentuer la première syllabe et glisser sur les autres; j'ai éprouvé qu'autrement on courait le risque de n'être pas entendu.

Désirant connaître les grottes sépulcrales égyptiennes qu'on me disait être dans une gorge de la montagne, située derrière Deyr Abou-Hennys, je pris des guides au village. La montagne est très-élevée dans cet endroit: je montai péniblement jusqu'au sommet par des chemins très-escarpés, à la hauteur de quatre cents pieds environ; mais, après beaucoup de fatigue, je n'y trouvai que des carrières. L'une d'elles est décorée du nom de *kenysêt*, église: c'est une excavation fort ancienne, dont les chrétiens se sont emparés. Ils en ont blanchi à la chaux les parois informes, sans se donner la peine de dresser les faces et de rendre les angles droits: pardessus les faces du rocher, ils ont peint de méchantes figures de la Vierge et des saints; les couleurs sont aussi mauvaises que le dessin est grossier: au plafond, ils ont tracé quelques vagues ornemens de fleurs et de feuillages. Les murailles et le plafond portent des inscriptions tracées en rouge et écrites en qobte: je regrette que le temps m'ait manqué pour les copier.

Je vis dans la montagne beaucoup d'autres excavations transformées par les chrétiens en églises ou en cellules; mais aucune n'était revêtue de sculptures ou de peintures égyptiennes: toutes sont d'une petite étendue. Malgré leurs salles informes et le mauvais goût des ornemens, ces grottes sont admirées par les chrétiens,

[1] C'est le nom reçu à Cheykh A'bâdeh.

qui vont les visiter constamment, après avoir enterré leurs morts dans les tombeaux de Deyr Abou-Hennys. Au rapport de mon guide, vieillard de soixante-dix ans, qui gravissait ces rochers comme une chèvre et presque en dansant, il y a parmi les excavations une grotte très-profonde, où l'on entend un bruit semblable à celui d'une roue de moulin qui tourne. Je ne puis donner aucune explication de ce fait, que je n'ai pas vérifié, et qui n'est probablement qu'un conte populaire.

§. XV. *Remarques sur Antinoüs, et conclusion.*

Au rapport d'Ammien Marcellin, la ville d'Antinoé était une des trois plus florissantes de la Thébaïde, qui en comptait tant de célèbres[1]. S'il faut en croire cet auteur, c'était en l'honneur de son favori qu'Adrien avait fondé cette ville. Toujours est-il certain qu'il lui éleva des statues et des monumens, comme une marque de son affection. Ce prince avait multiplié presque à l'infini les images d'Antinoüs en Égypte et en Italie; il paraît qu'à Antinoé même il y en avait une prodigieuse quantité[2] : voilà des preuves incontestables des regrets que l'empereur donna à la mort d'Antinoüs. On raconte diversement la mort de ce jeune Bithynien, qui eut lieu

---

[1] *Thebaïs, multas inter urbes, clariores aliis Hermopolim habet, et Copton, et Antinoü, quam Hadrianus in honorem Antinoi condidit sui.* (Amm. Marcell. *Rer. gest.* p. 340, in-4°.)

[2] Outre cette multitude de statues et de bustes que l'on connaît, il y a des pierres gravées où Antinoüs est représenté. Il existe en ce genre un beau camée de sardoine dont M. Millin a donné l'explication. Voyez *Monumens antiques inédits.*

l'an 132 [1] de J. C. Les uns prétendent qu'il périt malheureusement dans le Nil, en face du lieu où la ville fut bâtie ensuite; les autres, que, par un dévouement extraordinaire, ce jeune homme se précipita volontairement dans le fleuve pour le salut de son maître. Si cette dernière version, qui est la plus commune, est réellement fondée, c'est un exemple d'héroïsme assez rare et qui suffirait pour expliquer la conduite d'Adrien; alors l'on n'est plus obligé d'admettre cette autre explication qu'on en a donnée, et qui est une si grande tache pour la mémoire de l'empereur. Tous les auteurs n'admettent point la passion honteuse dont on l'accuse communément, et que les Pères de l'Église, surtout, lui ont reprochée avec tant de véhémence, quoiqu'Adrien eût accordé protection aux chrétiens, ainsi qu'Eusèbe lui-même l'atteste dans son Histoire ecclésiastique [2], et qu'il eût même projeté d'élever un temple au Christ [3]. Antinoüs, dit-on, fut considéré comme un dieu, et le prince voulut qu'on lui dressât des autels : dans cette opinion, Adrien serait encore plus odieux. « Afin de

---

[1] M. C^d. Levezow fait remonter cette époque à l'an 122; j'ignore d'après quelle autorité. *Voyez* la note [1], pag. 278.

[2] La lettre d'Adrien à Minucius Fundanus, proconsul d'Asie, rapportée dans l'*Histoire ecclésiastique* d'Eusèbe, liv. iv, chap. 9, prouve que ce prince traitait alors les chrétiens, non-seulement avec équité, mais encore avec une sorte de faveur; Nicéphore Calliste (*Histor. eccles.* lib. iii, cap. 27) rapporte la même lettre où Adrien écrit au proconsul pour défendre que les chrétiens soient troublés, et faire punir sévèrement leurs calomniateurs. La persécution qui eut lieu sous son règne, l'an 124, était principalement dirigée contre les carpocratiens, qui avaient des agapes comme les chrétiens; après leurs repas, ils avaient coutume d'éteindre les lumières et de se livrer pêle-mêle à toute sorte de débauches : mais on confondit les chrétiens avec eux.

[3] Lamprid. *in Alex. Sever.*

nous apprendre, dit S. Jérôme, quelles espèces de divinités avaient encensées les Égyptiens, une de leurs villes vient de prendre le nom d'Antinoüs, le compagnon des plaisirs d'Adrien[1]. » Le passage que j'ai rapporté plus haut, du même auteur, finit par ces mots : « César Adrien passe pour avoir aimé passionnément le jeune Antinoüs[2]. » Origène et S. Athanase assurent la même chose[3].

Selon S. Épiphane, on pratiquait, dans les temples d'Antinoüs, des mystères semblables à ceux de Saïs, Péluse, Bubaste et Abydus; il fait entendre que les femmes y célébraient des orgies où elles perdaient toute espèce de pudeur, excitées par le bruit des tympanes et des trompettes, ainsi qu'il arrivait aux femmes de Memphis, d'Héliopolis, de la région *Batheia*[4] et de celle de Menuthitis[5]. Le même S. Épiphane assure qu'Adrien fit ensevelir Antinoüs dans la ville d'Antinoé, avec un petit navire, et le fit mettre au rang des dieux[6] : il cite cet exemple pour prouver que des princes et des tyrans, privés par la mort des instrumens de leurs plaisirs, et

---

[1] Hieronym. *Contra Jovianum*, epist. 10.
[2] *Voyez* ci-dessus le §. VII.
[3] Athanas. *Contra gentes*, pag. 8; Origen. *Contra Celsum*, lib. III, pag. 136; *Chronicon Alex.*, etc.
[4] Cette région *Batheia* (Βαθείας) me paraît devoir s'appliquer au pays qui sépare le Nil du canal de Joseph, qui renferme presque partout un bas-fond. C'est le même lieu qu'on appelle aujourd'hui *Bathen*. Voyez mon Mémoire sur le lac de Mœris, *A. M.*

[5] S. Epiph. *Adv. hæres.* lib. III, tom. II, pag. 1093.
[6] Ὡς ὁ Ἀντίνοος ὅεν Ἀντινόου κεκηδευμένος καὶ σὺν κουσορίῳ πλοίῳ κείμενος ὑπὸ Ἀδριάνου οὕτως κατετάγη. (S. Epiphan. *Anchoratus*, tom. II, pag. 109.). Dans les recueils d'inscriptions, on remarque celle-ci, qui démontre qu'Antinoüs fut mis au rang des dieux de l'Égypte : ΑΝΤΙΝΟΩΙ ΣΥΝΘΡΟΝΩΙ ΤΩΝ ΕΝ ΑΙΓΥΠΤΩΙ ΘΕΩΝ Μ. ΟΥΛΠΙΟΣ ΑΠΟΛΛΩΝΙΟΣ ΠΡΟΦΗΤΗΣ.

afin de conserver la mémoire de l'affection qu'ils en avaient obtenue, voulaient que les tombeaux élevés à ces favoris obtinssent la vénération des peuples soumis à leur empire.

Pour ne rien dissimuler, il faut ajouter qu'Antinoüs fut placé dans le ciel après sa mort, et devint une des constellations de la sphère; il y a donc quelques raisons de croire à l'apothéose qu'en fit Adrien. On assure même que les oracles rendus sous le nom d'Antinoüs étaient composés par le prince. Mais, sans décider ce point de critique, on peut avancer qu'il n'y a point de preuve que ce prince eût divinisé Antinoüs pour rendre les peuples complices d'une passion effrénée. La mort héroïque, ou, si l'on veut, simplement tragique, de celui-ci, explique assez les honneurs qui lui furent rendus. Spartien attribuait à une juste reconnaissance les regrets d'Adrien. D'autres auteurs ont partagé cette opinion[1]. Mais je ne dois pas insister sur un point qui a été traité par Winckelmann, Eckhel, Visconti, et une foule d'antiquaires célèbres.

Adrien, comme je l'ai dit au commencement de ce mémoire, avait un goût démesuré de bâtir : il en a donné des preuves en construisant tant d'édifices dans l'Asie, dans les Gaules, en Angleterre[2], etc.; mais

---

[1] *Voyez* les *Monumens antiques inédits*, par M. Millin, tom. II, pag. 153. M. C^d. Levezow (*über den Antinoüs*, Mémoire sur Antinoüs, Berlin, 1808) pense que la mort d'Antinoüs fut un effet du hasard : M. Millin croit qu'il immola sa vie, et que c'est la seule manière d'expliquer les honneurs et le culte qui furent rendus à sa mémoire. *Voyez* le *Magasin encyclop.* ann. 1809, pag. 410.

[2] Il est l'auteur d'un mur construit en Angleterre qui avait quatre-vingts milles, entre l'Eden et la Tyne. *Multa correxit, murumque*

une grande, surtout, en faisant la ville Adrienne à Tivoli. Là, selon Spartien, il éleva des édifices dont il avait puisé l'idée, le nom ou la forme, dans ses voyages à Athènes, en Égypte et en Asie; ils portaient les noms les plus célèbres, *le Lycée, l'Académie, le Prytanée, le Pœcile, Canope, Tempé*; enfin, pour ne rien oublier, il y plaça aussi les *enfers*[1]. Quantité de ces monumens se retrouvent encore aujourd'hui dans la ville Adrienne, et offrent les restes d'une grande magnificence : on y voit l'endroit appelé *Canope*, qui renferme un temple à demi-détruit; un théâtre, des portiques, des promenoirs, des xystes, des vestibules, le Pœcile[2], etc. Ces ruines couvrent un espace considérable, qui a près de quatorze cents cannes romaines, sur trois cent quatre-vingts[3], ou environ trois mille trois cent cinquante mètres sur huit cent cinquante.

Aurélius Victor nous le représente comme entouré d'une légion d'architectes et d'artistes en tout genre, sans cesse occupés à construire et à décorer des édifices. Il était lui-même habile peintre et sculpteur; il travaillait avec succès le marbre et le bronze : aucun prince n'a aimé les arts avec autant de passion et ne les a cul-

---

per octoginta millia passuum primus duxit, qui Barbaros Romanosque divideret. (Spartian.)

[1] *Tiburtinam villam mirè exædificavit, ita ut in ea et provinciarum et locorum celeberrima nomina inscriberet, velut Lyceum, Academiam, Prytaneum, Canopum, Pœcilen, Tempe, vocaret; et ut nihil prætermitteret, etiam inferos finxit.* (Spartian.)

[2] Le Pœcile d'Athènes était un double portique, long de huit cents pieds, avec un mur très-élevé au milieu, etc.

[3] *Ichonographia villæ Tiburtinæ Hadriani Cæsaris, à Pyrrho Ligorio*, etc., Romæ 1751. Piranesi a fait depuis un autre plan de la *villa Adriana*.

tivés avec plus de goût¹. On attribue à Adrien l'arène de Nîmes et le pont du Gard. Il fit rebâtir le tombeau de Pompée et la ville entière de Jérusalem. A Rome, le pont Saint-Ange, le mausolée d'Adrien, sont des ouvrages qui attestent, avec tant d'autres, qu'il aimait la grandeur du style en architecture. Il fit réparer les chemins ou construire des chaussées nouvelles en Italie, en Espagne, en Portugal, et jusqu'en Angleterre; et par ses soins, la voie Cassienne fut refaite dans une longueur de quatre-vingt-sept milles². Quelle autre preuve faut-il pour démontrer qu'Adrien, en fondant une ville en Égypte, satisfaisait sa manie de bâtir, et que, par conséquent, il n'éleva point cette ville en l'honneur d'Antinoüs? Seulement, pour perpétuer sa mémoire, il donna son nom à la ville nouvelle. J'ai fait voir, dans le §. I, que des raisons d'un ordre différent avaient pu diriger Adrien dans cette entreprise, et elles me paraissent assez convaincantes pour répandre quelque lumière sur les vraies causes de la fondation faite par ce prince. La Thébaïde manquait d'une ville capitale; Ptolémaïs n'existait plus; Coptos était trop reculée et uniquement commerçante. L'Heptanomide était dans le même cas; Memphis était détruite, et Hermopolis commençait à tomber en ruine. Enfin Alexandrie était aux limites de la contrée, et même presque hors de l'Égypte, dont le désert la séparait d'un côté. L'autorité romaine n'avait donc aucun centre pour servir de point d'appui à l'administration : et quel pays était plus difficile à régir?

---

¹ *Voyez*, page 282, le portrait d'Adrien par Aurélius Victor.   ² *Histoire des grands chemins de l'Empire*, par Bergier, t. I, p. 57.

Qu'on lise la lettre d'Adrien lui-même à Servien son beau-frère, où tout en admirant la sagacité de ce peuple, il se plaint de son humeur difficile et rebelle, et de la peine qu'on avait de percevoir les tributs[1].

[1] *Saturninus oriundus fuit Gallis, ex gente hominum inquietissima, et avida semper vel faciendi principis vel imperii. Huic inter cæteros duces, qui verè summus videretur, Aurelianus limitis Orientalis ducatum dedit, sapienter præcipiens ne unquam Ægyptum videret : cogitabat enim, quantùm videmus, vir prudentissimus, Gallorum naturam; et verebatur ne si perturbidam civitatem vidisset, quò eum natura ducebat, societate quoque hominum duceretur. Sunt enim Ægyptii, ut satis nosti, viri ventosi, furibundi, jactantes, injuriosi, atque adeò vani, liberi, novarum rerum usque ad cantilenas publicas cupientes, versificatores, epigrammatarii, mathematici, aruspices, medici : nam et Christiani, Samaritæ, et quibus præsentia semper tempora cum enormi libertate displiceant. Ac ne quis mihi Ægyptiorum irascatur, et meum esse credat quod in litteras retuli, Adriani epistolam, ex libris Phlegontis liberti ejus proditam, ex qua penitùs Ægyptiorum vita detegitur, indidi :*
« *Adrianus Aug. Serviano Cos. S. Ægyptum, quam mihi laudabas, Serviane carissime, totam didici, levem, pendulam, et ad omnia famæ momenta volitantem. Illi qui Serapin colunt, Christiani sunt ; et devoti sunt Serapi, qui se Christi episcopos dicunt. Nemo illic archisynagogus Judæorum, nemo Samarites, nemo Christianorum presbyter, non mathematicus, non aruspex, non alip-tes. Ipse ille patriarcha, cum Ægyptum venerit, ab aliis Serapidem adorare, ab aliis cogitur Christum. Genus hominum seditiosissimum, vanissimum, injuriosissimum : civitas opulenta, dives, fecunda, in qua nemo vivat otiosus. Alii vitrum conflant, ab aliis charta conficitur ; alii liniflones sunt : omnes certè cujuscumque artis et videntur et habentur. Podagrosi quod agant habent ; cæci quod faciant ; ne chiragrici quidem apud eos otiosè vivunt. Unus illis Deus est ; hunc Christiani, hunc Judæi, hunc omnes venerantur et gentes : et utinam meliùs esset morata civitas, digna profectò sui profunditate, quæ pro sui magnitudine totius Ægypti teneat principatum ! Huic ego cuncta concessi, vetera privilegia reddidi ; nova sic addidi, ut præsenti gratias agerent. Denique, ut primùm inde discessi, et in filium meum Verum multa dixerunt, et de Antonino quæ dixerunt, comperisse te credo. Nihil illis opto nisi ut suis pullis alantur, quos quemadmodum fecundant, pudet dicere. Calices tibi allassontes versicolores transmisi, quos mihi sacerdos templi obtulit, tibi et sorori meæ specialiter dedicatos, quos tu velim festis diebus conviviis adhibeas. Caveas tamen ne his Africanus noster indulgenter utatur.* »

Hæc ergo cogitans de Ægyptiis, Aurelianus jusserat ne Saturninus Ægyptum videret, etc. (Flav. Vopisci Syracusii Saturninus, *Historiæ*

Je laisse au lecteur judicieux à tirer la conséquence de ces réflexions, et je termine cet écrit, déjà long peut-être, par une remarque sur la colonie grecque établie dans Antinoé. Bien que l'inscription tracée sur les colonnes d'Alexandre-Sévère, et qui fait mention des nouveaux Grecs d'Antinoé, ne puisse être antérieure à cet empereur, il ne faudrait pas en conclure que les Grecs n'y habitaient pas auparavant. Je suis persuadé qu'Adrien lui-même envoya une colonie grecque exprès pour peupler Antinoé; et je me fonde sur ce qu'il en fit autant quand il rebâtit Jérusalem, sous le nom d'*Ælia-Capitolina*, après que cette ville eut été prise d'assaut, renversée et dépouillée de ses habitans. Pour le succès de ses établissemens en Asie, il avait l'habitude d'y transporter des Grecs, et, avec eux, leurs lois, leur régime et leur magistrature. Il avait fait plusieurs séjours à Athènes, où il s'était fait initier aux mystères d'Éleusis; il y bâtit même un nouveau quartier d'une grande étendue, et un temple magnifique. Adrien faisait la plus grande estime de la littérature grecque, dans laquelle il était lui-même très-versé [1]; et l'on sait qu'entraîné par l'éloquence du sophiste Aristide, il mit fin à la persé-

---

Augustæ Scriptores sex, Lugduni Batav. 1661, pag. 958-963.)

L'Égypte occupa beaucoup Adrien, et bien plus qu'on ne le croit communément. Suivant l'opinion de M. Langlès, qui s'appuie sur el-Maqryzy, c'est cet empereur qui fit recreuser le canal allant du Nil à la mer Rouge et appelé *Trajanus amnis* : ce nom a fait attribuer le canal à Trajan; mais Adrien portait ce même nom comme son prédécesseur. (*Voyez* le Livre des avis....... sur la description historique des divisions territoriales et des vestiges, tirés des annales de l'Égypte, par el-Maqryzy, dans la *Description historique du canal d'Égypte*, par M. Langlès, in-4° de 67 pages.)

[1] *Hic, Græcis litteris impensiùs eruditus, à plerisque Græculus appellatus est. Atheniensium studia*

cution dirigée contre les chrétiens : aussi aucun empereur ne fut-il plus cher aux Athéniens et aux Grecs; ils lui élevèrent un temple appelé *Panhellenicon;* une multitude d'inscriptions déposent de leur affection pour lui.

moresque hausit non sermone tantùm, sed et cæteris disciplinis, canendi, psallendi medendique scientiá, musicus, geometra, pictor, fictor ex ære vel marmore proximè Polycletos et Euphranoras. Perinde omnino ad ista erat factus, ut elegantius nunquam quicquam humanæ res expertæ videantur. Memor supra quàm cuiquam credibile est, locos, negotia, milites, absentes quoque, nominibus recensere. Immensi laboris, quippe qui provincias omnes pedibus circumierit, agmen comitantium prævertens, cùm oppida in universum restitueret et augeret ordinibus. Namque, ad specimen legionum militarium, fabros, perpendiculatores, architectos, genusque cunctum exstruendorum mœnium seu decorandorum, in cohortes centuriaverat. Varius, multiplex, multiformis : ad vitia atque virtutes quasi arbiter genitus, impetum mentis quodam artificio regens, ingenium invidum, triste, lascivum, et ad ostentationem sui insolens, callide tegebat; continentiam, facilitatem, clementiam simulans, contraque dissimulans ardorem gloriæ, quo flagrabat. (Aurel. Vict. Epitom.)

CHAPITRE SEIZIÈME.

DESCRIPTION
DES ANTIQUITÉS
DE
L'HEPTANOMIDE[1],

Par E. JOMARD.

DE L'HEPTANOMIDE EN GÉNÉRAL.

Je rassemble ici sous le titre général d'antiquités de l'Heptanomide celles qui sont comprises dans l'Égypte moyenne, depuis Manfalout jusqu'à Memphis, sans y faire entrer cependant les monumens d'Hermopolis et d'Antinoé, qui sont décrits à part dans les précédens chapitres. Les hypogées de Beny-Hasan sont sans doute, dans cette partie, les vestiges les plus curieux et ce qu'il y a de plus important sous le rapport de l'antiquité égyptienne; cependant il y a plusieurs autres lieux sur lesquels les voyageurs n'avaient donné aucun renseignement, et qui ne sont point indignes de l'attention du

---

[1] Hermopolis, Antinoé, Arsinoé et Memphis, sont décrites séparément dans les chapitres XIV, XV, XVII et XVIII, *A. D.*

lecteur. Ce tableau complétera les notions qu'exigeait la géographie dans cette partie moyenne de l'Égypte. Mon long séjour dans ce pays, où je suis resté pendant plus de quatre mois, et que j'ai parcouru à plusieurs reprises pendant l'expédition, m'a mis à portée de recueillir, partout où il subsiste des traces de monumens, quelque dessin ou quelque observation; et, comme j'ai suivi également les deux rives du Nil et le milieu de la vallée, que j'ai marché le long de la montagne d'Arabie ainsi qu'au pied de la chaîne libyque, souvent même dans l'intérieur du désert, je crois pouvoir assurer que peu d'anciens vestiges m'ont échappé, principalement dans les parties qui s'étendent de Manfalout à Samallout et de Beny-Soueyf à Memphis.

Pour mettre un peu d'ordre dans ce mémoire, je conduirai constamment le lecteur dans une même direction, c'est-à-dire du nord au midi, et je m'appuierai sur la division du pays en nomes ou préfectures[1]. Cette division de la contrée en nomes exige quelques remarques préliminaires, fondées sur des observations qui me sont propres, et qui se rattachent à un travail général sur la géographie comparée de l'Égypte.

L'Heptanomide était, comme l'indique son nom, composée de sept nomes : les Grecs les appelaient *Hermopolites, Cynopolites, Oxyrhynchites, Héracléopolites, Crocodilopolites, Aphroditopolites* et *Memphites*; à quoi il faut ajouter l'*Antinoïtes*, qui fut établi sous Adrien, mais dont on n'a jamais connu la circonscription[2].

[1] *Voyez* la pl. 6, fig. 1, *É. M.*, vol. 1.

[2] Le seul Ptolémée fait mention de l'Antinoïte; mais, comme il est

DE L'HEPTANOMIDE.

Strabon rapporte qu'il y avait vingt-sept cours dans le labyrinthe, et qu'on y assemblait *toutes les préfectures pour délibérer sur les affaires importantes de l'État*[1]. Sur ces vingt-sept, il y en avait dix pour la Thébaïde, autant pour l'Égypte inférieure, et sept pour celle du milieu. Quoi qu'on veuille inférer d'un passage du même auteur, contradictoire avec le précédent, on ne peut augmenter l'Heptanomide d'un seul nome sans se jeter dans toute sorte d'embarras. Il est tellement vrai que cette région a toujours été divisée en sept préfectures, que les géographes se servaient aussi du nom d'*Heptapolis*. Denys le Periégète, dans son poëme géographique, et Eustathe, qui l'a commenté, confirment cette division[2]. Donner seize nomes à l'Heptanomide, au

question aussi de ce nome dans les manuscrits qobtes, son existence ne peut être révoquée en doute. Ce district se bornait-il au territoire d'Antinoé, ou bien comprenait-il toute la rive droite, depuis le nome Lycopolite jusqu'à celui de Cynopolis ? C'est ce qu'on ne peut absolument connaître; quoi qu'il en soit, il paraît avoir existé concurremment avec le nome Hermopolite.

[1] *Voyez* la Description du nome Arsinoïte, chap. *XVII*, sect. III, 2ᵉ partie, §. III.

[2] Ὅσσοι δ' Ἑπτάπολιν μεσάτην ἤπειρον ἔχουσαν.
Et qui Heptapolim mediam continentem tenent.
Dionys. Perieg. v. 251.

Le commentaire d'Eustathe porte « que l'*Heptapolis*, appelée aussi *Arcadia*, du roi Arcadius, se nommait auparavant *Heptanome* et *Heptanomie*, de ce qu'elle renfermait sept nomes, et que, des sept villes, six étaient situées à la gauche du Nil, et une à la droite. » (*Geogr. veter. script. Græc. min.* t. IV, Ox. 1698.) Mais il y fait entrer, par erreur, des villes de la Thébaïde.

Dans Agatharchide (*de Rubro mari*), on lit que « de Memphis à la Thébaïde il y avait cinq nomes : I, *Heracleopolitarum*; II, *Lycopolitarum*; III, *Oxyrhynchitarum*; IV, *Hermopolitarum*; V, *alii Phylacam, alii Schediam nominant.* » Je pense qu'il faut lire *Cynopolitarum*, au lieu de *Lycopolitarum*; à moins que par λύκος on n'entendît le chien-loup. L'Arsinoïte est omis, comme étant très-reculé, et le nom de l'*Aphroditopolite* est remplacé

lieu de sept, c'est non-seulement un contre-sens, mais c'est réduire les divisions à un espace trop petit; c'est enfin multiplier sans nécessité, dans un pays déjà si étroit, les ressorts et les juridictions.

Il existe de plus une preuve péremptoire, que la contrée moyenne de l'Égypte n'avait que sept nomes; c'est qu'on trouve des médailles frappées pour les nomes de cette région, sous Trajan, Adrien et Antonin, précisément au nombre de sept, et portant les noms mêmes que je viens de citer : voici ces noms, tels qu'ils sont gravés sur les médailles : ЄPMOΠOΛITHC, KYNOΠ..., OΞYPYNXI..., HPA..., APCINOЄITHC, AΦPOΔI-TOΠOΛЄITHC, et NOMOC MЄMΦITHC. Dans le dernier, on a ajouté le mot lui-même de *nome*[1].

On ne peut donc pas même admettre que si, dans la haute antiquité, le nombre des préfectures de cette province était de sept, il augmenta dans la suite des temps. En effet, sous Adrien, nous n'en voyons encore que sept inscrites sur les médailles, et nous ne trouvons même pas dans le nombre le nome Antinoïte, fait d'ailleurs assez remarquable.

Ce qui est encore une preuve non moins démonstrative, c'est que l'ancienne division s'est perpétuée jusqu'à nos jours, et dans son nom, et dans ses arrondissemens.

---

mal-à-propos par celui de *Schedia* ou *Phylaca*, qui n'était qu'un poste intermédiaire entre la Thébaïde et l'Heptanome.

J'observerai ici qu'un passage de S. Épiphane (*Advers. hæres.* lib. I, tom. II, pag. 69) nous apprend que les Égyptiens appliquaient le nom de *nome* au territoire de toute grande ville, τὴν περιοικίδα ἤτοι περίχωρον: il cite le prophète Isaïe.

[1] *Voyez* la planche des nomes d'Égypte, n°. 58, *A.*, vol. V, et les mémoires numismatiques de M. Tôchon, au sujet de ces nomes.

DE L'HEPTANOMIDE.

On appelle cette région moyenne *el-Ouestâny* ou le pays *du milieu*; elle s'étend du Kaire à Syout, comme autrefois l'Heptanomide allait de Babylone aux environs de Lycopolis; elle renferme cinq provinces, qui portent le nom d'*Achmouneyn*, de *Behneseh*, de *Fayoum*, d'*Atfyh* et de *Gyzeh* : mais on a réuni dans la province d'Achmouneyn le Cynopolite à l'Hermopolite; et dans celle de Behneseh, l'Héracléopolite et l'Oxyrhynchite. Ajoutons que les limites sont les mêmes qu'autrefois.

Il restera sans doute à trouver, s'il est possible, une explication du passage où Strabon donne dix préfectures à l'Égypte supérieure, dix à l'inférieure, et seize à la moyenne; passage qui est évidemment vicieux, puisque cette dernière était de beaucoup la plus petite des trois : mais je ne dois pas prolonger ici cette discussion, qui m'écarterait de mon sujet, et qui trouvera mieux sa place dans les mémoires de géographie comparée.

Sous l'empereur Arcadius, l'Heptanomide prit le nom d'*Arcadia*; déjà sous Théodose-le-Grand son père, une ville dont on a cru que le nom actuel est *Tahâ el-A'moudeyn*, mais qui me paraît avoir été située ailleurs, avait pris celui de *Theodosioupolis*. Les noms ont changé ainsi dans différentes parties de l'Égypte sous l'administration romaine, et c'est sans doute une des causes qui rendent difficiles à découvrir dans l'Heptanomide certains lieux qu'on lit inscrits dans la Notice d'Hiéroclès et dans la Notice de l'empire, indépendamment de ce qu'ils sont corrompus :

tels sont, dans la première, ceux de Νικόπολις, peut-être pour *Nilopolis*; Πέμφις, pour *Memphis*; Κάσος, pour *Cusæ*, etc.; et dans la seconde, *Precteos*, *Theraco*, *Peamu*, etc.

SECTION Ire.

NOMUS HERMOPOLITES.

Cette préfecture est la plus étendue de toutes celles de l'Heptanomide, et c'est celle aussi qui renferme le plus de vestiges de l'antiquité égyptienne. Indépendamment des villes appelées *Thebaïca* et *Hermopolitana, Phylace, Tanis, Ibeum*, et de la capitale *Hermopolis*, dont j'ai traité dans la description qui a cette grande ville pour objet [1], elle renferme encore *Cusæ, Pesla, Psinaula, Speos Artemidos*, les antiquités qu'on trouve à *Establ-A'ntàr, Meyláouy, Etlidem, Záouyet-Mayetyn, Saouâdeh*, etc. : elle comprend, dans les deux montagnes, des carrières, des hypogées et des murailles antiques; sur les limites du désert, beaucoup d'églises des premiers temps du christianisme, telles que Deyr Abou-Fâneh, Deyr Anbâ-Bychây, Deyr Abou-Hennys, etc.; enfin, au milieu de la vallée, une multitude de buttes, de ruines remplies d'antiques vestiges, et restes des anciennes habitations qui ont été remplacées par les villages actuels.

Je donnerai la description de tous ces restes d'antiquités, et je parlerai d'abord des catacombes remarquables de Gebel Abou-Fedah; je dirai aussi un mot de Deyr el-Maharrag [2], qui, au reste, a peut-être appartenu au nome supérieur appelé *Lycopolite* [3].

---

[1] Voyez *A. D.*, chapitre *XIV*.
[2] *Voyez* plus bas, §. III.

[3] *Les antiquités de l'Heptanomide n'ont pas pu toujours être dis-*

CH. XVI, DESCRIPTION

§. I. Carrières Égyptiennes à *Gebel Abou-Fedah*.

C'est une règle générale en Égypte, que partout où l'on trouve des hypogées, il y avait dans le voisinage une ancienne ville ou bourgade dont les morts étaient ensevelis dans ces catacombes : on est donc sûr de trouver auprès des excavations égyptiennes les restes de quelque position antique. Celles que l'on trouve dans la montagne appelée *Gebel Abou-Fedah*, se rapportent, selon toute apparence, à l'ancienne ville de *Cusæ*, qui était sur la rive gauche en face, et dont nous parlerons bientôt. Ces hypogées présentent des particularités absolument nouvelles et bien dignes d'attention.

Au-dessus du gros village de Qoçeyr, sur la rive droite du Nil, et dans une montagne élevée de cent cinquante pieds environ, dont les eaux baignent le pied, les Égyptiens ont pratiqué un grand nombre d'excavations qui ont d'abord été des carrières, et qui ont ensuite servi d'hypogées. La montagne arabique a, dans un endroit, ses couches fortement inclinées à l'horizon; dans un autre, ses lits sont courbés et tourmentés dans tous les sens : mais tous ces lits sont restés parallèles entre eux, comme si elle eût éprouvé, dans toutes ses parties à-la-fois, quelque grande commotion ou un affaissement subit[1]. On entre d'abord, en débarquant

---

tribuées dans les planches selon l'ordre géographique ; mais on ne s'est écarté de cet ordre que pour des objets de détail. Ainsi Cusæ (pl. 67, fig. 1) appartiendrait à la pl. 62; Meylàouy et envir. (pl. 67, fig. 2-13), à la pl. 63, etc.

[1] *Voyez* pl. 62 ; fig. 1. Cet aspect

du Nil et mettant pied à terre, dans une petite vallée qui est comme remplie de ruines en briques, de murailles debout, et de vases brisés. Au bout des ruines, on gravit la montagne, où l'on rencontre des marches taillées dans le roc, conduisant à des carrières considérables : on trouve en place des pierres énormes qu'on avait commencé d'extraire et qui n'ont pu être entièrement enlevées; plus loin, une excavation grande et profonde, que soutiennent de gros piliers laissés de distance en distance. On reconnaît, en examinant cette carrière, qu'elle n'avait pas encore été disposée pour servir de tombeau : partout on voit les marques de l'outil et les traces d'un enlèvement considérable de matériaux; mais les parois n'avaient pas été taillées en faces droites et rectangulaires, ou bien n'avaient pas été préparées pour recevoir les sculptures décoratives. Cependant, à un angle, (et c'est une remarque importante à faire), j'ai vu un bas-relief hiéroglyphique : voilà une preuve que les catacombes ont été primitivement des carrières, que l'on a successivement transformées en salles régulières, puis revêtues d'ornemens; opinion que j'ai déjà présentée ailleurs, et qui est infiniment plus probable que celle qui ferait regarder les catacombes comme d'anciennes habitations et comme l'origine de l'architecture égyptienne [1].

Sur les faces de cette excavation principale, on remarque des inscriptions grecques de peu d'importance;

est tellement frappant pour le voyageur, qu'il lui est impossible de ne pas s'arrêter à le contempler et à rechercher les causes qui ont pu donner à la montagne une disposition si extraordinaire.

[1] Description des hypogées de la ville de Thèbes, *A. D.*, chap. IX.

mais l'attention est surtout attirée par de grands dessins qu'on a tracés à l'encre rouge sur des parois dressées exprès. On ne connaît rien de semblable ni même d'aussi curieux dans aucun autre endroit de l'Égypte. Ce sont en effet des épures qui devaient diriger l'ouvrier tailleur de pierres dans la coupe des chapiteaux égyptiens; elles sont dessinées entre des carreaux tracés aussi en rouge, selon la méthode même dont on se sert actuellement en Europe.

Dès que j'eus jeté la vue sur ces curieux dessins, je compris à l'instant tout l'intérêt qu'ils pouvaient offrir pour l'histoire de l'art et même de la géométrie, et je m'empressai d'en copier plusieurs [1]. Deux de ces chapiteaux représentent une tête d'Isis surmontée du petit temple carré, et avec tous leurs détails, tels que les coiffures, les oreilles, les serpens, les filets enroulés, etc.; mais tous ces traits sont indiqués par des masses. La projection est presque toute composée de lignes droites, même pour les linéamens du nez, de la bouche et du menton. Les courbes sont en général des arcs de cercle, et elles sont tracées au compas; celles qu'on a faites à la main, ont été jetées sans hésitation et avec une hardiesse remarquable. Il n'y a point de doute que les auteurs des épures ne fussent très-exercés à ce genre de dessin. Les carreaux tracés à Gebel Abou-Fedah présentent un autre intérêt que ceux qui sont à Ombos, à Contra-Lato et à Thèbes : dans ceux-ci, l'on voit les figures arrêtées dans toutes leurs parties, tandis que, dans les premiers,

[1] M. Cécile, qui se trouvait en même temps que moi dans cette carrière, copia aussi une des épures.

ces parties ne sont qu'indiquées par les premiers traits, qui décèlent le faire et le secret de l'artiste [1].

Les carreaux dans lesquels ces chapiteaux sont tracés, ont encore un intérêt de plus, à cause de leur nombre et de leurs dimensions. Dans l'un et dans l'autre, le petit temple et la tête ont chacun également quatre carreaux de hauteur; et, dans tous les deux aussi, la largeur totale comprend six carreaux. Cependant ces chapiteaux sont à des échelles très-différentes, puisque l'un a $2^m,80$ de haut, et l'autre, $2^m,16$.

Dans le plus petit, les carreaux ont $0^m,27$ dans le sens horizontal; dans l'autre, alternativement $0^m,26$ et $0^m,28$: ils équivalent à quatorze doigts de la coudée égyptienne [2]. Dans le plus grand, ils ont $0^m,35$ ou dix-huit doigts, ou ce qu'on appelle un *pygmé*, c'est-à-dire les trois quarts de la coudée : on peut déduire de là plusieurs conséquences; mais je renvoie au mémoire cité dans les notes. Je préfère fixer l'attention du lecteur sur un autre point assez important; c'est que l'épure du premier de ces chapiteaux est la même que celle qui a servi à tracer le chapiteau lui-même de Denderah. Il est impossible d'en douter : en effet, la largeur totale de celui-ci est de $2^m,762$; dans l'épure, elle est de $1^m,38$ ou la moitié.

Le petit temple a $2^m,16$ jusqu'à l'angle de la corniche; dans l'épure, $1^m,08$ ou la moitié.

La hauteur de ce temple a, dans le chapiteau, plus de $2^m,10$; et dans l'épure, $1^m,08$ ou la moitié.

---

[1] *Voyez* pl. 62, fig. 3 et 4.
[2] La tête avait ainsi trois pieds égyptiens et demi. (*Voyez* mon Mémoire sur le système métrique des anciens Égyptiens, chap. V, Antiquités-Mémoires.

La saillie est de 0^m,352 ; et dans l'épure, de deux tiers de carreau ou 0^m,175, c'est-à-dire encore la moitié.

Cependant la tête est un peu plus que moitié de celle du chapiteau, qui a 1^m,8, tandis que la première a très-peu moins d'un mètre. Ainsi toute cette épure est à l'échelle de moitié de l'exécution ; rapport commode, et qui a sans doute été choisi pour qu'on pût conserver dans les contours une parfaite précision.

La tête étant celle d'une femme, c'est-à-dire dans la proportion de 1 à 7 $\frac{3}{4}$ avec la stature entière, il est facile de trouver à quelle stature elle se rapportait ; comme elle occupe trois carreaux et demi ou 0^m,95, la hauteur de la figure serait de 7^m,36, ou précisément seize coudées. La stature naturelle étant de quatre coudées, l'artiste s'est donc servi, pour dessiner cette tête de femme, d'une échelle de quatre coudées ou une orgyie pour coudée, ou bien de celle d'un pied pour palme.

On pourrait faire des rapprochemens tout aussi curieux sur le second chapiteau à tête d'Isis, dans lequel la partie de la tête avait quatre carreaux de hauteur ou trois coudées [1] ; et celle du temple, autant : la largeur totale avait quatre coudées et demie. Mais je dois passer à un troisième chapiteau, en forme de calice de lotus [2]. Sa plus grande largeur est de 2^m,26 : sa hauteur, de 1^m,21. Le dé a 0^m,36 de haut (ou un carreau) sur 1^m,06 ; le fût a 1^m,3. Il y a deux espèces de carreaux ; les trois supérieurs sont de 0^m,36, et les autres de 0^m,47 ou 0^m,48.

[1] *Voyez* pl. 62, fig. 3.   [2] *Ibid.* fig. 5.

Si l'on prend pour unité le quart de ce dernier, on trouve, à fort peu près :

Le dé, hauteur.................... 3 parties.
— largeur...................... 9.
Le chapiteau, hauteur totale........... 10.
— largeur................... 9.
— couronnement............. 2.
— saillie sur le dé............ 5.
— saillie sur le fût........... 4.
Le fût, largeur.................... 11.

Or, cette partie aliquote se trouve être précisément un quart de la coudée égyptienne, ou six doigts [1].

Si l'on cherchait parmi les nombreuses colonnes de ce genre qui se trouvent dans les monumens, par exemple, à Karnak, je ne doute pas que l'on ne découvrît celles auxquelles se rapporte cette épure. La courbure de la gorge n'est pas tracée; il n'y a en place qu'une simple ligne droite. On remarque au reste, dans cette épure, la même pureté de trait que dans les précédentes; enfin elle est également tracée en encre rouge sur une face dressée pour cet objet.

Ainsi voilà des projections, ou ce qu'on appelle des *traits* en stéréotomie, qui nous sont restées de la main même des architectes égyptiens. De simples lignes rouges ont résisté au laps des siècles, et aujourd'hui elles nous révèlent les procédés de l'art en Égypte.

Aux environs des carrières de Gebel Abou-Fedah, on trouve des débris de momies qui contribuent à prouver qu'elles ont servi d'hypogées. Les habitans des villages voisins leur donnent le nom de *moghârah*, nom par le-

[1] *Voyez* le mémoire qui est cité ci-dessus, note [2] de la page 295.

quel les *felláh* désignent toujours les grottes sépulcrales. Au-delà de cette montagne, le rocher, toujours baigné ou très-voisin des eaux du Nil, continue de présenter à l'œil des ouvertures de catacombes. En général, on voit la même chose dans presque toute la chaîne arabique, pendant vingt-cinq à trente lieues. D'un autre côté, le rocher est constamment à découvert dans cette partie, presque toujours à pic et rapproché du fleuve; raisons qui ont fait adopter cette montagne pour y creuser les tombeaux des habitans de la rive gauche du Nil. C'est sur cette dernière qu'étaient situées un grand nombre de villes populeuses : la largeur de la plaine aurait donc exigé que les habitans allassent au loin dans la chaîne libyque pour déposer leurs morts; l'endroit le plus commode et le plus proche était la montagne arabique.

§. II. Cusæ (aujourd'hui *Qousyeh*).

Cusæ était une des villes de la rive gauche qui avaient leurs catacombes à Gebel Abou-Fedah. Cette ville, située à deux mille cinq cents mètres à l'ouest du Nil, est la plus méridionale du nome Hermopolite, et de la province actuelle d'Achmouneyn ou de Minyeh : c'est à cet endroit, ou plutôt au canal qui en est au midi, et qu'on appelle *Tera't el-A'sal*, que commençait la Thébaïde. Dans la Notice de l'empire, *Cusæ* fait partie de la Thébaïde; dans celle d'Hiéroclès, on voit que *Kasos*, que je crois être le même lieu, fut également rangé parmi les villes de la Thébaïde inférieure : mais c'était à une époque récente, où la circonscription avait changé;

alors Hermopolis et Antinoé elles-mêmes avaient été enlevées à l'Arcadie.

Le bourg actuel de Qousyeh est bâti sur l'emplacement de l'ancienne ville. La similitude de nom est déjà un indice de la position de l'ancienne *Cusæ*; mais on en a une autre preuve dans la conformité de distances qu'il y a entre *Cusæ* ou Qousyeh et des points connus. L'Itinéraire d'Antonin compte vingt-quatre milles d'*Hermopolis* à *Cusis*, et trente-cinq de *Cusis* à *Lyco*. Les distances d'Achmouneyn et de Syout à Qousyeh sont, l'une, de quarante-six mille cinq cents mètres, et l'autre, de trente-neuf mille neuf cents mètres[1]; ou trente-un milles romains et demi, et vingt-sept milles; ce qui forme bien, à un demi-mille près, le compte total des cinquante-neuf milles : cela ferait en même temps supposer *Cusæ* un peu plus au nord que Qousyeh, savoir, de quatre mille cinq cents mètres, c'est-à-dire que la ville ancienne aurait été placée entre ce lieu et la grosse bourgade de Sanaboû. Cependant la ressemblance des noms ne permet pas de s'arrêter à cette médiocre différence; d'ailleurs, dans les nomenclatures de villages, le nom arabe de *Qousyeh* répond aux noms grec et qobtc de l'ancienne ville, savoir Κως et Ⲕⲱⲥ, le même nom évidemment que *Cusæ* de l'Itinéraire latin[2]. Les cheykhs m'ont donné le nom ainsi écrit, مدينة قوس *Medynet Qous*; ce qui annonce une très-ancienne ville.

Dans Élien, la ville est appelée *Chusæ*, Χȣσαὶ. Elle

---

[1] *Voyez* la pl. 6, fig. 1, *É. M.*, vol. 1. *Plusieurs positions antiques, placées dans cette carte d'après d'Anville, sont rectifiées dans ce mémoire.*

[2] M. Ét. Quatremère a fait voir que ce lieu s'appelait aussi Κωσκαμ.

est petite, dit-il, mais très-agréable. Il la place dans le nome hermopolitain. On y adorait, selon lui, Vénus sous le nom d'*Uranie* et sous la figure d'une vache [1] : mais ce culte était celui de plusieurs villes d'Égypte. Il y avait à *Cusæ*, selon la Notice de l'empire, un corps de cavalerie appelé *Legio secunda Flavia Constantia Thebæorum* [2].

Au sud-sud-ouest de la ville actuelle, il existe une grande montagne de décombres avec des constructions et beaucoup de murs en briques ruinés, ainsi qu'une multitude de fragmens de verres brisés, de vases de toute espèce : les décombres renferment des médailles et différentes antiques; mais on ne voit plus le temple qui devait exister dans cette ville, d'après le passage d'Élien, ni même aucune colonne.

Il paraît que la ville a été incendiée, et que c'est pour cette cause qu'on trouve une partie des briques cuite [3]. Sur les décombres, on voit groupés des *fellâh*, souvent occupés à sasser la terre; ils en tirent une poussière qu'ils recueillent pour servir d'engrais, et qui se nomme *sebâkh*. Vers l'étang qui est au milieu, on a déterré une grande pierre prismatique, de quatre à cinq mètres

---

[1] Κωμὴ Αἰγυπτιὰ Χουσαὶ τὸ ὄνομα τελεῖ δὲ εἰς τὸν Ἑρμοπολίτην νομὸν καὶ μικρὰ μὲν δοκεῖ, χαρίεσσα μήν· ἐνταῦθα σέβουσιν Ἀφροδίτην, Οὐρανίαν αὐτὴν καλοῦντες, etc.

In *Ægypti vico* Chusis *nuncupato, non magno quidem, sed certè eleganti, qui in Hermopolitanam præfecturam censetur, Venerem colunt, quam Uraniam appellant, atque vaccam etiam ideò venerantur, quia affinitatem et convenientiam cum dea ipsa habere existimatur.....* itemque Isin bubulis cornibus Ægyptii et fingunt et pingunt. (Ælian. de nat. animal. lib. x, cap. 27.)

[2] *Notit. utriusque imperii*, p. 90.

[3] Après avoir écrit ce qui précède, j'ai vu dans le même auteur que cette position était surnommée, dans Abouselah, *Moharraqah* ou *la brûlée*; ce qui confirme ma conjecture. De plus, il y a auprès, comme on le voit au paragraphe suivant, un couvent appelé *Deyr el-Maharraq*.

de longueur. L'étendue de Qousyeh et des ruines encore visibles est de mille mètres [1].

Il se tient dans cette bourgade un marché considérable, où j'ai vu rassemblées deux à trois mille personnes; on y vend du tabac, des toiles, des dattes, des chameaux, des bestiaux, des colliers et de la verroterie. C'est là que les Arabes *Ouâfy* viennent faire leurs emplettes, toujours armés de piques et de fusils, dictant insolemment les conditions de leurs marchés; spectacle étrange et affligeant pour le voyageur, qui cherche en vain une sage police dans un pays qui jadis en avait une si florissante. Ces visites sont funestes aux *fellâh*, que les violences des Arabes irritent quelquefois : heureux s'ils ne payent pas de la vie l'humeur qu'ils laissent voir quand les Bédouins les ont dépouillés.

§. III. *Deyr el-Moharrag ou el-Maharraq; monastères de Sanaboû; Koum-Omboû.*

A sept mille mètres au sud-est de Qousyeh, est un grand monastère, le plus considérable de toute cette contrée, et qu'on appelle *Deyr Maharrag* ou *Maharraq*[2]; on l'appelle aussi *el-Hadré*[3] : j'ai cru devoir le comprendre dans cette description, quoiqu'il fasse aujourd'hui partie de la province de Manfalout. Sa situation est sur la limite du désert, et un peu dans les sables. Il

---

[1] *Voyez* la pl. 67, *A.*, vol. IV, fig. 1.

[2] دير محرق

[3] الحدرا

a encore dans ses murs vingt religieux et deux cents habitans : la construction est en briques assez mauvaises; on n'y trouve point d'arbres. Au nord sont les tombeaux des chrétiens.

Une grande digue soultâny, qui porte le nom même du couvent, *Gesr el-Maharrag*, et qui sert en même temps de limite aux deux provinces, retient près de là les eaux du grand canal el-Souâqyeh, venant de Syout.

Les religieux n'ont point de terres; ils vivent d'aumônes : le supérieur, quand je m'y suis rendu, s'appelait *A'bd-el-Melek*. Je n'ai pu pénétrer dans la maison, et je ne l'ai vue que du dehors; elle est sous la dépendance et la protection du cheykh arabe A'bd-allah, de la tribu des *Ebn-Ouâfy*, qui réside à Teytlyeh, village placé au sud-est.

Depuis que *Cusæ* a perdu de son importance, il s'est élevé à Sanaboû, à six mille mètres au nord, une autre bourgade aujourd'hui plus forte que Qousych; trois vieux monastères, qui sont dans l'intérieur ou aux environs, annoncent que ce lieu a été fort anciennement habité. Le premier est au milieu de Sanaboû même, desservi par deux prêtres, et on l'appelle *Deyr Girgès* ou *monastère de Saint-George*[1]. Après avoir descendu sept à huit marches, on arrive à l'église; c'est une salle oblongue et étroite, décorée de boiseries et de trois tableaux. Deux représentent S. George à cheval, terrassant le démon; la composition en est aussi bizarre que le dessin est grotesque : derrière le saint, une petite

[1] دير جرجس

femme est montée en croupe. L'un de ces tableaux vient de Syrie; l'autre a été fait au Kaire par un Arménien: le fond de celui-ci est d'or; il porte en inscription ΓΕΟΡΓωC. Le saint est monté sur une selle arabe, avec de petits étriers de Mamlouk; son sabre est entre sa cuisse et la selle : c'est sous la forme d'un dragon que le diable est figuré.

Au sud-est, est le monastère de Saint-Théodore, *Deyr Tâoudoros el-Mechreqy*[1], aujourd'hui en ruine. Les chrétiens disent qu'il est de construction très-ancienne et d'origine grecque, *Roumâny* : tous les murs sont presque écroulés; le dedans est en briques cuites, d'un mauvais travail : on n'y trouve ni piliers ni colonnes, aucune construction en pierre ou en marbre. Il y a une citerne et une entrée de voûte que les chrétiens veulent faire passer pour la porte d'un château. Ma'llem Ayoub, le chef des Qobtes à Sanaboû, était occupé à faire rebâtir ce couvent lorsque j'y passai.

Le troisième est *Deyr Mâry Meynah*[2], au nord-est; il a environ trente-sept mètres sur trente-deux : l'église a trois voûtes, comme toutes celles que j'ai vues; elle est composée de plusieurs salles avec une citerne. A son passage à Sanaboû, après la bataille des Pyramides, Mourâd-bey avait enlevé ou brisé les boiseries et les tableaux, et fait périr deux prêtres et beaucoup de chrétiens.

A l'est de ce couvent, auprès de *Kafr-Kharfeh* et sur la digue de *Misârah*, est une petite butte dont je ferai mention à cause de son nom, *Koum-Omboû* ou *Koum-*

دير تاودرس المشرقى   دير مارى مينه

Onbouhâ [1]; il s'y trouve des ruines. Le nom est certainement ancien : il rappelle celui d'une grande ville située près de Syène, et si connue sous le nom d'*Ombos*.

Avant de quitter ce quartier, je ferai remarquer un gros village appelé *Beblâou* [2], et un autre appelé *Bánoub* [3], au nord de Sanaboû, qui conservent évidemment des traces de noms anciens. L'un rappelle le nom antique du papyrus, *biblos*, d'où *Bible*, *bibliothèque*, etc.; et l'autre, *Onuphis*, nom qui a été donné à plusieurs villes égyptiennes. Le premier de ces villages était fort considérable, il y a quarante ans ; on y voyait plus de mille chrétiens. Des guerres intestines ont détruit ces familles : les chrétiens en sont sortis, et ceux qui ont survécu sont employés partout à la direction des fours à poulets; industrie héréditaire qui confirme l'ancienneté de cette position, inconnue comme tant d'autres à la géographie.

§. IV. Pesla (aujourd'hui *el-Deyr* ou *Medynet el-Qeysar*); Carrières et ruines au nord.

El-Deyr est un gros village sur la rive droite du Nil, presque en face de Sanaboû. Il est bâti sur les ruines d'une ancienne ville où l'on trouve encore les restes d'un temple, et des catacombes creusées dans les rochers; cette ville était bâtie au pied même de la chaîne d'Arabie, qui est à pic et très-élevée [4]. Je demandai

1 كوم انبوها

2 ببلاو

3 بانوب

4 *Voyez* pl. 63, fig. 1.

aux cheykhs l'ancien nom du lieu, et ils me répondirent, *Medynet el-Qeysar*[1]; ce qui veut dire *la ville de César.* On l'appelle aussi *Deyr el-Qeysar*, *Deyr Bousrah*[2]. Ce nom de *Qeysar* n'est évidemment qu'un surnom donné dans les temps modernes, pour indiquer qu'il y avait eu dans cet endroit une ville romaine. Nous chercherons tout-à-l'heure quel a été le véritable nom.

Les ruines semblent divisées en deux parties, dont l'une touche au village, et l'autre est plus au nord; c'est celle-ci qui renferme le plus d'antiques vestiges. On y voit beaucoup de murailles debout, bâties en briques de petite dimension, mais bien égales, et par assises réglées. L'aspect est le même que celui des murs de *Cusœ*; mais la construction est mieux faite et mieux conservée. Les murailles sont peu enfoncées dans les décombres, parce que les *fellâh* y font journellement des fouilles pour en tirer une poussière propre aux engrais. On suit encore distinctement le plan des rues de la ville; ces rues étaient fort étroites.

Les ruines ont environ cinq cents mètres de longueur, sans y comprendre l'espace occupé par le village actuel. Dans l'intervalle qui est entre elles et le village, et qui a environ cent mètres, on voit une petite colline sablonneuse qui recouvre des ruines plus basses, dont la largeur ne passe pas cent mètres. On y voit beaucoup de débris de poteries; et dans le fond des vases, il y a un enduit résineux, pareil à celui que j'ai fait remarquer dans les amphores d'Hermopolis et d'An-

[1] مدينة القيصر [2] دير بصره

tinoé[1]. On trouve encore çà et là des pierres éparses qui ont appartenu à des constructions entièrement ruinées.

Le temple qui existait à el-Deyr, est rasé dans la plus grande partie; on voit cependant partout, et en place, les restes des colonnes, des murailles et des salles, et le plan est très-distinct. Plusieurs assises sont encore debout au-dessus des fondations; le sol a été fouillé considérablement.

La longueur de l'édifice est de vingt mètres, et sa façade, de quatorze environ. Il est composé d'un portique à six colonnes, et de six autres salles distribuées sur le même plan que les petits temples égyptiens[2]. Le portique a 11 mètres sur 7 $\frac{1}{2}$. La construction est en pierre calcaire, bien soignée et par assises régulières. Il manque un des murs latéraux à la seconde salle du fond du sanctuaire. Il est difficile d'affirmer à quelle époque remonte la construction de ce temple; malgré la ressemblance du plan avec ceux des petits temples de l'Égypte, on ne peut pas assurer qu'il soit du même temps : je n'ai point vu de sculptures égyptiennes dans les débris. A la vérité, le monument est presque rasé, et la ville a été consumée par un incendie; mais les petites dimensions des pierres, des briques et des colonnes (celles-ci n'ont pas un mètre de large), annoncent une époque postérieure à la haute antiquité. Si l'on peut s'arrêter à une conjecture, on doit penser que c'est un monument grec ou romain, imité du style égyptien.

Derrière ces ruines, le rocher est percé de carrières très-vastes, qui ont fourni des matériaux à la ville. A

[1] *Voyez* pl. 63, fig. 3, 4 et 5.   [2] *Voyez* pl. 63, fig. 2.

DE L'HEPTANOMIDE.

une grande hauteur est une excavation profonde, qu'on appelle *Dyouân*[1] : elle est précédée d'une grande porte, taillée sur la face de la muraille, qu'on a pour cela dressée avec soin ; mais je n'ai pu m'assurer s'il s'y trouve des sculptures égyptiennes. J'ai mesuré géométriquement la hauteur d'une des cimes de la montagne, qui n'est pas encore au point le plus élevé : elle est égale à cent quarante-six mètres ou environ quatre cent cinquante pieds.

Il n'est pas difficile de reconnaître à quelle ancienne position répondent les ruines d'el-Deyr : cette position est celle de *Pesla*, qui, suivant l'Itinéraire d'Antonin, était à vingt-quatre milles d'Antinoé. C'est la même qui est appelée *Pescla* dans la Notice de l'empire, et où se trouvait un poste romain, sous le nom d'*ala Germanorum*[2]. En effet, si l'on mesure la distance d'Antinoé à el-Deyr, on trouve trente-cinq mille cinq cents mètres[3] ; ce qui fait exactement vingt-quatre milles romains de quatorze cent soixante-dix-huit mètres. Il n'y a donc aucun doute qu'el-Deyr ou Medynet el-Qeysar ne s'appelât, sous la domination romaine, *Pesla* ou *Pescla* ; mais je n'en conclurai point que l'origine primitive de la ville ne soit pas égyptienne.

Depuis el-Deyr jusque très-loin vers le nord, la montagne arabique est escarpée à pic et baignée par le Nil. La partie inférieure est percée d'excavations. Il y en a une au-dessus d'el-Tell, placée, pour ainsi dire, à l'extérieur et isolément de la montagne, comme celle

---

[1] ديوان
[2] *Notitia utr. imperii*, pag. 90.
[3] Voyez *É. M.*, pl. 6, fig. 1.

qui est près d'*Elethyia*, et qui est assez grande pour ressembler de loin à un monument bâti. Auprès du vallon appelé *Ouâdy Ramkh*[1], ou Vallée du marbre, on trouve des carrières et des grottes. A Cheykh el-Arba'yn[2], petit santon entouré de dattiers et d'acacias sur la cime du roc, on voit des murailles de briques antiques et des ruines couvertes de vases brisés. J'ai mesuré les briques d'une de ces anciennes murailles; elles ont 0^m,15 d'épaisseur. A Cheykh A'bd el-A'myd[3], plus au nord et auprès d'el-Haouatah, j'ai encore vu plusieurs carrières. Il y a aussi des traces d'un mur de briques isolé, très-ancien, que le sable enfouit tous les jours, et dont on ne devine point l'objet.

§. V. Psinaula (aujourd'hui *el-Tell*).

Après avoir passé el-Haouatah, on entre dans une grande plaine sablonneuse, entourée sur trois côtés par la montagne arabique, et à l'ouest par le Nil, tout-à-fait semblable au golfe où est placée Antinoé. Dans cet espace a existé une très-grande ville égyptienne, qui avait échappé jusqu'à présent à tous les voyageurs. La première fois que je l'aperçus, je fus extrêmement surpris de voir un si grand amas de ruines, qui n'a pas moins de deux mille deux cents mètres de longueur, et mille de large, et qui, placé près du Nil, précisément très-resserré dans cet endroit, ne figure cependant sur

[1] رخم pour وادى رخم
[2] شيخ الاربعين
[3] شيخ عبد العين

aucune carte. Je m'empressai d'en faire le plan et de recueillir les dessins des parties un peu conservées. La plupart des constructions sont malheureusement rasées, et l'on ne voit plus guère que les fondations. Cependant on trouve encore un très-grand nombre de maisons en briques, avec leurs murailles maîtresses; une grande porte et son enceinte; deux vastes édifices, dont le plan est distinct; la grande rue longitudinale, large de quarante-huit mètres; enfin les traces d'une multitude de rues de cette ville [1].

En allant d'el-Tell vers le sud, on trouve dans cette large rue, à quatre cents mètres des dernières maisons du village, une enceinte qui la traverse; au milieu il y a une porte. Vers le quart de l'étendue des ruines, et à gauche, est un grand édifice en briques, précédé par une porte colossale, dont l'épaisseur est à peine croyable pour ce genre de construction : son ouverture est de $11^m,25$, et son épaisseur de $7^m\frac{1}{2}$ [2]. Les murs sont inclinés comme les faces des pylônes [3]; quoiqu'ils aient perdu beaucoup de leur hauteur, celle-ci est encore de $7^m,33$. Les briques sont elles-mêmes d'une proportion gigantesque : en effet, elles sont longues de trente-cinq à trente-huit centimètres, larges de treize, et hautes de seize à vingt. L'appareil en est très-soigné; elles sont alternativement à plat et de champ.

Cette porte est presque aussi longue que le grand pylône du palais de Louqsor; et le bâtiment lui-même est aussi long que beaucoup de grands édifices égyptiens,

---

[1] *Voyez* pl. 63, fig. 6.   [3] *Ibid.* fig. 9.
[2] *Ibid.* fig. 7 et 8.

puisqu'il a 193^m,6 de long sur 105^m de large. La première cour a 76^m,8 de profondeur. Il y a ensuite deux autres cours où étaient sans doute des distributions; à droite et à gauche du bâtiment, on remarque deux rues, larges de quarante-huit mètres comme la principale. Toutes ces dimensions rappellent les grands édifices de Thèbes.

Il est impossible d'entrevoir la destination de cet édifice, qui s'écarte absolument de tout ce que l'on connaît en Égypte; le seul auquel je pourrais le comparer, mais qui est bâti en pierre, est celui qui est au-devant de la troisième pyramide de Memphis.

En face de cet édifice, de l'autre côté de la rue, en est un de la même étendue et du même genre, mais dont il manque une extrémité, celle qui est la plus voisine du Nil [1]; on y voit quelques distributions de plus. Il est également impossible d'en assigner l'objet. Ces bâtimens massifs étaient-ils des temples, des palais, des forteresses, des dépôts de grains, etc.? J'avoue qu'aucune de ces suppositions ne peut être appuyée sur des motifs concluans, et je laisse au lecteur à faire lui-même quelque supposition vraisemblable.

Ce qui est plus certain, c'est l'origine égyptienne de ces édifices : la nature et la grosseur des briques, le genre du travail, l'épaisseur des murailles, l'inclinaison des faces de l'entrée, tout démontre un ouvrage égyptien. Quoique formées d'une terre un peu sablonneuse, et d'une haute antiquité, les briques sont encore aujourd'hui très-dures; c'est ce qui a contribué à la con-

---

[1] *Voyez* pl. 63, fig. 6.

servation des parois intérieures de la porte. Les paremens de la façade sont cependant altérés. Il reste de cette façade trois parties, élevées de $7^m \frac{1}{3}$ environ : la plus grande a vingt-neuf mètres de longueur; une autre, vingt-quatre; et la troisième, environ dix. On monte facilement sur ces murailles par le côté du sud. La grande ouverture de la porte ne permet pas de conjecturer comment elle était couronnée : en effet, cette ouverture est beaucoup plus large que celle d'aucune porte égyptienne. D'un autre côté, quand on aurait pu disposer de pierres de trente-huit pieds pour faire le bandeau du couronnement, comment les briques, dont les montans sont composés, en auraient-elles pu supporter le poids sans s'écraser? Cette difficulté ajoute encore à la surprise qu'on éprouve à la vue d'un bâtiment si extraordinaire.

Il y a, dans cette vaste enceinte de ruines, un grand nombre de rues transversales, perpendiculaires à la grande : la plupart ne laissent voir que leurs traces, mais bien alignées. La principale rue, dont j'ai parlé, sert aujourd'hui de chemin pour se rendre d'el-Tell à Hâggy-Qandyl et el-Haouatah. Toute cette étendue est recouverte d'une couche de sables qui descendent de la montagne arabique. Il est probable que toute la plaine où se trouve cette ville a été autrefois cultivée, et que les alluvions sablonneuses l'ont comblée insensiblement.

J'ai demandé aux habitans des villages voisins le nom de ces ruines; personne n'a pu me le dire; cheykhs et paysans l'ignorent également : nous chercherons plus bas à quel lieu de l'antiquité elles paraissent se rapporter. Les gens qui habitent le village d'el-Tell, Hâggy-Qandyl, el-A'meyryeh et el-Haouatah, sont tous de race arabe; non moins défians que les *felláh*, ils sont encore plus difficiles à interroger, ou du moins l'on ne tire d'eux, en général, que des réponses insignifiantes. Je n'ai trouvé dans aucun village d'Égypte un accueil aussi sauvage que dans ces quatre endroits. La mine sombre et taciturne de ces Arabes m'annonçait de plus mauvais traitemens, si je n'eusse été bien armé et bien escorté.

La Notice de l'empire fait mention d'une ville de *Psinaula*, dont la position n'a pas encore été fixée, et où les Romains avaient une garnison composée de soldats montés sur des dromadaires[1]. C'est la même ville que *Psinabla* de la Thébaïde, dont il est question dans S. Athanase[2]. Je ne connais point de ruines auxquelles ce nom puisse mieux s'appliquer que celles que je viens de décrire; d'ailleurs il n'y en a point d'autres entre *Pesla* et Antinoé.

---

[1] *Ala secunda Herculea Dromedariorum Psinaula.* (*Notitia utr. imperii*, pag. 90.)

[2] Ἀδέλφιον εἰς Ψίναβλα τῆς Θηβαΐδος. (S. Athan. *Hist. Arian.* t. 1, pag. 387.)

La ville de Pshinilah, mentionnée dans les manuscrits qobtes comme étant au midi d'Antinoé à plus d'une heure de chemin, s'y rapporte évidemment pour l'emplacement comme pour le nom. *Voyez* les *Mém. géograph. sur l'Égypte*, par M. Ét. Quatremère, tom. 1, pag. 42.

§. VI. *Dârout el-Cheryf*, ou *el-Sarâbâmoun*; environs de Thebaïca Phylace.

Comme j'ai déjà traité de cette position dans la Description d'Hermopolis[1], il me reste à rassembler ici plusieurs vestiges moins importans d'habitations anciennes qui sont groupés dans les environs du lieu. Il suffira d'en faire l'énumération suivante :

Koum ou *Kemân el-Ouizyr*[2], petite butte de ruines au nord de Dârout, sur la rive droite du canal de Joseph.

Koum-Bageh[3], près de la bouche d'un petit canal à l'est de Dârout.

Koum-Rekab[4], derrière un camp arabe, à mille mètres à l'ouest d'Abou el-Hedr et du canal de Joseph; élévation couverte de briques et de débris de poteries, longue de trois à quatre cents mètres : ainsi que sur les autres ruines, il y pousse une quantité de joncs.

Koum el-Kherbeh[5], à trois mille cinq cents mètres à l'ouest du précédent, butte de ruines assez élevée; son nom signifie *décombres* : les *fellâh* appellent cet endroit *Beled-Koufry*[6], c'est-à-dire habitation de païens.

Deyr el-Garâdâouy[7], ou *Nazlet Abou-Khalaga*, ruines assez étendues au nord de Koum-Rekab, sur la rive droite du canal. L'endroit a été entièrement détruit,

---

[1] *Voy.* cette description, *A. D.*, chap. XIV.

[2] كوم الويزير

[3] كوم بجه

[4] كوم ركب

[5] كوم الخربه

[6] بلد كفرى

[7] زعبرا دير الجراداوى

trente ans avant notre expédition, par les *Galadaouy* [1], ou gens de Dalgeh, grosse bourgade à l'ouest. Auprès d'un santon ou dôme, il y a six colonnes debout, saillantes de deux mètres hors des décombres ; cinq sont en granit rouge, une en grès : le diamètre est de $0^m,32$. On en trouve plus loin une en granit rouge, couchée à terre, longue de $4^m \frac{1}{2}$, et large d'un demi-mètre. Ces colonnes paraissent avoir été tirées de morceaux plus considérables par les anciens chrétiens ; et le nom de *Deyr* fait penser qu'ils avaient sans doute une église dans cet endroit. En effet, au sud du dôme, et plus près du canal, on trouve un grand bloc de granit, qui a appartenu à une colonne de grande dimension ; il est poli sur sa surface supérieure : les côtés sont marqués de sillons, et le profil est taillé en arc ; ce qui annonce qu'on en a voulu faire une meule, comme le dénote aussi un trou carré au centre, de $0^m,4$ de largeur : sa hauteur est de $0^m,6$; son diamètre, de $1^m,77$. La matière est un beau granit oriental ; la face visible est d'un superbe poli. La butte de ruines est peu élevée : il paraît qu'on l'a aplanie pour la culture ; ce qui a réduit l'étendue des vestiges, qui ont encore cependant quatre à cinq cents mètres : elle est recouverte de briques cuites et de débris de poteries.

De même que l'église chrétienne avait succédé à un temple païen, une petite mosquée a remplacé l'église chrétienne. Les murs du tombeau musulman sont peints grossièrement à la manière turque : au dôme

[1] Ce nom vient du mot *Dalgeh* qu'on a retourné comme ont coutume de le faire les *fellâh*.

étaient suspendus, quand j'y passai, des lambeaux d'enseignes mahométanes.

Za'barâ[1], ruines d'un village presque en face du lieu précédent, où il y a quelques murs détruits, et des briques cuites répandues sur le sol : j'ignore son ancienneté.

§. VII. *Meylâouy*; Hermopolitana Phylace (aujourd'hui *Dârout-Achmoun*), *et environs*.

J'ai exposé, dans la Description d'Hermopolis, les raisons qui me portent à croire que le *poste hermopolitain* a pu exister à Dârout-Achmoun plutôt qu'à Meylâouy, où l'a placé d'Anville. Bien que je regarde ces motifs comme concluans, je n'en pense pas moins que Meylâouy est le reste d'une ancienne position; les antiquités qu'on y trouve en sont une preuve certaine. Meylâouy el-A'rych a succédé à une ancienne ville grecque ou romaine; les chrétiens lui donnent le nom de *Beled-Roumân*. La moitié occidentale de la ville est bâtie sur des ruines, où l'on trouve des colonnes, des pierres taillées, des morceaux de marbre, de granit, etc., dès qu'on vient à y faire des fouilles. Il en est de même d'une partie de la plaine vers l'ouest. Malgré l'abandon du Nil et la diminution du commerce, transporté en grande partie au port de Minyeh, cette ville peut encore passer pour populeuse et florissante; elle a deux mille cinq cents mètres de tour, sans compter d'énormes buttes de décombres qui ont dix à douze mètres de hauteur : on

[1] زعبرا

y voit cinq grandes mosquées. Il y a parmi les familles musulmanes, et parmi les chrétiens qui font le tiers de la population, une égale industrie, une égale activité; les marchés sont plus approvisionnés et les rues plus larges qu'à Minyeh.

Le Nil baignait autrefois les murailles de la ville; et cet état de choses ne remonte même pas très-haut. D'après ce qu'on m'a rapporté, le fleuve, en 1720, coulait au pied des murs à la mosquée neuve, qui était une église, il y a cent quarante ans; de là il se dirigeait vers Deyr el-Nakhleh. Aujourd'hui il en est à quinze cents mètres, et il se porte directement sur Antinoé; tellement que, dans cette portion de son cours, le lit actuel est, partie à l'est, et partie à l'ouest de l'ancien. Ce qu'il y a de singulier, c'est qu'aujourd'hui le Nil paraît se rapprocher de Meylâouy; il revient de plus en plus vers l'est, comme on le voit aux terres de Reyremoun et d'el-Bayâdyeh, qui sont rongées considérablement. Je n'ajouterai rien de plus sur ce point curieux de l'histoire du cours du Nil, parce qu'il appartient essentiellement à la géographie comparée; mon but était seulement de faire voir que la ville qui a jadis été à Meylâouy, a pu avoir beaucoup plus d'importance, étant baignée par les eaux du fleuve. Je ne parlerai pas davantage du commerce qui se faisait entre cette ville et la Mecque, avant que Minyeh lui eût succédé comme capitale de la province, ainsi que Meylâouy avait lui-même succédé à *Hermopolis :* quelques antiquités que j'ai observées dans cette ville, doivent seules trouver place dans la description.

A l'ouest de la ville, auprès d'un santon et d'un puits, il existe une grande excavation où l'on trouve beaucoup de débris : je ne crois pas qu'il faille les rapporter à des ouvrages de l'Égypte ancienne; mais ils paraissent avoir appartenu aux églises des chrétiens. Le nombre de leurs édifices, comme celui de leurs familles, va toujours en diminuant. Auprès de la maison de Hasan Kâchef Serkâs, est cette mosquée nouvelle dont j'ai parlé, et qui jadis a servi d'église; il y avait quatorze ans, quand j'y passai, que le prêtre avait embrassé le mahométisme et converti son église en mosquée.

On me rapporta que, dans la rue appelée *Gharb el-Beled*, c'est-à-dire à l'ouest, il existait un sarcophage égyptien enfoui. On l'avait enfoncé en terre pour débarrasser la rue qu'il gênait beaucoup. Malgré les obstacles que les cheykhs m'opposaient, et quoique je fusse seul Français dans la ville, je résolus de faire fouiller alentour, pour pouvoir le mesurer et le dessiner, et préparer les moyens de l'enlever plus tard. Il s'assembla une foule immense autour de moi et de mes travailleurs : le bruit s'était répandu que je venais tirer de cette pierre des trésors cachés. L'épithète de *sorcier* m'était prodiguée par la populace. Au milieu des murmures de la multitude, les ouvriers achevèrent aisément leur tâche. L'encombrement n'était que d'un pied; je fis coucher le monument sur la face postérieure, et dans cette position je l'observai à mon aise : quand le peuple me vit descendu dans le trou, tournant tout autour avec un instrument à mesurer, il ne douta plus du sortilége.

La pierre a servi d'abreuvoir, comme on le reconnaît

à deux trous dont elle est percée; aussi les habitans l'appellent-ils *hôd*[1]. C'est une niche monolithe, en basalte noir, parfaitement polie sur toutes les faces; elle est surmontée par une petite pyramide très-obtuse, et ressemble à tous les autres monolithes connus, mais de plus petite dimension.

La hauteur des faces verticales est de $1^m,38$; la largeur, de $0^m,80$; l'épaisseur, de $0^m,965$. En dedans est une niche, haute de $0^m,95$, profonde de $0^m,693$, et large de $0^m,465$[2]. Le magnifique poli égyptien se remarque sur le toit pyramidal, aussi bien que sur les faces. En général, tout le travail est très-soigné, et les arêtes sont purement taillées. Des hiéroglyphes étaient sculptés sur le devant, en deux colonnes verticales; on ne voit plus distinctement que seize de ces signes hiéroglyphiques.

Il reste, aux quatre angles extérieurs de l'ouverture, des trous demi-circulaires, où étaient les gonds sur lesquels roulait la porte de la niche: cette porte était taillée en biseau, comme on le voit par la coupe[3]; peut-être ce biseau était-il garni d'une enveloppe de métal. A deux petites cassures près, que l'on remarque au dehors, et deux fentes à l'intérieur, ce petit monument est intact : il vaudrait la peine d'être transporté en Europe; aussi en ai-je bien reconnu la place exacte, après avoir fait recombler la fouille[4]. Le poids est de plus de deux milliers et demi de livres.

---

[1] حوض

[2] *Voyez* pl. 67, fig. 2, 3 et 4.

[3] *Voyez* pl. 67, fig. 3 et 4.

[4] Il est dans la rue appelée *Gharb el-Beled*, à dix pas d'un tronc de colonne cannelée, venant d'Anti-

Si l'on suppose que ce monolithe ait servi à loger un animal sacré, comme la hauteur de la niche est de moins d'un mètre, on peut supposer qu'un oiseau y était enfermé. La tradition n'apprend rien sur l'origine ou l'usage de cette pierre. D'après les discours des cheykhs et des Qobtes, elle a toujours été au même lieu. On fait mille contes absurdes à son sujet; je n'en rapporterai qu'un seul. Un bey, dit-on, l'avait fait tirer du lieu où elle gisait et transporter à une certaine distance; aussitôt que les ouvriers l'eurent abandonnée, elle revint elle-même à sa place primitive. Un fellâh qui se trouvait présent à la fouille que je faisais faire de ce monolithe, lorsqu'il l'aperçut à découvert, fit une grande exclamation de joie, et s'écria: *Ou-allah! hôd melyeh alachân el-behâym*[1]! « Par Dieu! voilà un abreuvoir délicieux pour les bestiaux! »

Je terminerai l'article de ce monument par une observation; c'est que plusieurs de ses dimensions principales sont d'accord avec les mesures égyptiennes: la hauteur, de 1^m,38, est de trois coudées; et l'ouverture intérieure de la niche, d'une coudée, à fort peu près.

Koum el-A'zeb[2], ou *Cheykh-A'zeb*, butte de ruines sur une ancienne digue, à quatre mille cinq cents mètres au sud de Meylâouy, où l'on trouve des restes de maisons en briques cuites.

---

noé, et en face de la maison de l'émyr Ayoub. J'avais chargé Ma'l-lem A'bd el-Sa'yd, Qobte qui m'accompagnait, de faire des démarches pour me l'envoyer au Kaire.

[1] واسّ حوض مليح الشان البهايم

[2] كوم العزب

Koum Manyal[1], butte semblable, située au nord de la précédente.

Nazlet Cheykh-Hoseyn[2], à quatre mille mètres au sud-sud-ouest de Meylâouy. Ce nom est récent; le lieu portait jadis celui de *Deyr*. Vers le sud, j'ai trouvé plusieurs assises de pierres calcaires, d'une grande dimension (trois à quatre mètres de long). Il paraît qu'il y a existé un temple que les habitans appellent *Birbé*. La tradition rapporte qu'une ancienne bourgade était bâtie dans cet endroit.

Koum el-Akhdar[3], butte peu étendue, à l'origine de la digue de Tendeh, où l'on trouve d'anciennes murailles, des briques et des poteries brisées.

Koum el-A'fryt[4], ou butte du Diable, à l'est de Tendeh; ruines de briques.

Koum el-Sâlhal[5], petite butte de ruines, comme la précédente, au sud de Tendeh.

Koum el-Ouestâny[6] ou du milieu, butte pareille, au sud de Tendeh.

Koum Garfeh[7], au sud et à trois mille mètres de Tendeh.

Tendeh[8]. La tradition apprend que ce lieu a été très-anciennement habité. Les musulmans ont converti en mosquée une ancienne église que les chrétiens appellent *Kenyset Roumâny*, église grecque: j'y ai vu quelques

[1] كوم منيل

[2] نزلة شيخ حسين

[3] كوم الاخضر

[4] كوم العفريت

[5] Le mot est écrit dans mon journal, كوم الصالهله

[6] كوم الوسطاني

[7] كوم جرفه

[8] تنده

colonnes de marbre et de granit, dont les chapiteaux sont d'un mauvais travail; auprès, il y a un large puits qu'on prétend très-ancien. Il existait, dit-on, un aqueduc en cet endroit. A l'ouest, est une butte de ruines, et un étang où l'on trouve d'anciennes constructions. On a retiré des fouilles une pierre qui est le reste d'une frise; enfin, il y a une portion d'enceinte en briques, ayant de petites tourelles carrées d'un mètre et demi de côté.

Deyr el-Melek Mykhâyl, ou *Deyr el-A'ych*[1]; enceinte en briques, avec trois églises dans l'arrondissement.

Deyr Reyremoun[2], au nord-est de Meylâouy. C'est là que les chrétiens des environs se rassemblent. Une des églises est dédiée à la Vierge, *el-A'dré;* une autre à S. George, *Mâry Girgès :* la troisième, *el-Melek Mykhâyl*, est la plus ancienne; son sol est à un étage inférieur. Trois à quatre tableaux venant de Syrie, grossièrement faits, sont suspendus dans chacune des églises. J'ai consulté là un prêtre octogénaire sur la formation du canal appelé *el-Ghouetah*[3] ou *Tera't el-Sebâkh*[4] : il m'a rapporté que, cinquante ou soixante ans auparavant, les bestiaux broutaient encore dans le lieu qui est le lit actuel du canal; qu'à cette époque le Nil y pénétra, et que les barques y naviguaient depuis quarante ans. Ce canal, qui est la tête des *Bâthen*[5], n'est donc rien moins qu'un ouvrage de l'homme; et surtout

1 دير العيش ــ الملك ميخايل   4 ترعة السبخ
2 دير ريرمون   5 باطن
3 الغوطه

qu'une ancienne dérivation du Nil, comme ont cru mal-à-propos le P. Sicard, et, après lui, d'Anville. Je parlerai plus au long sur ce sujet dans un mémoire sur le canal de Joseph.

Deyr el-Nasârah[1], enceinte sur la rive gauche et près de l'embouchure du Tera't el-Sebâkh; je n'y ai vu qu'un seul religieux avec sa famille. C'est là qu'on passe un canal à gué, quand on se rend aux ruines d'*Hermopolis*, en venant d'el-Bayâdyeh.

§. VIII. *Establ A'ntar, Deyr Anbâ-Bychây et environs.*

A. Cheykh-Sa'yd[2], santon placé sur un pic élevé de la montagne arabique[3] baigné par le Nil, et à quatre mille trois cents mètres au nord des ruines d'el-Tell, on trouve des carrières et des grottes fort étendues sur la pente du rocher : il y a de gros quartiers de pierre qui sont suspendus au-dessus du Nil, sans qu'on puisse reconnaître d'où ils viennent et comment ils demeurent en place sur une pente aussi escarpée.

Auprès, vers le nord, est une partie très-saillante du rocher, qui paraît avoir été mise dans cet état par l'exploitation qu'on a pratiquée tout alentour. Ce grand massif a lui-même été taillé dans l'intérieur; il présente de tous côtés des ouvertures, et, à une certaine distance, il ressemble à un grand édifice percé de portes et de

---

[1] دير النصاره
[2] شيخ سعيد
[3] Cette cime se voit de cinq ou six lieues au nord. Le premier quart supérieur est à pic, le reste est incliné à quarante-cinq degrés.

fenêtres[1]. Le nom qu'on lui donne est *Establ A'ntar*[2], c'est-à-dire *les écuries d'A'ntar* ; c'est ainsi que les Arabes appellent un prétendu géant de l'antiquité[3]. Ce lieu se nomme aussi *Dyouân*.

Parmi les distributions de cette vaste carrière, on remarque une très-grande salle à cinq côtés, qui a quatre-vingts mètres environ, sur quarante-deux : quatre piliers seulement la soutiennent; les autres piliers qu'on avait réservés, se sont écroulés. L'humidité des pluies qui descendent du sommet de la montagne, a pénétré jusqu'au ciel de la carrière; et ce plafond se divise par des fissures qui font présumer sa chute prochaine.

Pendant l'inondation, ou après la fin des travaux de la campagne, quelques *fellâh* s'y retirent avec leurs bestiaux : aussi le sol est-il couvert d'excrémens de bœufs, de moutons, de chèvres, etc. Le nom d'*Establ* reçoit donc encore son application. On a voulu, pour un motif semblable, faire un rapprochement entre *Establ-A'ntar* et *Hipponon*; mais cette dernière position était à cent vingt mille mètres plus au nord.

Au-dessous de ce point, il y a encore d'autres carrières qui annoncent que les Égyptiens ont fait de grands travaux dans la montagne. Un long mur égyptien, en briques d'une grande épaisseur, qu'on trouve près du Nil, et tracé parallèlement au fleuve, confirme cette idée. Les briques sont énormes, et les habitans disent

---

[1] *Voyez* pl. 65, fig. 1.

[2] اصطبل عنتر

[3] C'est, dit-on, un surnom de Typhon; or, le scorpion lui était consacré, et le cœur du scorpion, dans la constellation céleste, s'appelle *Antarès*. Mais ce rapport de noms est peut-être purement fortuit.

que c'est un ouvrage de la plus haute antiquité. Je crois très-probable, quoique la géographie n'en fasse point mention, qu'il a existé une position ancienne dans cet endroit; il est possible que le Nil, en abandonnant Meylâouy, et se portant à l'est, ait détruit les vestiges de cette ancienne ville.

Deyr Anbâ-Bychây est le nom d'une grande enceinte renfermant une église chrétienne, et située près de Deyr el-Nakhleh, au midi de Deyr Abou-Hennys, qui touche aux ruines d'Antinoé. A l'est, il y a une très-grande quantité de tombeaux. C'est là que les chrétiens de Meylâouy et d'el Bayâdyeh viennent enterrer leurs morts.

L'enceinte a environ soixante-sept mètres sur cinquante-quatre; elle est très-bien bâtie. L'intérieur renferme beaucoup de maisons et des rues alignées; le monastère est ancien, et les constructions semblent neuves. L'église est la plus belle que j'aie vue dans toute l'Égypte. Son plan ressemble à celui de Deyr Abou-Fâneh; il est divisé en plusieurs salles : dans celle de gauche est un tombeau. Il y a encore une seconde église, où l'on arrive par un escalier.

J'ai vu là quatre à cinq tableaux, un peu moins mal peints que ceux des autres églises. Dans l'un est le saint du lieu avec son nom écrit en arabe, *Bâbâ Bychouay* [2]; il porte une longue barbe et un beau costume : la couleur est assez agréable, et le dessin moins incorrect. Dans l'autre, le même saint porte le nom d'*Anbâ Bychouay* [3].

دير انبا بيشاى [1]   انبا بيشوى [3]

بابا بيشوى [2]

Bychouay ou *Bycháy* est le nom du saint ; *Anbâ*, ainsi que *Bâbâ*, signifie *évêque* ou *abbé*. Un troisième tableau représente S. George à cheval, perçant le démon de sa lance.

Sur des tablettes attachées à la muraille, je vis plusieurs livres écrits, les uns en arabe, les autres en qobte, d'autres enfin dans les deux langues. Je fus surpris de trouver dans cette enceinte un seul prêtre, et plus encore, d'y voir, au lieu d'un de ces religieux abrutis et d'un extérieur presque repoussant, qui habitent les monastères d'Égypte, un homme plein d'urbanité, même de manières recherchées, et qui n'était point sans quelque instruction : il aurait donné l'idée plutôt d'un abbé d'Europe que d'un solitaire de la Thébaïde [1].

Derrière Deyr Anbâ-Bychouay, est une gorge dont le côté méridional est rempli de grottes égyptiennes : les portes sont taillées régulièrement ; l'accès en est difficile, et je n'ai pas eu le loisir de visiter ces catacombes. C'est probablement une d'elles que le P. Vansleb appelle la *grotte hiéroglyphique*, bien qu'il l'indique dans une vallée appelée *Ouâdy-Gâmous*, que j'avais vue plus au sud, vers Establ-A'ntar.

Entre l'enceinte appelée *Deyr*, qui est au nord d'Antinoé [2], et le village de Cheykh-Tmây, le Nil est encaissé par la montagne arabique, ou plutôt par une chaîne plus basse, haute de cent pieds seulement : un

---

[1] Les voyageurs qui parcourraient ce quartier reculé de l'Égypte, seraient, s'ils visitaient Deyr Anbâ-Bychây, bien payés de leur peine par les manuscrits en qobte qu'ils pourraient en rapporter.

[2] Antinoé et ses environs ont été spécialement décrits dans le chapitre précédent des Descriptions.

large plateau, qui a douze cents mètres, la sépare de la chaîne proprement dite; c'est le chemin des caravanes. A un certain endroit, la montagne est ouverte en forme d'anse, et les Égyptiens y ont bâti un mur épais de 1^m,3, en briques crues, arrangées de champ et à plat. Une large crevasse par où s'écoule un torrent pendant l'hiver, et devant laquelle est placée la muraille antique, fait présumer l'origine de celle-ci. L'anse a vingt-sept mètres de large environ; elle se comble de plus en plus par les dépôts de limon. Auprès est une excavation, mais qui paraît naturelle. Il n'y a au loin à la ronde aucune espèce d'habitation [1].

§. IX. *Environs d'Hermopolis, Deyr Abou-Fâneh, etc.*

La description spéciale que j'ai donnée d'*Hermopolis*, chef-lieu du nome dont je m'occupe, me dispense de rien dire ici de ses ruines; il en est de même de Touneh, l'ancienne *Tanis* : mais je passerai en revue quelques points de ses environs, où il reste des vestiges d'antiquités.

Naoudy el-Ibghâl. Il y a, vers l'ouest, des pierres calcaires, taillées par assises réglées, que le cheykh m'a dit être là depuis long-temps. J'ai vu de plus un grand fragment en granit d'une forme fort singulière : il est circulaire extérieurement; le dedans présente une cavité prismatique presque aussi grande que le diamètre; le dessus et le dessous étaient recouverts [2]. Il me serait im-

[1] *Voyez* pl. 4, *A.*, vol. v, fig. 7.   [2] *Voyez* pl. 67, fig. 6, 6'.

possible de faire aucune conjecture sur l'usage de cette pierre bizarre.

Koum el-Cherfyé[1], butte de ruines en briques, à six mille mètres au nord d'Achmouneyn ou *Hermopolis*, où était, il y a peu de temps, le village qui s'appelle aujourd'hui *Mahras*.

Koum el-Ahmar[2], autre butte semblable, dans le voisinage.

Beny-Khâled el-Qadym[3], ruines d'une ancienne bourgade à huit mille mètres au nord-ouest d'Achmouneyn, qui paraît avoir été assez considérable. Ces ruines sont un peu dans les sables. L'espace qu'elles occupent est de trois cent quatre-vingts mètres sur cent trente; les murailles subsistantes sont en briques crues. On y trouve, avec des éclats de poteries et des amas de briques, des morceaux de vase ou d'albâtre. Il y a trois générations que ce village est ruiné; il était uniquement composé de chrétiens : mais la tradition rapporte qu'auparavant il y avait en ce même endroit une position très-ancienne. Le sol est rempli de fouilles; on y travaille journellement pour en tirer la poussière employée aux engrais.

Deyr Abou-Fâneh[4], ancien monastère abandonné, situé près et à l'ouest de Beny-Khâled, et assez loin dans les sables, qui paraissent avoir envahi tout cet emplacement. En effet, les dunes qu'on voit aux environs, se trouvent isolées dans une grande plaine qui s'élève

كوم الشرفيا ١
كوم الاحمر ٢
بني خالد القديم ٣
دير ابو فانه ٤

en pente douce jusqu'à la crête de la chaîne Libyque : aussi le bâtiment est-il, à l'extérieur, en grande partie, enfoui sous le sable. L'église est d'un plan régulier : sa longueur est de trente-un mètres; et sa largeur, de vingt mètres et demi, sans compter un escalier extérieur qui descend de la terrasse au sol de l'église : celle-ci est composée des bas-côtés et d'une nef bordée par deux rangées de six colonnes, dont une est engagée[1]. Dans l'axe, sont encore deux colonnes : à l'extrémité est une salle demi-circulaire, décorée de six colonnes, et, au milieu, un autel enduit de plâtre. Il y a plusieurs salles pour le service, à droite et à gauche; un dôme recouvre la salle de l'autel, et d'autres dômes plus petits recouvrent quatre autres pièces. Les colonnes sont les unes en briques, et les autres en marbre, et toutes mal construites; les murs sont enduits en plâtre. Aux murs du fond l'on voit de mauvaises peintures où l'on a représenté des croix de différentes formes, des voiles et des arbres grossièrement peints. Au bout de la nef, il y a une salle qui en est séparée par des grillages en bois et des boiseries bien travaillées. Dans une des petites pièces latérales, est une ouverture étroite qui m'a paru répondre à un souterrain. Enfin, dans un angle du fond, j'ai vu une citerne; et dans l'autre, un four.

Une butte assez élevée, couverte de débris de vases et de briques, et adossée au bâtiment jusqu'au niveau de la terrasse, le cache presque entièrement, quand on vient de l'est; et l'on a de la peine à découvrir, à l'angle nord-est, l'escalier dont j'ai parlé. Celui-ci est rem-

---

[1] *Voyez* pl. 67, fig. 11, 12 et 13, et l'explication de la planche.

pli de morceaux de granit gris travaillé, de débris de vases et de briques. J'ai trouvé le sol de la nef recouvert de nattes et d'une quantité de béquilles : on sait que ces béquilles servent aux fidèles pour assister aux cérémonies, et qu'elles font le même service que les chaises de nos églises. Les chrétiens des environs se rendent de temps à autre à Deyr Abou-Fâneh. A l'ouest, sont beaucoup de tombeaux où ils viennent enterrer leurs morts.

C'est à l'est de Deyr Abou-Fâneh que se trouvent deux villages contigus appelés *el-Qasr* et *Hour* : le premier, sur la rive droite du canal de Joseph; et l'autre, un peu à l'est. C'est en cet endroit qu'on pense qu'a existé la ville de *Busiris*, que d'Anville a placée à Beny-Khâled. J'ai demandé aux habitans s'ils connaissaient le nom de *Bousyr*, qui appartient d'ailleurs à plusieurs lieux de l'Égypte, et j'ai trouvé ce nom parfaitement inconnu. *Hour* est, au reste, le même nom que *Hor* ou *Horus* des Grecs et des Romains. Sur la montagne de Hoûor aux environs, résidait un anachorète appelé Βανε[1] : ainsi l'endroit appelé *Bousyr Bané* avoit tiré de là son nom très-probablement. Il paraît que, par le laps de temps, cette position a tout-à-fait disparu.

Koum el-Rahâleh[2], à l'est de Hour, auprès du Nil; butte de ruines, couverte de joncs, de briques et de débris de poteries : on y trouve aussi des pierres rui-

---

[1] *Observations sur quelques points de la géographie de l'Égypte*, par M. Ét. Quatremère, pag. 29.

[2] كوم الرحاله

nées, parmi lesquelles les habitans de Sâqyet Mousy viennent chercher des matériaux. Ces ruines ont environ quatre cents mètres de longueur. Au sud, est une autre butte semblable, reste d'une habitation très-ancienne, au rapport des habitans.

Etlidem[1], un peu au nord, gros village où l'on trouve des ruines. Vers le nord du village, j'ai vu sept colonnes de granit rouge, et une qui est de granit noir. Une de ces colonnes est encore debout : celle-ci est d'ouvrage grec ou égyptien ; les autres ont été altérées par un travail grossier. Parmi les colonnes couchées, on en remarque une très-mal travaillée, qui présente une partie plane, couverte d'étoiles égyptiennes[2] : c'est évidemment un fragment de plafond d'un temple d'Égypte, qui devait être fort somptueux, si l'on en juge par les apparences : on a taillé et arrondi, tant bien que mal, ce fragment. Toutes ces colonnes de granit forment une mosquée aujourd'hui ruinée, qui avait succédé à une église dans le temps de l'introduction de l'islamisme. Du côté de l'est, on voit beaucoup de débris de briques cuites : on les trouve abondamment en fouillant un petit canal, et les habitans d'Etlidem s'en servent pour bâtir.

§. X. Speos Artemidos (aujourd'hui *Beny-Hasan*), *Deyr au sud, murailles de briques, etc.*

Au nord-ouest d'Antinoé, à quinze cents mètres et en face de Kalendoul, il y a une grande enceinte en

---

[1] اتلدم

[2] *Voyez* pl. 67, *A*., vol. IV, fig. 5.

briques d'un mètre d'épaisseur, qu'on prend communément pour une fortification romaine : les murailles viennent jusqu'auprès du Nil, et elles suivent les ondulations de la montagne sur le sol de laquelle on les a bâties : l'intérieur est rempli de ruines. Les hommes les plus âgés du pays racontent que c'était une enceinte destinée à isoler l'église, qui est à l'intérieur et qu'on appelle *Deyr* : cette enceinte a cent quarante-six mètres sur quatre-vingt-douze. L'église existe encore avec toutes ses murailles et quelques restes de voûtes : elle est très-ancienne; on lui donne dans le pays quinze cents ans d'antiquité. Vers le sud, il y a encore des ruines de maisons. L'église est un rectangle allongé, de sept mètres de large sur environ trente-deux mètres de long [1]. Il y a une grande salle, ayant de part et d'autre cinq piliers qui supportaient quatre voûtes d'arête, aujourd'hui écroulées, mais dont il reste des arrachemens : au fond était une salle destinée sans doute à l'autel.

En avant du bâtiment, on voit un grand bassin en pierre, de forme circulaire, dont le diamètre supérieur a $1^m,4$; il est creusé profondément, et son rebord n'a qu'un décimètre [2] : les musulmans croient qu'il cache de l'or. Aujourd'hui il est enfoui, et porte une ouverture au fond. Auprès de ce bassin sont deux colonnes : une est couchée; son diamètre est de $0^m,35$, dimension qui annonce un ouvrage peu ancien, de même que la petitesse des briques. Ces briques, au reste, sont bien faites, et l'appareil bien exécuté.

[1] *Voyez* la pl. 67, *A*., vol. IV, fig. 8, 9.
[2] *Voyez ibid.* fig. 10.

On pourrait supposer que l'enceinte est ancienne, qu'elle était d'ouvrage romain, et que les chrétiens, après coup, ont bâti l'église dans l'intérieur. Cet intérieur est aujourd'hui rempli d'amphores et de poteries brisées : dans le fond des vases, on voit des résidus que les uns croient formés de résine, et les autres, de tartre. On attribue celui-ci au séjour du vin à cause de l'odeur qui s'en exhale.

Au-dessous de ce deyr, près de l'île appelée *Gezyret-Keleb*, et avant Cheykh-Tmây, il y a un grand nombre de ravines profondes, sillonnant une montagne élevée, escarpée à pic et baignée par le Nil : c'est par-là que s'écoulent les torrens et les eaux pluviales qui se précipitent du haut de la chaîne arabique. Un de ces torrens est barré, près du Nil, par un ancien mur en briques, portant tous les caractères des constructions égyptiennes[1], et dont j'ai parlé plus haut[2] : il paraît qu'il servait de digue aux eaux du fleuve. Le Nil a déposé du limon dans une petite anse qui est auprès.

Le plateau intermédiaire de la montagne, qui sert de chemin aux caravanes, est couvert d'éclats de pierre provenant de l'exploitation. Cette interruption de la montagne par de fréquens ravins confirme l'existence des torrens qui affluent en hiver sur la rive droite, ainsi que je l'ai exposé dans la description d'Antincé. Le chemin, qui dans cet endroit longe le Nil, est souvent coupé par ces ravins profonds, très-difficiles à traverser, mais dont le lit est fort uni, à cause des sables fins que les eaux charrient avec elles.

[1] *Voyez* pl. 4, *A.*, vol. v, fig. 7. [2] *Voyez* pag. 326.

Selon l'Itinéraire d'Antonin, il y avait huit milles romains d'Antinoé à *Speos Artemidos*, ville où les Romains entretenaient une garnison, et qui est désignée dans la Notice de l'empire sous le nom défectueux de *Pois Artemidos* [1]. Nous devons nous arrêter au premier nom, parce qu'il s'explique fort bien par les *grottes* que l'on voit aujourd'hui à Beny-Hasan. Quant à la conformité d'emplacement, il ne peut y avoir aucun doute : les huit milles demandés par l'Itinéraire font onze mille huit cent vingt-deux mètres; or, on trouve un peu plus d'onze mille huit cents mètres de l'extrémité des ruines d'Antinoé à *Beny-Hasan el-Qadym* (le vieux Beny-Hasan). Cet endroit est un très-grand village, aujourd'hui dépeuplé et abandonné [2], où sont de grandes constructions en briques crues, qui annoncent une ancienne ville ou bourgade égyptienne, ainsi qu'une multitude d'hypogées [3].

Un peu plus au sud, est le village actuel de Beny-Hasan, habité par des familles arabes, qui se réfugient aussi quelquefois dans des huttes de roseaux, voisines du bord du Nil.

Les grands travaux qui ont été exécutés dans la montagne, achèvent de prouver qu'il y a eu dans cet endroit une ancienne position. Indépendamment de trente hypogées environ, parfaitement taillés dans la montagne,

---

[1] *Ala secunda Hispanorum Pois Artemidos.* (*Notit. utriusque imperii*, pag. 90.)

[2] Il y a trente ou quarante ans que les habitans ont quitté ce village pour bâtir plus au sud, dans un endroit où la langue de terre cultivable est plus large. Il n'est point ruiné; beaucoup de maisons sont entières et neuves.

[3] *Voyez* pl. 64, fig. 1.

un peu au nord de Beny-Hasan el-Qadym, et dont la plupart sont peints ou sculptés dans leur intérieur, il y a encore, près du village actuel, plusieurs grottes égyptiennes et une butte de décombres. Enfin il existe d'autres grottes entre deux petits villages abandonnés, situés vers le nord, et du nom de *Nazlet Beny-Hasan*; elles sont plus basses et en grand nombre, et percées dans un rocher à pic, au nord d'une gorge de la montagne : j'ai vu le chemin qui y conduisait, sans pouvoir les aller visiter.

Pour se rendre aux grottes principales en venant d'Antinoé, il faut, après avoir passé par Beny-Hasan el-Qadym, traverser une large coupure (de seize à vingt mètres), qui est l'embouchure d'un grand ravin par où les eaux pluviales sont entraînées dans le fleuve; et même le roc est percé d'une crevasse de six pieds de large, par où elles se précipitent. A la crête de la montagne, ce ravin est fort étroit; dans son cours, il est bordé de deux espèces de murs de sable durci : on voit son lit au pied des murs de ce village. Les eaux qui s'y jettent, tombent de plus de deux cents pieds de haut. Sept ravines ou torrens semblables existent entre Beny-Hasan et Nazlet-Noueyr, dans une longueur de six mille cinq cents mètres.

La montagne est composée de pierre calcaire numismale, dont les coquilles ont souvent la couleur rose; l'aspect de la pierre est celui de la pierre de Qâou el-Kebyr : on y trouve aussi des parties ferrugineuses. Il y a deux à trois cents pieds de hauteur à la chaîne : mais en avant de la grande est une chaîne basse, formée des débris du roc, de coquilles et de sable. Ce qu'il y a de singulier, c'est que, du côté du Nil, elle est coupée à pic, ainsi que le roc placé en arrière.

Il me paraît que c'est par cette même cause que quatre villages ont été abandonnés. L'irruption des sables, que les vents d'est et les torrens ont transportés sur le sol, a fait disparaître la terre cultivable qui existait entre le Nil et le pied du rocher. Mais les anciens Égyptiens avaient sans doute à cultiver tout cet espace, comme on cultive encore au pied du rocher à Saouâdeh, Tehneh[1], etc. Aujourd'hui le terrain est recouvert de cinq à six mètres[2] de sable, et condamné à la stérilité la plus absolue : à peine reste-t-il çà et là quelque bande cultivée, large de quatre-vingts à cent mètres. Aussi, du temps de l'antiquité, il y avait moins de contraste entre les scènes agricoles qui se passaient au pied de la montagne, et les tableaux d'agriculture qui sont peints dans les hypogées.

DESCRIPTION DES HYPOGÉES PRINCIPAUX DE BENY-HASAN.

Les plus importans de ces hypogées sont, comme je l'ai dit, au nombre de trente environ, un peu au nord de Beny-Hasan el-Qadym, tous à une même hauteur dans le rocher; leurs portes sont sur un même plateau : douze à quinze sont couverts de peintures égyptiennes, dont les sujets sont pleins d'intérêt, et les couleurs parfaitement conservées; quelques sujets ont malheureusement été effacés par des mains ignorantes et un aveugle

---

[1] *Voyez* ci-après, *section* II.   [2] Quinze à dix-huit pieds.

fanatisme. Dans plusieurs grottes, on n'a fait que tailler la montagne et dresser les faces, avec ce soin qui présidait toujours aux travaux égyptiens; mais elles ne sont pas revêtues de couleurs ni de sculptures.

Les ouvertures sont de différentes grandeurs. Quelques-unes ont leurs piliers détruits et leurs peintures effacées; d'autres sont fort petites. Dans une, qui est tout-à-fait au sud, on remarque une porte d'une belle proportion, décorée d'une gorge qui n'est pas cannelée: en général, l'architecture en est peu ornée; mais elle plaît par sa symétrie et sa simplicité.

La plus intéressante de toutes pour le plan, la décoration et les sujets, est la plus avancée vers le nord : il y en a cependant une petite qui présente aussi beaucoup d'intérêt, et qui est encore plus septentrionale. Je me bornerai ici à en décrire quatre, dont j'ai rapporté les plans et les dessins.

La première présente une particularité dans son plafond, qui est en forme de toit[1]. On a remarqué, dans beaucoup de catacombes de Thèbes et de Lycopolis, des plafonds en forme d'arc de cercle, et il y en a également ici; mais nulle part ailleurs qu'à Beny-Hasan je n'avais vu ces toits inclinés, qu'on pourrait appeler en quelque sorte des frontons en creux. Les colonnes de ce même hypogée et de quelques autres se distinguent par leurs bases extrêmement larges et très-peu élevées[2], et surtout par leur disposition en faisceau. Quatre tiges sont réunies et liées au sommet par plusieurs anneaux, ou un ruban formant plusieurs tours, comme si elles

[1] *Voyez* pl. 64, fig. 2.   [2] *Voyez* pl. 64, fig. 8, 10 et 11.

DE L'HEPTANOMIDE. 337

étaient fortement serrées et pressées. Les extrémités des liens passent entre les tiges, tant en dessus qu'en dessous; le chapiteau, qui n'est que la continuation et le renflement de ces baguettes, semble formé par l'effet de la compression des liens.

Plus on examine ce chapiteau, plus on est porté à croire qu'il est l'imitation des supports que formeraient des roseaux liés ensemble. Les cabanes actuelles des gens de Beny-Hasan, qu'on voit sur les lieux mêmes, pourraient en retracer une sorte d'image, puisqu'elles sont soutenues par des assemblages de roseaux. Mais si ces colonnes sont l'imitation d'un objet naturel, qui est d'un usage antique et immémorial, elles ont servi elles-mêmes de premier type aux colonnes à faisceau que nous voyons dans les palais les plus somptueux de la ville de Thèbes : elles ont, comme celles-ci, une diminution sensible du bas en haut, causée par la compression du lien, qui produit aussi le renflement du chapiteau. Le tailloir du chapiteau, l'architrave qui repose au-dessus, enfin la base de la colonne, annoncent déjà un certain progrès de l'art, au-delà de l'imitation primitive [1].

Le second hypogée dont j'ai à parler, est orné, dans le fond, de deux rangées de trois colonnes : il y a sur les deux murailles latérales un pilier correspondant à chaque rangée [2]. La longueur de la salle principale (je n'ai pu voir les autres distributions) a environ seize mètres; et sa largeur, dix mètres et demi. Les colonnes

---

[1] On donnera ailleurs plus de développemens à ces idées sur l'origine des colonnes en faisceau (*voyez* aussi, *A. D.*, tom. 1, la Description d'Éléphantine).

[2] *Voyez* pl. 64, fig. 8.

sont à faisceau, pareilles à celles que j'ai décrites dans la première catacombe.

La troisième a son entrée placée hors de l'axe. On voit aujourd'hui dix colonnes; mais je crois que deux sont tombées : la longueur a quatorze mètres et demi, et la largeur huit et demi[1]. Les colonnes sont entièrement semblables aux précédentes, c'est-à-dire composées de tiges réunies en forme de faisceau.

La plus importante de ces catacombes est, comme je l'ai dit, au nord de toutes les autres; son plan est parfaitement symétrique[2]. L'ouverture du vestibule, sur la face de la montagne, a $6^m,2$, largeur beaucoup plus grande que celle des autres entrées. Après avoir marché entre deux murailles, distantes de ce même intervalle, dans une longueur de huit mètres, on trouve un premier portique de deux colonnes élevées, de forme octogonale, et larges de $1^m,10$. On entre ensuite, par une porte de $1^m,86$ de large, dans une grande salle soutenue par quatre colonnes cannelées, à cannelures creuses, et dont le diamètre a un mètre : la largeur de la salle est de plus de douze mètres, et la longueur, de onze mètres et demi. Au fond est une niche de $2^m,7$ sur $2^m,2$, où se trouve un groupe sculpté dans le roc, représentant des figures assises, de proportion colossale. Les personnages sont horriblement mutilés : on reconnaît cependant une figure d'homme, placée entre deux femmes qu'elle embrasse. Il y avait une communication entre cette pièce et des galeries latérales, et, au moyen d'un canal bas et étroit, on communiquait aussi avec les catacombes voi-

[1] *Voyez* pl. 64, fig. 9.   [2] *Ibid.* fig. 3.

sines, Je pense qu'il en était de même dans les autres hypogées que j'ai décrits. Ces pièces latérales conduisaient aux puits de momies.

Entre le premier portique et la porte d'entrée, il y a un plafond taillé dans le roc, en forme d'arc de cercle, et dirigé transversalement; l'arc est parfaitement tracé. Dans la grande salle, on trouve au plafond trois berceaux semblables, dirigés dans le sens de l'axe, appuyés sur les colonnes et sur les murs latéraux [1]. La porte d'entrée est très-haute; elle a sept mètres. La hauteur totale de la grande salle est de $8^m,5$ jusqu'au sommet du plafond [2].

Sur les faces de cet hypogée et du premier portique, les artistes égyptiens ont sculpté ou peint une multitude d'hiéroglyphes et de sujets familiers, dont la conservation est parfaite. Les couleurs, surtout, sont d'une fraîcheur étonnante. Le rouge, le bleu, le jaune, dans beaucoup d'endroits, sont encore intacts après tant de siècles : c'est la couleur bleue qui a le plus d'éclat.

Les hiéroglyphes sont peints ou sculptés, ou bien l'un et l'autre à-la-fois, dans des colonnes verticales. Au-dessous des arcs, les architraves sont ornées de frises en forme de fers de lance ou plutôt de faisceaux de plantes, comme on en voit beaucoup dans les catacombes de Lycopolis. Sur le mur à droite est une marche de quatorze personnages religieux, en partie peinte et en partie sculptée, se dirigeant vers la déesse Isis, avec des offrandes dans la main : l'un porte des lotus, l'autre

---

[1] *Voyez* pl. 64, fig. 4 et 5.
[2] On retrouve ici l'emploi des mesures égyptiennes : la longueur de la grande salle fait à fort peu près vingt-cinq coudées; la largeur, vingt-six ; la distance des colonnes aux murs, sept ; la hauteur totale, dix-huit.

des poissons, un troisième des fleurs, etc. Toutes les figures sont disposées avec ordre et exécutées avec soin. Au frontispice de l'hypogée, il y a une grande inscription hiéroglyphique.

Cet hypogée, aussi bien conservé dans toutes ses parties, a de quoi surprendre les voyageurs, quand on songe qu'il est, pour ainsi dire, sur la rive du Nil, et qu'il a été exposé aux injures des hommes, bien plus que ceux de la ville de Thèbes. Aussi, sans remonter aussi loin que cette ancienne capitale, où la visite des hypogées n'est pas sans péril, on peut prendre à Beny-Hasan une idée juste de la décoration et des peintures des catacombes égyptiennes. Mais on découvre ici un autre sujet d'observation, bien digne d'intérêt pour l'histoire de l'art, et qui mérite toute l'attention du lecteur.

Dans ces catacombes antiques, où les prêtres égyptiens ont tracé une quantité innombrable d'hiéroglyphes, dont le secret a péri avec les colléges de Thèbes, de Memphis et d'Héliopolis, nous trouvons des colonnes semblables à celles des plus anciens temples grecs, des temples de Thésée et de Minerve, des temples de Posidonia, de Coré et d'Agrigente : ce sont des colonnes cannelées [1], à seize cannelures creuses, hautes de sept diamètres et un cinquième, diminuées d'un dixième au sommet; enfin pareilles aux colonnes de l'ordre dorique grec, au chapiteau près, qui a la forme d'un abaque ou tailloir. Ainsi voilà encore un ordre grec emprunté à l'architecture des bords du Nil, comme l'a

[1] *Voyez* pl. 64, fig. 4, 5, 6.

été ensuite l'ordre corinthien, puisé dans les colonnes *dactyliformes* de l'Égypte[1].

Ce serait une grande erreur que de regarder l'analogie de ces colonnes avec celles de l'ordre dorique grec, comme l'indice d'un ouvrage appartenant aux Grecs eux-mêmes. Ces colonnes font partie d'un monument couvert d'hiéroglyphes et de peintures, dont le style est tout pareil à celui des hypogées de Thèbes, de Lycopolis et d'Eléthyia, c'est-à-dire qu'elles présentent les mêmes défauts de perspective et de dessin que les bas-reliefs égyptiens présentent partout et dans tous les temps, parce que les formes des figures humaines étaient consacrées. Les Grecs et les Romains ont construit en Égypte, mais suivant le style de leur architecture, comme on le voit à Alexandrie, à Antinoé, etc. Dans un autre quartier de l'Heptanomide, ils ont creusé dans le rocher même, et ils ont fait un petit temple dorique, où l'on ne trouve pas le moindre mélange du genre égyptien; j'en donnerai plus bas la description[2].

Je dois faire remarquer ici les colonnes du premier portique. Leur plan est un octogone, et ce nombre de huit côtés est en rapport avec celui des cannelures de l'intérieur, dont il est la moitié[3]; le chapiteau est un simple tailloir. Dans les carrières de Saouâdeh, dont je parlerai plus loin[4], j'ai trouvé une colonne aussi à huit pans, mais beaucoup plus large. Ce sont, avec les colonnes extrêmes du grand palais de Karnak, les seuls

---

[1] *Voyez* la Description d'Edfoû, A. D., chap. V.
[2] *Voyez* ci-dessous, §. XIII.
[3] *Voyez* pl. 64, fig. 4 et 7.
[4] §. XIII.

exemples que je connaisse, dans les monumens d'Égypte, de colonnes polygonales.

Les plafonds des hypogées de Beny-Hasan sont décorés de peintures comme les parois elles-mêmes. On y a représenté des étrusques, des enroulemens et des méandres d'un dessin fort agréable. Le trait est rouge; les fonds sont symétriquement rouge, bleu et vert. Les fleurons et les bandes sont aussi revêtus de ces couleurs alternativement, de manière à bien se détacher les unes des autres. On a déjà fait remarquer, dans le tome 1er des Descriptions d'antiquités, que tous ces ornemens avaient été puisés en Égypte par les Grecs et les Romains[1]; mais, s'ils lui ont emprunté ces dessins, ils n'ont pas su dérober en même temps le secret de leurs couleurs inaltérables. Aujourd'hui les peintures égyptiennes ont conservé leur vivacité première, et l'on ne trouve presque plus de vestiges des anciennes peintures grecques.

Je passe à la description de plusieurs sujets représentés sur les faces des catacombes; la plupart sont des scènes familières qui rappellent celles d'Elethyia. Dans une bande de figures qui représentent des gens de la campagne, on voit la moisson à la faucille, suivie du battage du grain au moyen de quatre bœufs qui le foulent aux pieds; un jeune homme rassemble, à mesure, la paille qui n'est pas battue; les travaux sont inspectés par un gardien[2]. Le labourage à la houe et le labourage à la charrue sont représentés plus loin, et au-delà encore sont deux hommes qui paraissent occupés à battre

---

[1] *Voyez* la description des hypogées, *A. D.*, *chap. IX*.
[2] *Voyez* pl. 65, fig. 2.

quelque espèce de grain avec des cordes épaisses ou de grosses tiges flexibles[1].

L'usage de la faucille est une chose qui mérite d'être remarquée ici : je ne puis conjecturer ce qu'est l'instrument que porte un homme placé entre la moisson et le battage; la forme est un grand demi-cercle, avec des carreaux tracés par-dessus. Peut-être est-ce un crible. Derrière la figure est un âne sellé d'une simple couverture, et qui semble occupé à brouter.

Je dois citer ici les représentations de deux barques. Dans la première, sept personnages religieux accompagnent une momie couchée sur le lit funèbre, et qui passe le Nil ou un canal : deux matelots dirigent le navire, au moyen de deux grands avirons suspendus à des mâts, et ils manœuvrent avec des cordes[2]. Dans l'autre, qui est beaucoup plus grande, on remarque une grande voile *carrée*[3]. La vergue est tout au haut du mât, dans une position horizontale; le mât même est soutenu par deux grandes cordes et par des haubans, consistant en dix cordes inclinées, dont cinq passent sur le mât et cinq par-dessous : par un vice de perspective, elles se trouvent toutes dix dans la même direction[4]. A Elethyia, les barques à voile carrée n'ont pas de haubans, ou ceux-ci ne sont composés que de deux cordes. Neuf jeunes gens assis sont armés de rames; deux autres paraissent occupés, sous la direction d'un matelot, à serrer ou lâcher les cordes inférieures de la voile pour mettre

---

[1] *Voyez* pl. 65, fig. 2'.
[2] *Ibid.* fig. 4.
[3] *Ibid.* fig. 3.

[4] *C'est par erreur que, dans la gravure, il y a six cordes dessus et quatre dessous.*

la voilure dans la direction du vent. Trois personnages à la poupe du navire plongent dans l'eau des rames beaucoup plus longues, ou des avirons qui paraissent faire les fonctions de gouvernail. Au-dessus de tous, le pilote balance dans ses mains deux cordes attachées aux bouts de la vergue, et l'on distingue la manœuvre dont il est occupé. On trouve encore dans ces peintures la représentation des barques fabriquées en papyrus ou en jonc.

Dans la grotte principale, au-dessus d'une porte, j'ai découvert de véritables scènes de gymnastique, chose dont je n'avais vu nulle trace dans les hypogées, ni dans les temples ou les palais, bien que, d'après un passage d'Hérodote, il y eût en Égypte des exercices appelés *jeux gymniques*, en usage dans la ville de Chemmis[1]. Les deux personnages ou plutôt les deux partis qui luttent ensemble, sont représentés ici dans toutes les postures imaginables; leurs membres se croisent dans tous les sens. La variété des attitudes est telle, qu'on doit croire que les Égyptiens étaient très-familiers avec ces jeux, ou bien que l'artiste s'est laissé aller à son imagination[2]. Les deux lutteurs sont distingués par les couleurs rouge et noire; il semble que l'avantage reste toujours à la première. On sait que c'est par la couleur rouge-pâle que les Égyptiens se désignaient dans leurs peintures. Je n'ai point compté le nombre de ces groupes; mais je me rappelle qu'il est très-considérable:

---

[1] Herodot. *Hist.* liv. II, c. 91. Il faut lire, dans cet auteur, ce qu'il dit de l'origine de la célébration des jeux gymniques à Chemmis.
[2] *Voyez* pl. 66, fig. 1.

j'en ai seulement dessiné huit pour en donner une idée. Plusieurs des poses peuvent passer pour des tours de force assez extraordinaires. On voit ici une sorte d'essai de perspective dans le dessin ; mais il faut bien remarquer que les scènes sont purement civiles, et n'ont aucune connexion avec les sujets religieux. Apparemment l'artiste avait un peu plus de liberté dans ces sortes de compositions. *Voyez*, ci-après [1], la description d'un autre exercice de gymnastique.

Plus loin on voit une leçon de danse et d'équilibre, où le maître et l'élève ont des attitudes pleines de justesse [2]. Ailleurs on remarque encore des groupes d'hommes faisant des tours de force et d'équilibre, et d'autres luttant avec un bâton. Il faut se souvenir que, suivant Diodore de Sicile, Hermès inventa la lutte et la danse, et fit concevoir *quelle force et quelle grâce le corps humain peut tirer de ces deux exercices* [3].

Dans un autre endroit de l'hypogée, j'ai dessiné une chasse aux gazelles que les chasseurs poursuivent à coups de javelot, suivis par des lévriers tenus en lesse ; scène toute pareille à celle que j'ai vue en réalité dans le désert et presque dans le lieu même, lorsque je visitais les tribus arabes qui parcourent la montagne libyque, et qui se servent également du *selouq* ou lévrier [4].

---

[1] §. XIII.
[2] *Voyez* pl. 66, fig. 2.
[3] Diod. *Biblioth. histor.* liv. 1ᵉʳ, pag. 10, et liv. v, pag. 236, traduction de l'abbé Terrasson. Cependant, par une contradiction qui demanderait à être expliquée, le même Diodore prétend ailleurs que l'art de la lutte ne s'enseignait pas en Égypte, parce qu'il donnait aux jeunes gens une force passagère et dangereuse (liv. 1ᵉʳ, p. 51). Peut-être dans ce dernier passage est-il question d'une époque particulière de l'histoire d'Égypte.
[4] *Voyez* pl. 66, fig. 3 et 4, et.

J'ai remarqué ailleurs une musicienne pinçant d'une harpe à sept cordes[1].

Une scène représente le supplice de la bastonnade, où le patient est couché sur le ventre, un homme lui tenant les pieds et un autre les bras, tandis qu'un troisième le frappe[2]. Le spectacle est tel qu'on le voit journellement au Kaire.

On observe des figures d'animaux, de plantes et de fleurs : je citerai seulement un hippopotame, un ibis et un autre oiseau perchés sur des lotus[3] ;

Des offrandes, où sont rassemblés des ognons, des feuilles de bananier, des vases, etc., et des hommes portant différentes plantes difficiles à qualifier[4] ;

Une sorte de guéridon, où l'on voit sortir de feuilles semblables, une tige d'ananas : du moins, le fruit et la feuille ont avec cette plante quelque ressemblance[5] ;

Des arbrisseaux, que l'on croit représenter des cyprès, etc.[6] ; enfin des chasses d'oiseaux, la pêche, etc.

Je citerai, parmi les instrumens, le dessin d'une balance différente des autres par son extrême simplicité, et celui d'une enclume[7].

Les ornemens des plafonds sont très-variés, comme je l'ai dit : il y en a de très-riches, et aussi de simples, mais toujours réguliers ; ceux-ci consistent en carreaux ayant un fleuron en dedans ou une perle dans les angles[8].

---

mes Observations sur les Arabes de l'Égypte moyenne, É. M.

[1] Voyez pl. 66, fig. 9.

[2] Ibid. fig. 10. Ce sujet curieux se retrouve dans les hypogées de Thèbes. Voyez la description des hypogées, A. D., chap. IX.

[3] Voyez pl. 66, fig. 15.

[4] Ibid. fig. 5 et 6.

[5] Ibid. fig. 7.

[6] Ibid. fig. 11.

[7] Ibid. fig. 8 et 13.

[8] Ibid. fig. 12 et 16.

Les frises sont décorées de faisceaux qu'on a comparés à des fers de lance, mais qui représentent des plantes bien certainement.

Il serait aisé de faire ici une foule de rapprochemens curieux, soit avec les historiens, soit avec l'état actuel des usages de l'Égypte : mais le lecteur instruit pourra y suppléer aisément; et les bornes de cet écrit ne me permettent pas d'ailleurs de m'étendre davantage.

Je finirai cette description succincte des hypogées de Beny-Hasan, en faisant observer que l'on trouve des débris de momies dans la grotte principale; ils ont été extraits d'un puits qui est à côté de la grande salle. C'est un fait qui prouve que ces distributions souterraines ont servi de catacombes.

§. XI. Ruines à *el-A'nbagé* ou *Medynet Dâoud*, et aux environs; *Hayt el-A'gouz*, etc.

Le nom d'*el-A'nbagé*[1] est donné à des ruines inconnues et d'une étendue fort considérable, situées dans la plaine de la rive gauche du Nil, en face des grottes sépulcrales de Beny-Hasan, entre le village de Koum el-Zohayr et celui de Menchât-Da'bes. La longueur totale de cet espace depuis Koum Beny-Dâoud, au nord, jusqu'à l'extrémité sud, n'a pas moins de cinq mille mètres. Trois buttes élevées se remarquent dans cet intervalle; le terrain qui les sépare, quoique moins exhaussé, domine encore sur la plaine; et il est recouvert

---

[1] العنبجة Le mot s'écrit aussi العنبجية *el-A'nbagyé*.

lui-même de décombres et de débris : de temps en temps on aplanit une partie de cet espace, et la culture s'en empare. Il est donc permis de croire que toutes ces ruines étaient liées ensemble, et ne formaient jadis qu'une seule enceinte habitée.

El-A'nbagé porte aussi le nom de *Medynet Dâoud*[1] ou ville de David, et les ruines du nord ont encore le même nom, *Koum Beny-Dâoud*, ou butte des enfans de David; ce qui semble annoncer une haute antiquité, comme tous les endroits qui portent le nom de *Joseph*. Les Arabes ont toujours donné des noms pareils aux anciennes villes ou aux ouvrages de l'antiquité égyptienne.

Aujourd'hui la grande route passe par le milieu de ces ruines, qu'on traverse pendant plus d'une heure, sans rencontrer un seul village. C'est là que les Arabes se tiennent quelquefois pour attaquer les voyageurs : aussi ce passage était regardé comme dangereux. La plus étendue des buttes de ruines est celle du sud : on y trouve beaucoup de pierres taillées, et des briques cuites, d'une grande dimension. J'ai vu un mur, enfoui bien avant sous les décombres, large d'un mètre et demi; il est bâti très-solidement, et formé avec ces grandes briques. A mesure qu'une colline s'abaisse et que l'inondation atteint jusqu'au sol (ce qui arrive par l'exhaussement croissant du fond du Nil), on y introduit la charrue, on ensemence, et les ruines disparaissent.

Un assez grand canal, qui a des levées très-hautes,

مدينة داود .

arrosait autrefois le pied des décombres; il est aujourd'hui comblé. Les habitans regardent ces levées comme une partie des ruines; mais il est visible qu'elles appartiennent à un ancien canal : elles ont servi depuis à former la digue de Menhary.

La grande digue, surnommée *bleue*, ou *gesr el-azraq*, qui passe par Garris, Mentout, et se prolonge jusqu'au canal de Joseph, prend son origine à cette butte du midi. Une autre butte, au nord, porte le nom de *Cheykh Etmân el-A'nbagâouy*; elle est élevée de cinq à six mètres : il s'y trouve une grande quantité de poteries brisées. Enfin, plus loin encore vers le nord, et à l'extrémité des ruines, est la butte appelée *Koum Beny-Dâoud*, dont j'ai parlé. On y trouve beaucoup de ruines en briques cuites, et des débris de vases.

Quoiqu'il ne reste pas de monument conservé dans cet emplacement, on ne peut méconnaître dans tous ces vestiges une ancienne position. Outre que le nom de *Medynet* est toujours donné par les gens du pays aux villes de l'antiquité, il y a encore ici d'autres motifs pour le penser. D'après la remarque générale que j'ai eu occasion de faire plusieurs fois, à côté d'une ville ancienne on est sûr de trouver, dans la montagne voisine, des carrières et des catacombes; et réciproquement, dès qu'on trouve quelque part des hypogées, c'est le signe d'une ancienne ville placée dans le voisinage. Ceux de Beny-Hasan doivent donc avoir appartenu à quelque grande ville des environs; et comme les ruines de *Beny-Hasan le vieux* sont trop petites pour répondre à l'étendue et à l'importance de ces catacombes, que l'espace compris entre la montagne et le Nil est lui-même trop étroit pour qu'il ait pu jamais renfermer une ville un peu étendue, j'en conclus qu'il faut chercher celle-ci, en face de la montagne, là même où sont les ruines de Medynet-Dâoud.

Je conjecture que c'est là qu'était située *Theodosioupolis*, dont il est fait mention deux fois dans la Notice d'Hiéroclès, parmi les dix villes principales de la Thébaïde inférieure et de l'Arcadie. On a cru que cette ville était au même endroit que Tahâ el-A'moudeyn; mais, ainsi que je l'ai dit dans la Description d'*Hermopolis magna* [1], il y a très-peu de vestiges dans cet endroit, qui est beaucoup plus au nord, et qui probablement correspond à *Ibeum*. Comme on n'a donné aucune position convenable à *Theodosioupolis*, et que les ruines de Médynet-Dâoud, jusqu'à présent inconnues, répondent d'une manière satisfaisante à l'emplacement que demande Hiéroclès, je crois pouvoir conjecturer avec vraisemblance que là était la ville de Théodose.

D'un autre côté, *Theodosioupolis* est une dénomination récente, qui a été imposée à l'ancienne ville égyptienne. C'est ainsi que sous Arcadius, fils de Théodose-le-Grand, l'Heptanomide prit le nom d'*Arcadia*. Il resterait donc à découvrir le nom antique de l'endroit; mais la géographie n'en fait aucune mention, à moins que ce ne soit la ville appelée *Isui* dans la Notice de l'empire, et dont on ignore la place. Les Romains y entretenaient un poste de Bretons [2]. Au reste, le village

---

[1] Voyez *A. D.*, chap. *XIV*.
[2] *Ala quarta Britonum Isui.* (*Notitia utr. imper.* pag. 90.)

DE L'HEPTANOMIDE. 351

de *Birbé,* qui est éloigné de six mille mètres à l'ouest, annonce, dans ce quartier, un temple égyptien ; car on sait que c'est le propre nom de ces anciens édifices.

Au sud-est des ruines d'el-A'nbagé et près de Menchât Da'bes, au bord du fleuve, il y a une butte peu élevée, qu'on appelle *Benchihé*[1] : on y trouve des tronçons de colonne en pierre calcaire, des débris de poteries, des restes de murs en briques crues. L'étendue est de quatre ou cinq cents mètres. Les cheykhs m'ont dit que, de mémoire d'homme, on n'y avait point vu d'habitans. Les briques cuites, de petite dimension, qui s'y rencontrent, annoncent pourtant un village moderne.

Hággy Solymân[2], butte de ruines, peu élevée, à l'ouest de Koum Beny-Dâoud, où l'on trouve des ruines de briques.

Nahâleh[3]. Quelques ruines entre el-Birbé et Koum Beny-Dâoud, à l'ouest.

Koum Naouâgeh[4], butte de ruines, à huit mille mètres au nord-ouest de Koum Beny-Dâoud, à l'ouest de Beny-Mouseh.

Koum Mousmâr[5], butte de ruines, au sud de Beny-Khyâr et du canal de Joseph, d'une étendue de quatre cents mètres, couverte de briques cuites et de pierres calcaires, et que les habitans regardent comme les restes d'une ancienne position.

Koum el-Ahmar[6], ruines sur la rive gauche du canal

[1] بنشها
[2] حاجّى سليمان
[3] نهاله
[4] كوم نواجه
[5] كوم مسمار
[6] كوم الاحمر

de Joseph, en face de Beny-Khyâr; on n'y trouve que des briques et des poteries brisées. Les cheykhs rapportent qu'un bey a rompu de grandes pierres qui s'y trouvaient, pour les convertir en chaux; que ce lieu est très-ancien, et qu'il est inhabité depuis plusieurs générations : il confine aux sables de la chaîne libyque.

Hayt el-A'gouz[1]. Au bout des ruines précédentes, vers le sud-ouest, on trouve un mur bâti de briques crues de grande dimension, comme celles dont se servaient les anciens Égyptiens; il a près de deux mètres d'épaisseur. Ce mur est en partie caché dans les sables. On l'appelle *Hayt el-A'gouz* (muraille de la vieille). Un peu plus loin, et près d'une sorte de bassin ou d'étang qui reçoit les hautes eaux du canal et qui a mille mètres de long, est une seconde muraille de la même construction que la première; sa hauteur est de quatre mètres; son épaisseur de $1^m,3$: les briques ont trente-trois à trente-cinq centimètres[2] de long, seize à dix-huit centimètres[3] de large, et quatorze centimètres[4] de hauteur; elles sont placées de champ et à plat, alternativement. Il paraît qu'il y a eu en cet endroit une enceinte antique; et l'on peut même conjecturer qu'elle servait de digue pour rassembler les eaux de l'inondation. Il en reste trois faces, l'une longue de vingt mètres, les autres de dix; le reste est abattu ou enseveli sous les sables. Au rapport des cheykhs, il y a encore d'autres murs pareils, plus avant dans le désert : on leur donne à tous le même nom de *Hayt el-A'gouz*. Cet endroit,

[1] حايط العجوز
[2] Douze à treize pouces.
[3] Six à sept pouces.
[4] Cinq pouces.

qui est d'ailleurs, dans toute la vallée depuis Memphis jusqu'aux cataractes, un des points les plus éloignés du Nil [1], est à un niveau inférieur, et sans doute il y a toujours été : c'est pour cela que les hautes eaux y parviennent et y séjournent. On les y conservait probablement toute l'année au moyen de la digue, soit pour abreuver les habitans, soit pour l'irrigation de quelques terres. Les Arabes, qui connaissent bien l'avantage de cette position, y viennent aujourd'hui en grand nombre pour abreuver leurs chameaux, leurs chevaux et leurs bestiaux. Il m'est arrivé de tomber inopinément dans un camp arabe, pendant que j'observais ces murailles antiques.

Koum el-Ahmar, autre butte au-dessous d'Abou-Ya'qoub, au nord de la précédente, où l'on trouve beaucoup de murs en briques, encore debout, construits par assises réglées et avec soin, et des cintres ruinés, également en briques. Les cheykhs lui donnent le nom de *Beled-Koufry*, ville de païens ou d'infidèles; ce qui annonce une origine ancienne. On ne se souvient pas dans le pays d'y avoir vu d'habitans. Il paraît que ce lieu a été incendié. On peut remarquer ici que sur les bords du *Bahr-Yousef*, très-ancien canal, il existe un ancien lieu nommé *Abou-Ya'qoub*, et à quelque distance un autre appelé *Beny-Dâoud* : ainsi des positions du nom de *Jacob*, de *Joseph* et de *David*, se trouvent rassemblées dans un espace de douze mille mètres. Or,

---

[1] Il y a quinze mille mètres de ce point à celui du Nil qui est le plus rapproché. Ces bassins pouvaient servir utilement, quand le canal était à sec, ou qu'il avait ses eaux très-basses. L'année où j'ai visité cet endroit, le débordement y avait amené beaucoup d'eau.

ces noms ont toujours été imposés par les Arabes aux anciens ouvrages de l'Égypte : il est donc probable que ce quartier a renfermé autrefois des monumens d'une époque reculée; mais ces monumens ont disparu, et la culture a presque effacé jusqu'aux vestiges.

§. XII. Ruines et hypogées à *Zâouyet el-Mayeteyn*, et aux environs.

Zâouyet el-Mayeteyn est un village situé à huit mille mètres au sud-est de Minyeh. Son nom signifie *village des morts*[1]. Sur la rive droite du Nil, un peu au sud, est une grande hauteur couverte de ruines, appelée du nom banal de *Koum el-Ahmar*, ou *la Butte rouge*; dénomination qui provient de la couleur des éclats de vases dont les décombres sont couverts. Ces ruines sont situées au pied de la chaîne arabique, et baignées par le fleuve; la longueur est d'environ sept cents mètres, et la largeur de trois à quatre cents. Au milieu des poteries brisées, il y a beaucoup de morceaux d'albâtre poli, provenant d'anciens vases. En général, on voit dans les ruines beaucoup d'albâtre travaillé. Il faut remarquer que la ville appelée *Alabastra* était à peu près à la hauteur de cet endroit, dans le désert qui sépare le Nil de la mer Rouge[2]. Du côté du fleuve, il reste beaucoup de murs de briques bien conservés. Ces briques sont crues et de grande dimension, comme toutes celles qui sont

---

[1] *Zâouyeh* s'applique proprement à un *oratoire* ou *petite mosquée*. Voyez plus bas, *section* IV, §. IV.

[2] *Voyez* ci-dessous, *section* II, §. V.

DE L'HEPTANOMIDE.

l'ouvrage des anciens Égyptiens. On reconnaît dans tous ces débris les restes d'une ancienne bourgade égyptienne, et, en considérant la montagne percée de grottes et d'hypogées, on en est pleinement convaincu.

Au nord du village, il y a une autre butte de ruines appelée *Koum el-Akhdar*[1] ou la *Butte verte*, moins étendue que la première, mais où j'ai trouvé aussi une grande quantité d'albâtre travaillé, de débris de vases et de poteries, et des murs de briques encore debout. Il ne faut chercher dans ce nom aucune allusion à l'état ancien; il n'a été donné à cette ruine que par opposition avec l'autre.

La montagne d'Arabie est à pic, en face de Koum el-Ahmar. C'est sur cette façade escarpée qu'on a pratiqué, à toute hauteur, des excavations et des hypogées qui ont ensuite été revêtus de bas-reliefs. Ces sculptures sont pleines d'intérêt : la plupart ont trait à l'agriculture; quelques-unes se rapportent à la navigation, d'autres à des cérémonies religieuses.

La principale de ces catacombes est composée de trois pièces, toutes décorées de sculptures qui retracent des scènes domestiques. Dans la première salle, sont quatre colonnes et deux piliers : sa longueur, qui fait la largeur de l'hypogée, est de treize mètres; la profondeur totale est aussi de treize mètres. Dans la pièce du fond sont des figures assises, taillées dans le roc, mais beaucoup dégradées. Un des habitans m'a dit que cette grotte sépulcrale s'appelle *Establ-A'ntar*, nom que nous

[1] كوم الاخدر

avons vu appartenir à une carrière placée fort loin au midi[1].

On remarque dans la première salle, sur la face qui regarde le fond, des bas-reliefs extrêmement curieux, et dont les sujets ne se voient pas parmi ceux d'Elethyia, de Thèbes et de Lycopolis; les figures d'animaux et même plusieurs figures d'hommes sont dessinées avec fermeté et un style un peu plus correct qu'ailleurs. Devant des charrues attelées de bœufs, deux jeunes gens portent de grands paniers qui renferment probablement la semence[2]. Des troupeaux de chèvres se rendent au pâturage; ils sont conduits par des hommes qui ont à la main un fouet, fait d'une corde tressée[3].

Dans une ligne au-dessous est la récolte du lin, autant qu'on peut en juger par la hauteur des tiges récoltées, et par analogie avec la scène semblable d'Elethyia[4]. En avant est un homme assis à terre, les yeux fixés sur un pupitre que soutient une table basse[5]. Ce pupitre est incliné; il porte sans doute un manuscrit, d'après la scène qu'on voit représentée plus bas. Au bout de la table, il y a des tablettes en étage, où l'on croit reconnaître des *volumen*. Cet homme paraît examiner le compte de la moisson. Au-dessus de lui est une autre figure accroupie, qui a les mains sur un vase (ou peut-être une mesure) reposant sur une sorte de *cafas*[6].

L'attitude du personnage qui est debout, derrière les deux figures assises, annonce le geste de l'affirma-

---

[1] *Voyez* ci-dessus, §. VIII.
[2] *Voyez* pl. 68, fig. 13.
[3] *Ibid.*
[4] *Voyez* pl. 68, fig. 14.
[5] *Voyez* pl. 68, fig. 14.
[6] Cage faite de branches de dattier

tion : je conjecture qu'il est le compteur de la récolte, et qu'il affirme ce compte aux écrivains chargés d'en tenir note [1].

La moisson occupe sept personnes. Derrière elles, deux hommes accroupis paraissent occupés à teiller le lin [2]; ce sont sans doute des bottes de lin qui sont accrochées au-dessus de leurs têtes. Plus loin, six figures sont encore occupées à la récolte; mais cette partie est beaucoup endommagée. On ne peut reconnaître si les moissonneurs sont armés d'une faucille. Tout annonce qu'ils travaillent dans un champ de lin représenté par une bande qui a plus de la moitié de la hauteur d'un homme; mais on se demande ce qu'est une bande de moitié moins haute, qui est en arrière de la première [3].

Au-dessous est un tableau analogue à celui que je viens de décrire. Deux écrivains sont occupés à écrire le compte du grain; sur des tables à jour, paraît être placé l'instrument de mesure [4]. Derrière est une pyramide tronquée, ou meule, qui représente le grain ou peut-être les gerbes amoncelées : un homme est dans l'attitude de puiser dans la meule; deux autres tiennent des gerbes dans la main : celui que j'appelle le compteur, examine toute la scène [5]. Plus loin, sept hommes sont en marche, et vont d'un pas accéléré; l'artiste égyptien l'a très-bien rendu : sur l'épaule gauche, ils portent une sorte de grande besace à deux poches, et sur la droite un bâton. Ils paraissent revenir du marché; ce qui

---

[1] *Voyez* pl. 68, fig. 14.
[2] *Ibid.*
[3] *Ibid.* Cet endroit n'est pas distinct dans la gravure, parce qu'il n'a pu être dessiné complétement.
[4] *Voyez* pl. 68, fig. 15.
[5] *Ibid.*

le confirme, c'est qu'ils conduisent des ânes sans fardeau, portant seulement une double couverture. L'étoffe de la couverture est rayée, et elle rappelle entièrement les bardelles ornées dont on fait usage aujourd'hui en Égypte[1]. Par leur taille et leur encolure, ces ânes rappellent aussi la belle race qui existe à présent dans le pays. On sait que les ânes d'Égypte sont renommés pour leur légèreté, leur vigueur et leur vitesse. On admire la beauté de leur poil, la finesse de leurs jambes, et la hauteur de leur taille. Ces qualités appartenaient à ceux de l'ancienne Égypte, comme le prouvent les bas-reliefs de Zâouyet el-Mayeteyn. Le sculpteur s'est attaché à dessiner les formes de ces animaux, d'un style ferme et bien caractérisé. J'aurais dû remarquer aussi le mérite de la sculpture dans les autres figures d'animaux, tels que les chèvres et les bœufs représentés dans ces mêmes bas-reliefs[2].

Une autre preuve que les hommes dont j'ai parlé tout-à-l'heure reviennent du marché, c'est qu'ils se rencontrent en chemin avec d'autres paysans qui conduisent des ânes chargés de paniers. On remarque que ces ânes ont des tailles différentes, et que leurs paniers sont en proportion. Il paraît que les paniers sont faits en *geryd* ou branches de dattier entrelacées : leur forme paraît calculée pour contenir le plus de denrées possible, sans crainte que la charge ne verse, le centre de gravité étant peu au-dessus de l'animal; cependant deux hommes semblent occupés à maintenir un de ces paniers en équilibre[3].

[1] *Voyez* pl. 68, fig. 15.
[2] *Ibid.* fig. 13.
[3] *Voyez* pl. 68, fig. 15.

Sur une autre face de cet hypogée, j'ai dessiné une marche de gens de la campagne chargés de tiges de lotus qu'ils supportent de la main droite, tandis que de la gauche ils jouent de la flûte[1]. Ailleurs, il y a une scène qui représente un marchand d'oies : ces volatiles sont dans une cage basse, comme celles qu'on voit dans nos marchés; il vient d'en tirer deux pour les vendre[2]. Devant lui est une scène dont je n'ai pu malheureusement copier qu'une partie; elle paraît relative à des exercices de gymnastique. Un homme placé dans une attitude penchée paraît tenir avec effort une corde élevée à la hauteur de sa poitrine; par-devant cette corde est un jeune homme les bras étendus, qui semble prêt à sauter par-dessus, sans élan[3] : le premier a une ceinture nouée sur les reins, qui devait avoir, sans doute, quelque usage dans les jeux; derrière, est celui qui paraît présider aux exercices.

On voudrait reconnaître distinctement le meuble qui est placé derrière le jeune élève, avec une perche appuyée dessus : peut-être est-ce un siége pour le président des jeux, peut-être un instrument de gymnastique; trois petites boules qui le surmontent, feraient pencher pour la seconde conjecture[4]. Ces tableaux, rapprochés de ceux que j'ai décrits à Beny-Hasan, confirment l'existence des jeux publics chez les Égyptiens, que Diodore et Hérodote avaient fait connaître un peu vaguement : cette remarque est importante, et l'on aura occasion d'y renvoyer.

[1] *Voyez* pl. 68, fig. 16.
[2] *Ibid.* fig. 17.
[3] *Voyez* pl. 68, fig. 17.
[4] *Ibid.*

Il y a, dans le même hypogée, une barque d'un genre fort curieux : elle a la forme ordinaire des bateaux : mais elle est tout arrondie, et n'a aucune partie en ligne droite; ce qui annonce qu'elle n'est pas en bois de charpente : dans toute la longueur sont des liens en travers[1]. Cette forme paraît retracer ces barques en tiges de papyrus entrelacées, décrites par Théophraste et par Pline[2]; ou bien les bateaux actuels qu'on fait avec des roseaux ou avec des joncs, seulement pour traverser le Nil. Quelques cassures empêchent de reconnaître ce que la barque renfermait; mais on trouve au-dessous d'elle quelque chose de curieux pour l'histoire de l'ancienne flore d'Égypte. On y a représenté les zigzags qui expriment l'eau, comme on le sait : au milieu des eaux, nagent la feuille et la fleur du *nymphæa cœrulea*, ou lotus azuré; la fleur est caractérisée clairement par ses pétales de forme lancéolée et de couleur d'azur. Il n'est donc pas possible de douter que les anciens Égyptiens ne connussent parfaitement cette espèce de *nymphæa* et l'art de le peindre.

Les hypogées de Zâouyet el-Mayeteyn ont été percés dans une face perpendiculaire de la montagne. Il y en a un tout-à-fait au sommet, au-dessus de tout endroit accessible : il est difficile de deviner par où l'on est monté pour le creuser.

Les catacombes ne sont pas les seuls travaux que les Égyptiens aient faits dans cette partie de la montagne. Un peu au nord, la chaîne est remplie d'excavations et

---

[1] *Voyez* pl. 68, fig. 18.   pag. 54. Plin. *Hist. nat.* lib. XIII.
[2] Theophr. *de Plantis*, lib. IV, cap. 11.

de coupures, restes d'anciennes carrières. L'exploitation a été conduite jusqu'à la crête, dans un rocher qui est presque tout-à-fait à pic : là, est un mur de briques crues, qui est à peu près parallèle à la direction de la chaîne ; à peu de distance, il se perd dans le rocher sous les sables. Peut-être a-t-il eu pour objet de servir de rempart, comme le mur moderne construit à Torrah, ou bien de séparer deux territoires, ou enfin, ce qui est le plus probable, de clore la carrière.

Le pied de la montagne est sillonné des traces nombreuses que les eaux pluviales y ont formées dans leur chute. Quand j'y passai aux mois de janvier et de février, les sables étaient encore humides des eaux que les torrens y avaient apportées dans le mois de décembre précédent.

C'est près de Zâouyet el-Mayeteyn que les habitans de Minyeh viennent enterrer leurs morts ; de là le nom que porte ce village : mais on n'y voit que des tombeaux musulmans. Les chrétiens ont les leurs près de Saouâdeh, dont les antiquités font l'objet du paragraphe suivant.

§. XIII. Hypogée *d'architecture dorique et* CARRIÈRES *anciennes à Saouâdeh.*

Entre Koum el-Akhdar dont j'ai parlé ci-dessus, et le village de Saouâdeh, qui en est à deux mille cinq mètres au sud-est, sur la rive droite du Nil, il y a une longue suite de carrières qui méritent ici une mention. En effet, les Égyptiens ont exécuté dans toute cette montagne une multitude de travaux que les voyageurs n'avaient pas décrits jusqu'à présent. Dans toute sa hauteur, et pendant deux mille mètres, la chaîne arabique ne présente que des coupures énormes. Ces carrières, les plus étendues peut-être qu'il y ait dans toute l'Égypte, doivent avoir fourni une immense quantité de pierres; car on reconnaît aisément que le haut de la montagne s'avançait beaucoup plus vers le Nil. Toute la partie antérieure a été enlevée, et la face actuelle est bien en arrière du pied de la chaîne, auquel on n'a pas touché : cela explique comment le rocher est divisé maintenant en deux parties; l'une à pic, l'autre formant un plateau peu élevé au-dessus de la vallée. La composition de la montagne est toute numismale; le plateau est couvert d'un sablon formé de coquilles de ce genre et de quelques autres espèces.

Il y a un endroit où ces coupures présentent, vers le sommet, l'aspect d'un château fort, comme serait le château du Kaire vu de loin : un large chemin mène du plateau à la crête, vers le centre de ces excavations. On ne voit partout que des blocs taillés, qui ont été amenés des parties supérieures, ou qui en sont tombés par accident. Ce qui se distingue d'abord sur le plateau, ce sont trois morceaux énormes de colonnes à huit pans, très-bien taillées et achevées. Le plus grand de ces blocs est du côté de l'ouest : il a $2^m \frac{1}{2}$ de diamètre, entre deux pans opposés; ce qui reste de sa longueur est de $9^m \frac{1}{2}$: la face qui repose sur le sable, est achevée comme les autres. Sa base inférieure, tournée vers le levant, est bien conservée; l'autre bout est brisé, et l'on ne peut deviner ce que cette pierre gigantesque avait de longueur¹ : cependant il n'est pas probable qu'elle eût moins de cinq diamètres, puisque la colonne octogonale de Beny-Hasan en a près de sept, et que toutes les colonnes des monumens égyptiens ont de cinq à six diamètres. Ainsi cette pierre colossale était probablement longue de $12^m\frac{1}{2}$² ; ce qui excède toutes les pierres monolithes en grès ou en calcaire, connues en Égypte.

Il n'est pas difficile de conjecturer ce qu'est devenue l'extrémité supérieure du fût. En effet, on voit qu'il a été exploité lui-même, comme une sorte de carrière, par les modernes habitans. Trois grandes cavités rectangulaires se remarquent à cette extrémité; elles étaient destinées sans doute à recevoir des coins pour faire éclater le bloc.³ : ainsi c'est pour avoir des assises de cinq à six décimètres de haut, que les Arabes ont brisé et diminué de trois mètres cette grande colonne.

Peut-être aussi s'est-elle rompue par accident, et les efforts des Arabes pour en tirer des matériaux ont-ils été infructueux. Le rapport des gens du pays est que les autres blocs de même forme, et qui sont plus courts, faisaient partie de celui-ci : ils sont couchés de niveau. A les voir les uns et les autres, on jugerait qu'ils ont roulé de la montagne; c'est aussi ce que racontent les *fellâh* : mais il est possible qu'après avoir été exécutés dans les parties supérieures de la montagne, ils aient été amenés par la main des hommes sur le plateau où on les voit. Au reste, il est certain qu'on ne les

---

[1] *Voyez* pl. 68, fig. 19 et 20.   [3] *Voyez* pl. 68, fig. 20.
[2] Environ trente-neuf pieds.

a pas extraits du rocher sablonneux où ils se trouvent à présent.

Les autres morceaux qui ont été enlevés de la carrière ont des dimensions non moins surprenantes : on en voit les places vides marquées dans le roc; j'ai cru même reconnaître le vide qu'a laissé la colonne octogonale. Tout le pic est rempli de travaux de cette espèce.

Au nord de la carrière est un mur en briques, descendant du sommet de la montagne jusqu'au pied, rompu en plusieurs endroits, mais, en général, très-bien conservé; il se continuait peut-être jusqu'au Nil, quoiqu'on n'en voie pas de traces : il a quatre mètres de haut; son épaisseur est de $2^m,1$. Les briques sont placées alternativement à plat et de champ. On les a fabriquées avec une terre sablonneuse, où l'on a même laissé de gros grains de sable et de petits cailloux : il y en a de très-grosses, d'autres plus petites. Quoique le travail ne soit pas fait avec un grand soin, il paraît cependant appartenir aux anciens Égyptiens. Son but était-il de fermer la rive droite et d'empêcher les communications du nord au midi? Dans ce cas, on en trouverait des traces dans la vallée; mais, celle-ci étant d'une très-petite largeur, la culture peut les avoir effacées. Était-il destiné à fermer la carrière? On serait porté à le croire, en considérant qu'au midi, précisément au bout sud de la carrière, il y a un autre mur semblable; cependant je ne déciderai pas entre ces conjectures [1].

Au nord du grand mur de briques, le rocher est coupé par un ravin qui paraît le lit d'un torrent. Sur deux

[1] *Voyez* ci-dessus, pages 352 et 361.

parois du ravin, on voit saillir de gros cailloux, dont la pierre est comme criblée, et qui se détachent par leur couleur grise sur le fond blanc du rocher. On conçoit par-là quelle est l'action des eaux pluviales qui se précipitent du haut de la chaîne arabique. J'ai souvent rapporté des faits analogues dans le cours de cette description, parce qu'ils n'ont pas été observés ou qu'ils sont peu connus, et même qu'ils sont contraires à une opinion reçue généralement.

En s'avançant un peu au nord et sur le rocher même, on trouve le hameau nommé *Nazlet Saouâdeh*, dont les habitans sont partie chrétiens et partie musulmans, livrés les uns et les autres à la fabrication du sucre. Les premiers y ont un monastère et une église, et aussi des tombeaux, où tous les chrétiens de Minyeh et des environs déposent leurs morts, comme les musulmans vont le faire à Zâouyet el-Mayetcyn. La plaine cultivée s'étend jusqu'au pied du rocher, qui la borde comme une muraille.

C'est dans ce rocher qu'on a creusé un hypogée d'une espèce singulière, et comme il n'y en a aucun dans toute l'Égypte. Par son plan, il appartient à l'architecture romaine, et rien n'annonce qu'il ne soit pas un ouvrage des Romains. Depuis, les chrétiens l'ont employé à leur usage et converti en église. Le travail de ce monument souterrain est assez beau, et rappelle celui qui est près d'Alexandrie, non loin des *bains de Cléopatre*. L'édifice est d'ordre dorique; mais quelques moulures s'éloignent du style de cet ordre. Les tombes que les chrétiens ont construites au dedans et au dehors, contrastent par la grossièreté de l'ouvrage avec l'exécution de toutes les parties.

On entre par une allée basse, longue de cinq mètres, qui a sa porte sur un plateau taillé dans la montagne à mi-côte; on arrive ainsi dans une cour découverte, environnée de colonnes, haute de $4^m \frac{1}{2}$ environ jusqu'au sommet de la corniche, et de $8^m \frac{1}{2}$ jusqu'au plateau supérieur du rocher. Contre l'usage des hypogées égyptiens, la cour est à découvert. L'ouverture supérieure est un carré de $5^m \frac{1}{2}$ de côté[1]. Après la cour, on entre dans plusieurs pièces longues et étroites, dont une est fermée par un petit mur d'une époque postérieure; au fond il y a encore, m'a-t-on dit, d'autres distributions.

Il devait y avoir dix-huit colonnes dans cette espèce de péristyle; mais, malgré toutes mes recherches, je n'ai pu distinguer la place de celles du côté du nord. La plupart des colonnes sont tombées, et il en reste seulement les chapiteaux avec le haut du fût, qui semblent suspendus en l'air[2]. Du côté de l'est, le rang des colonnes est remplacé par le petit mur qui ferme l'église. La frise est ornée de triglyphes; les profils, les murs, sont purement travaillés; il y a dans la corniche une doucine dont le galbe est exécuté avec finesse[3].

Sur le côté du sud, le mur est percé de cavités basses et oblongues qui paraissent avoir servi à déposer des morts. En avant, sous les galeries, les chrétiens ont placé des tombeaux en briques, où il y a quelques caractères d'écriture effacés, que je n'ai pu copier. Ils se

---

[1] *Voyez* pl. 68, fig. 1 et 2.   [3] *Voyez* pl. 68, fig. 4.
[2] *Ibid.* fig. 3.

DE L'HEPTANOMIDE.   367

distinguent des tombeaux turcs par la voûte qui les couronne. Les briques sont diversement arrangées[1]. Les chrétiens ont bâti plusieurs petites murailles qui empêchent d'abord de reconnaître le plan de l'édifice, autrefois très-symétrique.

La seconde pièce oblongue est aujourd'hui ornée de trois tableaux peints à l'huile, mais à couleur plate et d'un dessin grossier. L'un représente un saint que les chrétiens appellent *Abâ Hour*[2], et dont la tête est énorme pour le corps : il est difficile d'imaginer rien de plus grotesque. L'autre est S. George terrassant de sa pique le démon, qui est sous la figure d'un dragon et de couleur rouge d'écrevisse. Sa tête est entourée d'une gloire; ses pieds posent sur de petits étriers turcs. Le cheval est blanc et mieux dessiné. Dans le fond, sur la cime d'une montagne, est un personnage debout et en prière. Les teintes sont aussi plates et mal fondues que dans le premier tableau; mais la composition est moins défectueuse. Dans la petite salle à gauche, on voit d'autres tableaux, dont l'un représente la Vierge tenant son fils.

Ce monument souterrain, d'une architecture étrangère à celle de l'Égypte, est important, en ce qu'il fait voir dans quel genre les Grecs et les Romains ont exécuté des travaux sur les bords du Nil; il prouve qu'ils y ont bâti dans le style propre à leurs édifices, et qu'ils n'ont pas copié les monumens égyptiens chargés d'hiéroglyphes.

---

[1] *Voyez* pl. 68, fig. 5 à 10.   [2] ابا حور, *l'abbé Hor* ou *Horas*.

§. XIV. *Minyeh*, Ibeum (aujourd'hui *Tahá el-A'moudeyn*), *et environs.*

Minyet ebn Khasym est aujourd'hui la ville principale de toute la province; elle a succédé à Meylâouy, comme Meylâouy avait succédé à Achmouneyn, et Achmouneyn à Hermopolis. Elle doit cet avantage à sa situation sur le bord du Nil. On ne saurait affirmer qu'il y ait eu dans cet endroit une ancienne ville égyptienne : cependant les hypogées de Zâouyet el-Mayeteyn et les carrières de Saouâdeh, qui sont presque en face, pourraient le faire présumer, d'après les motifs que j'ai développés plus haut; j'ajouterai que la ville renferme beaucoup de vestiges d'antiquités, principalement les mosquées, qui sont enrichies de magnifiques colonnes en granit et en porphyre, et dont plusieurs sont d'un travail grec très-soigné. On trouve aussi, dans les décombres qui sont vers l'ouest, des colonnes en granit rouge, d'une grande dimension. Enfin le Nil y est bordé de quais en briques, fort considérables, en partie détruits par les inondations.

Si ma conjecture sur la ville qui était opposée à Beny-Hasan est fondée [1], celle que je présente ici est également vraisemblable, d'autant plus qu'il y a assez loin d'el-A'nbagé à Minyeh, pour qu'il y ait eu en cet endroit une ancienne position sans un trop grand rapprochement de l'une à l'autre [2].

---

[1] *Voyez* ci-dessus, pag. 349.
[2] La distance est de seize mille mètres. *Minyeh* est un mot générique, signifiant proprement *man-*

Sur les bords du fleuve, il y a de grands quais en briques, dont on ignore l'origine : ils sont en partie détruits par les inondations. La population renferme un vingtième de chrétiens, qui ont une église appelée *Deyr Mâry Girgès*, ou *de Saint-George*.

C'est à l'ouest de Minyeh, au milieu de la plaine, que se trouve le bas-fond connu sous le nom de *Bathen*, et que plusieurs modernes ont pris pour un canal antique, tandis que ce n'est qu'une simple dépression du terrain, produite par l'exhaussement des rives du Nil et de celles du canal de Joseph. Ce bas-fond existe d'une manière continue, mais très-irrégulièrement depuis les ruines d'Hermopolis, où il prend les noms de *Tera't el-Ghouetah* et *Tera't el-Sebâkh*, jusque bien au-dessous de Minyeh, où on le nomme *el-Dafa'* [1]. Tantôt il a un ou deux pieds d'eau, tantôt la moitié ou moins, suivant les localités. Sa largeur est très-grande et sans limites distinctes. Pendant la plus grande partie de l'année, il est à sec; dans les hautes eaux, il devient sensible : mais il a plusieurs branches, et non un lit unique et tracé. Rien n'est donc plus mal fondé que la supposition du P. Sicard, qui voulut y trouver le lac de Moëris, et qui trompa d'Anville par sa relation. Comme le même effet a lieu partout où existe le canal de Joseph, ce voyageur vit aussi aux environs d'Ahnâs et peu loin de Beny-Soueyf une flaque d'eau qui lui parut la tête de cet ancien lac. Les habitans donnent le même nom de *Bathen* [2], ou plu-

---

sio. Voyez les pl. 4 et 5, *É. M.*, vol. 1, représentant les vues de Minyeh.

[1] الدفع

[2] C'est un nom générique. Les ha-

tôt *Bâtin*[1], qui veut dire *intérieur*, à tous ces bas-fonds; il s'imagina que c'était un même canal qui venait d'Hermopolis jusqu'à l'entrée du Fayoum. On voit combien il y a loin de là à un ouvrage des hommes, à un monument de l'antiquité égyptienne.

Talleh, village à l'ouest de Minyeh, est entre deux bas-fonds de cette espèce. A la fin de l'automne et en hiver, on a de la peine à les traverser, quoique peu profonds, à cause de la grande largeur de l'espace où l'eau séjourne. Auprès de la branche occidentale, j'ai remarqué une ancienne construction en briques dures, dont il reste seulement un carré de cinq mètres de côté; les habitans la regardent comme antique : on lui donne le nom d'*el-Khourfecheh* : l'intérieur est arrondi en forme de puits. Un bey l'abattit en partie, persuadé qu'elle renfermait de l'or.

Koum el-Gyoukes[2], butte assez étendue et à l'ouest de Minyeh, sur la rive gauche du canal de Joseph, où l'on trouve des briques et des ruines anciennes : elle tire son nom d'un sel que l'on compare au natroun.

Cheykh el-A'skar[3], vestiges d'une ancienne bourgade à huit mille cinq cents mètres au nord de Minyeh. L'étendue des ruines est de trois cents mètres. Le sol est jonché de briques, d'éclats de vases, etc. J'y ai trouvé deux blocs de grès dur antique, d'une grande dimension, que les habitans ont employés pour faire des meules de moulin.

---

bitans disent *les bathen* (*el-baouâtin* البواطن). *Voyez* le Mémoire sur le lac de Mœris, *A*.

[2] كوم الجيوكس
[3] شيخ العسكر
[1] باطن

DE L'HEPTANOMIDE.

Tahâ el-A'moudeyn[1], autrefois *Ibeum*. Ce lieu étant mentionné dans la Description d'*Hermopolis magna*, je dois y renvoyer le lecteur[2].

Koum A'zeb[3], butte de ruine, élevée, à l'ouest de Tahâ et sur la rive gauche du canal de Joseph, où il y a des restes de murailles.

Koum el-Ahmar[4], grande butte, aujourd'hui couverte de sable, à l'ouest de Koum A'zeb, sur le bord du désert. Je la mentionne ici à cause du nom, qui est commun à toutes les anciennes ruines.

Koum el-Daba'h[5] et *Koum el-A'moudeyn*[6], ruines au nord de Tahâ el-A'moudeyn.

Koum el-Hammâm[7] et *Koum Tahmé*[8], deux buttes, dont la première est assez étendue, au nord de Tahâ el-A'moudeyn. Les Arabes rapportent que toutes les buttes qui couvrent la plaine sont de très-anciennes habitations.

[1] طها العمودين
[2] Voyez *A. D.*, chapitre *XIV*, pag. 179.
[3] كوم عزب
[4] كوم الاحمر
[5] كوم الضبعه
[6] كوم العمودين
[7] كوم الحمّام
[8] كوم طهمه

SECTION II.

NOMUS CYNOPOLITES[1].

Cette préfecture, ainsi que la précédente, avait son territoire partagé entre les deux rives du Nil. Les villes principales qu'elle renfermait, sont, *Acoris, Co, Cynopolis, Muson, Hipponon, Alyi, Alabastrônpolis*. Il paraît qu'elle le cédait de beaucoup en importance au nome Hermopolite; du moins les ruines qu'on rencontre dans l'un, ne peuvent se comparer avec celles de l'autre. C'est dans la première de ces villes que j'ai trouvé les restes les plus dignes d'intérêt.

§. I. Acoris (aujourd'hui *Tehneh*).

Tehneh est un gros village arabe, dépendant de la tribu des *A'tayât*, et placé sur la rive droite du Nil, à onze mille mètres au-dessous de Minyeh; il est bâti sur les ruines d'une ville qui paraît avoir été fort grande et correspondre à *Acoris*. Cette ville était assise sur le rocher même, au-dessus d'une belle plaine située dans une gorge que forme la montagne arabique, et qui est l'origine de plusieurs vallons conduisant à travers le désert au nord et au midi; l'un de ces vallons est dirigé sur Ouâdy el-Teyr[2]. Les ruines forment une butte très-

---

[1] Je passe sous silence le nome Antinoïte, attendu que ce qui regarde ce nome a été traité dans la Description d'Antinoé. Voyez *A. D.*, chap. *XV*.

[2] Il paraît que les Égyptiens bâ-

haute. Aucun monument entier ne s'élève au-dessus des décombres; mais on aperçoit plusieurs parties enfouies, et qui annoncent des édifices encore debout et en place : je suis persuadé qu'avec un léger travail on viendrait à bout de découvrir des bâtimens bien conservés. Vers le sud-est, on remarque le dessus d'une porte égyptienne, saillant hors des ruines de plus d'un demi-mètre, et encore à sa place; les cordons ou tores de la porte sont très-apparens. Il y a, du côté de l'ouest, de grosses pierres de cinq à six mètres de long sur un mètre de large, bien polies sur les quatre faces, et qui sont entassées les unes sur les autres : elles paraissent avoir servi à des plafonds ou à des soffites. Plus loin, vers le nord, est une autre grande pierre polie, creusée au centre circulairement, ayant une gouttière sur un côté. Les décombres sont recouverts d'une multitude de pierres taillées : tous ces fragmens sont d'une pierre calcaire numismale très-dure et susceptible d'un beau poli. En avançant vers le nord, et en face du village [1], on trouve le reste de deux bâtimens; l'un présente beaucoup de pierres plus petites, qui paraissent provenir de murs renversés; auprès est la base d'une colonne, dont le profil est le même que celui de la base attique; on voit encore ailleurs des vestiges d'architecture grecque

tissaient dans toutes les gorges que forme la montagne arabique, comme pour empêcher l'irruption des sables dans la plaine, ou pour fermer ces gorges contre les incursions des pasteurs; c'est ce qui expliquerait une partie des murs épais en briques crues que j'ai rencontrés et décrits fréquemment sur cette rive du Nil. Ailleurs, j'ai exposé d'autres motifs qui ont pu les faire construire, suivant les localités. (*Voyez* ci-dessus, pages 353, 361, 364, et ci-dessous, §. II.)

[1] *Voyez* pl. 67, fig. 14.

ou romaine. Dans une fouille qui est à découvert, encore plus au nord, j'ai vu les fondations d'un mur abattu, formant un angle de la construction; les pierres étaient liées par des queues d'aronde : on ne trouve que la place des coins; ceux-ci ont disparu, et les habitans n'ont pu me dire s'ils étaient en fer ou en bois : il est probable qu'ils étaient de cette dernière matière, ainsi que ceux qu'on a retrouvés à Ombos et ailleurs. Le mur n'a que 0^m,6 d'épaisseur.

Les ruines sont couvertes de débris de vases et de constructions en briques; ces briques sont crues pour la plupart. La longueur de l'espace que les ruines occupent est de huit cents mètres, et sa largeur, de sept cent cinquante : je n'y comprends pas le village de Tehneh, qui occupe sans doute une partie de l'ancien emplacement de la ville. Du côté du sud-ouest, la culture s'est aussi emparée d'une partie de cet espace.

J'ai demandé à beaucoup d'habitans le nom que portait cette ville; on ne m'en a pas donné d'autre que celui de *Koum el-Ahmar*, nom banal dont les *felláh* ont coutume d'appeler toutes les buttes de ruines égyptiennes. Quelques-uns m'ont dit que cette ancienne ville avait eu pour prince un certain *Chent* ou *Chint*, qu'ils comparent à *Khasym*, prince de Minyeh. Quoi qu'il en soit, tout annonce que c'est là qu'était *Acoris*, ville du nome Cynopolite, selon Ptolémée. A la vérité, il lui donne la même latitude qu'à Cynopolis, c'est-à-dire 28° 30', tandis que Tehneh est à peine à 28° 12'; mais on sait qu'en général les latitudes de Ptolémée ne peuvent être employées sans correction. Si, comme il le paraît, on doit placer à Samallout l'ancienne Cynopolis[1], la ville d'Acoris étant en face, il faudrait, d'après cette position de Ptolémée, la chercher à peu près à *Deyr el-Bakarah*, ou monastère de la Poulie; mais il n'y a en ce dernier endroit, comme nous le verrons dans un instant, que des rochers escarpés et à pic sur le Nil. Au nord, il n'existe aucune ruine.

Il faut donc se porter au sud, environ à dix mille mètres, où se trouvent les grandes ruines de Tehneh.

Le rocher au pied duquel cette ville était bâtie, est escarpé dans beaucoup d'endroits; le terrain cultivé se prolonge jusqu'au pied de cette sorte de muraille : tout autour il est percé de carrières, et de grottes sépulcrales qui ont été horriblement défigurées; mais, dans celles qui sont conservées, on trouve des sculptures qui offrent des sujets intéressans, et d'un relief plus grand que les bas-reliefs ordinaires. A l'entrée de la gorge de la montagne, vers le nord, on voit de loin un large escalier taillé dans le roc; sa largeur est de plus de quatre mètres[2] : il mène à un hypogée composé de deux salles. Les figures que les Égyptiens y avaient sculptées, sont presque effacées aujourd'hui par les feux qu'ont allumés les Arabes; la fumée a tellement noirci les parois, que je n'ai rien pu reconnaître dans les sujets dont elles étaient ornées. Auprès, il y a plusieurs entrées de grottes.

A l'angle opposé de la montagne, vers le sud, le rocher forme un pic très-élevé, percé de grottes du haut en bas. Dans l'une d'elles, est une salle à deux colonnes,

[1] *Voyez* ci-dessous, §. II.   [2] *Voyez* pl. 67, fig. 14 et 16.

dont le chapiteau est orné de la tête d'Isis[1]. Les colonnes sont tombées; mais l'un des chapiteaux est resté en place, et comme suspendu au plafond. En tournant un peu plus vers le sud, est un autre hypogée peu étendu, mais bien conservé, dont la porte est décorée d'une manière agréable : on y montait par deux escaliers que le temps a presque détruits; dans l'intérieur sont sculptées des cérémonies religieuses Les figures ont six à sept décimètres de hauteur, et elles ont un relief très-saillant : le travail de la sculpture est entièrement le même qu'à Esné et à Thèbes.

Sur la face extérieure, la porte est décorée, vers la droite, d'un bouquet de lotus dont la tige médiale est enveloppée par les circonvolutions d'un grand serpent; vers la gauche, d'une figure d'homme habillée d'une sorte de manteau plissé : elle paraît dans l'attitude de faire une offrande; mais je n'ai pu dessiner l'objet qu'elle portait à la main. La corniche et la frise de la porte sont ornées du globe ailé[2] : auprès, le sculpteur a représenté le lotus dans toutes ses parties, la feuille, le bouton et la fleur ouverte. Il faut remarquer que la feuille est crénelée fortement : ainsi l'intention de l'artiste a été de représenter le *nymphæa lotus*. Les Égyptiens connaissaient donc parfaitement les caractères distinctifs des différentes espèces de lotus[3].

A droite de ce petit hypogée, le roc est orné d'une autre figure égyptienne, debout et de face, et presque en relief total, comme celles d'un des tombeaux de Ly-

---

[1] *Voyez* pl. 67, fig. 15.
[2] *Ibid.* fig. 18.

[3] *Voyez* pl. 67, fig. 20.
Voyez aussi la pl. 68, fig. 18, et

copolis[1] : elle est dans un encadrement formé de deux pilastres et d'un couronnement, dont la sculpture est seulement ébauchée. Quoique la tête et les jambes soient brisées et la poitrine détruite, on reconnaît que c'est une figure de femme. De chaque côté, l'on a gravé une petite inscription grecque, difficile à déchiffrer ; elle consiste en ce peu de lettres, les seules visibles aujourd'hui, ΓΡΑΜΜΜΑΤΑΑΧΡΗΜΑΤΙϹΤΟϹЄϹϹΗ[2].

§. II. Carrières *et* ruines *à Ouâdy el-Teyr, Gebel el-Teyr, Deyr el-Bakarah.*

Ouâdy el-Teyr est le nom d'un gros village qui est dans une gorge de la montagne, comme Tehneh, à trois mille mètres au nord de ce dernier ; cette espèce de vallée est percée aussi de plusieurs vallons qui se rendent dans diverses directions, à l'est et du côté du sud, à Tehneh, Saouâdeh, Matahrah, etc. Il y a même une branche qui se rend, m'a-t-on dit, à la mer Rouge.

La montagne est percée de grottes ; on n'y voit point de sculptures, et elles paraissent être de simples carrières. Il n'existe point de ruines visibles dans ce village ; mais le principal cheykh, en m'accompagnant partout dans la montagne, m'a assuré qu'il y en a beaucoup d'ensevelies dans les sables. Les terres sont cultivées avec le plus grand soin, depuis le Nil jusqu'au

---

ci-dessus, pag. 360, où il est question du *nymphœa bleu*, ainsi que la planche de botanique n°. 60, fig. 1, *Histoire naturelle*, vol. II.

[1] *Voyez* pl. 46, fig. 9.
[2] *Voyez* mon Mémoire sur les anciennes inscriptions, *A. M.*

pied du rocher, qui est absolument à pic, et comme une très-haute muraille, extrêmement remarquable. Les Arabes qui les possèdent, sont actifs et industrieux, et ils font d'excellentes récoltes en sucre, en blé, en fourrages; ils appartiennent, comme les gens de Tehneh, à la tribu des *A'tayât*.

Au-dessous d'Ouâdy el-Teyr, on voit deux grands murs égyptiens en briques crues, environnés de grottes antiques; les habitans les appellent *Hayt el-A'gouz* d'un nom commun avec les autres murailles de la même origine. Ceux-ci paraissent avoir servi à la clôture de deux anses que forme la montagne; partout ailleurs elle est à pic. Plus on examine tous ces murs antiques, plus on est porté à croire qu'ils ont eu la destination, ou de retenir dans ces anses les torrens qui auraient endommagé les cultures, ou de procurer un asile contre les débordemens subits : en effet, les Égyptiens paraissent avoir habité et bâti dans toutes les gorges de la montagne arabique. Selon cette explication, les murs de briques auraient servi en hiver contre les ravages des torrens, et en été contre la submersion des crues du Nil.

Gebel el-Teyr[1] est le nom commun que porte la montagne arabique, depuis le village dont je viens de parler, jusqu'au-delà du monastère de la Poulie, partout escarpée et baignée par le Nil; c'est de là que sans doute le village a tiré son nom. La *montagne des Oiseaux* s'appelle ainsi, à cause de la multitude immense de ramiers noirs ou pigeons sauvages qui viennent s'y ré-

جبل الطير [1]

DE L'HEPTANOMIDE.   379

fugier dans l'été. Pendant l'inondation, saison trop froide, ils vont dans les champs manger le dourah ou d'autres grains. Tous les voyageurs parlent du singulier spectacle que présente le rocher tout-à-fait à pic, long de plus d'une demi-lieue, jusqu'à el-Seraryeh, souvent presque caché par ces milliers d'oiseaux, qui en tapissent la surface et lui donnent une teinte noirâtre. Je remarquai aussi, à mon passage, le bruit extraordinaire que produit le gazouillement de tous ces ramiers à-la-fois[1].

La roche est lisse, et ses lits horizontaux sont parfaitement marqués, excepté dans la partie inférieure, qui est toute crevassée près le niveau du Nil. C'est sur le plateau, du côté du nord, qu'est bâti l'ancien monastère de la Poulie, *Deyr el-Bakarah*[2], dont le nom vient, comme on sait, d'une poulie placée tout en haut du rocher, sur une partie saillante au-dessus du Nil, pour puiser l'eau dans le fleuve[3]; on en fait aussi usage pour monter au couvent toutes les provisions. La maison est bâtie en briques; l'enceinte est vaste, et renferme beaucoup de religieux et d'habitans chrétiens des deux sexes. Ces hommes viennent souvent, dit-on, demander l'aumône aux voyageurs qui remontent le Nil, et ils suivent long-temps leurs barques à la nage. On remarque dans le rocher deux escaliers qui correspondent probablement à quelque excavation. Comme ces lieux ont été décrits

---

[1] Je trouve dans mon journal de voyage une note sur le nom qu'on donne à ces oiseaux; ce nom est *Segaou el-Hadd*. D'après ce que m'ont dit les gens du pays, ce même nom semblerait indiquer une petite espèce d'épervier.

[2] دير البكره

[3] Voyez *É. M.*, pl. 7, fig. 2.

par tous les voyageurs, je ne m'y arrêterai pas davantage.

§. III. Cynopolis (aujourd'hui *Samallout*).

L'ancienne Cynopolis, chef-lieu du nome, était, selon Ptolémée, placée dans une île, et sa latitude différait de celle d'*Oxyrhynchus* de 20'. Il n'est guère possible de faire usage, comme je l'ai dit plus haut, de la latitude de 28° 30' que donne ce géographe; mais la différence de hauteur entre ce lieu et *Oxyrhynchus* doit présenter moins d'incertitude. Or on trouve à très-peu près 20' de distance entre Behneseh, qui est incontestablement l'ancienne *Oxyrhynchus*, et le lieu appelé *Samallout*, grosse bourgade située à vingt-trois mille mètres environ au nord de Minyeh, et à trente-six mille mètres au midi de Behneseh. Celle-ci se distingue au loin par un minaret très-élevé. On y trouve des ruines, et, à l'ouest, un ancien monastère du même nom, qui annoncent une position ancienne. Cette bourgade paraît avoir succédé à quelque ville du premier ordre. A l'est, c'est-à-dire, à la même latitude, il y a une île assez grande, qui correspond assez bien à celle dont parle Ptolémée. A la vérité, on n'a pas de connaissance de ruines qui existent dans l'île elle-même, ainsi que le texte de Ptolémée semblerait le demander; mais doit-on penser que les Égyptiens aient bâti une ville au milieu des eaux, exposée aux débordemens extraordinaires, et même à toutes les variations des inondations annuelles, surtout dans la haute Égypte, où la différence des hautes et des basses eaux est si considérable? L'île de Samallout n'a jamais été, comme celles d'Éléphantine et de Philæ, composée d'un rocher de granit, ou d'un terrain solide, à l'abri des variations du fleuve : on ne pourrait donc se fonder sur l'exemple de ces dernières pour expliquer Ptolémée. Ce qui est le plus vraisemblable, est que, Cynopolis ayant sous sa dépendance une île assez grande, et où peut-être on avait construit quelque bâtiment nilométrique, Ptolémée aura considéré l'une et l'autre comme étant un seul et même lieu.

Il n'est resté de cette ancienne ville aucun temple qui puisse nous donner des lumières sur le culte de ses habitans. Strabon assure que le dieu Anubis, sous la figure d'un chien, y recevait des hommages, et qu'on y avait fondé pour cette espèce d'animal une sorte de culte et de nourriture sacrée[1]. Le nom grec du lieu semble confirmer ce rapport; mais, à défaut de monumens, il est permis de conjecturer que ce culte du chien était entièrement symbolique. Le personnage d'Anubis, comme Diodore de Sicile le représente, était un des compagnons de voyage d'Osiris, qui se distinguait par son habillement formé de la peau d'un chien[2]. On peut ajouter que vraisemblablement le chien céleste, ou Sirius, avait part aux hommages des Cynopolites; on sait que le lever héliaque de la canicule était le précurseur de l'inondation

---

[1] Strab. *Geogr.* lib. XVII, p. 558 et 812.

[2] Diod. Sic. *Biblioth. histor.* l. I, p. 11. L'auteur dit encore qu'Anubis portait un masque de chien, parce qu'Isis avait eu un chien pour guide en allant à la recherche des restes d'Osiris (lib. I, pag. 55). Conf. Plutarch. *De Iside et Osir.*, p. 308, et Clem. Alexandr. *Strom.* lib. v, pag. 567.

du Nil[1]. Au reste, on n'est pas fixé sur l'espèce de l'animal qui servait de symbole à ce culte. J'ai conjecturé que le chacal avait été confondu avec le chien par les Grecs, qui ne connaissaient point chez eux cet animal. Ils ont peut-être traduit son nom par *chien;* et de là le nom de *Cynopolis*[2].

Quant à la figure du chacal, on peut en prendre une connaissance parfaite en étudiant les planches de l'ouvrage où cet animal est très-souvent représenté, surtout dans les catacombes. L'embaumeur a presque toujours un masque de chacal. Enfin ce quadrupède figure dans les cérémonies des funérailles, sous toutes les attitudes.

Il est bien remarquable que tous les personnages dont il est question dans le récit de l'expédition d'Osiris, ont leurs noms conservés dans ceux des villes et des préfectures de l'Heptanomide et des nomes contigus : *Pan*, à Panopolis; *Antée*, à Antæopolis; *Macedo*, à Lycopolis; *Hermès*, à Hermopolis; *Hercule*, à Heracleopolis; *Busiris*, dans la ville du même nom; enfin *Anubis*, à Cynopolis. On peut donc trouver dans la Thébaïde inférieure la scène de toute la fable d'Osiris : mais, sans m'arrêter ici davantage, je dois renvoyer à ce que j'ai dit sur ce sujet curieux, dans la description de la ville d'Antée[3].

---

[1] Strab. *Geogr.* l. XVII, p. 812.

[2] Ils ont probablement fait la même chose pour Syout ou *Lycopolis* : la ressemblance du chacal, partie avec le chien, partie avec le loup, a pu causer cette double méprise.

Une lettre manuscrite du P. Sicard dont M. Ét. Quatremère a publié un fragment, portait qu'à quarante lieues du Kaire, et voyageant dans l'ancien nome Cynopolite, il trouva dans des cavernes des momies de chien soigneusement embaumées, et qu'il en apporta quelques-unes avec lui. Étaient-ce des momies de chacal ou de chien-loup, ou du chien ordinaire? C'est ce que le P. Sicard ne nous a point appris.

[3] Voyez *A. D.*, ch. *XII*, §. VI.

Je ne puis guère parler de la ville de *Co* que pour la nommer; elle était, selon Ptolémée, la capitale du nome. Cette ville doit-elle être distinguée de *Cynopolis*? la chose n'est point probable. Dans la Notice d'Hiéroclès, elle porte le nom de ΚΥΝΩ, *Cyno*; et l'on trouve dans l'Itinéraire d'Antonin, qui n'en fait pas mention, une autre ville de *Cyno* dans la basse Égypte : ce nom de ΚΥΝΩ n'aurait-il pas pu s'écrire Κω par abréviation, ainsi que Cellarius l'a déjà conjecturé? ce qui aurait trompé Ptolémée. Cette explication peut se fonder, 1°. sur ce qu'on ne voit jamais deux villes si voisines; 2°. qu'entre le canal de Joseph et le fleuve il n'y a guère ici que six mille mètres; 3°. enfin, qu'on ne voit pas dans cet endroit, ni au loin à la ronde, de ruines qui répondent à deux villes presque contiguës. Je rappellerai ici ce que j'ai dit plus haut, que l'île qui était en face, aujourd'hui l'île de Beny-Hasan, pouvait renfermer quelque nilomètre qui était comme une seconde position. Ptolémée aura donné à celle de l'ouest le nom de *Co*; et à celle de l'est ou de l'île, celui de *Cynopolis*. Cet examen confirme que la ville de *Co* (ou *Cynopolis*), métropole du nome cynopolite, était située au même endroit que Samallout et Deyr Samallout[1].

---

[1] Selon les manuscrits qobtes cités par M. Ét. Quatremère, *Cynopolis* est le même endroit que *Kaïs* (*Mémoires historiques sur l'Égypte*, tom. II, pag. 141). M. Champollion (*L'Égypte sous les Pharaons*, t. 1, pag. 302) donne le nom de *Koeïs*, et il place ce lieu à el-Qis ou el-Gis. Il est possible que *Kaïs* ou *Koeïs* réponde au chef-lieu du nome Cynopolite; mais le village de Beny-Qych à l'est de Behneseh, le même qu'el-Qis, ne peut absolument correspondre à *Cyno*, puisque Ptolémée place cette ville à 20' au sud d'*Oxyrhynchus*. D'ailleurs, le nome Oxyrhynchite allait certainement jusqu'au Nil; comment aurait-il compris le chef-lieu d'un autre nome? M. Ét. Quatremère cite de Maqryzy un passage curieux sur le canal souterrain qui fut découvert à *Kaïs*

La médaille frappée pour le nome, sous Adrien, porte le mot KYNOΠ au revers; la figure drapée qui s'y voit, présente dans sa main un objet très-difficile à qualifier [1]. On n'y trouve donc aucune lumière sur le culte de la ville de *Cynopolis*. Il en est malheureusement de même pour une grande partie des médailles des nomes.

§. IV. Muson ou Musæ, Hipponon, Alyi.

Selon l'Itinéraire d'Antonin, la ville de *Musæ* était à trente-quatre milles au nord de *Speos Artemidos*, sur la rive droite du Nil. Si l'on prend une mesure d'un peu plus de cinquante mille mètres, formant la distance de trente-quatre milles romains, et qu'on la porte au nord de Beny-Hasan, on tombe sur une espèce de golfe de la montagne, au-dessous du village de Cherhy, en face de Kholsân. Comme on n'y a point observé de ruines, je n'ai d'autre raison de placer *Musæ* en ce lieu, que sa position fixée par l'Itinéraire, par rapport à sa distance de *Speos Artemidos*. Au reste, c'était peut-être une simple station militaire plutôt qu'une ville. Dans la Notice de l'empire, ce lieu porte le nom de *Muson*, et il y est au sud d'*Hipponon*, comme dans l'Itinéraire. On y avait placé une cohorte de Thraces [2].

Hipponon était à trente milles au nord de *Musæ*, selon l'Itinéraire d'Antonin, également sur la rive droite du Nil. Cette distance tombe sur un endroit que les

---

sous al-Kamel; peut-être engagera-t-il les voyageurs à faire quelques recherches dans ce pays.

[1] *Voyez* pl. 58, *A.*, vol. v.
[2] *Cohors secunda Thracum Muson.* (*Not. utr. imp.* pag. 86.)

sables ont recouvert, au-dessus d'el-Harabchent[1], presque en face de Fent. D'Anville a placé *Hipponon* à Charouneh; mais ce lieu est trop au midi.

Alyi, suivant l'Itinéraire, est à seize milles au nord d'*Hipponon*. En portant seize milles, à partir de cette position, comme nous l'avons fixée, on arrive, en face de Menaqteyn ou Menqatyn[2], dans un espace où il y a quelques petites habitations, et où les sables paraissent avoir enseveli tout le terrain cultivable. C'est sans doute ce motif qui a empêché jusqu'ici de retrouver les ruines de cette ville et de la précédente. Ce qui justifie au reste la position que j'ai assignée à *Alyi*, et par conséquent à *Musœ* et *Hipponon*, c'est que si l'on mesure l'intervalle entre ce point et Bayâd, qui n'est pas éloigné de *Thimonepsi*, on trouve précisément seize milles romains; c'est ce que demande l'Itinéraire entre *Thimonepsi* et *Alyi*, ainsi que nous verrons plus loin.

On voit que j'ai étendu le nome Cynopolite assez loin vers le nord. La raison en est facile à donner. La préfecture Aphroditopolite commençait à Babylone; elle ne pouvait pas s'étendre beaucoup plus loin que *Thimonepsi*. Aujourd'hui la province d'Atfyh, qui lui a succédé, s'avance bien plus dans le sud; mais la majeure partie de son sol est engloutie sous les sables, et, malgré cette extension, son territoire est encore moindre qu'autrefois.

[1] الهريبشنت   [2] منقطين

§. V. Alabastrônpolis.

Avant de quitter le nome de *Cynopolis*, il faut faire mention de la ville d'*Alabastra*, qui en faisait partie, selon Ptolémée. Il place cette ville à l'orient du fleuve, bien avant dans les terres[1]. La latitude de 28° 20′ qu'il lui donne, la ferait remonter beaucoup au sud; mais cette latitude a besoin de correction. *Alabastrônpolis* était une ville de l'intérieur du désert qui sépare le Nil de la mer Rouge, à proximité des carrières d'albâtre, où les Égyptiens ont puisé une si grande quantité de ces précieux matériaux. Pendant notre séjour en Égypte, je me suis procuré quelques renseignemens sur ces carrières, qu'il m'a été impossible de visiter. M. Rozière et moi avions été chargés, avec M. Reynier, d'y faire des observations de minéralogie et de géographie; les événemens de la guerre ont fait avorter ce projet. Je ne puis donc parler ici que d'après le rapport que m'ont fait les gens du pays.

Déjà les voyageurs avaient fait connaître l'existence d'une ville ruinée, près de Gebel Khalyl, sur le chemin du monastère d'el-A'rabat ou de Saint-Antoine[2]. Il serait difficile de ne pas admettre que ces ruines sont les restes d'*Alabastra*. Qu'il ait existé en effet deux villes dans le désert, c'est ce qu'aucun auteur n'a avancé. Ensuite, *el-A'rabah*, qui veut dire *chariot*[3], est le nom qu'on donne à une plaine voisine. Elle tirait son nom de la grande quantité des chariots sur lesquels on trans-

---

[1] Il faut entendre *désertes*.
[2] Voyage de Vansleb en Égypte.
[3] En hébreu, הרכב.

portait les morceaux d'albâtre, soit vers le Nil, soit dans le sud du pays. Le chemin taillé dans le roc, dont j'ai parlé en décrivant Antinoé [1], et qui a quinze mètres de large, a sans doute servi à transporter dans la Thébaïde les produits des carrières d'*Alabastra*. On parle d'un mur de vingt-quatre pieds d'épaisseur dans le voisinage du couvent de Saint-Antoine, appelé *Hayt el-A'gouz*, comme ceux que j'ai décrits dans la précédente section; cette construction servait sans doute à renfermer la carrière [2].

Il y avait, selon Ptolémée, à 20′ plus au midi, une montagne appelée du même nom, *Mons Alabastrites*. Pline a fait mention, comme lui, de la ville d'*Alabastrônpolis*.

Les gens que j'ai consultés sur ces anciennes carrières pendant mon séjour à Beny-Soueyf, m'ont assuré qu'on s'y rendait par un vallon étroit qui est à peu près en face, au nord du village de Bayâd; qu'après environ trente *malaqât* ou heures de chemin, on arrivait à la plaine d'el-Harabah; que le chemin était rempli de morceaux de marbres précieux, de plusieurs couleurs. Quant à la montagne exploitée et aux carrières elles-mêmes, je ne pus rien apprendre de positif, non plus que sur le sujet de la ville ruinée. Quelqu'incomplets que soient ces renseignemens, si on les rapproche tous, on ne peut douter que la position d'*Alabastra* et des carrières d'albâtre ne soit réellement dans le désert

---

[1] Voyez *A. D.*, chap. *XV*, §. III, et la pl. 103. fig. 1, *É. M.*

[2] *Voyez* Maillet, *Description de l'Égypte*, et Pococke, *Description of the East.*

qui sépare le Nil de la mer Rouge, à peu près *à la hauteur de Behneseh*, l'ancienne *Oxyrhynchus*.

En finissant ce qui regarde le nome Cynopolite, je dois lever une difficulté que présente Strabon. Après avoir parlé d'*Heracleopolis*, il traite immédiatement du nome Cynopolite, et ne fait mention qu'après du nome Oxyrhynchite, comme reculé dans les terres. Il semblerait donc que ce dernier ne confinait pas à celui d'*Heracleopolis;* du moins, qu'il était à l'occident du Cynopolite. Mais il suffit de jeter les yeux sur la carte pour comprendre que cet arrangement est impossible. *Oxyrhynchus* était bien au nord de *Cynopolis*, comme le prouvent Ptolémée et la Notice d'Hiéroclès; et les territoires des nomes dont ces villes étaient les métropoles, étaient nécessairement autour d'elles. Comment, dans la Thébaïde, deux préfectures auraient-elles pu être partagées par une ligne parallèle au cours du fleuve? Cette limite aurait coupé tous les canaux d'irrigation; ce qui aurait rendu l'administration impraticable. Aujourd'hui, les provinces de Gyzeh, de Behneseh, d'Achmouneyn, sont séparées par des canaux et des digues transversales à la vallée, et c'est la seule démarcation possible. Je pense donc que si Strabon a parlé d'*Oxyrhynchus* après *Cynopolis*, c'est, 1°. parce que la première de ces villes était fort écartée du Nil, et même à l'occident de la branche appelée aujourd'hui *Bahr-Yousef*; 2°. parce que l'autre était la première métropole en allant d'*Heracleopolis* directement à *Hermopolis*.

SECTION III.

NOMUS OXYRHYNCHITES.

La préfecture d'*Oxyrhynchus* n'ayant pas des limites parfaitement distinctes, au moins d'un côté, je me suis arrêté, en les fixant, à des canaux qui se jettent perpendiculairement du Nil dans le canal de Joseph, l'un au nord et l'autre au midi de Behneseh, à peu près à égale distance de cette métropole. Le premier sort du fleuve, en face de *Musæ*; le second, au-dessus d'*Alyi*. Il y a, dans cette disposition, une égale étendue au nome Oxyrynchite et au nome Héracléopolite, qui confinaient ensemble. D'ailleurs, celui-ci a ses frontières déterminées par la description de Strabon, comme nous le verrons plus loin; il était dans une île : des canaux devaient donc le circonscrire à ses extrémités. Le canal de Zâouy, au nord de Beny-Soueyf, ne présente aucune incertitude; celui qui prend sa source à el-Harabchent, passe à el-Zâouyeh, et se dirige vers le Bahr-Yousef à Saft-Rachyn, est le plus convenable à choisir pour la limite méridionale. C'est celle-ci qui forme la limite septentrionale du nome d'*Oxyrhynchus*. Au surplus, je reviendrai sur ce point à l'article du nome Héracléote[1].

Les principales villes comprises dans le nome Oxyrhynchite, d'après cette distribution, étaient *Tamonti*, *Oxyrhynchus*, *Fenchi* et *Tacona*.

---

[1] *Voyez* ci-après, *section* IV.

§. I. *Abou-Girgeh;* Tamonti.

D'Anville a placé *Tamonti* au même lieu qu'Abou-Girgeh ; mais, outre qu'on ne connaît point d'autres ruines dans cet endroit qu'un quai antique, la distance de vingt milles, donnée par la Table de Peutinger, entre *Fenchi* et *Tamonti*, doit faire descendre cette dernière position à neuf mille mètres au moins plus bas, vers les villages de Qâmeh et de Beny-Mazâr, à peu près sur le parallèle de Behneseh : on n'y connaît pas non plus de ruines; mais rien ne nous atteste que *Tamonti* ait été une ville importante. L'Itinéraire d'Antonin, la Notice d'Hiéroclès et celle de l'empire n'en parlent point; il n'en est point question non plus dans Ptolémée ni dans les autres auteurs : il suffit donc de fixer sa position d'après le seul itinéraire qui la mentionne. Or, Abou-Girgeh est à plus de vingt-six milles romains en ligne droite de Fechn, qui est évidemment l'ancienne *Fenchi*. La Table théodosienne suit le bord du Nil, tandis que l'Itinéraire d'Antonin conduit par le milieu de la vallée ou le long du canal de Joseph : de là vient que les villes qui figurent dans l'une, manquent dans l'autre, et *vice versâ*[1].

---

[1] C'est un peu au-dessus d'Abou-Girgeh qu'on remarque, dans la montagne arabique, un immense bloc détaché du reste de la chaîne, et qui se trouve sur des dunes avancées ; sa forme est bizarre, et représente assez bien un tombeau. Si ce n'est pas le produit d'une exploitation, il faut croire que c'est la pointe d'un rocher que les sables auront environné à sa base.

Plus loin, est un autre bloc également saillant sur les dunes, et qui, vers le nord, présente une forme encore plus extraordinaire, que l'on fait remarquer aux voyageurs : c'est

§. II. Oxyrhynchus (aujourd'hui *Behneseh*).

Behneseh est une bourgade située sur le canal de Joseph, presque sous le méridien de Minyeh. La ville ancienne à laquelle elle a succédé, était située à l'ouest du canal ; les sables de la Libye ont presque entièrement couvert ses ruines, dont il n'est plus possible de mesurer l'étendue ; une autre ville, qui avait été bâtie à sa place, plus près du canal, est également sous les sables ; enfin les maisons du village actuel, qui sont sur la rive gauche du canal, sont de plus en plus envahies par ce fléau, de même que les habitans sont exposés au pillage des Arabes, autre fléau qui accompagne toujours le premier : car le sable est en quelque sorte le terrain des Arabes ; et à mesure qu'il empiète sur la terre labourable, les Bédouins avancent avec lui. Tout ce quartier de l'Heptanomide paraît avoir perdu, par la même cause, un grand territoire cultivable. Sans le canal de Joseph, le désert aurait pénétré bien plus avant dans la plaine, et la plus grande partie serait condamnée à une affreuse stérilité.

On trouve dans les ruines beaucoup de fragmens de colonnes en pierre, en granit et en marbre. Les Musulmans en ont transporté un très-grand nombre dans leurs mosquées, qui ont elles-mêmes succédé à d'anciennes églises. Parmi les débris qui sont encore visibles dans

la figure d'un homme à genoux et en prière. C'est un jeu de la nature, mais qui fait la plus grande illusion. Ce rocher est en face du petit village d'Abou-Baqarah. *Voy.* la pl. 7, *É. M.*, vol. 1, fig. 1.

l'emplacement de l'ancienne ville, et à quelque distance dans le désert, on remarque une colonne corinthienne debout, d'une grande proportion; elle est en entier saillante hors des sables. Le chapiteau est encore à sa place, et il porte même une partie de l'entablement. La hauteur est d'environ huit mètres. Ce monument paraît plutôt romain que grec, et l'on n'en voit plus aucun d'égyptien. S'il était possible de faire des fouilles dans ces ruines, on trouverait sans nul doute un grand nombre de vestiges d'antiquités égyptiennes, grecques, romaines et du Bas-Empire, puisque la ville d'*Oxyrhynchus* a, plus qu'une autre, été exposée aux vicissitudes de toutes ces dominations différentes; mais il faut montrer d'abord que Behneseh est au même emplacement.

Selon Ptolémée, *Oxyrhynchus* était une ville méditerranée; sa latitude était de 28° 50′ : selon Hiéroclès, elle était au nord de *Cynopolis*. L'Itinéraire d'Antonin la place à 30 milles d'*Ibiu*. Strabon s'explique ainsi, après avoir parlé des nomes Héracléopolite et Cynopolite[1] : «Dans une partie reculée (ἐν τῇ περαίᾳ) est la ville d'*Oxyrhynchus* et la préfecture du même nom. L'*oxyrhynchus* y est honoré dans un temple, quoique le reste des Égyptiens soit aussi adonné au culte de ce poisson. Il est plusieurs animaux auxquels tous les Égyptiens accordent leurs hommages : parmi les animaux terrestres, le bœuf, le chien et le chat; parmi les oiseaux, l'épervier et l'ibis; et parmi les poissons, le *lepidotus* et l'*oxyrhynchus*[2].»

[1] *Voyez* ci-dessus, pag. 388.   [2] Strab. *Geogr.* lib. XVII, p. 558.

La latitude de Behneseh est moindre que celle qui est assignée par Ptolémée; mais la position d'*Oxyrhynchus*, d'après l'Itinéraire d'Antonin, y est conforme : trente milles romains font à peu près quarante-quatre mille cinq cents mètres; on en trouve environ quarante-six mille entre Behneseh et Tahâ el-A'moudeyn, qui répond à *Ibeum* ou *Ibiu*[1]. Les ruines placées au nord de ce dernier village coïncideraient avec encore plus de précision. Une autre preuve démonstrative est que Behneseh donne encore aujourd'hui son nom à la province, comme *Oxyrhynchus* donnait le sien à l'ancienne préfecture. Enfin cet endroit a toujours été un chef-lieu de l'église d'Égypte, depuis le temps où *Oxyrhynchus* a embrassé la religion chrétienne.

L'*oxyrhynchus* est souvent figuré dans les monumens égyptiens : on reconnaît cette espèce de poisson à son museau pointu; ce qu'exprime son nom[2]. Non-seulement on voit des poissons pareils sculptés et peints parmi les hiéroglyphes, dans les temples et dans les hypogées[3], mais on en trouve aussi en bronze, et les cabinets des curieux en renferment d'assez grands[4]. Enfin cet animal est fréquemment figuré dans les manuscrits égyptiens[5]. Il n'est donc point douteux, d'après tant de témoignages, que le poisson oxyrhynque n'ait joué un rôle dans la religion égyptienne. Mais quel était ce rôle? Voudrait-on supposer que le poisson, de tous

---

[1] Voyez *A. D.*, chap. *XIV*, §. IV.
[2] Ὀξύς, *acutus*, et ῥύγχος, *nasus*.
[3] *Voyez* pl. 87, *A.*, vol. II, et alibi.
[4] Dans le cabinet de M. de Tersan, j'ai vu un oxyrhynque en bronze, d'environ six pouces de long.
[5] *Voyez* pl. 72 à 75, *A.*, vol. II, et alibi.

les animaux le plus stupide, était adoré comme une divinité tutélaire ? Ce serait une absurdité. J'en donnerai une preuve irrécusable; c'est l'exemple même de *Latopolis*. Il est démontré aujourd'hui que le poisson *latus* n'était point adoré dans la ville de son nom. Le portique du magnifique temple d'Esné ne renferme point la figure de cet animal : au contraire, Osiris, ou le soleil portant un masque de belier, y est représenté partout; il occupe la place principale au-dessus de la grande porte du temple. Les Grecs ont donné à la ville le nom de *Latopolis* par des motifs que nous ne connaissons point; et il en est de même d'*Oxyrhynchus*. Je me permettrai, dans le doute, une conjecture semblable à celle qu'on a déjà faite sur le crocodile[1]. L'existence de cette dernière ville, si éloignée du fleuve[2], exigeait impérieusement que le canal, appelé aujourd'hui *de Joseph*, fût soigneusement entretenu; s'il venait à s'obstruer, l'oxyrhynque et les autres poissons ne pouvaient plus arriver jusqu'à cette ville. Cet animal paraissait avec l'inondation; il était donc comme un symbole du Nil, et, pour cela peut-être, il partageait en quelque sorte, avec le fleuve, les hommages de la multitude.

La ville d'*Oxyrhynchus* a été tellement célèbre par ses monastères et ses églises, que je ne puis me dispenser d'en parler, quoiqu'aujourd'hui il n'en existe plus à Behneseh. J'en trouve une description curieuse, parmi les *Monumens de l'église grecque*, dans une *Histoire des moines d'Égypte*, dont l'auteur est incertain : « Nous

[1] *Voyez* la Description du nome Arsinoïte, *A. D.*, chap. *XVII.*
[2] Près de vingt-trois mille mètres.

visitâmes, dit-il, *Oxyrhynchus*, ville de la Thébaïde, dont les merveilles ne peuvent se raconter dignement. Elle est tellement remplie de monastères, que les murailles elles-mêmes semblent, en quelque sorte, résonner des chants des moines [1]. Au dehors, elle est encore entourée de monastères, qui font une autre ville. Le temple et le *Capitole* en sont remplis, et les moines habitent aussi dans tous les quartiers. Comme la ville est considérable, il s'y trouve douze églises, où tout le peuple se rassemble, outre les oratoires qui sont dans chacun des monastères. Les moines surpassent presque en nombre les séculiers, étant logés à toutes les entrées et dans les tours des portes de la ville. Ces moines se disent être au nombre de cinq mille, et autant au dehors. Il n'y a pas d'heure du jour ou de la nuit, qu'ils ne fassent le service divin. Aucun des habitans n'est païen ni hérétique; tous sont fidèles et catéchumènes. On place des hommes aux portes et aux avenues, pour donner des secours aux pauvres étrangers qui viennent à paraître. Selon ce que nous avons appris du saint évêque du lieu, il avait sous sa dépendance dix mille moines et vingt mille vierges. On ne peut donner trop d'éloges à leur hospitalité et à leur charité. C'était à qui nous attirerait, en nous prenant par nos manteaux et en les arrachant [2]. »

On attribue à Palladius ce fragment qui se trouve à la

---

[1] Il y a dans le grec ἐξηχεῖσθαι, et, suivant une variante, ἐξαθεῖσθαι : j'ai adopté la première version, ainsi que le traducteur, qui exprime ainsi ce passage en latin : *ut muri ex ipsis personent monachis*.

[2] *Ægyptiorum monachorum Historia sive Paradisus*, in *Ecclesiæ Græcæ Monument.* pag. 175 et seq. Lut. Paris. 1686.

suite de son *Historia lausiaca*. Il écrivait en 407; et Rufin, qui écrivait en 410, a traduit le même opuscule. Ainsi, à la fin du IVe siècle et au commencement du Ve, il y avait encore à *Oxyrhynchus* une grande population et une immense multitude de moines, de religieuses, de monastères et d'églises. D'après le prologue qui est à la tête du même morceau[1], il existait à cette époque, en Égypte, une si grande quantité de moines de tout âge, tant dans le pays même que dans le désert et les grottes, qu'elle était impossible à énumérer; qu'*aucun prince de la terre n'aurait pu avoir une armée aussi nombreuse*, et qu'*il n'existait dans l'Égypte et dans la Thébaïde aucun bourg et aucune ville qui ne fût enceinte de monastères, comme d'autant de murailles*[2].

---

[1] *Ægyptiorum monachorum Historia sive Paradisus*, in *Ecclesiæ Græcæ Monument.* pag. 175 et seq. Lut. Paris. 1686.

[2] L'auteur fait un tableau curieux de l'isolement où vivaient ces moines : « Étrangers à tous les soins terrestres, ils sont frappés de stupeur quand ils entendent parler des affaires du siècle. Ils n'ont aucun souci de leur habillement ni de leur nourriture : ils sont constamment occupés de chanter des hymnes à la louange du Seigneur, ou bien dans l'attente de la venue du Christ : Si l'un d'eux a quelques besoins, il ne se rend pas à la ville ou au bourg; il n'invoque ni frère, ni ami, ni parens, ni père, ni enfans, ni serviteur : il étend les mains au ciel, adresse à Dieu des actions de grâces, et reçoit ce qui lui est nécessaire. Que dire de leur foi envers le Christ, capable de transporter les montagnes ? Plusieurs d'entre eux ont arrêté l'irruption des eaux, traversé le Nil à pied, vaincu les bêtes féroces, guéri les malades, et produit des miracles comparables à ceux des saints prophètes et des apôtres. »

Je trouve, dans le Code théodosien, d'autres détails curieux sur la multitude des moines qui habitaient en Égypte sous l'empereur Valens, et de ceux qui les suivaient dans les déserts : *Lex Valentis adversùs ignavos solitudines et secreta petentes, desertis civitatum muneribus et specie religionis cum cœtibus monazontôn congregatis; erui latebris jubet et ad munera subeunda revocari..... In Ægypto frequentissimi hoc ævo monachi fuere. Quanti populi habentur in urbibus, tantæ penè habentur in desertis multitudines monachorum* (auctor Vitæ Apollonii).... *Certo tempore congregabantur cœtus eorum per solitudines divisorum, sin-*

Dans Palladius, on voit le récit des miracles attribués à ces saints personnages, et aussi un tableau, remarquable par sa fidélité, des maux, des fatigues et des aventures qu'ils éprouvaient en voyageant dans le désert ou dans la vallée d'Égypte, accidens qu'on rencontre encore aujourd'hui, et qu'on a toujours dû essuyer de tout temps [1].

J'ai donné ici ces détails sur les couvens d'*Oxyrhynchus* et des environs, parce que j'avais fait précédemment l'énumération, nécessairement très-aride, des monastères que j'ai vus dans l'Heptanomide, sans entrer dans aucun développement; me réservant de le faire à propos de cette ville, qui est, en ce genre, l'exemple le plus extraordinaire à citer. J'ai rejeté d'autres détails dans les notes.

Pour terminer ce qui regarde *Oxyrhynchus*, je rap-

---

gulis suas cellas habentibus....... *Manu militari monachos erui jubet imperator.... Ad militiam monachos adigi jussit anno* 375. (*Cod. Theod.* t. v, p. 323. Lipsiæ, 1736.)

[1] « Dans la haute Thébaïde, vers Syène, il y a des hommes dignes d'admiration, qui, encore aujourd'hui, ressuscitent les morts et marchent sur les eaux comme S. Pierre. La crainte d'être attaqués par les voleurs au-delà de *Lyco* nous empêcha de visiter ces saints hommes... Nous pensâmes périr de faim et de soif après avoir parcouru le désert cinq jours et cinq nuits. Une autre fois nous eûmes les pieds déchirés et souffrîmes d'horribles douleurs en marchant sur un sol plein d'aspérités, etc. » La submersion dans la boue, dans les marais, dans le Nil, la marche dans les plaines inondées, les voleurs arabes, le froid dans les déserts de la basse Égypte, enfin le danger des crocodiles, tels sont les accidens qu'ils rencontrèrent dans leur voyage. (Pallad. *Historia Lausiaca*, pag. 168.) J'abrége beaucoup ce récit singulier, où j'ai trouvé un fait digne d'observation; savoir, que ces voyageurs, traversant les eaux débordées sur la plaine, ne sortirent d'embarras qu'en gagnant les embouchures des canaux: là seulement, ils n'étaient point submergés. Alors, comme aujourd'hui, les bords du Nil, où sont les embouchures des canaux, étaient plus élevés que la plaine. Nous avons vu partout que les bords ou le milieu de la vallée sont toujours plus abaissés que les rives du fleuve.

porterai le nom que porte cette ville parmi les Qobtes; ce nom est *Pemdje* ou *Pemsje*, ⲠⲈⲘϪⲈ[1]. On croit que ce mot signifie la même chose que ὀξύς[2]; mais cette étymologie présente des difficultés. La ville et le nome d'*Oxyrhynchus* ont eu des médailles frappées sous Antonin[3]. On y lit clairement le mot ΟΞΥΡΥΝΧΙ : malheureusement le revers ne présente aucun emblème qui ait le moindre rapport avec le culte de cette ville; la figure de Minerve, armée d'une hache, tient dans sa main gauche une Victoire. On ne voit dans ces médailles aucun animal, ni aucun objet dans le style égyptien.

§. III. Fenchi (aujourd'hui *Fechn*), Tacona ou ΨΕΝΗΡΟΣ (aujourd'hui *Chenreh*).

Fenchi est une ville dont fait mention la Table théodosienne, comme située à vingt-cinq milles d'*Heracleo* et à vingt milles de *Tamonti*. D'après ce que j'ai dit plus haut, la route que suit ici la Table est sur la rive gauche du Nil; c'est donc sur cette rive qu'il faut chercher *Fenchi* : nous y trouverons la grosse bourgade de Fechn, dont le nom est le même. Il s'y voit des vestiges d'antiquité, et ce lieu est plus considérable qu'Abou-Girgeh. Reste à comparer les distances géographiques. Je ne dois pas m'appuyer sur la position de *Tamonti*, puisque je l'ai au contraire fixée par celle de Fechn; mais je parti-

---

[1] *Voyez* les *Mémoires historiques sur l'Égypte*, par M. Étienne Quatremère, tom. I, pag. 254, où l'on trouve des détails curieux sur Behneseh : voyez aussi *l'Égypte sous les Pharaons*, par M. Champollion, tom. I, pag. 305.
[2] Le P. Georgi.
[3] *Voyez* la pl. 58, *A.*, vol. v.

rai d'*Heracleopolis*, qui était, sans nul doute, au même point que le village actuel d'Ahnâs, près Beny-Soueyf, comme nous verrons bientôt. Il y a trois lieux voisins, tous du même nom : le plus au nord est à trente-sept mille mètres de Fechn ; or trente-sept mille mètres font précisément vingt-cinq milles romains : on ne peut donc douter que la ville de *Fenchi* ne fût au même lieu que Fechn. L'Itinéraire d'Antonin n'en fait pas mention, parce que la route qu'il suit passe, à la même hauteur, par la position de *Tacona*.

La ville de *Tacona*, suivant l'Itinéraire, est à vingt-quatre milles au nord d'*Oxyrhynchus*, et à vingt milles au sud de *Cœne*. Pour ne m'appuyer que sur *Oxyrhynchus*, je chercherai, à vingt-quatre milles romains ou environ trente-cinq mille cinq cents mètres de Behneseh, quelque point qui puisse répondre à la position dont il s'agit. Le compas tombe exactement sur Chenreh, entre Fechn et le Bahr-Yousef. Or ce nom est visiblement le même que celui de Ψένηρος, ville dont il est fait mention dans Étienne de Byzance. De plus, *Chenerô* est, suivant les Qobtes, le nom d'une ancienne ville dépendante du nome d'*Oxyrhynchus*[1] ; il est donc infiniment probable qu'il y a identité entre *Tacona* et *Psenéros*, et que cette ville était située au même lieu où est Chenreh.

[1] *Voyez* les *Observations sur la géographie de l'Égypte*, par M. Ét. Quatremère, pag. 36, et *l'Égypte sous les Pharaons*, par M. Champollion, tom. I, pag. 305.

SECTION IV.

NOMUS HERACLEOTES.

Le nome Héracléotique est un de ceux dont la circonscription est le mieux tracée par les auteurs. Deux géographes ont pris la peine de décrire sa forme et ses limites. Ptolémée s'explique ainsi, après avoir nommé *Memphis* et *Acanthus* : « Auprès de l'endroit où le fleuve se divise pour former une île qui constitue le nome Héracléotique, et dans l'île même, est la ville de *Nilopolis*, qui est méditerranée; *Heracleopolis magna*, la métropole, est à l'occident du fleuve; le nome Arsinoïte est au couchant de l'île[1]. »

Voici les passages de Strabon : « Après le nome d'*Aphroditopolis*, vient la préfecture Héracléotique, dans une grande île, le long de laquelle se trouve, sur la droite, vers la préfecture Libyque ou Arsinoïte, un canal qui a deux bouches; ce qui interrompt dans une certaine partie la continuité de l'île. » Précédemment il avait dit : « Le Nil s'écoule, pendant l'espace de quatre mille stades, dans une même direction et dans un lit unique, si ce n'est qu'il est entrecoupé de temps en temps par des îles, dont la principale est celle qui renferme la préfecture Héracléotique, etc.[2] »

Si l'on ne connaissait pas bien le pays, il serait mal-

---

[1] Ptol. *Geogr.* t. 1, l. IV, p. 120. *Voyez* pag. suiv.

[2] Strab. *Geogr.* lib. XVII, p. 556.

J'ai déjà cité ces morceaux et le texte à l'appui, dans mon Mémoire sur le lac de Mœris, *A. M.*

aisé de concilier et même de comprendre ces deux passages; mais pour celui qui a étudié le terrain, il n'y a pas la moindre difficulté. L'île (et par conséquent le nome *Heracleotes*) est fermée dans sa longueur par le Nil et par le canal de Joseph, qui, après el-Lâhoun, continue encore de baigner le pied de la chaîne libyque. Transversalement, cette île est fermée au sud par le canal qui va d'Harabchent au canal de Joseph; et au nord, par celui qui part de Zâouy[1]. Le canal qui borde l'île sur la *droite*[2], a, selon Strabon, deux embouchures, et par conséquent deux branches. On reconnaît là le Bahr-Yousef, qui, arrivé à el-Lâhoun, comme je viens de le dire, se divise en deux bras, dont l'un entre dans le Fayoum, et l'autre court le long de la montagne de Libye, vers Memphis. L'île Héracléotique est, en quelque sorte, *interrompue* par cette bifurcation, comme le dit le géographe. Ainsi la description du nome *Heracleotes* ne laisse aucune incertitude, ni pour sa position géographique, ni pour sa configuration : il en est de même de son étendue, au moins vers le nord. Peut-être du côté du midi était-il terminé par quelque canal autre que celui d'Harabchent et situé dans le voisinage, tel que celui de Menqatyn, ou que celui qui est au sud de Bebâh et qui s'appuie sur la digue de Saft-Rachyn; mais il n'en peut résulter une différence notable de position. Ces canaux médiocres se sont oblitérés par le laps des siècles, et l'on a de la peine à les discerner les uns des autres. L'emplacement de celui d'Harabchent, qui passe

---

[1] *Voyez* ci-dessous, sect. vi, §. ii.
[2] C'est-à-dire à l'ouest; c'était la droite de Strabon, qui montait dans la Thébaïde.

entre Chenreh appartenant au nome d'*Oxyrhynchus*, et *Nilopolis* dépendant du nome Héracléotique, peut être pris avec vraisemblance pour la limite méridionale; mais on peut s'arrêter également au canal de Bebâh.

La préfecture qui nous occupe, possédait cinq villes principales, *Nilopolis*, *Heracleopolis magna*, le chef-lieu, *Cœne*, *Busiris* et *Iseum*.

§. I. Nilopolis, auprès de *Tarchoub*.

Selon Ptolémée, la ville de *Nilopolis* était située à 10' au sud d'*Heracleopolis magna*, et placée dans l'intérieur des terres [1]. Comme c'est la seule distance géographique dont on puisse faire usage pour fixer la place de *Nilopolis*, je chercherai cette dernière ville à un sixième de degré (environ dix-huit mille cinq cents mètres) au midi d'Ahnâs. Cette mesure tombe entre les deux villages d'Abou-Chorbân et de Tarchoub, au milieu de l'espace arrosé par le Nil et par le canal de Joseph, au nord-ouest du gros village de Bebâh. Or le nom de *Tarchoub* a une physionomie égyptienne; on peut citer dans la basse Égypte le nom de *Tarchebi*, bourg dépendant de *Butos* [2]. D'Anville a placé arbitrairement cette ville de *Nilopolis* à Meydoun, bien loin au nord, et même au-delà des limites du nome, c'est-à-dire, à plus de soixante-cinq mille mètres. Ptolémée étant le seul auteur qui en fasse mention, il n'y avait aucun motif de s'en écarter. Cet

---

[1] *Nilopolis*, latit. 29°; *Herculis civitas magna*, 29° 10'. (Ptol. Geogr. lib. IV, pag. 120 et 121.)

[2] Voyez *l'Égypte sous les Pharaons*, par M. Champollion, t. II, pag. 231.

auteur ajoute que *Nilopolis* était située près du point où le Nil se divise pour former l'île Héracléotique. Adoptant pour cette ville la position voisine de Tarchoub, on s'arrêterait de préférence au canal qui est au midi de Bebâh, pour la limite méridionale de l'île et du nome d'*Heracleopolis*.

Vainement chercherait-on dans le nom tout grec de *Nilopolis* quelque lumière sur le culte de cette ancienne ville, ou sur son emplacement. D'un autre côté, toutes les villes d'Égypte rendaient hommage au Nil, et Ptolémée dit positivement que celle-ci était écartée du fleuve[1].

On trouve dans la Notice d'Hiéroclès une ville de *Nicopolis*, parmi celles de l'Arcadie; je ne balance pas à corriger ce nom en *Nilopolis*.

§. II. Heracleopolis magna (aujourd'hui *Ahnâs*).

Deux villes ont porté en Égypte le nom d'*Heracleopolis*. Le nom d'*Héracleotique* ou d'*Herculéen* a été donné lui-même à des canaux et à une embouchure du Nil. J'ai déjà remarqué que les lieux qui avaient reçu cette dénomination, étaient tous placés sur la limite du territoire cultivable, et j'ai hasardé une conjecture sur l'origine de ce surnom d'*Hercule* appliqué aux canaux d'Égypte[2]. Après avoir reconnu d'abord la position de cette ville, de manière à ne pas laisser de doute, je donnerai de nouveaux motifs à l'appui de mon opinion.

---

[1] M. Champollion a conjecturé que *Nilopolis* était à *Bousir*, nom qui vient d'*Osiris*, emblème du Nil; mais Ptolémée s'oppose à ce qu'on place *Nilopolis* au nord d'*Heracleo*.

[2] *Voyez* la Description d'Antæopolis, *A. D.*, chap. XII.

Ptolémée assigne la latitude de 29° 10′ à *Heracleopolis magna*. Dans les plus anciens manuscrits qobtes, cette ville s'appelle *Hnès*, ⳉⲚⲎⲤ. Or on trouve au couchant de Beny-Soüeyf, juste à la latitude de 29° 10′, un groupe de villages du nom d'*Ahnâs*, où se trouvent des ruines. En outre, dans les catalogues, le nom d'*Ahnâs* correspond toujours à ⳉⲚⲎⲤ.

Heracleo est placée, dans la Notice d'Hiéroclès, au nord d'*Oxyrhynchus*. Dans la Table théodosienne, la ville est à six milles romains de *Ptolemaïs*, aujourd'hui el-Lâhoun : six milles correspondent à huit mille neuf cents mètres; c'est exactement la distance qui existe entre el-Lâhoun et Ahnâs du nord.

Selon Pline, le nome Héracléotique était limitrophe avec l'Arsinoïte, et les habitans d'*Heracleopolis* avaient dégradé le labyrinthe, ouvrage qui leur était odieux. Je me borne ici à citer cette circonstance sous le rapport géographique, devant en parler sous d'autres points de vue dans la Description de la préfecture Arsinoïte et du labyrinthe [1]. Or Ahnâs n'est qu'à huit mille cinq cents mètres environ de la gorge du Fayoum : tous les témoignages s'accordent donc invariablement à placer la grande ville d'Hercule au village d'Ahnâs.

Il y avait dans cette ville un évêché, et auprès, un monastère considérable. Aujourd'hui, l'on voit encore au sud un village du nom d'*el-Deyr*; ce qui annonce qu'il a existé en effet un monastère dans cet endroit.

Il est surprenant qu'il ne reste pas de grands vestiges

---

[1] *Voyez* la Description du nome Arsinoïte, *A. D.*, chapitre *XVII*, section III.

d'antiquités de cette métropole : mais nous pouvons juger de son étendue en réunissant les trois villages nommés *Ahnâs* et *Menchât Ahnâs*, qui probablement en occupent la place ; cet espace a plus de trois mille mètres de largeur. Du côté occidental, la ville était voisine de la branche appelée *Bahr-Yousef*.

Strabon apprend que les Héracléotes avaient de la vénération pour l'ichneumon, par opposition avec le culte que les Arsinoïtes adressaient au crocodile. L'ichneumon passait pour être le plus dangereux ennemi du crocodile et du serpent : il dévorait, dit-on, les œufs du premier ; et même, quand ce reptile venait à ouvrir la gueule, l'ichneumon s'y précipitait et rongeait ses entrailles[1]. Ce récit est aujourd'hui mis au rang des fables, comme l'ibis mangeur de serpens : mais il faut penser qu'il cache quelque allégorie, que l'on découvrira un jour quand on connaîtra mieux les habitudes de ce quadrupède, et en général les mœurs des animaux, que les Égyptiens avaient observées soigneusement. Quoi qu'il en soit, l'ichneumon a été figuré dans les hiéroglyphes des temples et des manuscrits. On le voit sculpté en bronze. Il a été représenté aussi dans les médailles des nomes : mais, par une singularité remarquable, il ne figure pas dans celles du nome héracléotique ; c'est la tête d'Hercule qu'on voit au revers[2].

On voudrait découvrir l'analogie qu'il y a entre le prétendu culte que la ville rendait à l'ichneumon, et son nom de *ville d'Hercule*. Hercule, sans doute, y avait

---

[1] Strab. *Geogr.* l. xvii, p. 558.
[2] *Voyez* la planche des médailles des nomes, n°. 58, *A.*, vol. v.

des autels : j'entends l'Hercule égyptien, l'un des anciens dieux de l'Égypte, comme l'assurent Hérodote, Macrobe, et aussi Plutarque[1]. Mais l'ichneumon était-il un animal dont les qualités symboliques eussent rapport avec les attributs d'Hercule? Quelle était leur signification commune dans le culte de cette préfecture? Enfin peut-on tirer quelque jour de l'opposition qui existait entre ses habitans et ceux du nome Arsinoïte, opposition à laquelle on doit, selon Pline, la destruction du labyrinthe?

S'il n'est pas possible de répondre parfaitement à ces questions que s'est déjà faites le lecteur curieux, on ne peut nier qu'elles ne méritent l'examen ; et peut-être me pardonnera-t-on d'avoir essayé de soulever le voile qui couvre ces énigmes mythologiques. La connaissance particulière que j'ai pu prendre du pays qui est le théâtre de ces fables, me servira de guide dans une recherche un peu aventureuse; on a, au reste, des exemples des lumières que peut jeter la géographie sur l'explication des mythes égyptiens.

Hercule, selon Diodore de Sicile, était un des ministres d'Osiris, le *dieu du Nil;* il était aussi le chef de ses armées. Il faut entendre par-là, comme je l'ai dit ailleurs[2], que ce dieu secondaire était l'emblème des dérivations du fleuve, de toutes les branches et des canaux que l'industrie des habitans avait pratiqués pour suppléer au Nil même. La force de l'Hercule égyptien consistait à arrêter l'invasion des sables, à *combattre* le

---

[1] *Voyez* la Description d'Antæopolis, *A. D., chap. XII.*
[2] Voyez *ibid.*

désert, à reculer les limites de la terre cultivable, c'est-à-dire, les frontières de l'empire égyptien. C'était un héros toujours occupé à *vaincre* les ennemis de l'État, à prévenir la stérilité, à maintenir l'abondance : comment ne lui eût-on pas adressé des hommages comme à Thoth ou Mercure, autre personnage symbolique, auteur de la découverte des sciences et des arts utiles?

Mais pourquoi l'a-t-on fait à *Heracleopolis* plus que ailleurs, puisque l'Égypte était couverte de canaux? Ce que j'ai dit sur toutes les localités qui avaient porté en Égypte le surnom d'*Hercule* ou l'épithète d'*Herculéen*, répond à cette question. Ce ne sont pas les canaux intérieurs qui signalaient la puissance d'Hercule, mais bien les canaux limitrophes du désert. C'est là qu'il luttait avec le fléau des sables, et qu'il méritait des autels. Si, près de Péluse et de Canope, aux deux entrées de l'Égypte vers le nord, il y avait des villes de son nom, comment l'aurait-on oublié dans cette région du couchant, où le bassin du Fayoum, à l'époque où il était encore la proie du désert, vomissait en Égypte des torrens de sable par une large ouverture? Dans ce lieu, la Libye et l'Égypte étaient tour à tour couvertes par le Nil ou par les sables. La plus vaste plaine, non-seulement de l'Heptanomide, mais de toute la Thébaïde, était le théâtre de ces combats toujours renaissans, où l'agriculture devait perdre plus de terrain qu'elle n'en gagnait[1]. Un ancien bras du Nil coulant inégalement

---

[1] La largeur de la vallée entre Beny-Soueyf et el-Lâhoun est de plus de vingt mille mètres. Quand on part de Beny-Soueyf pour le Fayoum, l'horizon cache à la vue toute cette province et la pyramide elle-même du Fayoum. La plaine est encore aujourd'hui très-fertile. On

le long de la montagne libyque, à sec peut-être pendant une partie de l'année, surtout pendant le printemps, saison où, à-la-fois, les eaux sont le plus basses et les vents de Libye le plus impétueux, une branche aussi faible arrêtait mal l'irruption des sables qui débouchaient par la gorge du Fayoum. C'est alors, je pense, que l'on creusa et que l'on élargit davantage cette grande dérivation, soit à son embouchure, soit dans tout son cours. Alors l'eau y coula toute l'année, en toute saison et en abondance, et la profondeur du canal devint pour les sables un obstacle impossible à franchir. Ce fut le triomphe d'Hercule, et la ville capitale, favorisée par ce grand bienfait, lui éleva des autels. Le surnom de *grande* que porte cette *Heracleopolis,* et qui la distingue des deux autres, annonce l'importance des changemens qui survinrent au territoire; désormais garanties d'un fléau, et gagnant tous les jours en fertilité, cette immense campagne et la préfecture toute entière ne pouvaient, dans l'esprit de la religion égyptienne, adresser mieux leurs hommages qu'à celui qu'on croyait l'auteur du bienfait.

Comment les habitans de cette contrée conçurent-ils de l'aversion pour les crocodiles, qu'honoraient les Arsinoïtes leurs voisins? Cette aversion s'expliquera pour le lecteur, s'il veut s'arrêter à l'époque où l'on creusa un canal pour arroser le nome Arsinoïte. Pendant que les Héracléotes jouissaient du bénéfice de la grande branche dont je viens de parler, le bassin du Fayoum était livré aux sables du désert, condamné à une stérilité absolue.

---

la cultive ordinairement en fèves, après la récolte des céréales. Beh- neseh est encore plus loin du Nil. (*Voyez* ci-dessus, p. 394, note ².)

L'industrie croissante des Égyptiens allait toujours faisant de nouvelles conquêtes sur les sables, et le domaine de Typhon reculait à mesure que gagnait le domaine d'Osiris. Un roi, à jamais fameux, imagina de creuser la gorge du Fayoum jusqu'au niveau de la branche qui la baignait. Par un travail gigantesque, on vint à bout d'y introduire les eaux, et elles se répandirent dans cette région sèche et aride, où l'on ne connaissait, de temps immémorial, que les eaux salées qui tombaient de la montagne dans le lac du nord. Maître des eaux du fleuve, Mœris les partagea entre les parties du sol les plus susceptibles de la culture, par de vastes branches qui font encore aujourd'hui l'admiration des voyageurs, et il conduisit l'excédant dans ce grand réceptacle.

C'est là que je trouve l'explication des sentimens que les Héracléotes conçurent contre les Arsinoïtes. Cette copieuse saignée faite à leur canal herculéen diminua de beaucoup l'abondance des eaux dans leur préfecture, et le territoire perdit de sa richesse et de sa fécondité. Le crocodile, honoré par les Arsinoïtes, précisément comme un symbole des eaux douces qu'ils avaient désormais en leur possession, devint pour les premiers un animal odieux : il ne pouvait entrer dans la préfecture de son nom[1], sans apporter avec lui les eaux précieuses que perdaient en partie les Héracléotes.

Enfin ceux-ci dégradèrent le labyrinthe, parce que les dépouilles des crocodiles sacrés y étaient renfermées.

J'ai ainsi tenté d'expliquer toute cette histoire phy-

---

[1] *Voy.* la Description des antiquités du nome Arsinoïte, *chap. XVII*, section II.

sique autant que mythologique des cultes d'*Heracleopolis* et d'Arsinoé : il me reste à dire un mot de l'ichneumon, que la première de ces villes avait, selon Strabon, en grande vénération. Ici, il faut avouer que les mœurs de l'ichneumon ne nous sont pas bien connues; mais, s'il faut rejeter parmi les fables ce qu'en dit le géographe, pourquoi n'admettrait-on pas quelque antipathie entre cet animal et le crocodile? Serait-elle plus extraordinaire que celle que nous apercevons entre certains animaux, entre des quadrupèdes et des oiseaux, etc. ? Je n'en veux pas davantage pour concevoir que l'animal antipathique aux crocodiles ait été honoré par les Héracléotes, par cela seul que ces reptiles étaient vénérés des Arsinoïtes.

Hercule donc était le symbole ancien et sacré de la religion d'*Heracleopolis magna*, et l'ichneumon, le signe particulier de l'éloignement qu'avait cette ville pour *Crocodilopolis*.

Sans doute, il serait précieux de connaître le nom antique égyptien de la grande Héraclée et sa signification; car les Grecs sont accusés d'avoir imposé aux villes d'Égypte des noms arbitraires et tirés de leur culte ou de leur histoire : mais ce n'est pas ici du moins qu'ils auront commis cette espèce de fraude, puisque l'Hercule égyptien est plus ancien que tous les dieux des Grecs, et surtout que le fils d'Alcmène[1].

---

[1] Le nom qobte de la ville ⲈⲚⲎⲤ n'a pas encore été expliqué; il faudrait en connaître le sens, pour en tirer quelque induction sur la nature du culte de cette préfecture.

§. III. Cæne (aujourd'hui *Beny-Soueyf*).

L'Itinéraire d'Antonin conduit d'*Isiu* à *Oxyrhynchus*, en passant par *Cæne*. Il est facile de voir, en examinant la carte, que la première partie de cette route ne s'écarte pas du Nil. *Cæne* était, selon moi, au même point de la rive gauche que celui où est aujourd'hui Beny-Soueyf, ville capitale de la province du même nom. Il y avait, selon l'Itinéraire, vingt milles d'*Isiu* à *Cæne*, et autant de *Cæne* à *Tacona*. Ces vingt milles répondent à un peu plus de vingt-neuf mille cinq cents mètres, et l'on n'en trouve que vingt-huit mille de Zâouy, l'ancienne *Isiu*, à Beny-Soueyf : cette différence d'environ un mille romain n'est pas un obstacle pour reconnaître l'identité de Beny-Soueyf et de *Cæne*. La distance s'accorderait assez bien en plaçant la dernière de ces deux villes à Ahnâs ; mais c'est là qu'était *Heracleopolis*.

Cæne me paraît une position plus nouvelle, et qui succéda peut-être à la capitale quand celle-ci tomba en ruine. C'était le port d'*Heracleopolis* ; le port remplaça la ville, et la fit oublier. Mon opinion est fondée sur l'exemple d'*Apollinopolis parva* sur le Nil, qui remplaça aussi *Abydus*, trop éloignée du fleuve, et devint même ensuite la métropole du nome [1]. Minyeh n'a-t-il pas succédé de la même manière à *Hermopolis ?* Mais je dois ajouter un autre argument tiré du nom lui-même de cette ville ; *Cæne* est un mot grec qui signifie *la nouvelle*. Il y avait

---

[1] *Voyez* la Description d'Abydus, *A. D.*, chap. *XI.*

donc une autre ville, une ville ancienne, dans les environs; or c'est évidemment la grande ville d'Hercule.

J'ai trouvé dans Beny-Soueyf des colonnes de granit et beaucoup de fragmens d'antiquités, annonçant qu'il a existé jadis dans ce même lieu quelque ville égyptienne ou grecque. Mais la nombreuse population qui l'habite, ne permet pas de voir à découvert les vestiges de l'antiquité : les mosquées et les maisons sont élevées sur les débris, ou avec les matériaux eux-mêmes. Je n'entrerai dans aucun détail sur l'état actuel de Beny-Soueyf, quoique j'y aie long-temps résidé : cette description n'aurait aucun rapport avec l'état ancien de la contrée. Il m'a suffi de montrer que cette ville est sans nul doute la même que *Cœne* de l'Itinéraire.

§. IV. Isiu (aujourd'hui *Zâouy*); Busiris, *Abousyr*, etc.

Comme nous l'apprenons de Strabon et de Ptolémée, l'île Héracléotique était fermée au nord par un canal. Nous avons reconnu ce canal dans celui qui sort du Nil, un peu au-dessus de Zâouy, à vingt-huit mille mètres au nord de Beny-Soueyf, et qui se jette dans le canal occidental, prolongement du Bahr-Yousef. C'est à ce village de Zâouy qu'on doit placer *Isiu*, qui, selon l'Itinéraire, était à vingt milles romains de *Cœne*, et à quarante milles de Memphis, en passant par *Peme* : cet emplacement est le même que celui qui a déjà été donné par d'Anville. Nous venons de voir que Zâouy est à vingt milles romains de Beny-Soueyf; or on trouve aussi, en passant par un lieu du nom de *Metânyeh*, quarante milles de Zâouy à l'emplacement actuel de Memphis. J'ai observé à Zâouy quelques vestiges d'antiquité égyptienne; aujourd'hui ce n'est plus qu'un petit port sur le Nil.

Il y a une sorte de conformité entre l'ancien et le nouveau nom; peut-être le mot *Zâouy* n'est-il autre chose qu'*Isiu* ou *Isiou* altéré. Dans la Notice de l'empire, on trouve *Isui*, dont *Zâouy* se rapproche encore davantage, surtout en prononçant *Isoui*. On me permettra à ce sujet une conjecture. Les Musulmans donnent le nom de *Zâouyeh* à tous les oratoires ou petites mosquées : c'est aux grandes qu'est réservé le nom de *gâma'*. Il y avait certainement jadis une foule de ces chapelles dédiées à Isis, et du nom d'*Isiu* ou *Isiou*; les Arabes, lors de la conquête, n'en auraient-ils pas emprunté le nom pour leurs oratoires?

On pourrait hésiter à assurer que la ville d'*Isiu* faisait partie du nome Héracléotique : en effet, Zâouy est un peu au nord du canal transversal. Mais la grande digue de ce village, étant destinée à retenir les eaux du même canal, annonce une continuité de territoire soumis à la même juridiction. En outre, il s'en faut que la province de Gyzeh, qui a succédé au nome memphitique, s'avance au sud jusqu'à Zâouy : la limite méridionale est au village de Reqqah.

Entre Zâouy et el-Lâhoun, il y a un village du nom d'*Abousyr el-Maleq*, où l'on croit qu'il a existé une ancienne ville. Le nom d'*Abousyr* est commun à plusieurs endroits de l'Égypte, notamment à l'ancienne *Taposiris*, près Alexandrie. Ce dernier nom signifie *le tombeau d'Osiris;* et l'on sait que beaucoup de villes se disputaient l'honneur de le posséder, non-seulement *Philæ, Abydus* et d'autres du premier ordre, mais des villes secondaires. J'ai essayé ailleurs d'interpréter cette diversité de traditions [1]; je me bornerai à dire ici qu'elle explique très-bien elle-même la multiplicité des lieux qui, dans l'Égypte moderne, portent le nom d'*Abousyr*. L'exemple de *Taposiris magna,* à l'ouest d'Alexandrie, remplacée aujourd'hui par Abousyr, fait voir que les Arabes ont retranché barbarement le T initial, le jugeant insignifiant, et préférant de commencer ce nom par *Abou,* qui signifie *père,* et qui est chez eux un mot si commun à la tête des noms d'hommes et de lieux.

Je vais plus loin, et je rangerai dans la même catégorie les villages nommés aujourd'hui *Bousyr*. Comme souvent les Arabes ont ajouté par euphonie l'*élif* initial devant les noms anciens, ainsi que le prouvent *Asouân* [2], *Esné, Akhmym* et d'autres encore, ils ont aussi pu faire l'inverse, c'est-à-dire, ôter cet *élif* là où ils l'ont cru ajouté par les Grecs; ils l'ont fait aussi pour abréger les noms trop longs. Nous avons eu de fréquentes occasions, pendant l'expédition d'Égypte, de reconnaître l'habitude qu'ont les Égyptiens modernes de tronquer les noms propres étrangers, pour les rapprocher des dénominations qui leur sont familières.

Je conclus qu'Abousyr el-Maleq a succédé à quelque position surnommée *Taposiris* par les Grecs, peut-être Τιβογсιρι chez les anciens Égyptiens. Ce village est

---

[1] *Voy.* la Description d'Abydus, *A. D..* chap. *XI,* et ailleurs.

[2] *Voyez* la Description de Syène ou Asouân, *A. D.,* chap. *II.*

auprès d'un mamelon détaché de la chaîne libyque, dans lequel on a creusé des catacombes; il y a donc eu dans cet endroit une ancienne position.

Je ne parlerai pas de plusieurs villages des environs, tels que Bouch, Zeytoun, Kemân el-A'rous, etc., dont j'ai fixé la position sur les cartes nouvelles, bien que leurs noms présentent quelques rapprochemens à faire avec l'état ancien du pays : ces détails appartiennent davantage à la géographie proprement dite.

SECTION V.

NOMUS CROCODILOPOLITES
ou ARSINOITES.

Je ne fais ici mention du nome Arsinoïte que pour compléter la nomenclature des sept préfectures de l'Heptanomide. Ayant traité séparément des antiquités de ce nome, je renverrai simplement au chapitre des descriptions qui vient immédiatement après celui-ci [1].

[1] Voyez *A. D.*, chap. *XVII*.

SECTION VI.

NOMUS APHRODITOPOLITES.

Le nome aphroditopolite était situé sur la rive droite du Nil, entre Babylone au nord, et le nome cynopolite au midi. Nous avons vu, dans la section II, que la ville extrême de cette dernière préfecture, vers le nord, était *Alyi*. L'étendue de l'Aphroditopolite était donc de plus d'un degré en latitude, et d'environ trente lieues en longueur développée, à cause du coude que forme le Nil vers le milieu de l'intervalle; c'est la même circonscription que celle de la province moderne d'Atfyh, située sur la plus étroite des rives du Nil. Le nome d'*Aphroditopolis* était moins favorisé par la nature que la plupart des autres; les sables d'Arabie qui le menaçaient, et qui ont fini par l'envahir dans sa plus grande partie, n'étaient pas retenus par un canal, comme ceux de la Libye l'étaient par le canal occidental : aussi ne nous paraît-il pas avoir joué dans l'antiquité un aussi grand rôle que les autres nomes. Son nom, tel que les Grecs nous l'ont transmis, ne nous donne pas de grandes lumières à cet égard. Dans d'autres noms traduits ou altérés par les Grecs, on trouve quelquefois des indices qui font découvrir l'ancien culte : ici le nom de *ville de Vénus* semble ne présenter à l'esprit, au premier abord, que l'idée d'un culte étranger à l'Égypte. On nourrissait dans cette ville, dit Strabon, une vache sacrée comme à Memphis : quel est le rapport qui existait entre cet animal et la fable de Vénus? Le nom actuel de la province, *Atfyh*, qui paraît le reste du nom égyptien, jettera peut-être du jour sur ce point historique, lorsque l'on connaîtra la signification du nom égyptien correspondant [1].

§. I. THIMONEPSI, auprès de *Bayâd*.

La ville de *Thimonepsi* ne nous est connue que par l'Itinéraire d'Antonin et la Notice de l'empire. La route qui, dans l'Itinéraire, suit la rive droite du Nil, renferme cette position entre celles d'*Alyi* et d'*Aphrodito*, à seize milles de la première ville et à vingt-quatre de la seconde; c'est-à-dire que ces deux distances sont dans le rapport de 2 à 3. La plaine au-dessous de Bayâd, en face de l'ancienne *Cœne* ou Beny-Soueyf, est précisément placée, à l'égard d'Atfyh ou *Aphroditopolis*, et de l'emplacement d'*Alyi*, fixé plus haut [2], dans le rapport que demande l'Itinéraire : les deux distances sont de vingt-cinq et de dix-sept milles romains, au lieu de vingt-quatre et de seize; mais, comme il n'y a pas de certitude sur la position précise où était *Alyi*, à un mille près en plus ou en moins, et que la plaine au-dessous de Bayâd est aujourd'hui inculte, on voit que les intervalles actuels ne s'écartent pas de l'Itinéraire. On peut ainsi fixer l'emplacement de *Thimonepsi* à cinq mille mètres au-dessous de Bayâd, sans craindre une erreur notable. Bayâd est un village chrétien; ce qui annonce

---

[1] *Voyez* ci-dessous le §. III.   [2] *Voyez* ci-dessus, sect. II, §. IV.

encore une certaine proximité par rapport à quelque ancienne ville qui aura disparu sous les sables.

C'est là que l'on embarque pour le Kaire les chargemens de pierre à plâtre recueillie dans la montagne voisine. Ce village est situé à l'embouchure d'une grande vallée qui conduit jusqu'à la mer Rouge, et par où les sables affluent dans la plaine.

Bien que les géographes ne parlent point de *Thimonepsi*, et que deux itinéraires seulement en fassent mention, l'on n'en doit pas conclure que cette ville est d'origine romaine, et qu'il n'y a pas eu dans le même lieu une ville égyptienne. Je me fonde sur ce que le nom latin lui-même présente toute l'apparence d'un nom égyptien altéré. La syllabe finale *psi* paraît être la tête d'un mot égyptien tronqué, et les trois autres, *thimone*, sont le même mot que *Thmone* ou *tmone*, qui, selon un savant orientaliste, doit se traduire par *le port*[1]. Bayâd étant aujourd'hui le port de cette partie de la rive droite du Nil, on trouvera, je pense, une convenance de plus dans la position que je donne à *Thimonepsi*[2].

---

[1] *Mém. géographiques sur l'Ég.*, par M. Étienne Quatremère, t. II, p. 244. M. Champollion pense que ⲐⲘⲞⲚⲎ signifie *mansion*, et répond au mot arabe *Minyeh*, si fréquent parmi les noms de villages. (*L'Égypte sous les Pharaons*, t. v, pag. 298.) Quelle que soit l'interprétation qu'on admette, ma conjecture sur le nom de *Thimonepsi* paraîtra vraisemblable. *Thmone* est dans tous les cas un nom générique, et qui est évidemment l'origine du nom latin.

[2] D'Anville l'a placée à Bayâd même; ainsi que je l'ai dit, il faut descendre cinq mille mètres plus bas. Le village actuel est d'ailleurs trop petit pour répondre à la ville ancienne, dont les débris ont sans doute disparu sous les attérissemens et sous les sables.

§. II. Ancyrônpolis ou Ancyrônpolis.

Cette ville est mentionnée par Étienne de Byzance et par Ptolémée. Celui-ci lui donne la même latitude qu'à *Ptolemaïs*, et la place à 20 minutes au sud d'*Aphrodito*. On ne saurait fixer sa position d'après cette double donnée, puisque, du parallèle d'Atfyh à celui d'el-Lâhoun, l'ancienne *Ptolemaïs*, il n'y a que 12 minutes environ. La seule conjecture que je puisse me permettre, est de supposer que cette ville était aux environs du lieu appelé aujourd'hui sur les cartes *Couvent de Saint-Antoine*, et situé sur la rive droite, au pied de la montagne arabique, sous le parallèle d'el-Lâhoun. Ce lieu ne doit pas être confondu avec le fameux monastère de Saint-Antoine dont j'ai parlé, à propos d'*Alabastrônpolis*.

D'un autre côté, 20 minutes au sud d'Atfyh conduisent à Bayâd, c'est-à-dire, à peu près au point où nous avons placé *Thimonepsi*. Il faut ajouter, enfin, que le texte de Ptolémée place *Angyrônpolis* à l'est de l'île Héracléotique, à 35 minutes au nord du point où le canal qui forme cette île, se rejoint avec le fleuve[1] : ces 35 minutes conduiraient jusque bien au nord d'Atfyh, puisque nous avons placé vers el-Harabchent la naissance du canal dont il s'agit.

[1] Ἀγγυρῶν πόλις (Cl. Ptol. *Geogr.* lib. IV, pag. 121). *Voyez* ci-dessus, section IV. Ἄγκυρα signifie *anchora*.

§. III. Aphroditopolis (aujourd'hui *Atfyh*).

La ville d'*Aphrodito* est mentionnée dans Strabon, dans Ptolémée, dans l'Itinéraire d'Antonin, dans la Notice d'Hiéroclès, etc. Sa position n'est pas difficile à reconnaître. On ne peut douter qu'Atfyh, capitale de la province qui a succédé au nome Aphroditopolite, ne soit au même point que l'ancienne métropole. A la vérité, Atfyh est de 15 minutes plus méridional que la latitude assignée à celle-ci par Ptolémée; mais ce n'est pas un motif pour empêcher d'y reconnaître l'emplacement d'*Aphrodito*. En effet, en prenant dans l'Itinéraire d'Antonin la route qui conduit de cette ville à *Antinou*, position bien connue, on ne trouve sur les cent vingt-huit milles romains, comptés en six distances [1], que *cinq* milles d'excès sur la route actuelle de Cheykh-A'bâdeh à Atfyh.

Le même Itinéraire donne pour distance de Babylone à *Aphrodito* trente-deux milles, en passant par *Scenas Mandras*, c'est-à-dire, xii et xx; mais, pour la première, il faut lire probablement (selon moi) xxii, et non xii. Or on trouve un peu plus de quarante-deux milles, en deux ouvertures de compas, d'Atfyh à Basâtyn, qui touche aux ruines de Babylone.

[1] Antinou à Peos Artemidos............ viii.
— à Musæ........................ xxxiv.
— à Hippenon.................... xxx.
— à Alyi......................... xvi.
— à Thimonepsi.................. xvi.
— à Aphrodito................... xxiv.

Selon Strabon[1], les habitans de cette ville nourrissaient une vache de couleur blanche. Nous avons appris par l'étude des bas-reliefs d'Hermonthis, que cet animal était un des emblèmes de la déesse Isis. On y voit le jeune Horus allaité par sa mère, qui a tantôt la figure d'une vache, tantôt un corps humain et seulement la tête de cet animal[2]. Ainsi, sous quelques rapports, la Vénus des Grecs peut être comparée à la déesse égyptienne. De là probablement le nom d'*Aphroditopolis* qu'ils ont imposé à la ville antique. La principale médaille du nome mérite d'être citée ici, parce qu'elle peut jeter quelques lumières sur une question un peu obscure : elle a été frappée sous Trajan. Le mot ΑΦΡΟΔΕΙΤΟΠΟΛΙΤΗC se lit en entier sur le revers. Sous un portique de deux colonnes, qui ont quelque analogie avec des colonnes égyptiennes, on voit une figure portant dans la main un petit groupe, composé d'une femme tenant son enfant. Je ne fais nul doute qu'il ne fasse allusion au groupe d'Isis et Horus, si fréquent dans les temples égyptiens. La figure principale peut être regardée elle-même comme l'image de Vénus : elle est entre deux autels, sur lesquels sont des animaux qu'on ne peut bien reconnaître, mais qui lui sont sans doute consacrés. Ne pourrait-on pas trouver ici un indice de l'origine du culte célébré chez les Grecs ?

Ainsi la position géographique d'*Aphroditopolis*, déjà au reste déterminée par d'Anville, ne souffre point de difficulté : il n'en pourrait demeurer que sur la diffé-

---

[1] *Géogr.* lib. xvii, pag. 556.
[2] *Voyez* la Description d'Hermonthis, *A. D.*, chap. *VIII*.

rence de ce nom avec celui d'*Atfyh*; mais il est probable que celui-ci est un reste du nom antique[1]. Il paraît que la ville n'était pas autrefois sur le bord du Nil, au milieu d'une plaine cultivée; aujourd'hui elle est sur la limite du désert. Toute cette plaine, la plus grande d'un nome qui a si peu de terrain comparativement aux autres, a été envahie par des sables; jadis elle était presque aussi large que celle qui est placée en face, dans le nome Memphitique. Si l'on peut en juger par la grande distance de la chaîne arabique à l'est, les sables ont fait de ce côté un progrès considérable, et l'Égypte a perdu un vaste territoire.

§. IV. Scenæ Mandrorum ou Mandrarum; Troïa (aujourd'hui *Torrah*).

C'est par l'Itinéraire d'Antonin et par la Notice de l'empire, que nous avons connaissance de la position appelée *Scenæ Mandrorum*. J'ai déjà observé que, les distances de Babylone à *Aphroditopolis* étant de plus de quarante-deux milles, les nombres xii et xx de l'Itinéraire devaient se lire xxii et xx. *Scenæ Mandrorum*, qui est intermédiaire, devait, d'après cela, se trouver aux environs de *Gemmâzeh*, à trente mille mètres d'Atfyh. Il ne s'y trouve plus de ruines, excepté celles d'un village près de *Gemmâzeh el-Kebyr*; les sables auront sans

---

[1] M. Champollion a reconnu que l'ancien nom qobte du lieu est Ⲧⲡⲏϩ, et que *Atfyh* en a été formé par l'addition de l'*élif* initial. Ce nom lui paraît avec raison antérieur au nom grec d'*Aphroditopolis*, et bien plus près de l'ancien nom égyptien. (*L'Égypte sous les Pharaons*, tom. I, pag. 333.)

doute fait disparaître ces vestiges. Nous ignorons, d'ailleurs, si cette position était importante. La Notice de l'empire l'a fait connaître comme un poste militaire.

Le nom de *Scenæ*, qui veut dire *tentes*, semble annoncer que des tribus d'Arabes étaient établies dans le voisinage. Celui de *Mandrarum*, qui vient du grec et veut dire *cabane* et aussi *étable*[1], présente un sens analogue : peut-être aussi ce nom correspond-il à celui de *Scenæ Veteranorum*, poste romain en Égypte.

Strabon assure que des Troyens avaient été emmenés par Ménélas et établis en face de Memphis : de là cette montagne avait pris le nom de *mont Troyen*, et une ville du nom de *Troie* avait été bâtie dans ce lieu. D'Anville a conjecturé heureusement en plaçant l'un et l'autre au lieu appelé aujourd'hui *Torrah*. J'ai vu dans cet endroit, situé à environ six mille mètres au sud de Basâtyn, une quantité innombrable de carrières que les Égyptiens ont exploitées, principalement pour la construction des pyramides. Ces travaux sont immenses et comparables à ceux qui ont été exécutés à Selseleh et à Saouâdeh[2]. Comme il en sera question avec plus de développemens dans la Description de Memphis et des pyramides, je n'entrerai point ici dans d'autres détails.

---

[1] Μάνδραι, selon Hésychius et Pollux, signifie *étable pour les chevaux et les bestiaux*.

[2] *Voyez* pl. 8, fig. 5, *A.*, vol. v, et ci-dessus, §. XIII. Dans le chapitre *XVIII*, il sera question de ces carrières.

SECTION VII.

NOMUS MENPHITES.

Ce nome était le premier et le plus important de l'Heptanomide, puisqu'il renfermait la capitale de tout le royaume; cependant nous y voyons beaucoup moins de villes que dans le nome Hermopolite. Les géographes et les itinéraires ne font mention que de *Memphis*, *Acanthus*, *Busiris* et *Peme*. A la vérité, il contient les monumens les plus extraordinaires de l'antiquité égyptienne, ceux qui ont mérité le nom de *merveilles du monde*, et dont chacun suppose presque autant de matériaux, et peut-être autant de travail et de dépense, que la construction des plus grandes villes modernes.

La circonscription du nome Memphitique n'est pas difficile à tracer. Nous avons reconnu que sa limite méridionale était à *Iseum*, aujourd'hui Zâouy. Du côté du nord, il se terminait probablement à la hauteur de l'origine du Delta vers la ville de *Letus*, au point où la branche actuelle de Rosette s'approche le plus de la Libye : la province de Gyzeh, qui lui a succédé, s'étend beaucoup plus au nord, et va jusqu'à la tête du canal de la Bahyreh.

On trouve dans une des médailles frappées pour le nome de Memphis le mot lui-même de NOMOC, circonstance qui la distingue de celles des autres préfectures. Au pied de la figure qui est au revers, on voit le bœuf Apis, symbole du culte de cette ville ; et autour on lit NOMOC MЄNΦITHC. On remarquera ici le N au lieu du M. L'ancien nom y est mieux conservé que dans le mot MЄMΦIC adopté par les Grecs, et on l'y retrouve comme dans d'autres noms qui subsistent encore en Égypte, tels que *Menouf*, *Menfalout*, etc.

§. I. Pyramide *de Meydoun, Haram el-Kaddâb*.

La pyramide la plus méridionale, en venant de Memphis et avant d'arriver au Fayoum, est celle de Meydoun ou Meydouneh, à trente-un mille deux cents mètres au nord-nord-est de Beny-Soueyf : elle se nomme ainsi, du nom d'un village situé sur la lisière du terrain cultivé ; on l'appelle aussi *Haram el-Kaddâb,* la fausse pyramide, apparemment parce que sa forme est très-différente de celle des autres monumens du même genre [1]. En effet, elle est composée de deux parties qui ont, l'une et l'autre, la forme de pyramide tronquée, et qui reposent sur un massif très-étendu ; la partie inférieure est beaucoup plus large que celle qui repose au-dessus. L'angle d'inclinaison y est aussi bien plus grand que celui des pyramides ordinaires ; et il est douteux que cette pyramide ait jamais été surmontée, comme les autres, par un sommet aigu : car ce sommet se serait élevé à une trop grande hauteur. Toutefois, il est manifeste qu'une partie de la sommité a été renversée, et que les débris recouvrent aujourd'hui la partie inférieure.

Ce monument est construit en pierre ; mais il n'est pas certain que le massif inférieur soit une construction

[1] *Voyez* pl. 72, fig. 3.

par assises, bien qu'il ait l'apparence d'une ancienne pyramide, sur laquelle on aura bâti plus tard. Je suis porté à croire que c'est le rocher lui-même qui a été taillé en forme de pyramide obtuse, jusqu'à une certaine hauteur, et dont on a dressé ensuite la plateforme pour construire par-dessus la pyramide proprement dite.

Cette élévation du massif inférieur fait qu'on aperçoit le monument de très-loin : je l'ai vu pendant la marche d'une journée entière. Quand on est au village de Reqqah el-Kebyr, port sur le Nil, on est à une lieue et demie environ de la pyramide de Meydoun. Je n'ai pu prendre les mesures de ce monument ni des pyramides qui suivent. Meydoun est d'ailleurs un assez gros village, où l'on croit qu'il y a eu une ville ancienne; le voisinage de la pyramide confirmerait cette opinion.

§. II. *Reqqah el-Kebyr*, et PYRAMIDES *voisines*.

Reqqah el-Kebyr est un assez fort village sur le bord du Nil, placé à environ dix mille mètres au nord-est du précédent : j'y ai trouvé quelques antiquités; entre autres, une grande pierre carrée en granit, qu'on a essayé de convertir en meule, et qui a sur une de ses faces des hiéroglyphes sculptés avec beaucoup de soin. Il est possible qu'on ait transporté ces débris d'une ville voisine; mais on peut croire aussi qu'il y a eu là une ancienne position. En effet, deux pyramides ont été bâties vis-à-vis, au bord de la chaîne libyque. Ces deux pyramides sont aujourd'hui presque ruinées. Il est vraisemblable qu'il existait quelque bourgade en rapport de situation avec ces monumens. Le village actuel d'el-Haram [1], qui est dans le voisinage, répond à cette indication.

§. III. Peme (aujourd'hui *Bembé*); pyramides dites d'*el-Metânyeh*.

La ville de *Peme*, suivant l'Itinéraire, était à vingt milles de Memphis et à la même distance d'*Isiu;* elle n'est point mentionnée ailleurs : le seul nom qui s'en rapproche dans la Notice de l'empire est *Peamu;* mais on ne saurait affirmer, d'après le rang qu'il occupe dans cette dernière nomenclature, qu'il se rapporte au même lieu que *Peme*.

Si l'on cherche sur la rive droite du Nil un lieu à égale distance de Memphis et de Zâouy, l'ancienne *Iseum*, on tombe sur un point aujourd'hui inculte, voisin des deux pyramides de Metânyeh, précisément à vingt milles romains de Zâouy, et à vingt milles des ruines de Myt-Rahyneh, aujourd'hui Memphis [2]. Mais, outre la proximité des pyramides, on trouve dans les environs et au sud de ce point les villages de Bembé et de Gezyret-Bembé, dont le nom a du rapport avec *Peme :* une distance de quatre mille mètres entre l'un et l'autre ne serait pas un obstacle pour empêcher de les considérer comme une seule et même position.

---

[1] Mot qui signifie *les Pyramides*.

[2] On trouve un peu moins de trente mille mètres, et vingt milles romains font vingt-neuf mille cinq cent cinquante-six mètres.

DE L'HEPTANOMIDE. 429

Cette position se trouve à l'écart du Nil, sur le bord du canal occidental. La route, partant de Memphis pour tendre directement à *Iseum*, devait, en effet, quitter le fleuve, qui, dans cet endroit, fait un grand coude à l'est. Ici, je ferai remarquer encore une fois l'exactitude de l'Itinéraire, et même la précision des mesures. On fera surtout attention que ces mesures sont exactes, étant prises sur la carte en ligne droite, et non sur les contours des chemins : cette dernière méthode était trop vague, et peut-être les chemins trop variables, pour qu'elle fût bien utile; tandis que les distances directes, connues de tout temps d'une manière certaine par le moyen de l'antique topographie du pays, ne pouvaient donner lieu à aucune incertitude. Toutes mes recherches m'ont conduit à ce même résultat, savoir, que les distances marquées sur les anciens itinéraires sont prises, la plupart du temps, d'un lieu à l'autre, à vol d'oiseau, et que, si elles n'ont pas été déterminées par la trigonométrie et le calcul, elles ont été mesurées au compas sur une carte topographique très-bien faite [1].

Au nord-ouest de Bembé, on voit deux pyramides qui portent le nom d'*el-Metânyeh*, quoique ce village soit assez loin vers le nord-ouest : ces pyramides sont celles qu'on laisse à sa gauche, quand on va du Fayoum au Kaire par le désert; de loin elles ressemblent à des collines de sable [2]. L'une d'elles est bâtie sous deux inclinaisons, la première presque double de la seconde [3].

---

[1] *Voyez* mon *Mémoire sur le système métrique des anciens Égyptiens*, chap. II et XII, *Antiquités-Mémoires*.

[2] *Voyez* chap. XVII, section 1, §. 1.

[3] *Voyez* pl. 72, fig. 4.

Cette singularité pourrait s'expliquer d'une manière assez plausible, en admettant que, l'angle sous lequel on avait commencé la construction, ayant paru dans la suite trop ouvert pour la continuer, on jugea qu'elle exigerait trop de dépense, et qu'on imagina de l'achever sous une moindre inclinaison, pour arriver plus vite au sommet. La seconde de ces deux pyramides est beaucoup moins conservée; les angles sont effacés, et le monument en a pris une figure presque conique.

Pour se rendre au Fayoum en traversant le désert, on quitte à Bahbeyt la route qui suit le bord du Nil, et l'on se dirige sur Atâmneh, où l'on passe sur un pont le canal occidental; de là l'on s'enfonce dans les sables, en laissant à sa gauche les pyramides d'el-Metânyeh, qui seraient mieux nommées de *Bembé*.

§. IV. Acanthus (aujourd'hui *Dahchour*), et pyramides de *Minyet-Dahchour*.

Diodore de Sicile, Strabon et Ptolémée font mention d'*Acanthus* comme d'une ville touchant à la Libye, et située au sud de Memphis, à cent cinquante[1] stades de cette capitale. Avec ces données, rien n'est plus facile que de déterminer sa position. Si l'on prend une ouverture de compas d'un peu moins de quinze mille mètres, représentant cent vingt stades de l'espèce de ceux dont Diodore et Hérodote ont fait l'usage le plus fréquent,

---

[1] La version ordinaire porte *cent vingt stades;* mais celle qui est en marge de l'édition de Rhodoman (Diod. Sic. liv. 1, p. 87), ἑκατὸν καὶ πεντήκοντα, est la meilleure.

on tombe, un peu au nord du village de Dahchour, sur la rive gauche du canal occidental, qui aujourd'hui est ensablé en partie. Cette distance est moindre d'un dixième que les dix minutes de différence en latitude assignées par Ptolémée entre *Acanthus* et *Memphis;* mais on pensera qu'il est préférable de s'en tenir à l'indication plus précise de Diodore de Sicile. D'Anville avait déjà placé cette ville à Dahchour, et deviné, en quelque sorte, une conformité de position qu'il ne pouvait bien connaître.

Strabon nous apprend qu'il y avait à *Acanthus* un temple d'Osiris. Les sables ont sans doute fait disparaître ce monument, dont je n'ai pu découvrir les vestiges. Les Arabes rapportent des ruines de cet endroit différentes antiques pour les vendre aux voyageurs. J'ignore où était placé le bois sacré qui, selon Strabon, était auprès de cette ville : ce bois était composé d'acanthes ou d'épines, c'est-à-dire d'acacias épineux, de l'espèce appelée en arabe *sount*. C'est un arbre propre à l'Égypte, ainsi que le dit Théophraste. De là le nom donné à la ville aux environs de laquelle ce bois était planté. J'ai déjà parlé plusieurs fois de l'usage qu'en faisaient les anciens Égyptiens selon ma conjecture[1]. Je n'entrerai point ici dans de nouveaux développemens; mais je ferai remarquer que trois choses confirment mon sentiment : l'une, que Strabon donne ici aux bois d'acanthe le nom de *forêt sacrée;* l'autre, que le nom de ces arbrisseaux a été imposé à une ville, ce qui en fait voir assez l'importance; la troisième, que cette ville est au

[1] Voyez chap. XI.

bord du désert, comme l'était *Abydus*. Les bois d'acacias étaient appelés *sacrés*, selon moi, parce qu'il était défendu d'y toucher; leur destination étant d'arrêter les sables du désert, et de protéger la terre d'*Osiris*, on comprend avec quel soin religieux ils devaient être conservés.

La plus grande pyramide qui se trouve au sud de Saqqârah, est celle des environs de Minyet-Dahchour, village à neuf mille mètres du précédent, vers le nord et à la hauteur de Cheykh-O'tmân [1] : elle présente de l'analogie avec celle de Meydoun, et avec la plus grande d'el-Metânyeh. En effet, ainsi que cette dernière, elle est bâtie sous deux inclinaisons; et sa partie inférieure est construite sous un angle fort ouvert, ainsi qu'on le voit dans celle de Meydoun. Les dimensions de cette pyramide le cèdent peu à celles des grands monumens qui sont en face de Gyzeh.

Un peu plus au midi, près de Minyet-Dahchour, on en voit trois autres, qu'on a coutume de désigner aussi sous le nom de *pyramides de Saqqârah*. L'une d'elles ressemble à la plus grande d'el-Metânyeh, c'est-à-dire qu'elle est bâtie, comme celle-ci, sous deux angles différens; mais, son angle supérieur étant plus aigu, le sommet est plus aigu aussi, et plus élevé. Auprès de cette pyramide, en est une fort petite. Enfin, plus au nord, est une construction élevée, fort ruinée, dont la forme ne permet pas d'affirmer qu'elle soit le reste d'un édifice pyramidal.

De la pyramide dont j'ai parlé au commencement de

[1] *Voyez* pl. 72, fig. 6.

DE L'HEPTANOMIDE. 433

ce paragraphe, il y a environ une lieue jusqu'au groupe de celles qui appartiennent proprement à Saqqârah, groupe composé d'une dizaine de monumens semblables qui se rattachent avec les pyramides de Gyzeh : ces monumens sont l'objet du chapitre suivant; c'est pourquoi je borne ici la description des antiquités du nome Memphite et de l'Heptanomide, sans faire mention non plus de *Busiris* ni de *Venus aurea*. Ces anciennes positions sont voisines de Memphis, et il en sera question dans la description consacrée à cette capitale et aux pyramides de Saqqârah et de Gyzeh [1].

---

[1] *Voyez* la Description de Memphis et des pyramides, *A. D.*, chapitre *XVIII*, et le cinquième volume des planches d'antiquités.

NOTE

Sur les trois Itinéraires comparés, dans la partie qui est au midi de Babylone.

La Table théodosienne est, dans cet endroit, très-défigurée et difficile à restituer. Pour l'éclaircir, je l'ai comparée avec les deux routes que porte l'Itinéraire d'Antonin, sur la rive droite et sur la rive gauche du Nil. Celles-ci doivent elles-mêmes être comparées ensemble, pour qu'on puisse s'assurer si elles sont d'accord. Voici les extraits de ces trois routes :

ITINÉRAIRE D'ANTONIN.		TABLE THÉODOSIENNE.	
Rive gauche.	*Rive droite.*		
Memphis...... »	Babylonia...... »	Babylonia............. »	
Peme........ xx.	Scenas-Mandras.. xxii.		
Isiu.......... xx.	Aphrodito....... xx.	Veano............... lxxix.	
Cæne........ xx.	Thimonepsi..... xxiv.	Ptolemaidon Arsinoïtum.... vi.	
Total...... 60.	66.	78.	

L'espace de soixante milles entre *Memphis* et *Cæne*, sur la rive gauche, étant presque en ligne directe, se trouve aussi le plus court. La seconde route, de Babylone à *Thimonepsi*, est de soixante-six milles[1] à cause de la position de Babylone, qui est à six milles au moins au nord de Memphis. Celle de la Table théodosienne

---

[1] On a vu plus haut qu'il fallait, à *Scenas-Mandras*, xxii au lieu de xii.

peut se ramener aux autres, en supprimant un x de la première distance LXXII, à *Veano*. Je pense qu'il faut lire LXII. Ainsi de *Babylonia* à *Ptolemaïdon* il y aurait soixante-huit milles. Or, en passant de Babylone à el-Gemmâzeh (ou *Scenas-Mandras*), traversant le Nil, allant à Bembé ou *Peme*, et de là le long du canal occidental à el-Lâhoun (*Ptolemaïs*), on trouve soixante-huit milles. Au reste, il est impossible de reconnaître à quoi s'applique le nom de *Veano*; les six milles de la Table entre ce point et *Ptolemaïs* conduiraient à Abousyr : la ville de Busiris, qui était en ce même lieu, aurait-elle eu deux noms différens? c'est ce qu'on ne saurait décider.

CHAPITRE DIX-SEPTIÈME[1].

DESCRIPTION DES ANTIQUITÉS DU NOME ARSINOITE, AUJOURD'HUI LE FAYOUM.

SECTION Ire.

Description des vestiges d'Arsinoé ou Crocodilopolis, et des antiquités situées dans l'intérieur de la province;

Par E. JOMARD.

§. I. *Observations générales, historiques et géographiques.*

LE Fayoum a toujours été considéré comme une division territoriale entièrement séparée du reste de la val-

---

[1] Quoique les *antiquités* soient décrites dans autant de chapitres qu'il y a de lieux renfermant des monumens, on a considéré ici le nome d'Arsinoé comme un lieu unique; afin d'éviter la multiplicité des chapitres, et de conserver l'uniformité du plan de l'ouvrage.

lée du Nil. La gorge étroite par laquelle on y pénètre, la chaîne de montagnes qui l'enveloppe de toutes parts, sa figure circonscrite dans un bassin régulier, sont autant de limites naturelles qui devaient nécessairement en faire une contrée distincte : aussi le Fayoum forme-t-il de nos jours une province, comme il constituait jadis le *nomus Arsinoïtes*. Sa position est tellement isolée de l'Égypte, qu'il demeura inconnu aux Arabes pendant plus d'un an après qu'ils eurent conquis les bords du Nil [1]. Cependant la fécondité singulière de cette petite région, et les productions qui lui sont propres, à l'exclusion du reste de l'Égypte, étaient pour les conquérans, des motifs d'y pénétrer dès le moment même de l'invasion, et avant de s'emparer de la Thébaïde. Aussitôt que l'expédition française fut arrivée au Kaire, on se dirigea sur le Fayoum, et l'on reconnut bientôt ses avantages, sous le rapport de la position et de la richesse territoriale. Cette contrée, qui a considérablement souffert par l'irruption des sables et par la réduction de l'étendue des terres cultivables, est encore, en effet, la plus productive d'un pays qui lui-même passe pour être un des plus fertiles du monde. Sans parler de ses cultures en froment, en riz, en trèfles et en légumes, ni de ses grands bois de dattiers, le Fayoum renferme de superbes champs de lin, des campagnes de roses et des oliviers. Il possède encore de l'indigo, du henneh, du carthame, du coton, du sucre et du tabac : on y voit des espèces de forêts de figuiers et des haies d'opuntias; beaucoup de pêchers, de pruniers, d'abricotiers

---

[1] D'Herbelot, *Bibliothèque orientale*, pag. 350.

et d'arbres à fruit dans les jardins ; enfin, ce qui n'existe point ailleurs, des vignobles[1]. La fécondité de son territoire a de tout temps attiré l'attention des maîtres de l'Égypte. Strabon, qui rapporte les traditions les plus anciennes, et qui décrit l'état des choses de son temps, s'exprime sur le nome Arsinoïte comme s'il n'eût point changé de temps immémorial. Pour trouver un état différent, il faudrait remonter à une époque où il était entièrement privé du bienfait des eaux du Nil, c'est-à-dire à un temps excessivement reculé, et qui appartient au domaine de la géologie plutôt qu'à celui de l'histoire : les réflexions des auteurs arabes, et celles de Strabon lui-même, sur l'état primitif du sol de cette province, doivent être reléguées sans doute parmi les conjectures plus ou moins hasardées; aussi n'en ferai-je ici aucune mention.

Laissant donc de côté tout ce qui tient à la géographie physique du Fayoum, je ne traiterai de cette province que sous les rapports géographique et historique. Son existence date du moment où les eaux du Nil y furent introduites. Il fallait d'abord s'assurer que les eaux dérivées du fleuve, à un point supérieur de la vallée et parvenues jusqu'à l'ouverture de la gorge, y avaient une

---

[1] « Il n'y a point au monde de pays plus fertile que le Fioum, plus coupé de canaux et plus abondant en toute sorte de productions utiles », selon Ibn al-Kendy, cité par M. Ét. Quatremère (*Mém. géogr. et histor. sur l'Égypte*, etc., pag. 109. t. 1). Le même auteur cite beaucoup d'autres témoignages qui déposent de la richesse de cette province; par exemple, ceux qui attestent qu'elle rapporta, l'an 356, plus de six cent vingt mille dynârs, et en 585, six cent cinquante-deux mille sept cent trois dynârs. « Il est notoire, dit Al-Bekry, que le revenu journalier du Fioum s'élève à deux cents mithkals d'or. »

pente suffisante; qu'elles pouvaient de là pénétrer dans l'intérieur, et se répandre dans toutes les parties du bassin : c'est ce qu'on reconnut sans doute par des nivellemens; et il est impossible d'en douter, quand on considère l'opération qui fut exécutée et qui a laissé des traces très-visibles. Le canal appelé aujourd'hui *Bahr-Yousef*, dans la partie comprise entre la plaine d'Égypte et Arsinoé, est la dérivation même qui fut pratiquée pour cette destination. Quand on en suit les bords, à partir du coude qu'il fait pour entrer dans le Fayoum, on voit qu'il coule entre deux montagnes, que son lit a été tracé sur la convexité du terrain qui est au fond de cette gorge, et l'on reconnaît clairement que le rocher a été exploité et taillé dans ce dessein. Du temps des eaux basses, on aperçoit plus distinctement encore les vestiges de ce travail antique, dans toutes les parties dressées et aplanies; travail qui confirme bien les idées qu'on doit se faire sur les ouvrages d'art exécutés par les anciens Égyptiens, pour faciliter l'irrigation du territoire et la navigation intérieure. Il n'est guère permis de croire qu'un ouvrage aussi pénible que l'abaissement du roc jusqu'à un niveau donné, eût été effectué ou même entrepris, à moins d'un nivellement préalable. Quels que soient le prince qui ait exécuté cette grande opération, et le temps où elle a été faite, on ne peut la méconnaître aujourd'hui, et l'état actuel des lieux est un monument qui parle au défaut de l'histoire.

Je ne répéterai pas ici ce que j'ai dit du Fayoum, dans un précédent mémoire sur le lac de Mœris [1]; je rappor-

---

[1] Voyez le tom. VI.e, *Antiquités-Mémoires*.

terai seulement un passage de Strabon qu'on pourrait presque donner pour une description récente du pays. « Cette préfecture, dit-il, surpasse toutes les autres par son aspect, sa fertilité et sa culture; c'est la seule qui produise de bonnes olives; et avec du soin, l'on y recueille de l'huile excellente: elle fournit aussi beaucoup de vin, de bons fruits, de blé, de légumes et de grains de toute espèce[1]. » Je ne décrirai pas non plus la position géographique de cette province; on sait qu'elle est située à environ quatre lieues et demie à l'ouest-nord-ouest de Beny-Soueyf: sa distance du Kaire, prise à Tâmyeh, point qui est le plus au nord, est d'environ quinze lieues et demie en ligne droite.

Cette ligne se rapproche d'une route qu'on a coutume de suivre quand on veut prendre le chemin le plus direct. A moitié chemin de Gyzeh et de Beny-Soueyf, on se dirige vers la Libye; et au lieu appelé *Atamneh*, l'on entre dans le désert, après avoir traversé sur un pont le canal occidental: on laisse à gauche les deux pyramides de Metânyeh; de là, l'on marche au sud-ouest, et, après cinq lieues et demie, on arrive à Tâmyeh, à l'extrémité orientale du lac appelé *Birket el-Qeroun*.

Ce lac occupe tout le nord de la province; il baigne le pied de la montagne libyque, se dirige de l'est à l'ouest et ensuite à l'ouest-sud-ouest, dans une longueur de onze lieues; en face du *Qasr-Qeroun*, temple égyptien, il se porte encore à l'occident. Vers le midi, la limite actuelle du lac est à peu près parallèle à son contour septentrional. Sa circonférence est aujourd'hui

[1] Strab. *Geogr.* l. XVII, p. 809.

d'environ vingt-cinq lieues; mais il a considérablement perdu de sa profondeur depuis que le canal de Joseph n'apporte plus que très-peu d'eau dans le Fayoum, comparativement à ce qu'il en amenait autrefois. Or, en baissant de hauteur, le lac a encore plus diminué de superficie. Autrefois il s'étendait à deux lieues plus au midi; il y a même peu de temps que sa rive est aussi reculée vers le nord. En effet, en 1673, Vansleb s'embarqua sur le lac, au village de Senhour: ce village est aujourd'hui fort élevé au-dessus de tout le terrain environnant. Il en est de même de ceux de Terseh, Abou-Keseh et Abchouây el-Roummân. Étant placé à Senhour sur une élévation, et regardant vers le nord, j'embrassais de l'œil un espace considérable entre le village et la limite actuelle du lac; et tout cet espace semblait, en quelque sorte, abandonné par les eaux depuis une époque récente. Il est entièrement inculte, couvert de sable, de lagunes, de croûtes salines, ou de quelques arbustes d'une végétation sans force[1]. Aucune habitation n'y est établie, et il serait impossible d'y pratiquer une seule culture avantageuse. Il n'y a donc pas le moindre doute que les bords du lac ne fussent autrefois beaucoup plus avancés vers le midi. La ligne qu'ils suivaient est parfaitement marquée par la dépression de tout le terrain, depuis Tâmyeh, en passant par Terseh, Senhour et Abchouây el-Roummân. A son extrémité qui est vers l'ouest, le lac n'a pas autant perdu de son étendue en largeur; le Qasr Qeroun, dont il est aujourd'hui éloigné d'une demi-lieue,

[1] La plupart sont des tamarisces.

est une barrière qu'il n'a jamais pu dépasser ni même atteindre.

Du côté du nord, le lac s'avançait peu au-delà de la ligne qui le termine aujourd'hui. Les ruines qui existent de ce côté, et surtout le rocher, en fixent la limite.

Ainsi les calculs que peut faire le géographe sur l'ancienne étendue du lac du Fayoum, ont des bases certaines, et il ne court point le risque de s'égarer beaucoup. Or, si l'on mesure, sur la nouvelle carte de l'Égypte, le contour du lac, en suivant les lignes que je viens d'indiquer, et descendant au midi de manière à former une espèce d'arc ou de croissant, tant à l'est qu'à l'ouest, on trouve plus de quarante lieues. Sa plus grande largeur en avait quatre; sa longueur, dix-sept[1]. A cette vaste étendue, on reconnaît le lac de Mœris. En effet, quelle application plus juste pourrait se faire ailleurs des paroles suivantes de Strabon? « Cette préfecture (l'Arsinoïte) renferme un lac considérable, du nom de *Mœris,* qui a la couleur et l'aspect de la mer.... Son étendue et sa profondeur le rendent propre à recevoir les eaux du débordement, et à garantir les champs et les habitations. » Ce que l'auteur ajoute, regarde l'autre usage auquel était consacré le lac de Mœris. « Quand le Nil décroît ensuite, il rend, par les deux embouchures d'un canal, l'eau qui est nécessaire à l'irrigation. A chaque embouchure du canal, il y a des digues au moyen desquelles les architectes maîtrisent les eaux qui affluent dans le lac et celles qui en sortent. »

[1] *Voyez* la pl. 6, *É. M.*, vol. 1, et la grande carte topographique de l'Égypte.

§. II. *Crocodilopolis* ou *Arsinoé*.

Le nom d'*Arsinoé* donné au chef-lieu du nome et au nome lui-même n'appartient pas à la haute antiquité; ce nom est celui de l'épouse et sœur de Ptolémée Philadelphe[1]. Avant les Lagides, la ville capitale s'appelait *Crocodilopolis*, ou ville des crocodiles, à cause du culte dont ces animaux y étaient honorés. C'est sous ce nom qu'Hérodote nous la fait connaître. Diodore de Sicile ne fait pas mention de cette ville. En général, les anciens historiens donnent peu de renseignemens sur la province Arsinoïte : cependant les deux monumens les plus extraordinaires de l'antiquité égyptienne y étaient situés, le labyrinthe et le lac de Mœris; mais c'était une raison pour que ces deux grands ouvrages seuls pussent trouver une place dans les relations concises des auteurs. Il n'existe donc qu'un petit nombre de passages anciens, au sujet de la ville ou du nome d'Arsinoé. Strabon est celui qui donne le plus de détails sur cette préfecture; mais il ne parle de la ville elle-même que pour la nommer. Le but du géographe était principalement de fixer la position du lac de Mœris, et celle du labyrinthe par rapport à la ville capitale.

Pline connaissait les deux noms de la province. Après avoir énuméré les nomes d'Égypte, et dit qu'il y a deux nomes Arsinoïtes, il ajoute : *Quidam ex his aliqua nomina permutant, et substituunt alios nomos, ut Heroo-*

---

[1] Philadelphe éleva plusieurs monumens en l'honneur d'Arsinoé. *Voy*. Pline, *Hist. nat.* liv. xxxvi, ch. 9, et liv. xxxvii, ch. 8, et ci-après, la description de l'obélisque de Begyg.

politen, Crocodilopoliten[1]. Ptolémée donne la position exacte de la ville, et il rapporte aussi les deux noms. Dans les écrivains postérieurs, il n'est question du nome et de la ville que sous le nom d'*Arsinoé*. Cependant Étienne de Byzance, écrivant long-temps après, rapporte encore l'ancien nom de *Crocodilopolis*; mais il ne faut pas entendre que, selon lui, la ville fût placée dans le lac de Mœris, comme on l'a prétendu d'après ces mots, πόλις ἐν τῇ Μοιρίδι τῇ λίμνῃ : le sens du passage est que la ville était située sur ses bords; ce qui est encore assez difficile à expliquer.

Nous possédons plusieurs médailles frappées du temps d'Adrien, pour le nome d'*Arsinoé*. La plus précieuse est celle qui porte au revers un crocodile; les autres présentent la tête d'Arsinoé[2]. Ces diverses médailles prouvent à-la-fois que la ville a eu les deux noms de *Crocodilopolis* et d'*Arsinoé*, qu'elle était le chef-lieu d'un nome; enfin que cette préfecture existait du temps d'Adrien avec le nom d'*Arsinoïte*.

Dans les manuscrits qobtes, la ville porte constamment le nom d'*Arsinoë* ou *Arsenoë*.

Je passe sous silence les récits des Arabes au sujet de cette ville; il ne lui fut pas imposé d'autre nom, lors de la conquête de ces peuples, que celui de ville principale du Fayoum, *Médynet el-Fayoum*, nom qui subsiste encore. Le mot de *Fayoum* lui-même est sans doute un reste de l'ancienne dénomination de la pro-

[1] Plin. *Hist. nat.* lib. v, cap. 9.
[2] *Voyez* la planche représentant les médailles des nomes, 58, *A.*, vol. v, et les mémoires sur la géographie ancienne et comparée. Le cabinet de M. Tôchon renferme plusieurs médailles de ces différens types.

vince; car je ne considère pas ,comme une origine admissible du mot de *Fayoum* la tradition rapportée par certains auteurs arabes au sujet du canal qui apporte les eaux dans la province, et qui, disent-ils, fut creusé par Joseph en mille jours, *elf-youm*[1].

La ville actuelle, qui a succédé à l'ancienne, est encore très-florissante; mais elle n'est pas tout-à-fait au même lieu. Les ruines d'Arsinoé en sont distantes de quelques centaines de mètres, vers le nord. Elle a été détruite de fond en comble. Les colonnes de granit et de marbre dont ses édifices étaient ornés, ont été transportées à Medynet el-Fayoum, où on les trouve, partie dans les mosquées, partie en débris isolés au milieu de la ville; quelques-unes sont d'une grandeur considérable.

Il ne reste plus de l'ancienne ville d'Arsinoé qu'une grande montagne de ruines et de décombres, dont l'étendue a environ trois à quatre mille mètres du midi au nord, et deux à trois mille dans l'autre sens; des fragmens de statues en granit et en marbre; enfin les débris d'une multitude de vases, en terre et en verre. Partout on trouve des constructions en brique, démo-

---

[1] M. Marcel a conjecturé, avec plus de vraisemblance, que le mot de *fiom* ou *fayoum* vient du qobte ⲡⲓⲟⲙ ou ⲫⲓⲟⲙ, et signifie *la mer* ou *grande étendue d'eau*. (*Déc. Égypt.* tom. III, pag. 162.) M. Ét. Quatremère envisage aussi le nom de *Fioum* comme venant de ⲓⲟⲙ, qui signifie *mer* en qobte, à cause du grand lac renfermé dans cette province. (*Mém. géogr. et hist. sur l'Égypte*, tom. I, pag. 391.)

M. Champollion pense que le nom de la province vient directement de Ⲫⲓⲟⲙ (pour ⲡϩⲟⲟⲩ ⲡⲓⲟⲙ ou ⲡⲕⲁϩⲓ ⲡⲓⲟⲙ), *le nome* ou *le pays aqueux*. (*L'Ég. sous les Pharaons*, t. I, p. 326.)

Les Arabes attribuent aussi la fondation de la ville à Joseph; quelques chrétiens prétendent que Jésus-Christ lui-même fonda Bahànab, qu'ils placent sur le bord du lac. (*Déc. Égypt. loc. cit.*)

lies. L'obélisque de Begyg faisait probablement partie des monumens de cette ville[1].

Il paraît que c'est à Arsinoé que se trouvait cette statue en topaze (artificielle sans doute) dont Pline fait mention, et qui avait, dit-il, quatre coudées de hauteur. Ptolémée-Philadelphe l'avait élevée en l'honneur d'Arsinoé, sa sœur et sa femme. Elle était consacrée dans un temple appelé *Temple d'or*[2].

La ville s'étendait autrefois davantage vers le nord, et je ne serais pas éloigné d'y comprendre les ruines qui se trouvent aujourd'hui près de Bayhamou, village où passe un canal venant de Medynet el-Fayoum. La dimension de ces ruines ne permet pas de croire qu'elles aient pu être transportées de si loin. On ne peut guère supposer non plus qu'un monument tel que celui qui paraît avoir existé à Bayhamou, ait été construit isolément et au milieu de la plaine : ce sont deux énormes piédestaux bâtis de grosses pierres calcaires, d'environ huit mètres de côté sur dix de haut, et qui supportaient certainement des statues colossales semblables aux colosses de Thèbes. Leur distance est d'environ cent mètres. Au rapport d'Hérodote, de Diodore de Sicile et de Pline, on avait élevé des statues à plusieurs princes dans les environs du lac de Mœris. Les habitans donnent aux piédestaux le nom de *rigl Fara'oun*, les pieds de Pharaon. Autour du village, il y a beaucoup de ruines et de blocs calcaires[3].

---

[1] *Voyez* la description particulière de l'obélisque de Begyg, à la fin de ce chapitre.

[2] Plin. *Hist. nat.* lib. XXXVII, cap. 8.

[3] Paul Lucas prétend avoir vu

La capitale actuelle du Fayoum est traversée par le Bahr-Yousef dans sa longueur. A quatre cents mètres au-dessous, le canal se divise en neuf branches, qui vont arroser tout l'intérieur de la province, et à l'ouverture de chacune desquelles est une porte qu'on lève ou qu'on abaisse, en raison du besoin d'eau des différens villages où elles se rendent. Ces villages sont ainsi sous la dépendance directe du chef-lieu : mais le partage des eaux se fait ordinairement avec beaucoup d'équité, et tous les points du territoire ont part à la distribution; il arrive quelquefois de vives contestations quand on vient à violer les usages reçus.

On compte environ cinq mille ames à Medynet el-Fayoum. Une partie de la population est chrétienne; mais le plus grand nombre des chrétiens habite Fydymyn, où sont les vignobles qu'ils exploitent, et dont ils tirent un vin médiocre, moins à cause du terroir que par faute de la fabrication. Cette ville, qui renferme cinq ponts, plusieurs mosquées remarquables, d'anciennes écoles et des jardins abondans en fruits de toute sorte, ne m'arrêtera pas davantage, attendu que la description en doit être faite dans les Mémoires sur l'état moderne[1].

---

un colosse en granit sur l'un de ces piédestaux, et cinq autres piédestaux plus petits. (3ᵉ *Voyage*, t. II.)

[1] Par la même raison, je ne parlerai pas non plus du lac Garàh, situé au midi de la province, et aux environs duquel sont des ruines.

Voyez, dans cet ouvrage, la Description hydrographique des provinces de Beny-Soueyf et du Fayoum, par M. Martin, É. M.; et aussi le Mémoire sur la province du Fayoum, par M. Girard, *Mém. sur l'Égypte*, tom. III, édit. de Paris, in-8°.

§. III. *Environs de Crocodilopolis, et intérieur de la province.*

Mon dessein étant seulement de m'arrêter aux points où se trouvent des antiquités, je ne ferai pas ici la description de tout l'intérieur de la province, et je ne parlerai que des principaux lieux qui renferment des traces des ouvrages des Égyptiens[1].

Si l'on se porte au sud-ouest de Medynet el-Fayoum, on rencontre d'abord, au village de Begyg, un obélisque en granit[2]; plus loin, à une lieue et demie, dans la même direction, une digue bâtie en pierres, d'une hauteur et d'une épaisseur considérables : on la regarde comme antique, bien qu'elle ait été, à ce qu'il semble, reconstruite plusieurs fois. Elle a près de sept mille mètres de longueur : elle se dirige par Defennoû et Sedmoueh; son objet est de maintenir à une certaine hauteur les eaux de l'inondation, et de servir à l'irrigation de la partie méridionale de la province. Les eaux excédantes tombent dans un grand ravin appelé *Bahr el-Ouâdy*, c'est-à-dire *la vallée*, comparable, pour la grandeur, au ravin du nord; il prend son origine, à peu de distance de la prise d'eau de ce dernier, au village d'el-Hasbeh sur le Bahr-Yousef : sa profondeur et sa largeur excèdent encore celles de ce dernier, et son

---

[1] Plusieurs des renseignemens qui suivent, m'ont été communiqués par M. Bertre, capitaine-ingénieur-géographe, à qui l'on doit la carte de l'intérieur de la province. Il m'a aussi communiqué un plan du Qasr-Qeroun.

[2] *Voyez* ci-après la section III.

A. D. IV.

cours est beaucoup plus long [1]. Ce grand canal est également l'ouvrage des anciens Égyptiens.

Après avoir couru environ six lieues à l'ouest jusqu'à Abou-Gondir, il se tourne vers le nord et acquiert une largeur considérable; à une lieue de là, auprès de Nazleh, village qui est le dernier à l'ouest du Fayoum, cette largeur a jusqu'à quatre cents mètres [2] : la profondeur varie de dix à quinze mètres. Au fond du canal, la coupe présente la couche calcaire, ensuite des lits de sable mêlé de parties ferrugineuses, et au-dessus, cinq ou six mètres de limon pur. A ces deux vastes branches qui apportaient dans l'ancien lac une immense quantité d'eau, a succédé dans la suite un canal unique, beaucoup plus petit, allant d'Haouârat el-Hasbeh à Medynet el-Fayoum, où il se subdivise ensuite en un grand nombre d'autres. La diminution du volume d'eau que recevait jadis le Bahr-Yousef, a été la cause de ce changement; et cette diminution tient elle-même à ce que l'embouchure du canal Joseph dans le Nil est aujourd'hui ensablée. C'est à Nazleh qu'on fait les préparatifs pour traverser le désert, quand on veut aller visiter le temple appelé *Qasr-Qeroun*, objet de la section suivante.

A quatorze mille mètres au nord-ouest de Medynet el-Fayoum, on rencontre le village d'Abou-Keseh, où existe un très-grand réservoir d'eau. Sa forme est carrée; il est long et large de cinquante mètres. La construction

---

[1] Son développement total est d'environ soixante mille mètres; celui du Bahr-Belâ-mà est d'environ trente-cinq mille mètres jusqu'à Tâmyeh.

[2] Note de M. Bertre.

a été faite en briques, à l'aide d'un ciment très-dur. L'appareil de ces briques est semblable à celui qu'on remarque dans les constructions égyptiennes. On introduit l'eau du Nil dans le réservoir pendant le débordement, et il fournit l'eau qui est nécessaire à l'irrigation, au moyen des ouvertures pratiquées à différentes hauteurs. Cet ouvrage fait en même temps fonction de digue pour retenir les eaux de l'inondation, qui arrivent à Abou-Keseh par une des neuf branches dont il a été question dans le paragraphe précédent; autrement, les eaux ayant trop de pente, ne séjourneraient pas assez sur les campagnes, et même leur cours rapide pourrait entraîner les terres. Le réservoir donne le moyen de distribuer les eaux par degrés et suivant les besoins. Cette construction est-elle d'une époque très-reculée et contemporaine du lac de Mœris? C'est ce que je n'oserais affirmer; il semble même, au premier coup d'œil, qu'elle ne peut dater d'une époque plus ancienne que celle de la dérivation qui amène les eaux au village d'Abou-Keseh : mais il est possible qu'il y ait eu dans l'antiquité, comme aujourd'hui, un canal tracé selon cette même direction. Au reste, le principe de cet ouvrage d'art est le même que celui qui avait présidé à l'entreprise du roi Mœris, quand il fit exécuter le grand ouvrage qui porte son nom.

Tâmyeh est un fort village, situé tout-à-fait au nord du Fayoum; c'est le premier où l'on arrive en venant du Kaire par le désert[1] : sa position près de l'extrémité

---

[1] A l'ouest d'el-Metânyeh, on quitte la vallée du Nil pour entrer dans le désert; par une pente assez rapide, on s'élève jusqu'à une lieue

orientale du lac de Mœris m'engage à en dire ici quelque chose. Il est certain que le lac s'étendait jadis vers l'est, encore au-delà du lieu où est Tâmyeh; aujourd'hui un grand canal coule au pied de la hauteur où le village est bâti. Les eaux y sont maintenues toute l'année par une digue, et conservées dans un bassin pour servir à l'irrigation des terres des villages limitrophes. Ce bassin et cette digue pourraient bien être les restes de l'ancienne retenue qui doit avoir été pratiquée, selon les historiens, à l'entrée du lac de Mœris. Plus loin au couchant, est un grand ravin qui fait suite au *Bahr Belâ-mâ*, où les eaux coulent librement quand elles ne sont plus nécessaires à l'arrosement des terres; ensuite elles se jettent dans le lac, à une lieue au-delà. La chaîne, qui est partout élevée ou escarpée au nord du lac, s'abaisse vers Tâmyeh; et elle se change en mamelons qui ne sont point liés avec la montagne de l'est.

A l'est de Medynet el-Fayoum, au village d'Haouârah el-Soghayr, on remarque un pont de dix arches, dirigé parallèlement au Bahr-Yousef. C'est près de là qu'est l'entrée de l'immense ravin à plusieurs branches, appelé *Bahr Belâ-mâ* (mer sans eau); il se dirige vers le nord, et c'est le même que celui qui arrive à Tâmyeh. Ce point établissait la communication entre le lac et le canal dérivé du fleuve. Aujourd'hui le pont, étant situé au-

de Tâmyeh; de là, l'on commence à descendre dans le Fayoum. On traverse, dans le cours de cette route, plusieurs ravins dirigés du sud-est au nord-ouest, sillonnés par des eaux pluviales, ressemblant au lit d'un torrent, et dont le fond est garni de plantes épineuses. Du lieu où l'on est entré dans le désert, jusqu'au village de Tâmyeh, il y a une forte journée de marche.

dessus du niveau des eaux moyennes, fait l'office d'une digue. Dans le haut Nil, les eaux tombent dans le ravin à travers les arches du pont, en faisant une chute de plusieurs mètres.

Ce même point est le plus élevé de toute la partie de la province qui en est à l'ouest, et il est inférieur de très-peu au niveau d'Haouârah el-Kebyr ou el-Lâhoun, point où le Bahr-Yousef pénètre dans la gorge du Fayoum. Là était probablement l'une des portes qui, selon les auteurs, servaient à fermer ou à donner issue aux eaux du Nil dans le lac de Mœris.

Ce grand ravin dont je viens de parler est un des ouvrages les plus remarquables des anciens Égyptiens, par la profondeur donnée au canal et par son étendue[1]. Dans toute la hauteur de la coupe actuellement visible, il présente une épaisse couche de limon, qui a, dans quelques endroits, jusqu'à sept mètres de hauteur.

Du village d'Haouârah el-Soghayr, on aperçoit au nord, à peu de distance, une pyramide aux environs de laquelle sont beaucoup de ruines, et des blocs très-considérables de granit qui annoncent un grand monument. Dans la 3e section de ce chapitre, il sera question de ces antiquités.

En retournant vers la vallée d'Égypte, on aperçoit une seconde pyramide, en briques comme la précédente, et qui prend son nom du village d'el-Lâhoun, situé à l'entrée de la province[2]. Ce village est important par sa position et par la grande digue ou chaussée qui

---

[1] *Voyez* la note 1, page 450.
[2] *Voyez* la description de cette pyramide, à la fin de la troisième section.

sert à élever les eaux du Nil. La position correspond très-bien à celle de *Ptolemaïs*, qui servait de port, selon Ptolémée, et qui appartenait aux Arsinoïtes, d'après le nom qu'elle porte dans la Table théodosienne, *Ptolemaïdon Arsinoïtum*. Les six milles que cette table demande entre les villes d'*Heracleo* et *Ptolemaïs*, se trouvent entre Ahnâs et el-Lâhoun [1].

Je pense que c'est dans cette grande digue d'el-Lâhoun et dans celle de Defennoû qu'il faut chercher l'application du nom d'*aggeres Teplineos* (τὰ χωμάτικα ἔργα Τεπλίνεως), qu'on trouve dans un papyrus fort curieux écrit en grec, et découvert à Gyzeh en 1778 [2]. Ce morceau présente, 1°. une liste de cent quatre-vingt-un individus qui ont travaillé à la digue, inscrits en six colonnes, selon le même usage qui existe parmi nous d'enregistrer les noms des ouvriers; 2°. une autre liste de soixante-neuf ouvriers qui ont travaillé au canal appelé *fossa Phogemeos*, du 11 au 15 du mois de mechir; 3°. celle des travailleurs au canal nommé *fossa Argalidias*, et ainsi pour d'autres mois de l'année. Ce fragment annonce que l'on tenait un compte exact des travaux entrepris pour l'irrigation, qui, si importans dans toute l'Égypte, l'étaient encore plus dans la province d'Arsinoé. Je hasarderai d'appliquer le nom de *fossa Phogemeos* au grand canal Bahr Belâ-mâ, et celui

---

[1] *Voyez* la Description de l'Heptanomide, section IV, §. II. D'Anville donne le même emplacement à *Ptolemaïs*.

[2] Ce papyrus a été publié par Schow; il fait partie du *Museum Borgianum*; en voici le titre : Κα- τάνδρα τῶν ἀπεργασαμένων εἰς τὰ χωμάτικα ἔργα Τεπλίνεος ἀπὸ μεχεὶρ x ad xi Πτολεμαΐδος ὅρμου ἀνδρῶν ρπά αὐτοκάλυτῶν, ou *Series operantium in aggeribus Teplineos à die mechir* x *ad* xi *Ptolemaïdis portûs virorum* 181 *ultrò sese offerentium*.

de *fossa Argalidias*, au canal Bahr el-Ouâdy. Le nom même de *Phogemeos* est donné dans le manuscrit à un travailleur, Πασοὶς Φογήμεος, *Paesis Phogemeos*. Il paraît que les anciens Égyptiens imposaient des noms à leurs digues et à leurs canaux, de même qu'aujourd'hui on leur donne des dénominations tirées des individus ou des villages voisins [1].

Pline parle d'une ville de *Crialon* placée près d'Arsinoé. Il ne m'est pas possible d'assigner sa place; il n'en est pas de même des deux positions que Ptolémée fait connaître sous le nom de *Bacchis* et de *Dionysias*, ayant la même longitude, et placées, l'une à 29° 40′ de latitude, l'autre à 29°. Cette différence en latitude de 40′ est trop grande de moitié; la longueur du Fayoum n'admet que huit lieues ou environ 20′. Or, on trouve dans le Fayoum, d'après la reconnaissance de M. Martin, deux ruines considérables placées presque sous le même méridien, appelées par les Arabes, l'une, *Medynet Nemroud* ou *Qasr Tefcharä*; l'autre, *Medynet Ma'dy* : elles sont distantes de 20 minutes de degré. La première est tout au nord de Birket Qeroun; l'autre, près du lac Garâh, au midi du Fayoum. Je place donc *Bacchis* à Medynet Nemroud, et *Dionysias* à Medynet Ma'dy. J'ignore pourquoi d'Anville a fait précisément le contraire, en donnant à ces deux villes à peu près la même latitude.

---

[1] Dans ce fragment, chacun est désigné ainsi : *un tel, fils de tel père* ou *de telle mère*. Quand le père est inconnu, il y a ἀπάτωρ. Les listes renferment des noms d'Égyptiens, de Grecs, de Romains. Les premiers portent souvent la note ἀπάτωρ. Ce papyrus est précieux par les noms qu'on y a inscrits.

Paesis signifie *Isiaque*, selon M. Champollion. Voyez *l'Égypte sous les Pharaons*, t. II, p. 196.

Parmi les antiquités qui subsistent dans la province, il faut peut-être citer les grosses pierres chargées de bas-reliefs que Paul Lucas a vues à Fydymyn, et qui m'ont échappé quand j'ai visité ce village. En effet, ces ruines prouvent qu'il y a eu dans ce lieu des constructions égyptiennes; ce qui s'oppose à ce qu'on prolonge au midi, plus que je ne l'ai fait ci-dessus, la rive de l'ancien lac.

Le même voyageur parle aussi, mais un peu vaguement, de catacombes souterraines près de Senhour. Pendant que j'étais dans ce lieu, je n'en ai point entendu parler; mais je regrette de n'avoir point pris d'informations sur ce sujet. Paul Lucas assure qu'au-delà du lac il y a des grottes où l'on trouve des momies.

Quant aux antiquités de Bayhamou, j'en ai fait mention dans la description des vestiges de *Crocodilopolis*, parce que ce point me paraît avoir appartenu à l'ancienne capitale.

SECTION II.

Description du temple égyptien connu sous le nom de Qasr-Qeroun,

Par E. JOMARD.

Pour aller aux ruines connues par les voyageurs sous le nom de *Qasr-Qeroun* (vulgairement, *le palais Caron*), on se dirige vers l'ouest en partant de Medynet el-Fayoum; après avoir laissé sur la gauche le village de Begyg, on passe par ceux de Desyeh, el-Menachy et Garadou : ce dernier est situé dans un bois immense de dattiers. Une heure après, on arrive au Bahr el-Ouâdy, large et profond ravin dont j'ai déjà parlé; l'escarpement de ses bords et la difficulté de trouver le gué rendent son passage assez pénible : après l'avoir traversé, on s'arrête au village de Nazleh, à quatre lieues et demie de la capitale. C'est là, comme je l'ai dit, qu'on prend ses provisions pour le voyage du désert [1].

---

[1] J'ai fait ce voyage les 5, 6, 7, 8, 9, 10, 11 et 12 pluviôse an VII (24 au 31 janvier 1799), avec MM. Bertre, Rozière, Dupuis et Castex, sous la protection d'une escorte de soldats français et d'Arabes que nous avait donnée le commandant de la province, le général Zayonchek. Comme ce pays attirera sans doute par la suite les regards des voyageurs, et qu'il est en même temps difficile à parcourir, non-seulement à cause des Arabes qui infestent les déserts environnans, mais par la nature même du sol, j'ai cru qu'il ne serait pas inutile de dire ici quelque chose des difficultés de cette dernière espèce que l'on rencontre en voyageant. C'est avec beaucoup de peine que nous parvînmes à Nazleh. Partis à deux heures après midi de Médine, nous arrivâmes à cinq heures et demie en vue du petit village d'Abouden-

Les guides, en partant de Nazleh, font route directement à l'ouest pendant long-temps; mais il faut ensuite remonter vers le nord. On traverse d'abord un ravin, et, au bout de cinq quarts d'heure de marche

qàch; il faisait déjà nuit : à six heures, nous nous trouvâmes au bord d'un torrent large et profond; c'était le Bahr el-Ouâdy, que nous ne connaissions pas encore, et qui nous parut alors un horrible précipice. L'obscurité avait trompé nos guides. Vainement ils cherchaient le gué, et nous marchions sur une terre entr'ouverte, à chaque pas, de crevasses profondes, où trébuchaient et tombaient les chevaux et les chameaux chargés, aussi bien que les piétons. Pendant une demi-heure, nous suivîmes le bord de ce gouffre. On proposa d'envoyer un cheykh arabe pour faire allumer des feux ou nous amener des guides: mais les opinions étaient partagées, chacun voulait servir de conducteur; les soldats marchaient devant les officiers. Nous revînmes sur nos pas avec les mêmes peines; mais, ne sachant où nous allions, nous nous arrêtâmes de nouveau. Le ciel était couvert, et l'on ne pouvait s'orienter, même par les étoiles. En tournant sans cesse, on avait même perdu la direction du village. Dépourvu de bois pour allumer des feux, on battait la caisse pour avertir et diriger ceux qui auraient pu nous chercher. Les chevaux, les chameaux, les ânes, étaient harassés pour avoir marché long-temps dans des terrains que les crevasses rendaient impraticables. Excédés de soif et de lassitude, nous résolûmes de passer la nuit sur la place et debout, pour être prêts à toute attaque de la part des Arabes ennemis. Nous attendîmes deux heures dans cette cruelle alternative et dans un silence absolu. Enfin des *felláh* vinrent à nous. Notre cheykh arabe avait été les chercher fort loin. Nous marchâmes avec eux droit à l'ouest; et, au bout de trois quarts d'heure, nous regagnâmes le torrent, à un point guéable. On mit une demi-heure à le traverser. A dix heures et demie nous étions au nord de Nazleh, harassés d'avoir parcouru pendant cinq heures, et dans une obscurité profonde, des ravins, des crevasses et des précipices. Les cheykhs et les habitans furent réveillés au son du tambour. Nous prîmes des provisions, deux nouveaux guides, trois cheykhs du lieu, trois Arabes armés, et deux travailleurs des mines de sel. Ces hommes nous apprirent qu'à trois lieues du Qasr-Qeroun il existait de grandes mines de sel gemme. Les pluies qui tombent sur la chaîne libyque dissolvent ce sel, et contribuent ainsi à saler les eaux du lac. Quant aux crevasses, elles proviennent du retrait qu'éprouvent les terres après le séjour de l'inondation, surtout au bout de plusieurs années. Dans le Mémoire sur le lac de Mœris, j'ai parlé des obstacles insurmontables, et même des dangers que la nature du sol présente aux voyageurs qui essaient de marcher en caravane sur la rive méridionale du lac. (*A. M.*)

dans un terrain peu cultivé, l'on entre dans un désert sablonneux qui va se terminer vers la droite au Birket-Qeroun, et, vers la gauche, s'élève presque insensiblement jusqu'à la montagne. Ce qu'il importe d'observer, c'est qu'on rencontre dans cette grande plaine, aujourd'hui sablonneuse, beaucoup de fragmens de granit travaillé, de briques et de poteries; on y retrouve encore sur pied des restes de constructions en briques. Tout annonce que ce quartier de la province était jadis habité. C'est après plus de trois heures de marche dans le désert qu'on aperçoit, vers la droite, le temple nommé *Qasr-Qeroun*; depuis l'instant où l'on a commencé à l'apercevoir, on est encore près d'une heure et demie à y arriver.

En avant et autour de cet édifice sont beaucoup de ruines éparses, et les restes de plusieurs petits temples d'un goût médiocre, dont quelques-uns ont leurs colonnes engagées; plusieurs ont été restaurés à une époque qui ne paraît pas appartenir à la haute antiquité. Ces ruines, avec beaucoup de débris de constructions et de pans de murs encore debout, attestent l'existence de quelques habitations dans cette partie de l'ancien nome Arsinoïte. Parmi les ruines qui portent le nom de *Beled-Qeroun*, on distingue un petit temple découvert, analogue au temple carré de Philæ; il est situé à cent pas à l'est du Qasr-Qeroun. Les fûts des colonnes qui subsistent ont encore quatre mètres environ de hauteur[1].

Le Qasr-Qeroun est situé à près de six lieues ouest quart nord-ouest de Nazleh, à une demi-lieue au sud des bords du lac, et à plus d'une lieue de son extrémité

---

[1] *Voyez* pl. 70, *A.*, vol. IV, fig. 14.

occidentale. Il n'est pas tout-à-fait orienté : la façade est tournée à l'est sud-est.

En avant sont les restes d'un portique de deux colonnes larges de $1^m,6$[1] ; on y arrivait par une rampe comprise entre deux dés : un tiers de la colonne de gauche subsiste encore, ainsi que le dé qui est à droite. Une enceinte, dont on suit la trace, enfermait le portique. Vers la gauche, il y a des constructions qui s'élèvent hors de terre, et dont on ne devine point l'objet.

La forme de l'édifice est, comme celle de tous les monumens égyptiens, un parallélogramme : il a $28^m,6$ de long, sur $18^m,8$ de large[2], non compris le portique[3] ; celui-ci a environ sept mètres et un tiers[4] de façade. La hauteur se compose de quarante-deux assises égales de $0^m,225$[5] ; elle est de $9^m,47$[6]. Ainsi les trois dimensions du monument sont entre elles comme les nombres 1, 2, 3. L'édifice est couronné par une corniche creusée en gorge, et haute de trois assises ou $0^m,67$[7]. Un cordon de seize centimètres[8] de diamètre fait le tour du monument et encadre ses quatre faces. Les murs extérieurs ont un talus très-prononcé, et cette inclinaison concourt avec tous les autres motifs à prouver que cet édifice est un monument égyptien : le reste de cette description le fera voir clairement.

On remarque encore au-dehors, à droite et proche de

---

[1] Cinq pieds environ.
[2] Environ quatre-vingt-huit pieds sur cinquante-huit.
[3] La longueur totale est de plus de trente-six mètres, environ cent dix pieds.
[4] Vingt-deux pieds six pouces.
[5] Huit pouces quatre lignes.
[6] Environ vingt-neuf pieds.
[7] Vingt-cinq pouces.
[8] Six pouces.

la porte, une demi-colonne de quatre pieds environ de diamètre, adossée à la façade, et dont les assises ne sont nullement liées avec celles de la muraille : de l'autre côté de la porte, on n'en retrouve pas de semblable, et pas même de vestiges; ce qui démontre que cette demi-colonne n'a été placée que postérieurement à la construction de l'édifice [1]. En effet, toutes les assises de ce bâtiment se suivent avec régularité du dehors au dedans, et en général tout y est parfaitement symétrique.

On voit au-dessus de la porte, comme dans toutes les portes égyptiennes, un disque en relief avec des ailes étendues; ce disque est nu, selon l'usage, et non l'image d'une figure humaine, comme on le voit dans le bizarre dessin publié par Paul Lucas [2]. Il n'y a pas non plus d'hiéroglyphes en dessous [3].

Pour pénétrer dans ce bâtiment, on monte, à travers des tronçons de colonnes, une petite rampe formée par les débris du portique et de l'étage supérieur [4]. La porte est obstruée en partie par ces décombres, et a .2^m,2 [5] de large comme la suivante [6]. Dans l'intérieur, l'encombrement est général, et jusque dans les pièces les plus

---

[1] *Voyez* pl. 69, *A.*, vol. IV, et pl. 70, fig. 3.

[2] Paul Lucas, 3ᵉ *Voyage*, t. II.

[3] Paul Lucas a supposé une demi-colonne semblable de l'autre côté; et, avec les cordons qui garnissent les angles, il est parvenu à former un grand portique, soutenu par quatre grosses colonnes de marbre. Ce voyageur, peu fidèle, n'avait pas remarqué la colonne qui appartient réellement au portique; ce qu'il dit sur une frise qui est au-dessus de la porte et sur la tête couverte d'un voile et environnée de quatre pointes de marbre en rayons, n'est pas moins absurde.

[4] *Voyez* pl. 69.

[5] Six pieds et demi.

[6] Paul Lucas et Richard Pococke ont gravé leurs noms sur l'intérieur de la porte. M. Castex a sculpté à côté ceux des voyageurs français nommés ci-dessus, page 457.

retirées. Il est tel, que les portes latérales sont bouchées totalement, et que, pour entrer dans les salles qui y répondaient, on a été obligé de faire des ouvertures forcées.

La première pièce est la plus longue ; sa longueur est de $7^m,5$ [1], et sa largeur de $5^m,3$ [2] : elle est suivie de deux autres qui ont la même longueur de sept mètres et demi. La quatrième, à la différence des autres, a sa longueur dans le sens de celle de l'édifice ; ses dimensions sont de $5^m,6$ sur $3^m,4$ [3] : elle est aussi plus ornée, et elle a de plus quatre niches décorées de moulures finement travaillées et dont les profils sont très-purs : on reconnaît aisément que c'est le sanctuaire.

La face du fond présente l'ornement qui est sur toutes les portes, c'est-à-dire le disque ailé, soutenu par deux serpens : cet ornement est sculpté en petit et travaillé très-délicatement. Au-dessus est une frise toute composée d'*ubœus* ; parmi les décorations, on reconnaît l'image du bœuf Apis.

Sur cette même face du sanctuaire, on distingue au milieu, c'est-à-dire au point le plus remarquable, un espace vide et de largeur à contenir un petit autel. De chaque côté, est une petite porte sans issue, large d'environ un mètre, couronnée d'un globe ailé, exécuté avec encore plus de délicatesse que les autres ; ces fausses portes, après un enfoncement de trois pieds, conduisent à un petit mur, qui est, du côté droit, parfaitement conservé, et, à gauche, en partie abattu. Si l'on entre

---

[1] Vingt-trois pieds environ.
[2] Seize pieds ⅓ environ.
[3] Dix-sept pieds sur dix et demi.

DU NOME ARSINOITE (QASR-QEROUN).

dans l'enfoncement qui est à droite, on remarque au plafond une petite ouverture; je suis monté par ce trou, et me suis trouvé dans une cinquième pièce, qui n'avait pas été visitée par Paul Lucas, Granger ni Pococke : elle a environ $2^m,90$[1] de longueur, sur $1^m,1$[2] de large, et forme une sorte d'étage supérieur, par rapport au sol du sanctuaire. Cette chambre, d'une obscurité complète, est parfaitement fermée de toutes parts; étant presque aussi haute que les autres pièces et beaucoup plus petite, elle est extrêmement sonore. Je remarquai au plancher deux ouvertures oblongues, de largeur à passer un homme; elles se fermaient chacune avec une pierre taillée en retraite pour cet objet, et que l'on voit encore à côté : elles répondent à une sorte de petit caveau d'environ trois pieds en carré, qui, en comptant l'épaisseur du plancher, a un mètre et demi[3] de hauteur; ce qui le rend propre à contenir un homme : étant debout, cet homme aurait la tête juste hors de l'ouverture, et placée dans la chambre mystérieuse.

Cette description caractérise assez l'objet de la pièce sonore, de la pierre et du caveau, et fait présumer qu'une disposition aussi singulière était destinée aux oracles. Quand le dieu du temple était consulté, un prêtre chargé de cet office pénétrait dans le caveau, levait la pierre, et sa voix, répondant dans un espace hermétiquement fermé, retentissait avec force dans le sanctuaire, et imprimait à la voix de l'oracle un caractère extraordinaire. Si ce n'est là qu'une conjecture, c'est peut-être la seule

---

[1] Neuf pieds.
[2] Trois pieds quatre pouces.
[3] Quatre pieds et demi.

manière d'expliquer l'arrangement bizarre de cette chambre sans issue apparente, et où l'on ne pénétrait que par des souterrains [1]. Quant à l'augmentation de la voix, je m'en suis convaincu par des essais répétés. M'étant placé dans cette salle haute pendant que mes compagnons de voyage étaient dans le sanctuaire, j'articulai quelques paroles, et ils crurent entendre plusieurs voix réunies et retentissantes.

Dans l'espace qui sépare les deux caveaux, on a fait des fouilles où j'ai reconnu quelques marches d'un escalier qui conduisait à des souterrains et dans les caveaux eux-mêmes; au fond de cet espace est une issue forcée, qui a été percée jusqu'à l'extérieur du temple sur la face de l'ouest, et qu'on a pratiquée récemment.

Quand on examine le sanctuaire du temple sur la face du fond, on remarque vers le haut et à gauche une pierre qui a deux fois la hauteur des autres assises, et qui est longue relativement, ce qui est sans exemple dans cet édifice, où les assises, d'un bout à l'autre, sont égales et consécutives. Les Arabes, qui l'ont remarqué aussi, supposent de l'or caché sous cette pierre: aussi l'on reconnaît, à ses joints un peu altérés, qu'elle a été attaquée plus d'une fois [2]. Cette même muraille du fond du sanctuaire est encore remarquable par les joints

---

[1] Cette disposition convient avec ce que l'on sait des oracles qui ont existé en Égypte, et est conforme à la description de celui de Sérapis à Alexandrie, dont Rufin décrit le temple comme rempli de routes souterraines. Dans la dissertation de Van-Dale *de Oraculis*, on lit que les voûtes des sanctuaires *augmentaient la voix*, et faisaient un retentissement qui inspirait de la terreur.

[2] *Voyez* la pl. 58, *A.*, vol. III, fig. 7, où l'on remarque une pierre semblable dans un monument de Thèbes.

DU NOME ARSINOITE (QASR-QEROUN).

obliques des pierres, sorte d'appareil que l'on sait avoir été employé par les Égyptiens[1].

La hauteur actuelle de l'étage inférieur, dans les parties les plus comblées, est encore de plus de quatre mètres; elle devait être de six mètres et demi[2] avant l'encombrement, et celle des portes, de quatre mètres et un quart[3]. Les plafonds sont composés de pierres énormes, toutes d'un seul bloc et d'une égale largeur. La longueur des pierres est dans le sens de celle de la pièce, et même cette disposition est affectée; car, dans le sanctuaire qui a sa longueur perpendiculaire à celle des autres pièces, les pierres présentent aussi leurs joints dans le même sens : elles ont $5^m,6$[4] de long dans cette quatrième pièce, et sept mètres et demi[5] dans les trois premières, sans compter les parties qui reposent sur les murs latéraux.

Aucun de ces plafonds hardis n'a encore cédé à son poids; l'étage inférieur est parfaitement conservé dans toutes ses parties, et la construction, malgré la couleur de vétusté qu'elle offre de toutes parts, est si peu altérée, qu'elle semble être récente : seulement, le sommet de la seconde porte est un peu ébranlé; encore est-ce l'ouvrage des hommes. On a voulu abattre la corniche et fouiller derrière; mais il paraît qu'on a renoncé aussitôt à cette entreprise. Le choix des matériaux et la bonne exécution n'ont pas moins contribué que le climat à conserver cet édifice

---

[1] *Voy.* pl. 70, fig. 5, et à Thèbes, pl. 58, *A.*, vol. III, fig. 4. Le temple à jour de Philæ offre aussi des joints inclinés.
[2] Environ vingt pieds.
[3] Treize pieds.
[4] Dix-sept pieds.
[5] Près de vingt-trois pieds.

d'une manière aussi intacte, et à le sauver des outrages du temps et de ceux des hommes. Les sculptures sont ce qu'il y a de plus dégradé : on a attaqué tous les ornemens; et ce qu'on a épargné le moins, c'est le disque ailé.

Outre les cinq pièces dont j'ai parlé jusqu'ici, on trouve de chaque côté cinq autres pièces nues et sans ornement. J'ai dit qu'on pénétrait dans celle qui est à droite de la première salle du temple, par une entrée forcée, à cause de l'encombrement de la porte[1]. On pénètre plus facilement dans celles qui sont à gauche; mais l'on y trouve le sol exhaussé par les fouilles : il y en a eu de faites dans toutes les pièces; les Arabes ont remué de tout temps le sol de ce temple, avec la persuasion qu'il renferme des trésors, et que c'est le motif qui attire les Européens aussi loin dans le désert. Les souterrains ont été également fouillés, et c'est ce qui les rend inaccessibles : seulement, je me suis assuré, en y jetant des pierres, qu'ils n'avaient pas moins de quatre à cinq mètres[2] de profondeur; je soupçonne même qu'ils ont deux étages.

Parmi ces cinq pièces latérales, il y en a trois plus petites, et remarquables à cause de leur petitesse même; ce sont celles qui accompagnent de chaque côté le sanctuaire; on y entre par un corridor commun qui les en sépare, et dont l'entrée est dans la troisième salle du temple : mais ces pièces ne communiquent pas entre

---

[1] On remarque dans cette pièce un creux d'un pied de large et peu profond, pratiqué sur les quatre murs : peut-être en a-t-on arraché quelque plaque de métal.
[2] Douze à quinze pieds.

elles. Leur longueur est de 2^m,76 [1] de long sur 2^m,30 [2] de large. Il est difficile de conjecturer l'usage auquel ont pu servir des salles aussi étroites : j'en parlerai plus bas.

On montait autrefois à l'étage supérieur par un escalier placé de chaque côté de la troisième salle, et qui est à présent presque tout-à-fait encombré : on pouvait y arriver également par un puits creusé dans le massif de maçonnerie qui est situé entre l'escalier de droite et la seconde salle latérale ; on a fait dans le puits des entailles pour cet objet. Aujourd'hui l'on monte ordinairement par la face du temple exposée au midi, et qui est assez dégradée vers le milieu pour qu'on le fasse commodément. Quand on est en haut, on reconnaît d'abord que l'étage supérieur s'est écroulé en grande partie, et que les pierres de la terrasse supérieure, ayant succombé sous leur poids, ont mis cet étage à découvert. Quant aux parties de la terrasse qui sont conservées, elles sont encore couvertes d'une couche de ciment, aujourd'hui très-friable.

Le plan est à peu près le même que celui du rez-de-chaussée ; la seule salle remarquable est celle du fond, qui répond au-dessus du sanctuaire, et qui est découverte aujourd'hui comme les autres. On y trouve les restes de deux figures en bas-relief, de grandeur humaine, cachées presque jusqu'aux genoux par l'encombrement ; ce sont les seules figures qu'on voit aujourd'hui dans tout le temple. Celle de gauche, coiffée d'un bonnet de divinité, portant la croix à anse d'une main, et, de l'autre, le bâton à tête de gazelle, paraît, par sa

---

[1] Huit pieds trois pouces.   [2] Sept pieds quatre pouces.

tête oblongue, représenter Osiris à tête de bélier, autant qu'on peut en juger; car le visage est méconnaissable par les coups qu'il a reçus. Le vêtement est riche et analogue au costume que portent les figures de dieux à Denderah.

Celle de droite est beaucoup plus maltraitée : les assises du corps ont été brisées, et il ne reste de la partie supérieure que le dessus du bonnet. Un fragment de sa tête qu'on a retrouvé parmi les débris, et que j'ai rapproché à sa place, indique une figure humaine, coiffée d'un réseau; l'œil presque de face, dans cette figure qui est de profil, et l'élévation de l'oreille au-dessus du sourcil, démontrent le travail égyptien. Le milieu de ce bas-relief est enlevé, et l'on ne voit aucun vestige des bras dans ce qui en reste; mais il y a tout lieu de croire que c'était la figure d'un prêtre faisant une offrande au dieu Osiris. L'intervalle entre ces deux sculptures a été entièrement dégradé : cette partie placée au centre et renfoncée en forme de niche devait contenir probablement quelque figure capitale.

La salle offre encore un autre ornement, mais difficile à qualifier; c'est une petite colonne basse, appliquée sur chaque mur latéral, et dont l'extrémité supérieure porte une sorte de cannelure : ce qui en reste n'est qu'un fragment.

On voit, d'après cette description, qu'il y a peu de sculptures dans ce bâtiment : je n'y ai pas aperçu un seul hiéroglyphe, quoique Paul Lucas en suppose toutes les portes et les chambres remplies[1]. Ce voyageur n'a

---

[1] Paul Lucas, 3ᵉ *Voyage*, t. II.

pas moins exagéré le nombre des salles, assez grand pour un édifice de cette étendue, mais qui, en supposant quinze pièces tant au-dessus qu'au-dessous de l'étage inférieur, ne devait pas surpasser quarante-cinq, même en comptant les plus petites chambres comme les grandes[1].

Le Qasr-Qeroun est bâti d'une pierre calcaire assez dure, et susceptible même d'un certain poli. On la trouve dans un banc de rocher découvert à fleur de sable, qui commence à se voir à trois lieues de Nazleh; tout le sol environnant est de même nature, et il n'existe aucun marbre connu dans le pays.

Il me reste à faire remarquer de petites ouvertures oblongues et encadrées, qu'on aperçoit sur la face méridionale de l'édifice; elles ne pénètrent pas dans toute l'épaisseur de la muraille, et elles n'ont pu servir à éclai-

---

[1] Paul Lucas assure qu'il est entré dans plus de cent cinquante salles, toutes différentes de forme et de longueur, les unes carrées, les autres *triangulaires* et disposées irrégulièrement, au milieu de tant de contours, qu'il se fût perdu, dit-il, dans cet endroit dangereux, s'il n'eût employé plus de deux mille brasses de ficelle et répandu de la paille hachée sur sa route; encore n'a-t-il vu, ajoute-t-il, que la dixième partie des salles, dont les avenues ont dû se boucher par les décombres. On sent assez le ridicule de pareilles précautions dans la visite d'un bâtiment symétrique et peu étendu; il n'est pas nécessaire d'y insister. La description qu'en donne Paul Lucas, est, d'un bout à l'autre, aussi fausse que dans les passages qu'on vient de voir; il n'y a pas moins de fausseté dans les dessins, surtout dans celui de l'élévation, où le profil bizarre de l'entablement est tout-à-fait controuvé. L'étage supérieur y paraît composé, à perte de vue, d'une foule de portiques, de voûtes et galeries d'une proportion beaucoup moindre que le rez-de-chaussée, qui, par ce petit artifice, devient d'une grandeur prodigieuse. Il avance hardiment que les colonnes et toutes les salles, ainsi que les pièces souterraines, sont bâties en beau marbre blanc; et il ne fait qu'un reproche à Hérodote, c'est d'avoir dit, dans sa description du labyrinthe, qu'il était construit de pierres blanches.

rer l'intérieur : il serait difficile d'en déterminer l'usage. Pococke suppose que ce sont des vides restés par l'enlèvement des plaques de marbre qui s'y trouvaient; mais rien ne justifie cette hypothèse.

J'ai trouvé à deux cents pas, au nord-ouest, un autel qui a un mètre [1] de long, sur six décimètres [2]; sa hauteur n'est que de dix-huit centimètres [3] : tout autour, règnent un cordon et une petite frise ornée de feuillage; au milieu, il y a une tête humaine, vue de face, et portant deux cornes [4]; sur le dessus est un creux profond de huit centimètres [5], destiné apparemment aux libations des sacrifices. Il est cassé verticalement en deux parties, à la droite de la tête. Les dimensions de cet autel conviennent avec celles de l'enfoncement qui est au centre du sanctuaire du temple; mais il n'est pas possible d'affirmer qu'il lui ait appartenu.

On ne peut raisonnablement douter que cet édifice n'ait été un temple égyptien, puisqu'il porte tous les caractères de ceux qu'on retrouve dans la haute Égypte; il a, comme eux, ses murs extérieurs inclinés, ses corniches creusées en gorge, ses portes encadrées par des cordons, garnies du disque ailé et recouvertes d'une frise en serpens; il y a des joints obliques dans l'appareil, comme à Thèbes et à Philæ. Les corniches composées d'*ubœus*, les figures égyptiennes du premier étage, enfin

---

[1] Trois pieds.
[2] Environ deux pieds de large.
[3] Sept pouces.
[4] Voy. *A.*, vol. IV, pl. 70, fig. 16 à 18. *Les cornes n'ont pas été exprimées assez exactement sur la gravure* (fig. 17); *elles devaient être recourbées en dedans, à la hauteur des yeux. On a oublié aussi d'indiquer la cassure.*
[5] Trois pouces.

le fini et la délicatesse de la sculpture, ne laissent aucune incertitude. Ce qui porte surtout l'empreinte de la construction égyptienne, ce sont ces énormes pierres de huit mètres de longueur, dont les plafonds sont composés.

La première porte est la seule ouverture par où la lumière pénètre dans cet édifice, et l'obscurité va toujours en croissant jusqu'au fond : tout y annonce le caractère mystérieux du culte égyptien. On n'y voit pas d'hiéroglyphes ; mais en voit-on sur les pyramides, et sur plusieurs petits temples de Thèbes qui paraissent n'avoir pas été achevés ? Ces petits temples rappellent précisément, par leur façade et leur proportion, le Qasr-Qeroun[1]. Il est donc certain que ce temple est de construction égyptienne : mais l'époque de la construction n'est pas aussi facile à reconnaître que le style de l'architecture.

Hérodote rapporte que la divination n'était attribuée en Égypte qu'à de certains dieux, tels qu'Hercule, Apollon, Mars et Jupiter, et à quelques déesses, comme Minerve, Diane et Latone[2]. Le front du dieu représenté dans le bas-relief du premier étage, étant garni de deux cornes de belier, et la salle mystérieuse pouvant

---

[1] Une autre circonstance ferait à elle seule présumer que le temple appartient à l'antiquité égyptienne ; c'est le rapport exact de la hauteur du monument avec sa façade et sa longueur : ces trois dimensions, égales, comme je l'ai dit, à $9^m,47$, $18^m,8$ et $28^m,6$, sont entre elles comme les nombres 1, 2 et 3, à fort peu près. On sait quel soin mettaient les constructeurs égyptiens dans l'emploi de ces proportions harmoniques. *Voyez* les Descriptions des antiquités, et mon *Mém. sur le système métrique des anciens Égyptiens*, chap. IV, *A. M.*

[2] Herodot. *Hist.* l. II, cap. 183.

être considérée comme une chambre aux oracles, je crois (s'il est permis de faire une conjecture sur le culte du temple) qu'on ne s'écarterait pas beaucoup de la vérité, en supposant qu'on y adorait Jupiter-Ammon ou Osiris à tête de belier, et qu'on y rendait des oracles sous son nom. La position de l'édifice, à l'entrée du désert qui mène aux Oasis et au temple de Jupiter-Ammon, est sans doute un motif pour appuyer cette conjecture, et la figure du petit autel vient encore la confirmer.

Les pièces latérales dont j'ai parlé, n'étaient peut-être pas étrangères à un autre culte qu'on dit avoir été en usage dans la province d'Arsinoé, celui des crocodiles. Trois villes d'Égypte avaient le nom de *Crocodilopolis*: la première est la même qu'Arsinoé; la seconde était au-dessous d'Akhmym, et l'autre au-dessus d'Erment : il faut y joindre Coptos et Ombos. Plusieurs mythologues ont voulu expliquer ce culte bizarre, en supposant qu'il avait été fondé par les partisans de Typhon, qui croyaient que son ame avait passé dans le corps d'un crocodile. Au rapport d'Élien, ce culte avait été institué pour rendre des oracles [1]. Diodore et Étienne de Byzance nous en donnent une origine fabuleuse : ils rapportent que le roi Menès, par reconnaissance pour un crocodile qui l'avait sauvé de la poursuite de ses chiens, en le transportant de l'autre côté du lac de Mœris, bâtit près du lac une ville de ce nom; qu'il ordonna qu'on rendrait les honneurs divins aux crocodiles, et qu'il assigna un lac pour leur entretien. De Pauw fait une

[1] Ælian. *De animal.*

DU NOME ARSINOITE (QASR-QEROUN).

conjecture ingénieuse à ce sujet[1] : il remarque que Coptos, Arsinoé et Crocodilopolis seconde, étaient situées loin du Nil, sur des canaux; pour peu qu'on laissât boucher ces canaux, les crocodiles n'arrivaient plus : on était donc sûr, tant que le culte durerait, que les canaux seraient entretenus. Ombos est, à la vérité, sur le Nil même; ce que de Pauw ignorait : mais cela ne détruit pas l'explication, comme nous l'avons fait voir dans la description de cette ville. « Chez ces peuples, ajoute-t-il, le crocodile était l'emblème, non de Typhon, mais de l'eau amenée par les dérivations du Nil; et il devait être d'autant plus honoré dans le nome Arsinoïte, que l'existence de cette province dépendait toute entière de ces dérivations. » Le pays, en effet, serait inhabitable, si le canal de Joseph ne pouvait plus entrer dans le Fayoum. Aussi les habitans y rendaient-ils de grands honneurs au crocodile, au rapport de Strabon[2], qui nous apprend qu'il y était sacré, qu'on l'élevait à part dans un lac, et que, par les soins des prêtres, il devenait un animal privé. On l'appelait *Suchus*. On lui mettait des pendans d'oreille en or, et on lui attachait aux pieds de devant de petites chaînes ou bracelets; enfin un prêtre lui présentait en offrande des alimens préparés, qu'il avalait aussitôt, comme Strabon en a été le témoin.

Hérodote ajoute à ces détails[3], qu'on embaumait les crocodiles sacrés, et qu'on les déposait dans les souter-

---

[1] De Pauw, tom. v, pag. 147.
[2] *Voyez* le texte de Strabon, ci-après, n°. III.
[3] Herodot. *Hist.* l. II, cap. 148.

rains du labyrinthe. Il est possible que les chambres latérales du Qasr-Qeroun aient servi aussi à recevoir de jeunes crocodiles. Ce qui appuie cette conjecture, c'est la grande proximité du lac de Mœris, où l'on entretenait des crocodiles, suivant Hérodote et Strabon. Kircher cite un nom qobte du crocodile, qui est *pisuchi*, conforme à celui que lui donnent Strabon et d'autres auteurs[1]; mais, selon Hérodote, les crocodiles se nommaient, en égyptien, χάμψαι. Le vrai nom qobte *amsah*, ⲉⲙⲥⲁϩ est parfaitement d'accord avec celui d'Hérodote, et il est encore confirmé par celui de *Tachompso* ou *Metachompso*, que les auteurs donnent à une île située au-dessus de Syène, et où les crocodiles étaient en abondance[2].

Le portique de deux colonnes dont j'ai parlé en commençant, ne se retrouve dans aucun autre monument égyptien : on peut supposer avec beaucoup de vraisemblance qu'il a été ajouté après coup, ainsi que la demi-colonne plaquée sur la façade ; aussi bien le dé qui reste ne paraît pas de la même exécution que le temple. Ce qui me confirme dans cette opinion, c'est que les tronçons de colonne et toutes les pierres qui ont appartenu au portique, sont frappés d'une marque particulière, en forme de bout de flèche, et qui ne se voit pas sur celles du temple[3]. On remarque aussi sur une pierre, parmi les débris de la façade, une inscription grecque fort courte, ou du moins dont il reste à peine trois à quatre mots :

---

[1] Damascius, *Vit. Isidori*, apud Photium, *Bibl.* col. 1048. *Voyez* Jablonski, *Panth. Ægypt.* part. III, pag. 70.

[2] *Voyez* la Description d'Éléphantine, *A. D.*, chap. III, t. 1, pag. 212.

[3] *Voyez* pl. 70, fig. 11 et 12.

DU NOME ARSINOITE (QASR-QEROUN). 475

I....IL IC..H. MOTΘI..A..

Tout ce qu'on peut tirer de ce peu de vestiges, c'est qu'un particulier avait fait une offrande à la divinité égyptienne appelée *Thermuthis* :

........ΘEPMOTΘIΘEAI..

Ce nom est aussi celui d'un serpent consacré par la mythologie égyptienne. On pourrait encore proposer de lire ΦAPMOTΘI, nom d'un mois égyptien[1].

Je terminerai cette description par l'examen du nom que les Arabes donnent à cet édifice. Les deux manières de le prononcer et de l'orthographier lui donnent aussi deux sens différens. Le nom de *Qasr-Qeroun*, qui paraît le véritable, signifie *le palais cornu* ; et il est probable qu'il vient des quatre pointes avancées que forme, vers les angles, la corniche qui le couronne : en effet, le portique des ruines d'Antinoé a reçu des Arabes le nom d'*Abou-l-qeroun*, à cause des angles que forment les tailloirs de ses chapiteaux corinthiens.

Presque tous les voyageurs et les écrivains qui en ont parlé, ont adopté le nom de *Qasr Qâroun*[2], palais de Caron, apparemment à cause d'une fable des Arabes reçue dans le pays, fable d'ailleurs assez ridicule. Suivant les uns, un homme de ce nom s'établit sur les bords

---

[1] *Voyez* la pl. 56, *A.*, vol. v, et mon Mémoire sur les inscriptions anciennes recueillies en Égypte, *A. M.*

[2] قصر قارون

du lac, où il exigeait, à l'insu du prince, un tribut des parens qui allaient enterrer leurs morts de l'autre côté : il gagna de grandes richesses et construisit ce bâtiment. Suivant d'autres, *Caron* était le nom d'un homme chargé, d'après les lois du pays, de passer les corps à travers le lac de Mœris, pour qu'ils fussent ensuite déposés dans des catacombes placées au-delà [1]. Paul Lucas a imaginé l'existence d'un certain Caron, maître de cette partie de l'Égypte où il y avait, dit-il, plusieurs villes et trois mille villages, qu'il stérilisa en la couvrant de sables [2]. Il se demande ensuite si ce Caron ne serait pas celui des Grecs et des Latins. Jamais les auteurs grecs ou latins n'ont présenté Caron sous ce rapport. Au reste, quoique la fable du nautonnier infernal soit très-probablement d'origine égyptienne, je pense qu'on ne peut en chercher une preuve, comme l'ont fait quelques écrivains, dans le nom, mal prononcé, de cet édifice, qui d'ailleurs n'a jamais été un palais, ni un château, ainsi que l'appellent les Arabes [3].

Il faut donc s'en tenir au premier nom de *Qasr-Qeroun* [4], qui est conforme au génie de la langue arabe.

---

[1] Paul Lucas, 3ᵉ *Voyage*, t. II.

[2] Vansleb parle aussi d'un *seigneur Caron*, maître de tout le pays.

[3] Quelle probabilité y a-t-il que les Arabes aient conservé la tradition de cette fable, quand on sait qu'en général ils n'ont aucune notion des temps un peu reculés de l'Égypte ; que leurs auteurs attribuent la construction des pyramides, les uns à Nemrod, les autres à Giân ebn Giân, *souverain du monde avant Adam*, et que plusieurs bâtissent le Kaire six siècles avant le déluge ? On peut apprécier la tradition arabe sur Caron par ce qu'en dit un de leurs auteurs, qui le fait cousin-germain de Moïse. *Voyez*, dans les *Mémoires de l'Académie des inscriptions*, tom. III, page 6, un extrait des observations de Fourmont sur l'enfer poétique ; et la *Bibliothèque orient*. de d'Herbelot, p. 259 et 311.

[4] قصر قرون

DU NOME ARSINOITE (QASR-QEROUN).

Le lac du Fayoum, appelé *Birket-Qeroun*, aura pris naturellement le nom d'un édifice qui était près de ses bords; peut-être aussi le doit-il aux deux pointes en croissant que formaient ses extrémités.

SECTION III.

Description des ruines situées près de la pyramide d'Haouârah, considérées comme les restes du labyrinthe, et comparaison de ces ruines avec les récits des anciens;

Suivie de la description de la pyramide d'el-Lâhoun;

Par MM. JOMARD et CARISTIE.

Iʳᵉ PARTIE.

Description des lieux.

§. I. *Ruines situées auprès de la pyramide.*

A deux lieues environ de distance au sud-est de Medynet el-Fayoum, et à trois quarts de lieue au nord du canal de Joseph, s'élève un plateau très-étendu, dominant sur toute la province, et se prolongeant à l'est jusqu'en face d'el-Lâhoun, village situé à l'entrée de la gorge du Fayoum. C'est à l'angle sud-ouest de ce plateau, presque au nord du village d'Haouârah, qu'est bâtie une pyramide en briques cuites au soleil, semblable à celle d'el-Lâhoun, mais d'une plus grande dimension. Quand on se rend de Beny-Soueyf à Medynet el-Fayoum[1],

---

[1] Nous emploierons quelquefois, pour abréger, le nom de *Médine*, au lieu de *Medynet el-Fayoum*.

on passe au pied de celle-ci, et à quinze cents mètres de la première.

Des ruines considérables ont été découvertes au nord et à l'ouest de la pyramide d'Haouârah : ces ruines, par leur étendue, par leur position et par la nature des vestiges qui subsistent, appartiennent incontestablement au fameux labyrinthe; c'est ce que démontrera la description que nous allons en faire, comparée à celles qu'ont données les anciens. Ainsi sera résolue, nous l'espérons, la question si long-temps agitée de l'emplacement du labyrinthe : quant à la question du lac de Mœris, qui est liée avec la première, il a paru un mémoire sur ce sujet dans le tome 1 des *Mémoires d'antiquités*[1].

Déjà, dans le cours d'un premier voyage dans le Fayoum, en janvier 1799, plusieurs ingénieurs français avaient eu connaissance des grandes ruines et des blocs de granit qui sont auprès de la pyramide d'Haouârah[2]. On en avait donné une description succincte, et, d'après des combinaisons géographiques, on avait avancé que tel était l'emplacement du labyrinthe[3] : cette opinion a été confirmée entièrement par les observations ultérieures.

Le 10 nivôse an IX (31 décembre 1800), l'un de nous[4], accompagné d'un de ses collègues, en mission comme lui dans le Fayoum[5], se mit à la recherche des

---

[1] *Voyez* le Mémoire sur le lac de Mœris, tom. VI, *A. M.*

[2] MM. Bertre et Jomard en avaient fait connaître l'existence.

[3] Dans le Mémoire sur le lac de Mœris, lu à l'Institut du Kaire, le 8 octobre 1800, par M. Jomard.

[4] M. Caristie, ingénieur des ponts et chaussées.

[5] M. Martin, ingénieur des ponts et chaussées.

ruines. Les habitans et les Arabes, pleins de méfiance et de mauvaise volonté, avaient refusé de donner aux voyageurs aucune information; ceux-ci furent obligés de se diriger sans guide, et de parcourir le désert presque sans renseignemens et même sans escorte : livrés à eux-mêmes, ils firent assez long-temps de vaines recherches; enfin ils découvrirent les ruines et parvinrent heureusement à leur but, malgré des circonstances aussi défavorables.

A environ sept mille cinq cents mètres de Médine, se trouve la grande excavation qui a été décrite dans la 1re section de ce chapitre, et qui ressemble à un canal d'une prodigieuse largeur : les deux voyageurs y descendirent, et la parcoururent du midi au nord; ensuite ils se dirigèrent, en traversant des sables mouvans, sur la grande pyramide d'Haouârah, qu'ils avaient en face. Arrivés au sommet du plateau où s'élève cette pyramide, ils virent tout-à-coup les immenses ruines dont il est couvert.

La position de cet édifice, et la vue dont on jouit de dessus le plateau, sont admirables. En effet, on ne peut se lasser de contempler les riantes campagnes du Fayoum, arrosées de mille canaux qui y entretiennent une perpétuelle fraîcheur, et dont l'aspect contraste avec les déserts de la Libye. On ne pouvait choisir une position plus heureuse pour élever le labyrinthe, l'un des ouvrages les plus imposans qu'ait produits l'art des Égyptiens.

L'aspect que présentent ces vestiges au premier coup d'œil, est celui d'un parallélogramme : sur ses deux grands côtés et sur le côté du nord, sont les débris d'une enceinte; il est ouvert du côté du sud. On aperçoit partout des amas de ruines en pierres de taille, de matériaux jetés confusément les uns sur les autres et probablement ensevelis sous les sables pour la plus grande partie [1]. En pénétrant à travers ces débris, on y rencontre des fragmens de murailles renversées. Le mur de l'enceinte de l'édifice, du côté de la pyramide, et quelques-unes des espèces de tourelles dont ce mur était flanqué extérieurement, sont ce qu'il y a de mieux conservé aujourd'hui.

Ces petites tours ont environ six mètres en carré; ce qui reste de celle qui est la plus près de la pyramide, ne s'élève pas à plus de deux mètres au-dessus du sol. Elles ont été construites en pierres de taille d'un grain très-fin [2]. Les paremens de ces pierres n'ont subi aucune altération sensible par le temps; ce qui fait conjecturer que le monument a été détruit par la main des hommes, comme on le sait d'ailleurs par l'histoire.

Feu M. Malus, qui s'est rendu de Beny-Soueyf à ces ruines, à plusieurs reprises, y a fait faire des fouilles. Il a trouvé, aux environs, des chambres taillées dans le rocher, et différentes constructions ruinées. La plus grande partie des salles souterraines sont encombrées de sables et de matériaux.

[1] D'après le rapport de feu M. Malus. *Voyez* ci-après, note 1, p. 483.
[2] Pour la finesse du grain, on peut les comparer à celles de Tonnerre en Bourgogne.

§. II. *Pyramide d'Haouârah.*

C'est sur le même plateau, vers l'angle sud-est des ruines et à leur extrémité, que s'élève la grande pyramide dont nous avons parlé. Elle est construite en briques crues ou cuites au soleil : chacun des côtés a cent dix mètres de longueur, mesuré à la base; la hauteur perpendiculaire est d'environ soixante mètres. Cette pyramide est bien conservée, à l'exception de son sommet, qui est un peu émoussé. Les quatre arêtes sont soutenues à leur partie inférieure par des chaînes en pierres de taille, formant alternativement carreau et boutisse, et qui ne s'élèvent pas à plus de trois mètres au-dessus du sol. Nous pensons qu'elles n'ont été incrustées dans ce monument qu'après coup, pour sa plus grande conservation[1]. Les paremens des briques employées dans la construction de la pyramide suivent tous l'inclinaison de ses faces; la longueur de ces paremens est de quarante-huit centimètres sur vingt-un de hauteur. Les briques ont été faites avec de l'argile mélangée d'un peu de paille hachée, et travaillée ensuite avec de la chaux, pour rendre l'agrégation de toutes ses parties plus complète; ce dont nous nous sommes assurés en en brisant quelques-unes[2].

M. Malus a visité aussi la grande pyramide d'Haouârah; il a même rapporté qu'il y avait pénétré, et qu'il était parvenu dans l'intérieur par un canal qui lui a paru

---

[1] *Voyez* la pl. 72, fig. 1.
[2] *Voyez* les Observations de M. Martin sur la province du Fayoum.

revêtu en pierre, ou bien creusé dans le roc : au fond, il a trouvé une source d'eau très-salée, avec une excavation pratiquée en forme de sarcophage [1].

§. III. *Restes d'un temple au sud de la pyramide d'Haouârah.*

En descendant de dessus le plateau, vers le côté de l'ouest, on se trouve sur un terrain qui forme un glacis naturel, dont la pente, d'abord très-forte dans sa partie supérieure, finit par être presque insensible à la base. Au pied du glacis, on voit une nouvelle enceinte, dont le sol est inférieur au plateau d'environ quinze mètres; cette enceinte est formée par la réunion de seize monceaux de décombres, rangés symétriquement : au centre, s'élevait un édifice que nous croyons avoir été un temple, et dont les colonnes sont encore gisantes sur la place et réduites en débris.

Six des monceaux forment l'enceinte du côté de l'est; un égal nombre est en regard à l'ouest; les quatre autres sont au midi. Nous les avons tous examinés avec attention, pour voir si nous n'y découvririons pas quelques portions de mur ou de construction encore existantes; mais nous n'avons rien trouvé de semblable. Les débris

---

[1] M. Malus comparait la forme de cette cavité à celle d'une baignoire. Les renseignemens précédens ont été fournis à M. Jomard par cet habile géomètre peu de temps après son retour en France; depuis, une mort précoce l'a enlevé aux sciences et à l'amitié.

On pourrait douter de l'existence d'une source en cet endroit : au reste, M. Martin a trouvé de l'eau très-salée au fond d'un souterrain en maçonnerie, conduisant à l'intérieur du bâtiment.

du péristyle de l'édifice ne permettent pas d'en deviner la disposition. Il paraît que le péristyle était orné de huit à dix colonnes; aujourd'hui les fûts sont ruinés et couchés à côté de leurs bases.

Les fragmens des colonnes sont en granit syénitique: ces débris ressemblent à des tronçons mutilés. Les colonnes étaient ornées de côtes, semblables à celles du temple du sud à Éléphantine; la partie inférieure est en cône tronqué. Parmi les débris, on aperçoit encore les chapiteaux. Nous regrettons de n'avoir pu mesurer avec précision les différentes parties de ces colonnes.

La seconde enceinte, comparée à celle qui est sur le plateau, est de beaucoup plus petite; son sol est parfaitement uni. Au-delà, toujours dans la direction de l'ouest, le terrain va en descendant jusqu'à la rencontre de la grande excavation.

On voit, par la description qui précède, que de l'enceinte du temple on pouvait communiquer de plain pied avec les souterrains pratiqués sous la pyramide et sous le grand monument.

Toutes les pierres qui ont servi à la construction des édifices, sont susceptibles d'un certain poli; leur grain, comme on l'a dit, est d'une grande finesse, et l'on conçoit qu'à une certaine distance on a pu prendre ces pierres pour du marbre.

Quant à l'étendue générale des ruines, nous n'avons qu'une mesure approximative; cependant nous pouvons assurer qu'elles couvrent un espace de plus de trois cents mètres de longueur, sur environ cent cinquante de largeur. Les renseignemens donnés par feu M. Malus s'accordent pour faire regarder ces débris comme occupant un espace considérable, et l'ensemble des ruines comme très-imposant.

En parcourant ce lieu pour la dernière fois, nous remarquâmes une très-grande quantité de crânes et d'autres ossemens humains d'une éclatante blancheur : ces ossemens ne remontent pas à la haute antiquité ; ce sont probablement les restes des cadavres de quelques Arabes des tribus voisines.

La distance comprise entre la pyramide et les ruines de l'ancienne Arsinoé ou *Crocodilopolis*, au point le plus rapproché, est, d'après la mesure trigonométrique, de sept mille quatre cent cinquante mètres.

SECONDE PARTIE.

Comparaison des ruines avec les descriptions du labyrinthe.

§. I. *Observations préliminaires sur l'emplacement du lac de Mœris.*

Nous venons de donner une description succincte de tous les vestiges de constructions égyptiennes situés dans ce local ; nous allons maintenant comparer l'enceinte, le temple et la pyramide, tels que nous venons de les décrire, avec les récits des anciens au sujet du fameux labyrinthe. Au lieu de citer tous les auteurs de suite, nous ferons, pour chacun d'eux, le rapprochement des passages avec le local actuel : mais, comme la situation du labyrinthe est liée avec celle du lac de Mœris, et que rarement ils sont séparés dans les auteurs, nous allons d'abord rappeler en peu de mots ce que l'on peut regarder comme certain sur l'emplacement de ce lac fameux dans l'antiquité.

Tous les auteurs s'accordent pour reconnaître que le lac de Mœris était d'une très-grande étendue, et qu'il était placé dans le nome Crocodilopolite, à peu de distance de la ville de *Crocodilopolis* ou Arsinoé; le grand lac qui subsiste encore aujourd'hui dans le Fayoum, est donc le reste du lac de Mœris. Les preuves de cette opinion ont été données ailleurs [1], et l'on a fait voir que ces deux lacs convenaient ensemble pour l'emplacement, la forme et l'étendue; que la position géographique de l'un et de l'autre était la même; enfin qu'Hérodote, Diodore de Sicile, Strabon, Pline, Ptolémée, Étienne de Byzance, et les autres écrivains de l'antiquité, étaient conciliés sans peine, lorsqu'on adoptait cette opinion. Mais nous avons aussi reconnu que le Bahr Belâ-mâ, cet immense ravin qui, d'Haouârah, se dirige au nord et tombe dans le lac à Tâmyeh, faisait, en quelque sorte, partie du lac de Mœris [2]. Il convient d'insister ici sur le dernier point.

On croit avoir établi, avec toute l'évidence que peuvent comporter les discussions de géographie ancienne,

[1] *Voyez* le Mémoire sur le lac de Mœris, par M. Jomard, t. VI, *A. M.*
[2] *Voyez* le mémoire ci-dessus.

la concordance du lac de Mœris proprement dit, avec le Birket-Qeroun, qui offre et peut seul offrir, dans toute l'Égypte, l'étendue et le gisement du premier. La seule incertitude qui pourrait demeurer, quand on compare superficiellement le local actuel avec le récit des historiens, consisterait dans la difficulté qu'il y a d'admettre qu'un lac aussi étendu soit l'ouvrage de la main des hommes. Comment concevoir que la puissance égyptienne, ou quelque autre que ce soit, ait jamais suffi à une dépense ou disposé d'une population telles que celles que supposeraient l'excavation et le transport de trois cent vingt milliards de mètres cubes de terre ou de roche[1]? Il faut un examen plus approfondi du local pour éclaircir cette difficulté; elle s'évanouit, lorsque l'on considère ce vaste canal qui se porte d'Haouârah à Tâmyeh, appelé aujourd'hui *Bahr Belâ-mâ* (*mer ou rivière sans eau*). Ce canal établissait la communication entre la branche dérivée du Nil et le grand lac. Par sa prodigieuse largeur, il pouvait passer pour être luimême une partie du lac de Mœris, dont il est, en effet, la tête et l'appendice : or, il suffit de l'avoir vu pour reconnaître qu'il est l'ouvrage des hommes. La description qu'on en a donnée plus haut[2], démontre qu'il a été creusé; sa profondeur, sa forme, sa direction, la destination même qu'il remplit encore aujourd'hui, ne laissent sur ce point aucun nuage : c'est donc là qu'il faut chercher l'application du passage d'Hérodote et des autres témoignages de l'antiquité, qui attestent que le

---

[1] *Voyez* le Mémoire sur le lac de Mœris, par M. Jomard, t. VI, *A. M.*
[2] *Voyez* ci-dessus, p. 449 et 480.

lac avait été formé de main d'homme. On avait creusé le canal entre le Nil et le lac du nome Arsinoïte, et peut-être le lac lui-même aux embouchures des canaux qui s'y versent; et ce travail, déjà fort considérable, avait fait dire que le lac lui-même était tout entier l'ouvrage des hommes. Il est certain que les eaux du Nil n'y étaient parvenues, que le lac d'eau douce n'avait été formé, que par l'excavation de cette vaste branche. L'explication est palpable; et ce qui la rend plus sensible encore, est un autre passage d'Hérodote qui offre en apparence une assez grande objection, tandis que cette difficulté vient, au contraire, à l'appui de notre sentiment, et se tourne elle-même en preuve. Le lac de Mœris, dit-il, est dirigé du nord au midi [1]. Telle n'est pas la direction du Birket-Qeroun, qui se porte de l'est à l'ouest-sud-ouest; mais cette branche qui va d'Haouârah à Tâmyeh, se dirige en effet du midi au nord. Il est donc évident que l'historien désignait cette partie du lac. Ce qui achève de dissiper l'obscurité, c'est que plus bas il ajoute que le lac se dirigeait à l'occident dans l'intérieur de la contrée, le long de la montagne libyque [2].

Il n'est pas certain qu'Hérodote ait visité le grand lac; mais la partie qu'il avait vue auprès du labyrinthe, ou *la grande Fosse* [3], se dirigeait et se dirige encore aujourd'hui du midi au nord.

---

[1] Κέεται δὲ μακρὴ ἡ λίμνη πρὸς βορέην τε καὶ νότον. (Herodot. *Hist.* lib. II, cap. 149.)

[2] Τετραμμένη τὸ πρὸς ἑσπέρην ἐς τὴν μεσόγαιαν παρὰ τὸ ὄρος τὸ ὑπὲρ Μέμφιος. *Voyez* le Mémoire sur le lac de Mœris.

[3] *Fossa grandis*, dit Pline, *Hist. nat.* liv. XXXVI, ch. 16.

Il faut donc, en quelque sorte, diviser en deux parties le lac de Mœris des anciens : l'une, l'immense dépôt d'eaux qui existait au pied de la chaîne libyque, au fond du nome Arsinoïte; l'autre, le large et vaste canal qui communiquait avec la branche du Nil appelée aujourd'hui *Bahr-Yousef;* branche qu'on avait introduite dans cette préfecture, en creusant la montagne qui empêchait les eaux d'y pénétrer.

Diodore de Sicile décrit parfaitement le grand canal, en disant qu'il avait quatre-vingts stades de long et trois plèthres de large, et qu'il servait de communication entre le Nil et le lac de Mœris. En effet, comme on l'a vu, le Bahr Belâ-mâ a environ trois cents pieds ou cent mètres de large, et l'on trouve à peu près quinze mille mètres de longueur (ou quatre-vingts grands stades d'Égypte), mesurés perpendiculairement, entre l'ancienne limite du lac et la tête de ce canal [1].

Strabon, qui ne dit point qu'on eût creusé le lac de Mœris de main d'homme, n'avait en vue que le lac proprement dit [2].

Pomponius Mela, au contraire, ne parle que du canal [3]; en disant que le lac avait été une ancienne campagne, *olim campus*. En effet, la fosse avait été pratiquée à travers une plaine cultivable, tandis que le lac était et est encore situé dans un terrain aride et sec : or, ces dernières expressions sont celles-là même d'Hérodote [4].

---

[1] *Voyez* le Mémoire sur le système métrique des anciens Égyptiens, *Ant. Mém*

[2] Strab. *Geogr.* lib. xvii. *Voyez* ci-après, le texte n°. iii.

[3] Pomponius Mela, *De situ orbis*. lib. i, cap. 9.

[4] Ἄνυδρος γὰρ δὴ δεινῶς ἐστι ταύτῃ.

CH. XVII, DESCRIPTION

L'étendue que Pomponius Mela donne au lac, n'est que de vingt milles de circonférence : ces vingt milles pourraient s'appliquer à quelque partie du Bahr Belâ-mâ ; mais cette correspondance est peu certaine [1]. Le lac lui-même avait de tour dix-huit cents petits stades, ou plus de cent vingt milles [2].

Ainsi, parmi les auteurs, les uns parlent du lac, les autres de la fosse, et quelques-uns de l'un et de l'autre à-la-fois : mais il ne reste aucune contradiction, après que tous les passages ont été comparés entre eux et avec les localités.

Une question importante à examiner, mais que le lieu ne permet pas d'approfondir, est celle des avantages qu'on retirait du lac de Mœris pour l'aménagement des terres. Dans le mémoire cité plus haut, on a montré que les auteurs étaient unanimes sur la double propriété dont jouissait cet immense bassin : l'une, de recevoir les eaux superflues et de débarrasser ainsi le pays supérieur ; l'autre, de servir de réservoir pour arroser une partie de l'Égypte, durant les faibles inondations. Le premier

---

[1] Vingt milles romains équivalent à vingt-neuf mille cinq cents mètres environ.

[2] Mutien dit *quatre cent cinquante milles romains*, parce qu'il avait réduit le compte de trois mille six cents stades sur le pied de huit au mille. Pline porte à deux cent cinquante milles ce périmètre ; ce qui est un peu plus que le double de l'étendue réelle, apparemment parce qu'il avait tiré ce nombre d'un calcul de trois mille six cents petits stades, qui répondent à deux cent quarante-trois milles romains, ou, si l'on veut, deux cent cinquante en nombre rond.

Dans le Mémoire sur le lac de Mœris, cité plus haut, M. Jomard a fait voir que ces dix-huit cents stades, grandeur réelle du lac, répondent aux trois mille six cents d'Hérodote et de Diodore, par la raison qu'il existait une espèce de schœne de trente stades et un grand schœne de soixante ; le petit schœne a été confondu avec le grand, et un stade avec l'autre.

DU NOME ARSINOÏTE (LABYRINTHE).

point ne souffre aucune difficulté : en ouvrant les digues et les barrières, il était facile d'amener dans le lac du nome Arsinoïte les eaux surabondantes, qui auraient empêché l'ensemencement des terres. L'Heptanomide, presque toute entière, avait par ce moyen ses récoltes assurées tous les ans, à moins que la crue ne fût par trop petite. Il reste à expliquer comment ce lac pouvait, comme le dit Strabon, rendre, par les deux embouchures d'un canal, l'eau qui s'était amoncelée dans son bassin. En effet, il y a une chute au point d'el-Lâhoun, et ce point est plus élevé que le lac. Mais le sol d'el-Lâhoun, comme tous les points de la vallée, est beaucoup plus haut qu'autrefois ; en second lieu, le niveau de l'inondation, qui diffère tant de celui des basses eaux, se soutenait dans le lac, et surtout dans le vaste canal de jonction, au moyen des digues, des levées et des barrières, à la hauteur des terres de *Ptolemaïs*, point qui correspond à el-Lâhoun et qui était lui-même plus élevé que la plaine voisine. Ces digues et ces ouvrages d'art ont disparu aujourd'hui, ou sont remplacés par des constructions modernes qui ne peuvent représenter l'état ancien ; mais on ne peut douter, d'après le témoignage d'Hérodote, que les eaux ne fussent conduites, pendant le bas Nil, sur des terres inférieures. Ces terres ne peuvent être que celles de la préfecture de Memphis ; car les eaux, selon cet historien, coulaient six mois dans le lac et six mois dans le Nil. Dans le Mémoire sur le lac de Mœris [1], on a fait voir que ces deux périodes se rapportent à la durée de la crue du fleuve et à celle de son

---

[1] *Voyez* tom. VI, *A. M.*

décroissement. On y a exposé aussi, avec plus de détail qu'on ne peut le faire ici, tout ce qui regarde cette importante destination du lac de Mœris, qui excita justement l'admiration de l'antiquité toute entière, et dont on ne saurait, dit Diodore de Sicile, célébrer dignement l'auteur et les bienfaits.

§. II. *Emplacement du labyrinthe.*

Nous pouvons maintenant aborder la recherche de l'emplacement du fameux labyrinthe, en rapportant d'abord les récits des historiens, et commençant par celui d'Hérodote. Afin de ne pas morceler les descriptions des auteurs, nous les citerons ici en entier, au lieu de nous borner à ce qui regarde la position géographique du labyrinthe.

« Ils voulurent aussi (les douze rois) laisser, à frais communs, un monument à la postérité. Cette résolution prise, ils firent construire un labyrinthe un peu au-dessus du lac de Mœris, et assez près de la ville des Crocodiles. J'ai vu ce bâtiment, et l'ai trouvé au-dessus de toute expression. Tous les ouvrages, tous les édifices des Grecs, ne peuvent lui être comparés, ni du côté du travail, ni du côté de la dépense; ils lui sont de beaucoup inférieurs. Les temples d'Éphèse et de Samos méritent sans doute d'être admirés; mais les pyramides sont au-dessus de tout ce qu'on peut en dire, et chacune en particulier peut entrer en parallèle avec plusieurs des plus grand édifices de la Grèce. Le labyrinthe l'emporte même sur les pyramides. Il est composé de douze cours couvertes, dont les portes sont à l'opposite l'une

DU NOME ARSINOITE (LABYRINTHE).

de l'autre, six au nord et six au sud, toutes contiguës; une même enceinte de murailles, qui règne en dehors, les renferme : les appartemens en sont doubles; il y en a quinze cents sous terre, quinze cents au-dessus, trois mille en tout. J'ai visité les appartemens d'en haut; je les ai parcourus : ainsi j'en parle avec certitude et comme témoin oculaire. Quant aux appartemens souterrains, je ne sais que ce qu'on m'en a dit. Les Égyptiens, gouverneurs du labyrinthe, ne permirent point qu'on me les montrât, parce qu'ils servaient, me dirent-ils, de sépulture aux crocodiles sacrés, et aux rois qui ont fait bâtir entièrement cet édifice. Je ne parle donc des logemens souterrains que sur le rapport d'autrui : quant à ceux d'en haut, je les ai vus, et les regarde comme ce que les hommes ont jamais fait de plus grand. On ne peut, en effet, se lasser d'admirer la variété des issues des différens corps de logis, et des détours par lesquels on se rend aux cours, après avoir passé par une multitude de chambres qui aboutissent à des portiques : ceux-ci conduisent à d'autres corps de logis, dont il faut traverser les chambres pour entrer dans d'autres cours. Le toit de toutes ces pièces est de pierre, ainsi que les murs, qui sont partout décorés de figures en bas-relief. Autour de chaque cour règne une colonnade de pierres blanches, parfaitement jointes ensemble. A l'angle où finit le labyrinthe, s'élève une pyramide de quarante orgyes, sur laquelle on a sculpté en grand des figures d'animaux. On s'y rend par un souterrain[1]. »

---

[1] Hérod. *Hist.* liv. II, chap. 148, traduction de Larcher. *Voyez* les textes cités à la fin de cette description, nº. I.

L'emplacement du labyrinthe est fixé par la première et par la dernière phrases de la description d'Hérodote : c'est, dit-il, *un peu au-dessus* du lac, et assez près de *Crocodilopolis*, qu'il était situé ; et tout auprès on avait bâti une pyramide. Or, si l'on cherche dans la province d'Arsinoé de grandes ruines qui soient tout ensemble à une médiocre distance de cette ville, auprès du lac, et contiguës à une pyramide, on s'arrêtera nécessairement au lieu que nous avons désigné, qui est contigu à la pyramide d'Haouârah, et où se trouvent des ruines qui ont près de mille pieds d'étendue. Hérodote entendait visiblement ici la grande fosse qui était la première partie du lac de Mœris : le lecteur se souviendra que du plateau où sont les ruines dont nous avons parlé, on *descend* vers l'ouest, pour trouver cette grande branche du lac.

Diodore de Sicile s'exprime ainsi dans quatre passages de son second livre :

« Les Égyptiens, ayant recouvré leur liberté après la mort d'Actisanès, élurent un roi de leur nation nommé *Mendès*, que quelques-uns appellent *Marrus*. Celui-ci n'entreprit aucune expédition militaire ; mais il se fit un tombeau connu sous le nom de *Labyrinthe*. Cet ouvrage est moins considérable par sa grandeur immense que par l'artifice inimitable dont il est construit ; car, lorsqu'on y est entré, il est comme impossible d'en sortir sans le secours d'un guide qui en sache parfaitement les détours. Quelques-uns disent que Dédale étant venu en Égypte, et ayant admiré cet édifice, en fit pour le roi Minos, en l'île de Crète, un semblable à

DU NOME ARSINOITE (LABYRINTHE).

celui de Mendès; et les poëtes ont ajouté qu'il avait servi de demeure au Minotaure. Mais le labyrinthe de Crète ne paraît plus, soit que quelque roi l'ait renversé, soit que le temps l'ait détruit; au lieu que celui d'Égypte subsiste encore dans son entier [1]. »

Quoique le second passage de Diodore ne renferme pas le nom de *labyrinthe*, cependant nous allons le citer, parce que le monument décrit s'y rapporte nécessairement, soit par sa position, soit par son étendue, et parce que l'auteur l'attribue aux douze rois qui, suivant Hérodote, avaient élevé ou achevé le labyrinthe.

« Ayant régné quinze ans dans une grande concorde, ils entreprirent de se bâtir un tombeau commun, afin qu'étant associés aux mêmes honneurs dans la sépulture, comme ils l'avaient été dans la royauté, ce monument rendît à la postérité un témoignage glorieux d'une union si rare. Ils s'efforcèrent de surpasser dans cet ouvrage tous leurs prédécesseurs. Ayant choisi un terrain convenable vers l'entrée du lac Mœris dans la Libye, ils y dressèrent un tombeau de pierres choisies : c'était un carré dont chaque côté avait un stade de longueur. On n'a pas depuis porté plus loin l'adresse du ciseau et la beauté de la sculpture. Dès qu'on a passé la porte, on voit un palais dont chacun des quatre côtés était orné de quarante colonnes. Une seule pierre servait de plafond à tout l'édifice : on voit gravé au-dessous des étables et d'autres bâtimens. On y voit peintes aussi,

---

[1] Diodore de Sicile, traduction de l'abbé Terrasson, liv. 1, §. 61. Ce que cette traduction a de défectueux, sera corrigé par le texte n°. 11, que j'ai cité plus bas.

avec un grand art, les villes où était né chacun de ces rois, avec les sacrifices et les autres cérémonies qu'on y faisait en l'honneur des dieux. En un mot, le dessein de l'ouvrage était d'une telle magnificence, et l'exécution était si parfaite dans ce qu'on avait commencé, que si ces rois ne se fussent séparés avant la fin de leur entreprise, l'Égypte n'aurait rien eu de comparable; mais, après la quinzième année de leur règne, la suprême puissance fut dévolue à un seul, à l'occasion que je vais dire [1]. »

Le troisième passage de cet écrivain donne au labyrinthe Menès pour auteur.

« Menès fit dresser son tombeau dans le même lieu [2] et une pyramide à quatre faces, et y fit faire ce labyrinthe qu'on admire encore [3]. »

Enfin, dans le dernier endroit comme dans le premier, c'est du temps de Mendès ou Marrus qu'il aurait été exécuté.

« Dédale a imité, dans la Crète, le labyrinthe d'Égypte, qui subsiste encore aujourd'hui, quoiqu'il ait été bâti sous le roi Mendès, ou, comme d'autres le croient, sous le roi Marrus, bien des années avant Minos [4]. »

Nous ne nous arrêterons pas ici à la discussion qui s'est élevée entre les savans, sur le nombre des labyrinthes qui ont existé en Égypte; c'est sans preuve qu'on a soutenu qu'il en avait été bâti plusieurs. Dans une

---

[1] Diodore de Sicile, §. 66, p. 76. *Voyez* le texte n°. 11.
[2] Auprès de la ville des Crocodiles et du lac de Mœris.
[3] Diodore de Sicile, liv. 1, §. 89, pag. 100. Peut-être Diodore voulait-il dire *Mendès* au lieu de *Menès*.
[4] *Ibid.* §. 97, pag. 109.

DU NOME ARSINOITE (LABYRINTHE).

dissertation sur le lac de Mœris, Gibert a démontré avec évidence qu'il n'y en avait jamais eu qu'un seul [1], et le traducteur d'Hérodote l'a aussi prouvé clairement [2]. Le nombre des princes que nomment les historiens, n'est point un motif pour compter autant de monumens. Le P. Sicard, d'Anville, et les auteurs anglais d'une Histoire universelle, ont donc supposé trop légèrement l'existence de plusieurs bâtimens semblables. Il y a assez de merveilles réunies dans un seul labyrinthe, pour ne point multiplier sans nécessité le nombre de ces édifices.

Nous ferons seulement remarquer qu'il résulte clairement de tous ces passages de Diodore, comparés ensemble, que l'édifice était dans la Libye, vers l'entrée du lac de Mœris, c'est-à-dire vers le point où le canal se jette dans le lac; qu'il avait un stade, et qu'il y avait dans le même lieu une pyramide à quatre faces. Cette position ne coïncide-t-elle pas parfaitement avec celle que nous avons indiquée?

Nous devons à Strabon d'avoir assigné des distances plus précises, pour fixer la place qu'occupait le labyrinthe. Voici sa description entière:

« Dans cet endroit [3] se trouvent le bâtiment du labyrinthe, ouvrage comparable aux pyramides, et tout auprès le tombeau du roi qui l'a construit. Le lieu où il est situé ressemble à un vaste plateau : on y arrive en s'avançant *de trente ou quarante* stades plus loin que la

---

[1] *Mém. de l'Acad. des inscriptions*, tom. XXVIII, pag. 241.
[2] Larcher, *traduction d'Hérod.*, tom. II, pag. 472.
[3] L'auteur vient de parler des deux embouchures du canal qui se jette dans le lac de Mœris.

première entrée dans le canal¹. Il s'y trouve une bourgade, et un grand palais appartenant à autant de princes qu'il y avait jadis de préfectures. En effet, il y a un égal nombre de cours en péristyle, toutes contiguës, sur un seul rang et sous une même enceinte². Les chemins qui y conduisent sont à l'opposé de la muraille. En avant des entrées, il y a une multitude de cryptes d'une grande étendue, ayant des routes tortueuses et qui se coupent les unes les autres; tellement que, sans guide, nul étranger ne pourrait découvrir l'entrée ou l'issue des cours. Ce qui est admirable, c'est que les toits de chaque appartement sont monolithes; les cryptes sont également couvertes, dans leur largeur, de plates-formes d'un seul bloc et d'une grandeur énorme. Aucune espèce de bois n'a été employée dans la construction. Si l'on monte sur la terrasse, qui n'est pas d'une grande hauteur (le bâtiment n'ayant qu'un étage), on voit comme une campagne de pierres, formée par ces pierres gigantesques. Ensuite, en considérant de là les cours ou péristyles, on en compte vingt-sept, soutenus par des colonnes monolithes. A l'extrémité de l'édifice, qui occupe plus d'un stade, il existe un tombeau en forme de pyramide quadrangulaire, ayant ses faces et sa hauteur d'environ quatre plèthres; *Imandès* est le nom du roi qui y est enseveli. On rapporte que ces péristyles ont été construits au nombre de vingt-sept, parce que les députés de tous les nomes avaient coutume de s'y rassem-

¹ *Voyez* ci-dessous, pag. 499, la note ³.

² La version latine est, dans cet endroit, inintelligible. Il paraît que le grec a été altéré; au lieu de ὡς ἀντὶ τείχους μικροῦ, un manuscrit porte, selon Casaubon, οἷς ἂν τείχους. *Voyez* le texte ci-après, n°. III.

DU NOME ARSINOÏTE (LABYRINTHE). 499

bler. On servait un repas aux prêtres et aux prêtresses; on faisait un sacrifice aux dieux, et l'on jugeait les affaires les plus importantes. La députation de chaque nome se rendait ensuite dans le péristyle qui lui était réservé. En naviguant au-dessous de cet endroit, dans un espace de *cent* stades, on trouve la ville d'Arsinoé: elle s'appelait jadis *la ville des Crocodiles*. En effet, dans ce nome, on honore le crocodile d'une manière particulière : cet animal y est regardé comme sacré; il est nourri dans un lac séparé, et il se laisse apprivoiser par les prêtres : on le nomme *Suchus*[1]. »

Si l'on rapproche de ce passage de Strabon la description du local actuel, et qu'on le compare avec la carte du Fayoum, on trouvera sans équivoque la position du labyrinthe. En effet, que l'on prenne deux ouvertures de compas, l'une de cent stades[2] à partir des ruines d'Arsinoé, mais du point le plus *septentrional* des ruines, et l'autre de trente-cinq stades et depuis la tête du Bahr Belâ-mâ[3], l'intersection tombera juste sur l'emplacement des ruines que nous avons décrites au-

---

[1] Strabon, *Géogr.* l. XVII. Voyez le texte ci-après, n°. III, et ci-dessus, pag. 473.

[2] Il s'agit de la même espèce de stades dont Strabon a fait usage dans la distance de Philæ à Syène, qui était également de cent stades: cette mesure fait à peu près dix mille mètres. Consultez la carte topographique de l'Égypte, et la pl. 6, *État moderne*. Il n'y a que sept mille quatre cent cinquante mètres du même point à la partie *sud* des ruines.

[3] Strabon dit *trente ou quarante* stades. Quant au point de départ, nous avons fait remarquer que la tête du Bahr Belâ-mâ est le point où le Nil dérivé entrait dans le lac de Mœris. Il y a dans le grec, κατὰ τὸν πρῶτον εἴσπλουν τὸν εἰς διώρυγα. On ne peut rendre ces mots littéralement; εἴσπλους, signifie proprement *ingressus navigantis*; le sens est que l'on s'avance de trente ou quarante stades dans la direction de la première branche par laquelle on navigue du lac dans le canal. Cette branche est le *Bahr Belâ-mâ*.

près de la pyramide d'Haouârah. Ce point se trouve aussi, comme le demande Strabon, *au-dessus* de la ville d'Arsinoé, et non *au-dessous*, direction suivant laquelle Gibert avait imaginé mal-à-propos qu'il fallait chercher le labyrinthe[1]. Ajoutons que l'auteur place une pyramide à l'extrémité de l'édifice, comme Hérodote et Diodore, et qu'on la voit encore aujourd'hui. Nous passons à la description de Pline; voici la traduction des quatre passages où il parle du labyrinthe d'Égypte :

« Après *Heracleopolis*, viennent Arsinoé et Memphis. Entre Memphis et le nome Arsinoïte, et touchant à la Libye, sont les tours qu'on appelle *pyramides*, le labyrinthe qui a été élevé auprès du lac de Mœris[2] sans le secours d'aucun bois, et la ville de *Crialon*[3]. »

« Il y a une pyramide dans le nome Arsinoïte, deux dans le Memphite, non loin du labyrinthe, dont nous

---

[1] Cet académicien le plaçait près de Senhour, où il prétend qu'il existe des ruines considérables, dont personne n'a connaissance. Mais Strabon s'exprime positivement : Παραπλεύσαντι δὲ ταῦτα ἐφ' ἑκατὸν σταδίους πόλις ἐστὶν Ἀρσινόη. Or, παραπλεῖν signifie *naviguer au-delà* ou *plus loin*; ce qui doit s'entendre, sur un canal comme sur un fleuve, par rapport au courant. Si Strabon eût voulu dire qu'Arsinoé était au-dessus du labyrinthe, il se serait servi du mot ἀναπλεῖν, qui est consacré à la navigation en remontant, comme on le voit dans ce passage du même livre où il est question du chemin de *Schedia* à Memphis, Ἀπὸ δὲ Σχεδίας ἀναπλέουσιν ἐπὶ Μέμφιν, et dans cet autre, Ἀναπλεύσαντι δ' ἐστὶ Βαβυλῶν, pour le chemin de *Cercasorum* à Babylone. On ne voit donc pas ce qui a pu porter M. Larcher, dans son commentaire sur le 2º livre d'Hérodote, à avancer que le labyrinthe, suivant Strabon, est à cent stades *au-dessous* d'Arsinoé.

[2] Il y a dans un manuscrit, *ad Mœridis lacum*, au lieu de *in Mœridis lacu*.

[3] Pline, *Hist. nat.* liv. v, ch. 11. *Voyez* le texte ci-après, n°. v. La traduction de Poinsinet de Sivry s'éloigne en plusieurs points de celle que j'ai essayé de faire ici.

parlerons tout-à-l'heure; autant dans le lieu où fut le lac de Mœris, c'est-à-dire la grande fosse[1]. »

« Parlons des labyrinthes, ouvrage prodigieux du génie de l'homme, et qui n'est point fabuleux, comme on pourrait l'imaginer. On voit encore en Égypte, dans le nome d'*Heracleopolis*, celui qui a été élevé le premier de tous, il y a quatre mille six cents ans, comme on le rapporte, par le roi Petesuccus ou Tithoès, bien qu'Hérodote dise que l'édifice est en entier l'ouvrage des rois[2], et du dernier de tous, Psammétique[3]. On raconte diversement son origine. Demotelès dit que c'était le palais de Motherude; Lyceas, le tombeau de Mœris; et plusieurs, un temple consacré au Soleil, ce qui est l'opinion la plus générale.

« Il est certain que Dédale y puisa le modèle du labyrinthe qu'il fit dans la Crète; mais il en imita seulement la centième partie, celle qui renferme des chemins remplis de tours et de détours inextricables. Cet ouvrage ne ressemble point à ces pavés d'appartement[4], à ces allées tortueuses où les enfans s'amusent à courir en suivant des ramifications subdivisées à l'infini et renfermant plusieurs milles dans un court espace; mais c'est un bâtiment qui contient une multitude de portes propres à égarer les pas du voyageur et à le ramener sans cesse dans les mêmes détours. Ce labyrinthe fut le second après celui d'Égypte. Le troisième fut celui de

---

[1] Pline, *Hist. nat.* liv. xxxvi, chap. 12.

[2] Ou des douze rois. Le mot de *douze* n'est pas dans Pline; mais le sens le demande.

[3] Il faut lire *novissimique Psammetichi*, au lieu de *novissimè*.

[4] Il s'agit, sans doute, des mosaïques disposées en méandres.

Lemnos, et le quatrième exista en Italie. Tous étaient recouverts de voûtes en pierre polie. Le labyrinthe d'Égypte (ce qui est digne d'admiration) a son entrée en marbre de Paros; les autres colonnes sont de *syénite*: le bâtiment est construit de masses telles que le temps n'a pu les renverser, aidé par les efforts des Héracléopolites. En effet, ceux-ci ont beaucoup endommagé un ouvrage qui leur était odieux. Il n'est pas possible de décrire la disposition et toutes les parties de ce monument, qui est divisé en régions et en seize grands bâtimens, autant qu'il y a de préfectures ou de nomes, auxquels on a donné les noms de ces préfectures. Il contient les temples de tous les dieux d'Égypte, et en outre celui de Némésis, avec quinze petites chapelles[1] et plusieurs pyramides de quarante orgyies[2]: les murs en ont six aux fondations[3]. On y arrive déjà épuisé de fatigue, ayant parcouru des détours inextricables. En avant sont des cénacles élevés[4]; on monte des portiques, tous de quatre-vingt-dix degrés. Au dedans sont des colonnes de porphyre, les statues des dieux, celles des rois, et des figures monstrueuses. Plusieurs bâtimens

---

[1] Il y a dans une variante, *Amasis undecim œdiculis incluserit pyramides complures, etc.*, au lieu de *Nemesis quindecim œdiculis*; et cette leçon semblerait préférable, puisqu'elle donne un nominatif à *incluserit*. Voyez l'édition de Pline citée dans les textes, page 867, en marge.

[2] *Quadraginta ulnarum* a été traduit par *quarante coudées*; mais Hérodote parle d'une pyramide de quarante orgyies. D'un autre côté, le mot *senas* qui vient immédiatement après, appliqué à l'épaisseur de la muraille, et entendu d'autant d'orgyies, suppose une épaisseur énorme.

[3] J'adopte ici la leçon *senas ad radicem muri obtinentes*, au lieu de *senos radice muros obtinentes*.

[4] *Cœnacula* indique des lieux élevés, des terrasses; chez les anciens, selon Vitruve, c'était dans l'étage supérieur que les riches avaient leurs salles à manger.

sont disposés de manière qu'en ouvrant les portes, on entend à l'intérieur un bruit semblable à celui du tonnerre. Dans la plus grande partie de l'édifice, on marche au milieu des ténèbres. En dehors de la muraille du labyrinthe, il y a d'autres masses d'édifices appelées *pteron*, et d'autres constructions souterraines avec des canaux creusés dans le sol. Circammon, eunuque du roi Nectabis, est le seul qui ait réparé le labyrinthe, cinq cents ans avant le règne d'Alexandre-le-Grand, et cette réparation a été légère. La tradition rapporte que, pendant la construction des voûtes en pierres de taille, on s'est servi, pour étayer, de poutres en bois d'épine, bouilli dans l'huile [1].

« Apion, surnommé *Plistonices*, a écrit depuis peu qu'il y avait maintenant dans le labyrinthe d'Égypte un colosse de Sérapis, en émeraude, de neuf coudées [2]. »

Ces fragmens de l'auteur latin, quoique moins précis sous le rapport géographique, confirment encore l'emplacement que nous avons assigné au labyrinthe. Le labyrinthe, dit-il, est sur la chaîne libyque, auprès du lac de Mœris. Parlant d'une manière générale, il le place à la suite des pyramides qui sont entre Memphis et le nome Arsinoïte.

Il est certain que le nome proprement dit ne renferme que des terres cultivées ; or le plateau élevé de la montagne libyque, où sont les ruines dont il s'agit, n'a jamais été susceptible de culture.

Cependant il dit plus bas qu'il y a une pyramide *dans*

---

[1] Pline, *Histor. nat.* liv. XXXVI, chap. 13.
[2] *Ibid.* liv. XXXVII, ch. 9. *Voyez* ci-après, les textes n°. v.

le nome Arsinoïte, et deux dans le Memphite, non loin du labyrinthe : pour comprendre ce passage, il suffit de transposer *duo in Memphite* après *non procul labyrintho*, et la pyramide du labyrinthe se trouve à sa place. Pour trouver, d'après l'auteur latin, l'emplacement de l'édifice, nous pouvons encore tirer une induction de ce que les Héracléopolites avaient fait des tentatives pour le détruire. En effet, le nome d'*Heracleopolis*, dont les habitans avaient de l'aversion pour le crocodile, confinait à celui d'Arsinoé, où cet animal au contraire était consacré. Or la montagne libyque, où était assis le labyrinthe, séparait ces deux préfectures.

Pomponius Mela et les autres écrivains qui ont parlé du labyrinthe, ne nous apprennent rien de plus sur sa position[1] : nous devons donc conclure que les auteurs sont parfaitement d'accord pour fixer cette position comme étant sur le plateau de la chaîne libyque, avec une pyramide à l'extrémité, dans le nome ou aux confins du nome Arsinoïte, à peu de distance de la ville des Crocodiles; enfin presque contiguë au lac ou à la fosse de Mœris, et assez près de l'entrée des eaux du Nil dans cette fosse. Strabon nous donne de plus la situation précise du monument, par les deux distances qu'il assigne entre lui et des points connus. Pour découvrir la véritable application du passage de ce géographe, il était nécessaire de connaître le point d'entrée de la dérivation du fleuve dans le lac : or les recherches contenues dans la 1re section, et l'examen qui précède, nous ont procuré avec certitude la connaissance de cette position.

[1] *Voyez* ci-après, le texte n°. VI.

§. III. *Disposition du labyrinthe.*

Si le lecteur veut relire maintenant la description des vestiges qui subsistent encore aujourd'hui dans l'emplacement du labyrinthe, il trouvera sans doute peu de restes qui justifient les descriptions pompeuses des anciens; mais il y reconnaîtra cependant quelques traits de leurs récits, qui ne permettent pas de se méprendre ni de chercher ailleurs le labyrinthe. En effet, non-seulement il existe une pyramide à l'angle extrême des ruines dont il s'agit, comme nous l'avons fait voir dans le paragraphe qui précède; mais l'étendue de ces mêmes ruines correspond à celle que les auteurs ont assignée. Le bâtiment, dit Diodore, avait un stade en carré sur chacun de ses côtés; suivant Strabon, plus d'un stade. La pyramide, selon Hérodote, avait quarante orgyies, et Pline assure qu'il y en avait plusieurs de cette même dimension. Or nous avons dit plus haut que l'étendue générale des ruines avait environ trois cents mètres, en y comprenant la pyramide qui a cent dix mètres de base; il reste donc, pour le labyrinthe proprement dit, cent quatre-vingt-dix mètres, qui font un peu plus d'un stade égyptien[1]. Quant à la pyramide, si la mesure de qua-

---

[1] Il s'agit ici du grand stade égyptien de cent quatre-vingt-cinq mètres environ. Strabon s'est donc servi de deux stades différens dans sa description. (*Voyez le Mémoire sur le système métrique des anciens Égyptiens*, par M. Jomard.)

La largeur de l'espace couvert par les ruines a été estimée à cent cinquante mètres seulement; mais il peut y avoir eu quelque erreur en moins dans cette estime, ou bien les sables ont couvert ce qui s'en manque pour faire un stade en largeur.

rante orgyies s'applique à la base, elle est beaucoup trop faible; je pense qu'il faudrait lire *soixante*, et non *quarante*. En effet, soixante orgyies, ou trois cent soixante pieds égyptiens, font cent dix mètres et demi. Strabon, donnant quatre plèthres ou quatre cents pieds au côté de la pyramide, ne suppose que quarante pieds de plus que soixante orgyies, ou seulement un neuvième en sus [1]. S'il est question de la hauteur, le nombre de quarante orgyies est trop fort; on ne trouve aujourd'hui qu'environ soixante mètres au lieu de soixante-quatorze mètres que ce nombre demanderait. La hauteur est donc bien loin de quatre plèthres ou soixante-six orgyies $\frac{2}{3}$ que lui assignait Strabon.

Quand on lit dans Hérodote que le roi Asychis, voulant surpasser tous ses prédécesseurs, laissa pour monument une pyramide de brique, on est fort porté à croire que l'auteur avait en vue une des deux pyramides de brique situées dans le Fayoum : mais Diodore de Sicile et Strabon attribuent celle du labyrinthe au roi Mendès ou Imandès; il faut donc chercher celle d'Asychis dans la pyramide d'el-Lâhoun [2].

Hérodote rapporte qu'on avait sculpté des figures d'animaux sur la pyramide du labyrinthe : nous ne concevons pas quel ouvrage de sculpture un peu solide on aurait pu exécuter sur des briques cuites au soleil. Il y avait donc peut-être un revêtement en pierre. D'un autre côté, un revêtement de cette espèce n'eût-il pas

---

[1] La base de cette pyramide est la moitié du stade de Ptolémée à très-peu près, ou deux cents coudées hébraïques.

[2] *Voyez*-en la description à la suite de cette section.

contribué à détruire le monument, à cause de la différence de pesanteur de la pierre et de la brique? Nous laissons au lecteur à résoudre cette difficulté.

Plus on relit les relations des historiens sur ce merveilleux édifice, plus on s'étonne qu'il ait laissé si peu de vestiges. Selon Pline, le labyrinthe était resté intact pendant trente-six siècles; neuf cents ans avant lui, on l'avait réparé légèrement : comment dix-sept siècles auraient-ils suffi pour le détruire de fond en comble? Mais on n'a jamais assez fait attention que sa position est l'une des principales causes qui l'ont fait disparaître. Environné de sables, il a fini par en être encombré dans la plus grande partie. L'édifice était peu élevé, dit Strabon : il n'est donc pas surprenant qu'il soit enseveli dans ces sables; car des édifices d'une bien plus grande hauteur, et beaucoup plus récens, sont aujourd'hui enfouis tout-à-fait. Les débris considérables dont nous voyons le sol jonché, nous paraissent être seulement ceux des terrasses de l'édifice, à l'exception de quelques murs d'enceinte.

Cependant les espèces de petites tours carrées dont l'enceinte était accompagnée, s'élèvent à un ou deux mètres au-dessus du sol actuel, et il est évident qu'elles ont été détruites par la main des hommes. C'est peut-être là l'effet des ravages que commirent les habitans d'*Heracleopolis*. Au reste, il paraît bien que ces derniers sont en partie les auteurs de la destruction du labyrinthe; mais, d'après les passages de Pline, on ne peut absolument la faire remonter plus haut que le règne de Trajan.

On donne pour cause de l'acharnement des habitans d'*Heracleopolis* contre le labyrinthe, qu'ils adoraient l'ichneumon, tandis que les Arsinoïtes honoraient le crocodile, dont l'ichneumon était l'ennemi naturel; mais il faut avouer que ce motif est fort suspect, plus encore que l'antipathie de ces animaux n'est fabuleuse. Malheureusement nous ne retrouvons plus les temples et les monumens religieux de ces deux préfectures, qui nous auraient fait connaître leurs cultes. On a dit, dans la description du nome Héracléopolite, que la capitale est elle-même entièrement ruinée, et l'on a aussi essayé d'expliquer l'aversion qu'avaient ses habitans pour ceux du nome de *Crocodilopolis*[1].

On doit croire que les grandes masses appelées *pteron* par Pline étaient des ailes, comme celles qui sont dans les temples égyptiens[2]. En effet, *ptera* est le nom qu'emploie Strabon, quand il décrit les constructions latérales de ces temples. Il n'en reste plus rien de visible aujourd'hui dans les vestiges du labyrinthe : il en est de même des colonnades, des portiques et des péristyles, des statues des rois et des dieux.

Les chambres taillées dans le roc, aperçues par M. Malus, répondent parfaitement à ces expressions de Pline, *inde aliæ perfossis cuniculis subterraneæ domus*, et aux cryptes dont il est parlé dans Strabon ; elles pouvaient correspondre à des galeries communiquant sous la pyramide et sous le reste de l'édifice : *majore autem parte transitus est per tenebras.*

---

[1] *Voyez* la Description de l'Heptanomide, *chap. XVI*, section IV.

[2] *Voyez* la Description d'Edfoû, *A. D., chap. V.*

DU NOME ARSINOITE (LABYRINTHE).

La pierre dont la masse de l'édifice était construite, est, comme on l'a vu, un calcaire compacte, susceptible d'un certain poli : c'est encore un des traits de la description de Pline, *lapide polito;* mais qu'est devenue l'entrée en marbre de Paros?

La chose dont il est le plus difficile de se faire une idée, c'est le nombre des appartemens qui existaient dans le labyrinthe : il y en avait, dit Hérodote, quinze cents sous terre, et quinze cents au-dessus. L'espace d'un stade carré, tout vaste qu'il est, est trop restreint pour une si grande quantité d'appartemens; chacun d'eux n'aurait eu, terme moyen, que quatre mètres environ. Toutefois, suivant Pomponius Mela, il y avait le même nombre de distributions que selon Hérodote.

« On compte, dit Mela, dans le labyrinthe trois mille appartemens et douze palais, enfermés par une seule muraille; l'édifice est construit et couvert en marbre. Il n'a qu'une seule descente; mais en dedans il y a des routes presque innombrables, par où l'on passe et repasse en faisant mille détours, et qui ramènent sans cesse aux mêmes endroits, etc. »

Il est probable que cette entrée unique, dont parle Pomponius Mela, était située à l'ouest des ruines actuelles, sur ce plateau inférieur que nous avons décrit, et qui est à quinze mètres au-dessous du sol du labyrinthe : c'est là que débouchait la galerie souterraine, conduisant sous la pyramide et le reste de l'édifice.

Ce qu'il y aurait sans contredit de plus curieux à

éclaircir, sous le rapport des questions historiques, c'est le nombre des cours du palais où s'assemblaient les députés de chaque nome. Les auteurs ont beaucoup varié sur le nombre des préfectures d'Égypte. Ces préfectures ont elles-mêmes varié avec les temps et avec les maîtres du pays. La liste de Pline n'est pas la même que celle de Strabon; celle-ci diffère de celle de Ptolémée; Diodore et Hérodote ne fournissent que des noms isolés. Il existe cependant des données exactes pour en fixer la quantité et la nomenclature[1]. Ce n'est pas ici le lieu d'en faire la recherche : un pareil travail appartient essentiellement à la géographie civile et comparée de l'Égypte, et il aura sa place ailleurs. Nous nous contenterons de rapprocher les passages de Strabon et de Pline. Suivant le premier, il y avait dans le labyrinthe vingt-sept palais, où les députations de tous les nomes avaient coutume de se rassembler pour délibérer sur les affaires importantes. Selon Pline, il n'y avait que seize grands bâtimens pour les préfectures, *vastis domibus;* mais, dans la phrase suivante, il parle de quinze, ou, suivant une variante, de onze petits bâtimens, *œdiculis*[2]. Les seize grands bâtimens auraient pu être affectés aux préfectures principales; les onze autres, à onze nomes du second ordre, en tout vingt-sept, ainsi que demande Strabon.

Or on comptait, dans l'antiquité reculée, dix nomes dans la Thébaïde, sept dans l'Heptanomide, et dix dans l'Égypte inférieure, en tout vingt-sept. Ce n'est que

[1] *Voyez* la Description de l'Heptanomide, *A. D., chap. XVI,* §. 1.
[2] *Voyez* ci-dessus, pag. 502, note 1.

dans des temps plus récens que le pays fut divisé en un plus grand nombre de districts [1].

Nous ne nous arrêterons pas davantage à cet endroit de Pline qui ferait croire que toutes les salles du labyrinthe étaient voûtées, *fornicibus tecti.* Il est bien probable qu'il s'agit ici de fausses voûtes, semblables à ces arcades qui ont été employées au palais d'Abydus; aussi Strabon dit-il qu'on voyait à Abydus et au labyrinthe des ouvrages du même genre. Il y a encore une conformité de situation dans les édifices de ces deux endroits de l'Égypte; le palais de Memnon à Abydus, et le labyrinthe, étaient l'un et l'autre au bord du désert et touchaient à la Libye. Enfin Strabon semble leur donner la même origine, puisqu'il les attribue au même prince, Ismandès ou Imandès. De plus, Diodore de Sicile nomme Mendès, qui est peut-être le même roi, parmi ceux auxquels on attribuait l'érection du labyrinthe. Ce rapprochement, digne d'attention, a déjà été fait dans la Description d'Abydus [2]. Au reste, la construction et la disposition toutes particulières du labyrinthe prouvent bien qu'il est d'une époque et d'une origine différentes de celles des autres monumens égyptiens.

Il resterait peut-être à proposer une restauration du labyrinthe d'après les vestiges qui subsistent encore, comparés aux descriptions des auteurs; mais nous avouons qu'un pareil travail serait fort difficile, et d'ailleurs

[1] *Voyez* la Description de l'Heptanomide, *A. D., chap. XVI.*
D'un autre côté, Hérodote et Mela parlent de douze palais contigus sous une même enceinte, comme s'il s'agissait du palais de chacun des douze princes auxquels ils attribuent le labyrinthe.

[2] *Voy.* la Description d'Abydus, *A. D., chap. XI,* t. III, p. 40.

beaucoup trop conjectural pour avoir aucune utilité. Le plan seul de l'édifice me paraît impossible à restaurer sans une multitude d'hypothèses qu'il serait bien difficile d'appuyer sur des bases solides, même en faisant usage de toutes les données que fourniraient l'étude et l'examen les plus attentifs de tous les monumens de l'ancienne Égypte [1]. Que serait-ce de l'élévation et de la décoration ?

§. IV. *Origine et destination du labyrinthe.*

On a vu, par les passages qui précèdent, que le labyrinthe a été attribué à beaucoup de princes différens. D'après Manéthon, il faut encore ajouter un nom à la liste de ceux qui passent pour l'avoir fondé ; c'est Lacharès, successeur de Sésostris, qui le fit bâtir, dit-on, pour laisser un monument de sa puissance, et qui voulut y être enterré. D'après Eusèbe, il faut lire *Labaris* [2]. Tous ces noms font voir, ou bien que beaucoup de princes ont mis la main à ce grand ouvrage, ou qu'un même roi portait plusieurs noms, que les auteurs grecs et romains ont regardés comme distincts, faute de comprendre la langue égyptienne. Ce qui paraît le plus certain, c'est que les douze rois qui n'ont régné que quinze

---

[1] C'est pour ce motif que nous avons renoncé à donner même un plan figuratif du local, jugeant que la description des lieux qui est au commencement de cette section, aidée de la carte topographique du Fayoum, était bien suffisante pour s'en former une idée nette. Quant aux relations des auteurs, il y a une multitude de manières de les concevoir.

[2] Maneth. *in Georg. Sync. Chr.* pag. 59 et 60.

ans et dans un temps de troubles, n'ont pu élever un tel édifice. Il est possible qu'ils en aient achevé quelque partie, et en particulier Psammétique, l'un d'eux, qui les remplaça tous par la suite : aussi Pomponius Mela en donne-t-il tout l'honneur à ce prince.

La diversité des motifs qu'on attribue à la fondation du labyrinthe, n'est pas moindre que celle des princes qu'on suppose avoir été ses fondateurs. Toutefois il est aisé de remarquer qu'il n'existe aucune contradiction entre les divers récits des historiens. Qu'y a-t-il de surprenant que les rois qui ont concouru à le bâtir, n'aient pas eu, en le construisant, un but unique? Il est, au reste, assez évident de soi-même qu'un ouvrage aussi extraordinaire n'avait pas été fait seulement pour y déposer les momies des crocodiles sacrés, ou même les restes de plusieurs princes : l'objet principal de l'édifice nous paraît avoir été de servir de lieu de réunion pour les préfectures de l'Égypte. Comme toute la nation s'y rassemblait, on y avait élevé des temples pour tous les dieux, afin que chaque province y trouvât le culte qui lui appartenait. C'était donc à-la-fois une sorte de panthéon et un lieu où les chefs de l'État traitaient des affaires secrètes. Le mystère qui apparemment devait présider à leurs délibérations, avait une image sensible dans l'obscurité des galeries que devaient traverser les députés pour se rendre à leurs cours respectives.

Telle était probablement la destination spéciale du labyrinthe; ce qui n'empêche pas d'admettre qu'il ait été consacré au Soleil; que le roi Mendès ou Imandès y ait eu son tombeau, ou bien les autres rois qui ont contribué à le construire; enfin que des salles inférieures aient servi à la sépulture des crocodiles consacrés.

Personne n'a présenté une étymologie tant soit peu raisonnable du mot *labyrinthe*. Cette recherche conduirait peut-être à quelque conjecture heureuse sur sa destination. Dans Suidas, on trouve pour l'origine de ce mot, παρὰ τὸ μὴ λαβεῖν θύραν : on sent combien une pareille étymologie est forcée et inadmissible.

Description de la pyramide d'el-Lâhoun.

Jusqu'ici l'on n'a point décrit la pyramide en brique, située à deux lieues environ à l'est de celle du labyrinthe, et presque à l'entrée du Fayoûm; c'est ici le lieu d'en faire une description succincte. Elle est beaucoup plus détériorée que l'autre, mais bâtie, ainsi qu'elle, de briques cuites au soleil[1]. Nous l'avons visitée le 6 pluviôse an VII (25 janvier 1799), et nous sommes montés sur son sommet[2]. Elle est située dans le désert, à quinze cents mètres et au nord du canal de Joseph, sur un plateau assez élevé au-dessus des sables. La base est longue d'environ soixante mètres; ce qui reste de sa hauteur a vingt mètres à peu près; le sommet étant abattu, offre aujourd'hui une plate-forme de dix-huit mètres de large. La pyramide repose sur un plateau ou massif qui paraît, en grande partie, formé par ses dé-

---

[1] *Voyez* pl. 72, fig. 2.
[2] MM. Rozière, Dupuis, Castex et Jomard. Nous y avons laissé une inscription.

DU NOME ARSINOITE.

bris, et dont la hauteur est d'environ sept mètres, sur une longueur d'environ quatre-vingts. Les briques ont quarante centimètres de longueur sur une largeur de vingt-un, et une épaisseur de quatorze.

Vers le bas des faces, on remarque, sur cinq points différens, des pierres de taille qui paraissent destinées à consolider la construction en briques.

Ne connaissant pas de pyramides en brique ailleurs que dans le Fayoum, nous sommes portés à regarder la pyramide d'el-Lâhoun comme étant celle-là même que bâtit le roi Asychis, pour rivaliser avec les rois qui avaient régné avant lui. On sait qu'il y fit graver cette inscription :

« Ne me méprise pas en me comparant aux pyramides de pierre : je suis autant au-dessus d'elles que Jupiter est au-dessus des autres dieux ; car j'ai été bâtie de briques faites du limon tiré du fond du lac[1]. »

Ce roi est donc le premier qui ait élevé une pyramide de cette matière. Or, si la pyramide d'el-Lâhoun est en effet celle d'Asychis, il s'ensuivrait que celle d'Haouârah a été construite postérieurement au règne de ce prince. Cette conséquence serait importante pour découvrir l'époque même du labyrinthe, puisque la pyramide a certainement été bâtie, si ce n'est précisément dans le même temps, du moins dans la même vue que ce grand édifice.

Le passage d'Hérodote nous apprend que les hommes qui furent chargés de tirer le limon du lac pour former

---

[1] *Voyez* ci-après, le texte n°. 1, qui présente plus de développemens que la traduction de Larcher.

la pyramide d'Asychis, enlevaient la terre avec l'extrémité de leurs avirons; on en pourrait conclure qu'au moment où ce travail se faisait, la profondeur des eaux du lac était médiocre. Il est probable que cette extraction du limon a été faite au bord du lac proprement dit, qui, du côté du sud, n'est point encaissé, et dont le lit est formé en pente douce.

Nous sommes d'autant plus portés à croire que la pyramide d'el-Lâhoun est celle du roi Asychis, que, s'il eût existé quelque part, une troisième pyramide de cette espèce, elle subsisterait encore aujourd'hui. En effet, plusieurs de ces monumens gigantesques sont plus ou moins ruinés par le sommet, par les angles ou par les faces; mais aucun n'est entièrement détruit. C'est un fait qu'il est aisé de vérifier, en consultant les vues et les dessins des pyramides qui sont assises sur le plateau de la chaîne libyque, depuis Gyzeh jusqu'au Fayoum. La démolition totale d'une pyramide, même de second ou troisième ordre, est elle-même un ouvrage considérable, qui supposerait beaucoup de temps, de moyens et d'efforts [1].

[1] MM. Le Père et Coutelle s'occupèrent de faire démolir la quatrième pyramide de Gyzeh : quoique de petite dimension, elle coûta beaucoup de peine à renverser au huitième seulement de son volume. A la vérité, ils furent forcés d'interrompre ce travail, qui n'aurait pas été très-difficile, si le temps ne leur eût manqué. *Voyez* les *Observations sur les pyramides de Gyzeh*, par M. Coutelle. (Descr. de l'Égypte, *Ant. Mém.*)

DESCRIPTION
DE L'OBÉLISQUE DE BEGYG,

AUPRÈS DE L'ANCIENNE CROCODILOPOLIS,

Par M. CARISTIE,

INGÉNIEUR AU CORPS ROYAL DES PONTS ET CHAUSSÉES, MEMBRE DE LA COMMISSION DES SCIENCES ET ARTS D'ÉGYPTE, CHEVALIER DE L'ORDRE ROYAL DE LA LÉGION D'HONNEUR.

Auprès du village de Begyg, à un quart de lieue au sud de Medynet el-Fayoum et des ruines de l'ancienne *Crocodilopolis*, on voit, au milieu des champs, un fort bel obélisque en granit rouge, qui a été renversé à terre, et qui en tombant s'est brisé en deux morceaux. Cet obélisque est aussi remarquable par la forme oblongue de son plan, que par son singulier couronnement; il a deux grandes faces et deux petites, et le plan est un parallélogramme rectangle, dont l'un des côtés est double de l'autre : il est aujourd'hui couché sur une des grandes faces. Les deux blocs de granit qui le composent, sont encore gisans l'un au bout de l'autre, dans la même position que celle où ils étaient quand le monument a été renversé. Le plus gros de ces blocs a $6^m,80$[1] de longueur, mesuré de la base à un point de la rupture; la longueur du second, depuis ce même point jusqu'au sommet, est de $5^m,90$[2] : sa hauteur totale était ainsi

---

[1] Vingt pieds onze pouces et demi.   [2] Dix-huit pieds deux pouces.

de 12^m,70 [1], en supposant qu'il ne manque rien au fût. La largeur des grandes faces de cet obélisque, mesurée à la base, est de 2^m,10 [2]; elle se réduit à 1^m,44 [3] dans la partie supérieure.

Les grandes faces (si l'on en juge par la seule qui soit visible) sont décorées de cinq tableaux qui en occupent toute la largeur : ces tableaux sont placés les uns sous les autres, et séparés par une réglette [4]. Chaque tableau renferme six figures sculptées en creux, debout, et représentant des prêtres coiffés de leurs bonnets; au-dessous de ces tableaux, on compte douze colonnes d'écriture hiéroglyphique, séparées entre elles par de petites rainures ou réglettes qui tendent au sommet : cinq sont dans une direction parallèle à l'un des petits côtés de l'obélisque, et cinq suivent la direction du côté opposé; celle du milieu, seule, est verticale. Le tout est encadré par une autre rainure semblable à celles qui existent entre les hiéroglyphes.

Ces hiéroglyphes sont sculptés en creux; quoique de très-petite dimension, ils sont d'une exécution parfaite, et le nombre en est prodigieux. C'est aux trois quarts de cette inscription que l'obélisque est brisé. Il n'existe aucune figure ni aucun hiéroglyphe sur les petites faces; elles sont lisses et sans autre décoration que les rainures qui en font le cadre et qui sont dirigées parallèlement aux grandes faces : le champ qui existe entre elles et les arêtes, est le même pour les quatre faces.

Ce qu'il y a de plus remarquable dans cet obélisque,

---

[1] Trente-neuf pieds deux pouces.
[2] Six pieds cinq pouces et demi.
[3] Quatre pieds cinq pouces.
[4] *Voy.* pl. 71, *A.*, vol. IV, fig. 3.

c'est qu'au lieu de se terminer par un pyramidion, qui est le couronnement ordinaire de tous les obélisques de la haute et de la basse Égypte[1], son extrémité a la forme d'une portion de cylindre, dont la base se rapproche d'une courbe parabolique; cette courbe termine le profil supérieur de chacun des petits côtés. Au milieu du sommet, on a pratiqué une échancrure[2] qui a quarante centimètres de largeur sur sept de profondeur. Quoique ses côtés aient été arrondis avec beaucoup d'art, on est porté à croire qu'elle n'a été pratiquée que pour encastrer plus solidement sur l'obélisque un faîte doré, ou tout autre ornement de cette espèce; toutefois on ne voit aucune trace de scellement qui indique qu'on ait placé un ornement quelconque sur le monument. Nous savons par Pline, qu'un certain Maxime, préfet d'Égypte, eut le dessein de faire placer un faîte doré sur l'obélisque égyptien que Ptolémée-Philadelphe avait élevé dans l'*Arsinoëon*, quartier d'Alexandrie, en l'honneur d'Arsinoé sa femme et sa sœur[3]. Le sommet de ce monument fut tronqué à cet effet; mais le projet resta sans exécution. Il faut croire qu'il en a été de même de l'obélisque de Begyg, puisqu'il n'existe sur son sommet aucun vestige de scellement.

Cette échancrure aurait-elle eu un autre but? Aurait-

---

[1] Il a existé, dans l'île Tibérine, un autre obélisque égyptien dont le couronnement ressemblait à celui du monument de Begyg. M. Jomard a fait le rapprochement de ces deux monumens, dans un Mémoire *sur l'obélisque de l'île Tibérine*.

[2] *Voy.* pl. 71, *A.*, vol. IV, fig. 2, 7.

[3] Cet obélisque fut emporté à Rome et placé au Forum. (Pline, *Hist. nat.* lib. xxxvi, cap. 9.)

Philadelphe avait aussi élevé à Arsinoé une statue en *topaze*, de quatre coudées de haut. (Plin. *ibid.* lib. xxxvii, cap. 8.)

elle été faite, par exemple, dans la vue de contenir les cordes qui ont servi à dresser cet obélisque pendant l'opération de la pose, de la même manière qu'on maintient les cordes dans la gorge d'une poulie? c'est ce que nous ignorons. On peut sans doute faire beaucoup d'autres suppositions : ce qu'il y a de certain, c'est que le sommet où l'échancrure se trouve, les courbes et les arêtes, sont de la plus belle exécution et d'un poli parfait; qu'il en est de même des faces et du reste de l'obélisque, et que toutes les parties paraissent de la même main et du même temps.

Si l'on en croyait les renseignemens qui nous ont été donnés dans le pays, sur la cause de la chute de ce monument, il faudrait l'attribuer à un pâchâ du Kaire, qui, par délassement, s'était amusé à le battre en brèche à coups de canon, et qui à la fin était parvenu à le briser en deux. Ce qui nous porte à croire que ce récit est faux, c'est qu'il n'existe aucune marque de boulet sur les paremens visibles de cet obélisque, et que ses arêtes sont encore intactes; d'ailleurs on voit encore au pied une assez grande excavation qui semble avoir été faite pour le renverser avec plus de facilité. Il se trouve aujourd'hui si près des ruines d'Arsinoé, qu'il est très-vraisemblable qu'on l'a primitivement élevé dans cette ville, au temps où elle portait encore son premier nom de *Crocodilopolis* : elle est entièrement ruinée ou encombrée, ainsi qu'on l'a vu dans la première section; et l'obélisque de Begyg peut être considéré comme le seul monument bien conservé qui nous reste de cette ancienne capitale.

TEXTES
DES PRINCIPAUX AUTEURS CITÉS.

I. HÉRODOTE.

Καὶ δή σφι μνημόσυνα ἔδοξε λιπέσθαι κοινῇ· δόξαν δέ σφι, ἐποιήσαντο λαβύρινθον, ὀλίγον ὑπὲρ τῆς λίμνης τῆς Μοίριος, κατὰ Κροκοδείλων καλεομένην πόλιν μάλιστά κῃ κείμενον· τὸν ἐγὼ ἤδη ἴδον λόγου μέζω· εἰ γάρ τις τὰ ἐξ Ἑλλήνων τείχεά τε καὶ ἔργων ἀπόδεξιν συλλογίσαιτο, ἐλάσσονος πόνου τε ἂν καὶ δαπάνης φανείη ἐόντα τοῦ λαβυρίνθου τούτου· καίτοι ἀξιόλογός γε καὶ ὁ ἐν Ἐφέσῳ ἐστὶ νηὸς, καὶ ὁ ἐν Σάμῳ· ἦσαν μέν νυν καὶ αἱ πυραμίδες λόγου μέζονες, καὶ πολλῶν ἑκάστη αὐτέων Ἑλληνικῶν ἔργων καὶ μεγίστων ἀντάξίη· ὁ δὲ δὴ λαβύρινθος καὶ τὰς πυραμίδας ὑπερβάλλει· τοῦ γὰρ δυώδεκα μέν εἰσι αὐλαὶ κατάστεγοι, ἀντίπυλοι ἀλλήλῃσι· ἐξ μὲν πρὸς βορέω, ἐξ καὶ πρὸς νότον τετραμμέναι συνεχέες· τοῖχος καὶ ἔξωθεν ὁ αὐτός σφεας περιέργει· οἰκήματα δ᾽ ἔνεστι διπλᾶ, τὰ μὲν, ὑπόγαια, τὰ δὲ, μετέωρα ἐπ᾽ ἐκείνοισι τρισχίλια, ἀριθμὸν πεντακοσίων καὶ χιλίων ἑκάτερα· τὰ μέν νυν μετέωρα τῶν οἰκημάτων αὐτοί τε ὡρέομεν διεξιόντες, καὶ αὐτοὶ θεησάμενοι λέγομεν· τὰ δὲ αὐτέων ὑπόγαια λόγοισι ἐπυνθανόμεθα· οἱ γὰρ ἐπεστεῶτες τῶν Αἰγυπτίων δεικνύναι αὐτὰ οὐδαμῶς ἤθελον, φάμενοι θήκας αὐτόθι εἶναι τῶν τε ἀρχὴν τὸν

Etiam placitum est eis relinquere communiter monumenta; ex eoque placito fecerunt labyrinthum, paulò supra stagnum Mœrios, maximè urbem versùs, quæ dicitur Crocodilorum : quem ego jam aspexi famâ majorem. Si quis enim omnium castellorum aut operum græcorum speciem consideret, minori labore et sumptu deprehendentur stetisse, quàm fuit hujus labyrinthi. Tametsi enim istud in urbe Epheso templum est memoratu dignum, et in Samo; etiam pyramides erant narratione majores, quarum singulæ multis ac maximis operibus græcis æquiparandæ sunt. At verò eas quoque labyrinthus superjacit. Etenim duodecim ejus aulæ sunt tecto opertæ, portis oppositis altrinsecus : sex ad aquilonem, totidem ad austrum vergentes contiguæ, eodem extrinsecus muro præclusæ. Duplicia in eo sunt domicilia, subterranea, et superna illis imposita, numero tria millia, in singulis mille quingenta. Quorum ea quæ superna sunt, ipsi peragrantes videbamus, et quæ aspeximus enarramus; subterranea verò auditu didicimus. Nam præpositi Ægyptiorum

λαβύρινθον τούτων οἰκοδομησαμένων βασιλήων, καὶ τῶν ἱρῶν κροκοδείλων· οὕτω τῶν μὲν κάτω περὶ οἰκημάτων ἀκοῇ παραλαβόντες λέγομεν· τὰ δὲ ἄνω, μέζονα ἀνθρωπηίων ἔργων αὐτοὶ ὠρέομεν· αἵ τε γὰρ ἔξοδοι διὰ τῶν στεγέων, καὶ οἱ ἑλιγμοὶ διὰ τῶν αὐλέων ἐόντες ποικιλώτατοι, θαῦμα μυρίον παρέχοντο, ἐξ αὐλῆς τε ἐς τὰ οἰκήματα διεξιοῦσι, καὶ ἐκ τῶν οἰκημάτων ἐς παστάδας, ἐς στέγας τε ἄλλας ἐκ τῶν παστάδων, καὶ ἐς αὐλὰς ἄλλας ἐκ τῶν οἰκημάτων· ὀροφὴ δὲ πάντων τούτων λιθίνη, καθάπερ οἱ τοῖχοι· οἱ δὲ τοῖχοι, τύπων ἐγγεγλυμμένων πλέοι· αὐλὴ δὲ ἑκάστη περίστυλος, λίθου λευκοῦ ἁρμοσμένου τὰ μάλιστα· τῆς δὲ γωνίης τελευτῶντος τοῦ λαβυρίνθου ἔχεται πυραμὶς τεσσερακοντόργυιος, ἐν τῇ ζῷα μεγάλα ἐγγέγλυπται, ὁδὸς δ᾽ ἐς αὐτὴν ὑπὸ γῆν πεποίηται.

Μή με κατονοσθῇς πρὸς τὰς λιθίνας πυραμίδας· προέχω γὰρ αὐτέων τοσοῦτον, ὅσον ὁ Ζεὺς τῶν ἄλλων θεῶν. Κοντῷ γὰρ ὑποτυπτοντες ἐς λίμνην, ὅ, τι προσχοίτο τοῦ πηλοῦ τῷ κοντῷ, τοῦτο συλλέγοντες, πλίνθους εἴρυσαν, καί με τρόπῳ τοιούτῳ ἐξεποίησαν.

nolebant ullo pacto illa monstrare, quòd dicerent illic loculos esse tum eorum regum qui penitùs ædificaverunt labyrinthum istum, tum sacrorum crocodilorum. Ita de infernis ædificiis auditu cognita referimus. Superna ipsi perspiciebamus humanis operibus majora : nam egressus per tecta, et anfractus per aulas diversissimi, infinitâ me admiratione afficiebant; et ex aula in ædificia transitur, ex ædificiis in cubicula, et è cubiculis in solaria et tecta alia, et ex ædificiis in alias aulas. Horum omnium lacunar, quemadmodum parietes, lapideum est; parietes sculptilibus passim figuris ornati. Singulæ aulæ columnarum ambitu redimitæ lapide arctissimè juncto albo. Angulo quo finit labyrinthus, adhæret pyramis centum sexaginta cubitorum, in qua grandia sunt insculpta animalia, in quam iter sub terra factum est. (Herodot. *Hist.* lib. II, c. 148.)

Ne me lapideis pyramidibus compares, quæ tantùm illis præcello quantùm Jupiter cæteris diis. Nam fundum lacûs conto verberantes, quicquid luti conto adhærescebat, id colligentes, me composuerunt, et in talem mensuram redegerunt. (*Ibid.* lib. II, cap. 136.)

II. DIODORE.

Τοῦ δὲ βασιλέως τούτου τελευτήσαντος, ἀνεκτήσαντο τὴν ἀρχὴν Αἰγύπτιοι, καὶ κατέστησαν ἐγχώριον βασιλέα Μένδην, ὅν τινες Μάρρον προσονομάζουσιν· οὗτος δὲ πολεμικὴν μὲν πρᾶξιν οὐδ᾽ ἡντιναοῦν ἐπετελεσάτο, τάφον δὲ αὑτῷ κατεσκεύασε τὸν ὀνομαζόμενον λαβύρινθον, οὐχ οὕτω κατὰ

Post regis hujus obitum, recuperato Ægyptii regno suæ gentis regem crearunt Menden, quem nonnulli Marum vocant; qui nullum omnino facinus bellicum designavit, sed sepulcrum labyrinthi nomine sibi construxit, non tam mole admirandum, quàm artificio inimitabile.

DU NOME ARSINOITE.

τὸ μέγεθος τῶν ἔργων θαυμαστὸν, ὡς πρὸς τὴν φιλοτεχνίαν δυσμίμητον· ὁ γὰρ εἰσελθὼν εἰς αὐτὸν οὐ δύναται ῥᾳδίως τὴν ἔξοδον εὑρεῖν, ἐὰν μὴ τύχῃ τινὸς ὁδηγοῦ παντελῶς ἐμπείρου. Φασὶ δέ τινες καὶ τὸν Δαίδαλον εἰς Αἴγυπτον παραβαλόντα, καὶ θαυμάσαντα τὴν ἐν τοῖς ἔργοις τεχνὴν, κατασκευάσαι τῷ βασιλεύοντι τῆς Κρήτης Μίνωϊ λαβύρινθον ὅμοιον τῷ κατ' Αἴγυπτον· ἐν ᾧ διατρῖψαι μυθολογοῦσι τὸν λεγόμενον Μινώταυρον· ἀλλ' ὁ μὲν κατὰ τὴν Κρήτην, ἠφανίσθη τελέως, εἴτε δυνάστου τινὸς κατασκάψαντος, εἴτε τοῦ χρόνου τὸ ἔργον λυμηναμένου· ὁ δὲ κατ' Αἴγυπτον, ἀκέραιον τὴν ὅλην κατασκευὴν τετήρηκε μέχρι τοῦ καθ' ἡμᾶς βίου.

Ἐπ' ἔτη δὲ πεντεκαίδεκα κατὰ τοὺς ὅρκους καὶ τὰς ὁμολογίας ἄρξαντες, καὶ τὴν πρὸς ἀλλήλους ὁμόνοιαν διατηρήσαντες, ἐπεβάλοντο κατασκευάσαι κοινὸν ἁπάντων τάφον· ἵνα καθάπερ ἐν τῷ ζῆν εὐροοῦντες ἀλλήλοις τῶν ἴσων ἐτύγχανον τιμῶν, οὕτω καὶ μετὰ τὴν τελευτὴν ἐν ἑνὶ τόπῳ τῶν σωμάτων κειμένων, τὸ κατασκευασθὲν μνημεῖον κοινῇ περιοχῇ τὴν τῶν ἐνταφέντων δόξαν· ἔσπευσαν οὖν ὑπερβαλέσθαι τῷ μεγέθει τῶν ἔργων ἅπαντας τοὺς πρὸ αὐτῶν· ἐκλεξάμενοι γὰρ τόπον παρὰ τὸν εἴσπλουν τὸν εἰς τὴν Μοίριδος λίμνην ἐν τῇ Λιβύῃ, κατεσκεύαζον τὸν τάφον ἐκ τῶν καλλίστων λίθων· καὶ τῷ μὲν σχήματι τετράγωνον ὑπεστήσαντο, τῷ δὲ μεγέθει σταδιαίαν ἑκάστην πλευράν· ταῖς δὲ γλυφαῖς καὶ ταῖς ἄλλαις χειρουργίαις ὑπερβολὴν οὐκ ἀπέλιπον τοῖς ἐπιγιγνομένοις. Εἰσελθόντι μὲν γὰρ τὸν περίβολον οἶκος ἦν περίστυλος, ἑκάστης πλευρᾶς ἐκ τετταράκοντα κιόνων ἀναπληρουμένης· καὶ τούτου μονόλιθος ἦν ὀροφὴ, φάτναις τισὶ διαγεγλυμμένη, καὶ γραφαῖς διαφόροις πεποικιλμένη. Εἶχε δὲ τοῦ πατρίδος τοῦ ἑκάστου τῶν βα-

Ingressus enim ipsum, non facilè exitum, nisi ducem peritissimum nactus, reperire potest. Sunt qui Dædalum quoque in Ægyptum ferunt delatum, demiratumque operum illic solertiam, Minoi Cretensium regi labyrinthum ad exemplar Ægyptii concinnasse: in quo Minotaurum, quem dicunt, versatum esse fabulantur. Atqui Cretensis, vel à regum aliquo destructus, vel longinquitate temporis vitiatus, intercidit; cùm Ægyptius ad nostræ ætatis tempus structuram prorsus integram conservârit. (*Bibl. hist.* lib. 1, cap. 61.)

Cùm igitur ad fœderis jurati formulam quindecim annos perpetuo inter se consensu rempublicam administrassent, ad communis omnium sepulcri exstructionem animos adjiciunt, ut quemadmodum mutuâ per vitam benevolentiâ conjuncti æquales gessissent honores, sic, uno post obitum loco conditi, communi gloriam monimento complectantur. Operum verò magnitudine omnes ante se reges excellere properarunt. Nam quodam in Africa loco, circa Mœridis lacus ostium, delecto, monimentum quadratum, et stadium quaquaversus complexum, è saxis pulcherrimis substruxerunt, ita ut ad sculpturas cæteramque operum solertiam posteris nihil facerent reliquum. Murum enim ingressis domus occurrit, undique columnis suffulta. Quadragenis latus pilis explebatur. Tectum ex uno constans lapide, præsepibus et quibusdam aliis affabrè politis exsculptum, diversisque picturis variegatum erat. Patriæ quoque regum singulorum monimenta, cum templis et sacris

σιλέων ὑπομνήματα, καὶ τῶν ἱερῶν καὶ θυσιῶν τῶν ἐν αὐτῇ, ταῖς καλλίσταις γραφαῖς φιλοτέχνως δεδημιουργημένα· καθόλου δὲ τοιαύτην τῇ πολυτελείᾳ καὶ τηλικαύτην τῷ μεγέθει τὴν ὑπόστασιν τοῦ τάφου λέγεται ποιήσασθαι τοὺς βασιλεῖς, ὥστ᾽ εἰ μὴ πρὸ τοῦ συντελέσαι τὴν ἐπιβολὴν, κατελύθησαν, μηδεμίαν ἂν ὑπερβολὴν ἑτέροις πρὸς κατασκευὴν ἔργων ἀπολιπεῖν. Ἀρξάντων δὲ τούτων τοῦ Αἰγύπτου πεντεκαίδεκα ἔτη, συνέβη τὴν βασιλείαν περιστῆναι εἰς ἕνα διὰ τοιαύτης αἰτίας.

Φασὶ γάρ τινες, τῶν ἀρχαίων τινὰ βασιλέων τὸν προσαγορευόμενον Μιναῦν, διωκόμενον ὑπὸ τῶν ἰδίων κυνῶν, καταφυγεῖν εἰς τὴν Μοίριδος καλουμένην λίμνην, ἔπειθ᾽ ὑπὸ κροκοδείλου παραδόξως ἀναληφθέντα, εἰς τὸ πέραν ἀπενεχθῆναι· τῆς δὲ σωτηρίας χάριν ἀποδιδόναι βουλόμενον τῷ ζώῳ, πόλιν κτίσαι πλησίον, ὀνομάσαντα Κροκοδείλων· καταδεῖξαι δὲ καὶ τοῖς ἐγχωρίοις ὡς θεοὺς τιμᾶν ταῦτα τὰ ζῷα, καὶ τὴν λίμνην αὐτοῖς εἰς τροφὴν ἀναθεῖναι· ἐνταῦθα δὲ καὶ τὸν τάφον ἑαυτῷ κατασκευάσαι, πυραμίδα τετράπλευρον ἐπιστήσαντα· καὶ τὸν θαυμαζόμενον παρὰ πολλοῖς λαβύρινθον οἰκοδομῆσαι.

Τὸν δὲ Δαίδαλον λέγουσιν ἀπομιμήσασθαι τὴν τοῦ λαβυρίνθου πλοκὴν, τοῦ διαμένοντος μὲν μέχρι τοῦ νῦν καιροῦ, οἰκοδομηθέντος δὲ, ὡς μέν τινες φασίν, ὑπὸ Μένδητος, ὡς δ᾽ ἔνιοι λέγουσιν, ὑπὸ Μάρου βασιλέως, πολλοῖς ἔτεσι πρότερον τῆς Μίνωος βασιλείας.

ibi frequentatis, pulcherrimis picturis elaborata continebat. Tanto denique sumptu tantâque mole substructionem hanc sepulcri reges inchoaverant, ut, nisi dejectio illorum perfectionem antevertisset, nemo operum magnificentia illos excedere quivisset. At cùm Ægypto per quindecim annos præfuissent, summa rerum ad unum hanc ob causam devoluta est. (*Ibid.* cap. 66.)

Nam vetustorum regum quemdam, qui Menas nominatur, canum suorum insectatione in Mœridis lacum esse compulsum, quem crocodilus (mirabile dictu) susceptum in littus ulterius transportârit: qui ut gratiam pro donata salute bestiæ reponeret, urbem Crocodili nomine juxtà ædificarit, et divinis crocodilos honoribus affici jusserit, lacumque eorum alimentis dedicarit, ubi et sepulcrum sibi cum pyramide figuræ quadratæ, et labyrinthum, magnæ apud multos admirationis, ædificarit. (*Ibid.* cap. 89.)

Et hinc Dædalum perplexas labyrinthi ambages, qui ad hoc usque tempus perduret, à Mendete primùm, seu, ut nonnulli referunt, à Maro rege, multis ante Minois imperium annis exstructus, imitatum. (*Ibid.* cap. 97.)

III. STRABON.

Πρὸς δὲ τούτοις ἡ τοῦ λαβυρίνθου κατασκευὴ, πάρισον ταῖς πυραμίσιν ἐστὶν ἔργον, καὶ ὁ παρακείμενος τά-

Adhæc est labyrinthi fabrica, opus haud impar pyramidibus, et adjacens regis sepultura ejus qui laby-

DU NOME ARSINOITE.

φος τοῦ κατασκευάσαντος βασιλέως τὸν λαβύρινθον· ἔστι δὲ τῷ κατὰ τὸν πρῶτον εἴσπλουν τὸν εἰς διώρυγα προελθόντι ὅσον τριάκοντα ἢ τετλαράκοντα σταδίους ἐπίπεδόν τι τραπεζῶδες χωρίον, ἔχον κώμην τε καὶ βασίλειον μέγα ἐκ πολλῶν βασιλείων, ὅσοι πρότερον ἦσαν νομοί· τοσαῦται γάρ εἰσιν αὐλαὶ περίστυλοι συνεχεῖς ἀλλήλοις, ἐφ᾽ ἕνα στίχον πᾶσαι καὶ ἐφ᾽ ἑνὸς τοίχου, ὡς ἀντὶ τείχους μικροῦ προκειμένας ἔχοντες τὰς αὐλάς· αἱ δ᾽ εἰς αὐτὰς ὁδοὶ καταντικρὺ τοῦ τείχους εἰσί· πρόκεινται δὲ τῶν εἰσόδων κρυπλαί τινες μακραὶ καὶ πολλαὶ, δι᾽ ἀλλήλων ἔχουσαι. σκολιὰς τὰς ὁδοὺς, ὥστε χωρὶς ἡγεμόνος μηδενὶ τῶν ξένων εἶναι δυνατὴν τὴν εἰς ἑκάστην αὐλὴν πάροδόν τε καὶ ἔξοδον. Τὸ δὲ θαυμαστὸν, ὅτι αἱ στέγαι τῶν οἴκων ἑκάστου μονόλιθοι, καὶ τῶν κρυπλῶν τὰ πλάτη μονολίθοις ὡσαύτως ἐστέγασται πλαξὶν, ὑπερβαλλούσαις τὸ μέγεθος, ξύλων οὐδαμοῦ καταμεμιγμένων οὐδ᾽ ἄλλης ὕλης οὐδεμιᾶς. Ἀναβάντα τε ἐπὶ τὸ στέγος, οὐ μεγάλῳ ὕψει, ἅτε μονοστέγῳ, ἔστιν ἰδεῖν πεδίον λίθινον ἐκ τηλικούτων λίθων· ἐντεῦθεν δὲ πάλιν εἰς τὰς αὐλὰς ἐκπίπλοντα, ἑξῆς ὁρᾶν κειμένας ὑπὸ μονολίθων κιόνων ὑπηρεισμένας ἑπλὰ καὶ εἴκοσι· καὶ οἱ τοῖχοι δὲ οὐκ ἐξ ἐλαττόνων τῷ μεγέθει λίθων σύγκεινλαι· Ἐπὶ τέλει δὲ τῆς οἰκοδομίας ταύτης πλέον ἢ σταδίον ἀπεχούσης, ὁ τάφος ἐστὶ πυραμὶς τετράγωνος, ἑκάστην τετράπλευρόν πως ἔχουσα τὴν πλευρὰν καὶ τὸ ὕψος ἴσον. Ἰμενδὴς δ᾽ ὄνομα ὁ ταφείς. Πεποιῆσθαι δέ φασι τὰς αὐλὰς τοσαύτας, ὅτι τοὺς νομοὺς ἔθος ἦν ἐκεῖσε συνέρχεσθαι πάντας· ἄριστον δ᾽ ἦν μετὰ τῶν οἰκείων ἱερῶν καὶ ἱερείων θυσίας τε καὶ θεοδοσίας καὶ δικαιοδοσίας τῶν μεγίστων χάριν· καθήγετο δὲ τῶν νομῶν ἕκαστος εἰς τὴν ἀποδειχθεῖσαν αὐλὴν αὐτῷ. Πα-

rinthum construxit. Locus autem in primo fossæ ingressu ad triginta quadragintave stadia procedenti, est planities quædam mensali formâ, pagum habens, et multorum regum regiam, quot priùs præfecturæ erant: nam totidem aulæ sunt columnis ambitæ, invicem continuæ; omnes uno ordine, et uno pariete tanquam parvo quodam muro, ante sè sitas aulas habent. Viæ verò quæ ad eas tendunt, ex adverso sunt ipsius muri; ante ingressus cryptæ quædam multæ ac longæ, quæ inter se vias flexuosas habent, ut nemo peregrinus ingredi aulam ullam possit nec egredi sine duce. Dignum admiratione, quòd uniuscujusque domûs tabulata, ac etiam cryptarum latitudines, ex lapideis pluteis integris et magnitudine insolenti constructæ sunt, nullo usquam nec ligni nec aliûs materiæ interventu. Ac si quis in tabulatum ascendat, quod non admodum altum est, quippe unicâ contentum contignatione, videre potest lapideum campum tantis lapidibus instratum; inde ad aulas visu retorto, cernere deinceps eas viginti septem, ordine positas, et columnis è solido lapide innitentes, parietes quoque ipsos ex lapidibus non minoribus compositos. In fine hujus ædificii, quod plus stadio occupat, est sepultura quædam, pyramis quadrangula, cujus quodlibet latus quatuor ferè est jugerum, et altitudo par: sepulti nomen est Imandes. Dicunt tot aulas ibi factas esse, quia solerent omnes præfecturæ eò convenire, atque epulum quoddam sacris viris ac mulieribus fiebat, sacrificii gratiâ deo reddendi, et juris dicendi de rebus maximis; quævis autem præfectura in suam aulam procedebat. Præternaviganti hàc ad

ραπλεύσαντι δὲ ταῦτα ἐφ' ἑκατὸν σταδίους, πόλις ἐστὶν Ἀρσινόη· Κροκοδείλων δὲ πόλις ἐκαλεῖτο πρότερον, σφόδρα γὰρ ἐν τῷ νομῷ τούτῳ τιμῶσι τὸν κροκόδειλον, καὶ ἔστιν ἱερὸς παρ' αὐτοῖς ἐν λίμνῃ καθ' αὑτὸν τρεφόμενος, χειροήθης τοῖς ἱερεῦσι· καλεῖται δὲ Σοῦχος.

centum stadia, urbs est Arsinoë, quæ olim Crocodilorum urbs dicebatur. In hac enim præfectura mirum in modum colitur crocodilus, et est sacer apud eos, in lacu quodam seorsum nutritus, et sacerdotibus mansuetus, ac Suchus vocatur. (Strab. *Geogr.* tom. II, lib. XVII, pag. 1149 et 1150, edit. Falconer, *Oxon.* 1807, *in-fol.*)

IV. MANÉTHON.

Λαχάρης ἔτη η'· ὃς τὸν ἐν Ἀρσενοίτῃ λαβύρινθον ἑαυτῷ τάφον κατεσκεύασεν.

Lachares annis octo : hic labyrinthum sibi elegit sepulturam. (Georg. Syncell. *Chronogr.* p. 59.)

V. PLINE.

.... Deinde Arsinoe, et jam dicta Memphis : inter quam et Arsinoïten nomon, in Libyco turres quæ pyramides vocantur, labyrinthus in Mœridis lacu nullo addito ligno exædificatus, et oppidum Crialon. (*Hist. nat.* lib. v, cap. 9, *Francofurt. ad Mœnum*, 1599, *in-fol.*)

Una est in Arsinoïte nomo; duæ in Memphite, non procul labyrintho, de quo et ipso dicemus; totidem, ubi fuit Mœridis lacus, hoc est, fossa grandis. (L. XXXVI, c. 12.)

Dicamus et labyrinthos, vel portentosissimum humani ingenii opus, sed non, ut existimari potest, falsum. Durat etiam nunc in Ægypto, in Heracleopolite nomo, qui primus factus est ante annos, ut tradunt, quater mille sexcentos, à Petesucco rege, sive Tithoë, quanquam Herodotus totum opus regum esse dixit, novissimèque Psammetichi. Causam faciendi variè interpretantur : Demoteles, regiam Motherudis fuisse; Lyceas, sepulcrum Mœridis; plures, Soli sacrum id exstructum, quod maximè creditur. Hinc utique sumpsisse Dædalum exemplar ejus labyrinthi quem fecit in Creta, non est dubium, sed centesimam tantùm portionem ejus imitatum, quæ itinerum ambages occursusqueac recursus inexplicabiles continet : non (ut in pavimentis puerorumve ludicris campestribus videmus) brevi laciniâ millia passuum plura ambulationis continentem; sed crebris foribus inditis ad fallendos occursus, redeundumque in errores eosdem. Secundus hic fuit ab Ægyptio labyrinthus : tertius in Lemno : quartus in Italia. Omnes lapide polito fornicibus tecti : Ægyptius, quod miror equidem, introïtu lapide è Pario; columnis reliquis è Syenite : molibus compositis, quas dissolvere ne sæcula quidem possint; adjuvantibus Heracleopolitis, qui id opus invisum mirè infestavere. Positionem operis ejus singulasque partes enarrare non est, cùm sit in regiones divisum, atque in præfecturas (quas vocant nomos) sedecim, nominibus earum totidem vastis domibus attributis : præterea templa omnium Ægypti deorum contineat, superque Nemeses quindecim ædiculis incluserit pyramides complures quadragenarum ulnarum, senas radicum oras obtinentes. Fessi jam eundo perveniunt ad viarum illum inexplicabilem errorem. Quin et cœnacula priùs excelsa, porticusque ascenduntur nonagenis gradibus omnes : intùs columnæ de porphyrite lapide, deorum simulacra, regum statuæ, monstriferæ effigies. Quarumdam autem domorum talis est situs, ut adaperientibus fores tonitruum intùs terribile exsistat. Majore autem in parte transitus est per tenebras : aliæque rursus extra murum labyrinthi ædificiorum moles, pteron appellant. Inde aliæ perfossis cuniculis subterrâneæ domus. Refecit unus omnino pauca ibi Circammon spado Nectabis regis, ante Alexandrum Magnum annis quingentis. Id quoque traditur, fulsisse trabibus spinæ oleo incoctæ, dum fornices quadrati lapidis assurgerent. (Lib. xxxvi, cap. 13.)

Apion cognominatus Plistonices paulò antè scriptum reliquit, esse etiam nunc in labyrintho Ægypti colosseum Serapin è smaragdo novem cubitorum. (L. xxxvii, c. 5.)

VI. POMPONIUS MELA.

Psammetichi opus labyrinthus, domos ter mille et regias duodecim perpetuo parietis ambitu amplexus, marmore exstructus ac tectus, unum in se descensum habet, intùs penè innumerabiles vias, multis ambagibus huc et illuc remeantibus, sed continuo anfractu et sæpè revocatis porticibus ancipites : quibus subinde alium super-alios orbem agentibus, et subinde tantùm redeunte flexu quantùm processerat, magno et explicabili tamen errore perplexus est. (Lib. 1, cap. 9, p. 13, ed. Is. Voss. *Hagæ-Comitis*, 1658.)

VII. EUSÈBE.

Μεθ' ὃν (Σέσωστριν) Λάβαρις ἔτη ή. ὃς τὸν ἐν Ἀρσενοΐτῃ λαβύρινθον ἑαυτῷ τάφον κατεσκεύασεν.

Post hunc (Sesostrim) Labaris annis octo, qui Arsenoïticum labyrinthum sibi sepulcrum effecit. (Georg. Syncell. *Chronogr.* p. 60.)

FIN DU TOME QUATRIÈME.

TABLE

DES MATIÈRES DU TOME IV.

ANTIQUITÉS—DESCRIPTIONS.

	Pages.
CHAPITRE XI..	1
Description des antiquités d'Abydus, par E. Jomard..........	*Ibid.*
§. Ier. Topographie et géographie comparée................	*Ibid.*
§. II. Historique..	8
§. III. Des vestiges d'antiquités qui subsistent à Abydus.....	15
§. IV. Palais d'Abydus...	22
§. V. Recherches et conclusion.................................	33
Ire SUITE DU CHAPITRE XI.....................................	43
Notice sur les restes de l'ancienne ville de Chemmis ou Panopolis, aujourd'hui Akhmym, et sur les environs; par M. Saint-Genis, ingénieur en chef des ponts et chaussées...................	*Ibid.*
§. Ier. Ville d'Akhmym..,............................	*Ibid.*
ARTICLE I. *Description des antiquités de la ville*...............	45
ARTICLE II. *Description de Chemmis ou Panopolis, d'après les anciens auteurs*..	48
ARTICLE III. *De l'état d'Akhmym sous les Arabes et de nos jours.*	55
§. II. Environs d'Akhmym...................................	59
NOTES ET ÉCLAIRCISSEMENS.................................	63
IIe SUITE DU CHAPITRE XI.....................................	67
Notice sur les antiquités que l'on trouve à Cheykh el-Harydy, par E. Jomard..	*Ibid.*
CHAPITRE XII...	75
Description des antiquités d'Antæopolis, par E. Jomard........	*Ibid.*
§. Ier. Observations générales..................................	*Ibid.*
§. II. Remarques géographiques et historiques..............	77
§. III. Vestiges d'antiquités qui subsistent à Qâou et aux environs...	84

TABLE DES MATIÈRES.

Pages.

§. IV. Grand temple d'Antæopolis... 89
§. V. Inscription grecque tracée sur la frise du temple...... 103

CHAPITRE XIII. 125

Description de Syout, et des antiquités qui paraissent avoir appartenu à l'ancienne ville de Lycopolis; par MM. Jollois et Devilliers, ingénieurs des ponts et chaussées, chevaliers de l'ordre royal de la Légion d'honneur.......................... *Ibid.*

§. Ier. Observations générales sur la ville et la province de Syout... *Ibid.*
§. II. Des hypogées de la montagne de Syout............. 133

CHAPITRE XIV. 159

Description des ruines d'Achmouneyn ou Hermopolis magna, par E. Jomard.. Ibid.

§. Ier. Généralités...................................... *Ibid.*
§. II. Observations historiques et géographiques........... 161
§. III. Topographie des ruines d'Achmouneyn.............. 165
§. IV. Du portique d'*Hermopolis magna*.................. 171
§. V. Environs d'*Hermopolis magna*..................... 179
§. VI. Rapprochemens et conclusion...................... 190

CHAPITRE XV. 197

Description d'Antinoé, par E. Jomard..................... *Ibid.*

§. Ier. Considérations générales sur l'origine d'Antinoé...... *Ibid.*
§. II. Remarques historiques et géographiques............. 203
§. III. Aspect général d'Antinoé; coup d'œil sur les monumens; topographie de la ville et des environs............. 209
§. IV. Portique et théâtre............................... 222
§. V. Arc de triomphe et environs........................ 228
Environs de l'arc de triomphe....................... 234
§. VI. Colonnes dédiées à l'empereur Alexandre-Sévère...... 237
§. VII. Du cirque ou hippodrome......................... 242
§. VIII. Des colonnades et des rues principales d'Antinoé; statue d'Antinoüs.. 247
§. IX. Des thermes..................................... 253
§. X. De divers édifices d'Antinoé....................... 255
§. XI. Du style de l'architecture des monumens d'Antinoé; comparaison de ces monumens avec les autres édifices du même genre................................... 260
§. XII. De la ville égyptienne appelée *Besa*, et des ruines environnantes....................................... 266

TABLE DES MATIÈRES.

§. XIII. Des carrières et excavations pratiquées dans la montagne d'Antinoé.................................. 269
§. XIV. Ville chrétienne ruinée auprès de Deyr Abou-Hennys, grottes et environs............................ 272
§. XV. Remarques sur Antinoüs, et conclusion............. 275

CHAPITRE XVI.. 285

Description des antiquités de l'Heptanomide, par E. Jomard..... *Ibid.*

DE L'HEPTANOMIDE EN GÉNÉRAL............................. *Ibid.*

SECTION Ire. *Nomus Hermopolites*........................... 291

§. Ier. *Carrières égyptiennes* à Gebel Abou-Fedah.......... 292
§. II. *Cusæ* (aujourd'hui *Qousyeh*)....................... 298
§. III. Deyr el-Maharraq; monastères de Sanaboû, Koum-Omboû... 301
§. IV. *Pesla* (aujourd'hui *el-Deyr* ou *Medynet el-Qeysar*); *Carrières* et *ruines* au nord...................... 304
§. V. *Psinaula* (aujourd'hui *el-Tell*)..................... 308
§. VI. Dârout el-Cheryf, ou el-Sarâbâmoun; environs de *Thebaïca Phylace*.................................. 313
§. VII. Meylâouy; *Hermopolitana Phylace* (aujourd'hui *Dârout Achmoun*), et environs...................... 315
§. VIII. Establ A'ntar, Deyr Anbâ-Bychây et environs....... 322
§. IX. Environs d'Hermopolis, Deyr Abou-Fâneh, etc...... 326
§. X. *Speos Artemidos* (aujourd'hui *Beny-Hasan*), Deyr au sud, murailles de briques, etc.................... 330
    Description des hypogées principaux de Beny-Hasan... 335
§. XI. *Ruines* à el-A'nbagé ou Medynet Dâoud, et aux environs; Hayt el-A'gouz, etc........................ 347
§. XII. *Ruines* et *hypogées* à Zâouyet el-Mayeteyn, et aux environs.. 354
§. XIII. *Hypogée* d'architecture dorique et *carrières* anciennes à Saouâdeh.. 361
§. XIV. Minyeh, *Ibeum* (aujourd'hui *Tahâ el-A'moudeyn*), et environs.. 368

SECTION II. *Nomus Cynopolites*................................ 372

§. Ier. *Acoris* (aujourd'hui *Tehneh*)...................... *Ibid.*
§. II. *Carrières* et *ruines* à Ouâdy el-Teyr, Gebel el-Teyr, Deyr el-Baqarah.................................. 377
§. III. *Cynopolis* (aujourd'hui *Samallout*)................. 380
§. IV. *Muson* ou *Musæ*, *Hipponon*, *Alyi*................. 384
§. V. *Alabastrónpolis*..................................... 386

TABLE DES MATIÈRES.

Pages.

Section III. *Nomus Oxyrhynchites* 389

§. Ier. Abou-Girgeh; *Tamonti* 390
§. II. *Oxyrhynchus* (aujourd'hui *Behneseh*) 391
§. III. *Fenchi* (aujourd'hui *Fechn*), *Tacona* ou ΨΕΝΗΡΩΣ (aujourd'hui *Chenreh*) 398

Section IV. *Nomus Heracleotes* 400

§. Ier. *Nilopolis*, auprès de *Tarchoub* 402
§. II. *Heracleopolis magna* (aujourd'hui *Ahnâs*) 403
§. III. *Cœne* (aujourd'hui *Beny-Soueyf*) 411
§. IV. *Isiu* (aujourd'hui *Zâouy*); *Busiris, Abousyr*, etc. ... 412

Section V. *Nomus Crocodilopolites ou Arsinoïtes* 416

Section VI. *Nomus Aphroditopolites* 417

§. Ier. *Thimonepsi*, auprès de *Bayâd* 418
§. II. *Angyrônpolis* ou *Ancyrônpolis* 420
§. III. *Aphroditopolis* (aujourd'hui *Atfyh*) 421
§. IV. *Scenæ Mandrorum* ou *Mandrarum*; *Troïa* (aujourd'hui *Torrah*) 423

Section VII. *Nomus Memphites* 425

§. Ier. *Pyramide* de Meydoun, Haram el-Kaddâb 426
§. II. Reqqah el-Kebyr, et *pyramides* voisines 427
§. III. *Peme* (aujourd'hui *Bembé*); *pyramides* dites *d'el-Metânyeh* 428
§. IV. *Acanthus* (aujourd'hui *Dahchour*), et *pyramides* de Minyet-Dahchour 430

NOTE sur les trois *Itinéraires comparés*, dans la partie qui est au midi de Babylone 435

CHAPITRE XVII. 437

Description des antiquités du nome Arsinoïte, aujourd'hui le Fayoum .... Ibid.

Section Ire. *Description des vestiges d'Arsinoé ou Crocodilopolis, et des antiquités situées dans l'intérieur de la province;* par E. Jomard .... Ibid.

§. Ier. Observations générales, historiques et géographiques .. Ibid.
§. II. Crocodilopolis ou Arsinoé 444
§. III. Environs de Crocodilopolis, et intérieur de la province. 449

Section II. *Description du temple égyptien connu sous le nom de Qasr-Qeroun*, par E. Jomard 457

TABLE DES MATIÈRES.

Pages.

SECTION III. *Description des ruines situées près de la pyramide d'Haouârah, considérées comme les restes du labyrinthe, et comparaison de ces ruines avec les récits des anciens; suivie de la description de la pyramide d'el-Lâhoun; par MM. Jomard et Caristie.* 478

Ire PARTIE. *Description des lieux*........................ Ibid.

§. Ier. Ruines situées auprès de la pyramide................ Ibid.
§. II. Pyramide d'Haouârah............................. 482
§. III. Restes d'un temple au sud de la pyramide d'Haouârah.. 483

IIe PARTIE. *Comparaison des ruines avec les descriptions du labyrinthe*... 485

§. Ier. Observations préliminaires sur l'emplacement du lac de Mœris... Ibid.
§. II. Emplacement du labyrinthe........................ 492
§. III. Disposition du labyrinthe......................... 505
§. IV. Origine et destination du labyrinthe............... 512
Description de la pyramide d'el-Lâhoun............ 514

DESCRIPTION *de l'obélisque de Begyg, auprès de l'ancienne Crocodilopolis, par* M. Caristie, *ingénieur au corps royal des ponts et chaussées, membre de la Commission des sciences et arts d'Égypte, chevalier de l'ordre royal de la Légion d'honneur.* 517

TEXTES *des principaux auteurs cités*........................ 521

FIN DE LA TABLE.

BARREAU FRANÇAIS.

COLLECTION
DES CHEFS-D'OEUVRE
DE L'ÉLOQUENCE JUDICIAIRE
EN FRANCE

Par Omer Talon, Denis Talon, Patru, Lemaitre, Pélisson, Erard, d'Aguesseau, Cochin, Montesquieu, Gerbier, Loyseau de Mauléon, Dupaty, Elie de Beaumont, Linguet, Beaumarchais, Servan, Mirabeau, Lachalotais, Target, Portalis, Duveyrier, Bergasse, Courvoisier, Lacretelle, Siméon, etc., etc. (*Ancien Barreau*).

Et par Bellart, Berryer, Billecocq, Bonnet, Berville, Chauveau-Lagarde, Dupin, Ferrere, Guichard, Hennequin, Lainé, Lally-Tolendal, Manuel, Marchangy, Mauguin, Quecquet, Ravès, Romiguière, Trinquelague, Tripier, Vatismenil, etc., etc. (*Barreau moderne*).

RECUEILLIE PAR MM. CLAIR ET CLAPIER,
AVOCATS.

TROIS VOLUMES ONT DÉJA PARU.
LE QUATRIÈME SERA MIS EN VENTE INCESSAMMENT.

L'ouvrage paraît par souscription; un volume in-8°, sur très-beau papier, toutes les six semaines.

Le prix de chaque volume est de SIX FRANCS, et de HUIT FRANCS franc de port par la poste.

La Collection formera SEIZE volumes; il n'en sera pas publié un seul au-delà; huit volumes pour l'ancien barreau et huit pour le barreau moderne. L'éditeur s'engage formellement à donner *gratis* le dix-septième et les suivans, s'il les publiait.

Ce Recueil présentera cet avantage, que, pour une somme modique, on pourra se procurer des ouvrages qui, achetés séparément, coûtent des sommes considérables, et que souvent même on ne peut plus retrouver.

La souscription est ouverte chez l'éditeur C. L. F. Panckoucke, rue des Poitevins, n°. 14, et chez tous les libraires de la France et de l'étranger.

Chaque volume est de 450 à 500 pages, imprimé sur très-beau papier des Vosges, des fabriques de M. Desgranges.

www.ingramcontent.com/pod-product-compliance
Lightning Source LLC
Chambersburg PA
CBHW071415230426
43669CB00010B/1560